广西大学"211工程"三期重点学科建设项目资助

广西大学中国—东盟研究院文库
主编◎阳国亮

北部湾（广西）滨海旅游区评价与选划研究

文 军 阳国亮◎著

图书在版编目(CIP)数据

北部湾(广西)滨海旅游区评价与选划研究/文军,阳国亮著.—北京:经济管理出版社,2012.5
ISBN 978-7-5096-1855-4

Ⅰ.①北… Ⅱ.①文… ②阳… Ⅲ.①北部湾—滨海旅游—旅游区—旅游规划—广西 Ⅳ.①F592.767

中国版本图书馆 CIP 数据核字(2012)第 070408 号

组稿编辑:曹　靖
责任编辑:张　马
责任印制:陈　力
责任校对:曹　平

出版发行:经济管理出版社(北京市海淀区北蜂窝 8 号中雅大厦 11 层 100038)
网　　址:www.E-mp.com.cn
电　　话:(010)51915602
印　　刷:北京银祥印刷厂
经　　销:新华书店
开　　本:720mm×1000mm/16
印　　张:24.5
字　　数:365 千字
版　　次:2012 年 8 月第 1 版　2012 年 8 月第 1 次印刷
书　　号:ISBN 978-7-5096-1855-4
定　　价:69.00 元

·版权所有　翻印必究·
凡购本社图书,如有印装错误,由本社读者服务部负责调换。
联系地址:北京阜外月坛北小街 2 号
电话:(010)68022974　邮编:100836

中国—东盟研究院文库
编辑委员会

主　编：阳国亮

编　委：（以姓氏笔画为序）

　　　　乌尼日　李寅生　张　军　张晓农　宋亚菲
　　　　杨克斯　唐文琳　唐德海　阎世平　商娜红
　　　　黄牡丽　谢　舜　曾冬梅　雷德鹏　黎　鹏

《北部湾（广西）滨海旅游区评价与选划研究》
指导委员会

总 顾 问：张创智
主 任 委 员：杨小光
副主任委员：张协奎　蒋明星

《广西区潜在滨海旅游区评价与选划》课题

承 担 单 位：广西大学
协 作 单 位：广西红树林研究中心
　　　　　　广西林业勘测设计院
　　　　　　广西民族研究所
课题负责人：阳国亮
项目负责人：文　军
课题组成员：文　军　阳国亮　张协奎　范航清　覃彩銮　程胜龙
　　　　　　李星群　何彬元　周武生　凌常荣　张　林　黄智刚
　　　　　　苏　振　邓小桂　黎广钊　陆道调　叶明琴　陶世红

总 序

阳国亮

正当中国与东盟各国形成稳定健康的战略伙伴关系之际,我校以经济学、经济管理、国际贸易等经济学科为基础,整合法学、政治学、公共管理学、文学、新闻学、外语、教育学、艺术等学科力量,经广西壮族自治区政府批准于2005年成立了广西大学中国—东盟研究院;同时将"中国—东盟经贸合作与发展研究"作为"十一五"时期学校"211工程"的重点学科来进行建设。这两项行动所要实现的目标,就是要加强中国与东盟合作研究,发挥广西大学智库的作用,为国家和地方的经济、政治、文化、社会建设服务,并逐步形成具有鲜明区域特色的高水平的文科科研团队。几年来,围绕中国与东盟的合作关系及东盟各国的国别研究,研究院的学者和专家们投入了大量的精力并取得了丰硕的成果。为了使学者、专家们的智慧结晶得以在更广的范围内展示并服务于社会,发挥其更大的作用,我们决定将其中的一些研究成果结集并以《广西大学中国—东盟研究院文库》的形式出版。同时,这也是我院中国—东盟关系研究和"211工程"建设成果的一种汇报和检阅的形式。

中国与东盟各国的关系研究是国际关系中区域国别关系的研究,这一研究无论对国际经济与政治还是对我国对外开放和现代化建设都非常重要。广西在中国与东盟的关系中处于非常特殊的位置,特别是在广西的社会经济跨越式发展中,中国与东盟关系的发展状况会给广西带来极大的影响。因此,中国与东盟及各国的关系是非常值得重视的研究课题。

中国与东盟各国的关系具有深厚的历史基础。古代中国与东南亚各国的经贸往来自我国春秋时期始已有两千多年的历史。由于中国与东南亚经贸关系的繁荣,秦汉时期的番禺(今广州)就已成为"珠玑、犀、玳瑁"等海外产品聚集的"都会"(《史记》卷69《货殖列传》)。自汉代以来,经三国、两晋、南北朝至隋唐,中国与东南亚各国的商贸迅速发展。大约在唐朝开元初年,唐朝在广州创设了"市舶使",作为专门负责管理对外贸易的官员。宋元时期鼓励海外贸易的政策促使中国与东南亚各国经贸往来出现了前所未有的繁荣。至明朝,郑和下西洋加强了中国与东南亚各国的联系,把双方的商贸往来推向了新的高潮。自明代始,大批华人移居东南亚,带去了中国先进的生产工具和生产技术。尽管明末清初,西方殖民者东来,中国几番海禁;16世纪开始,东南亚各国和地区相继沦为殖民地;至1840年中国也沦为半殖民地半封建社会,中国与东南亚各国的经贸往来呈现复杂局面,但双方的贸易仍然在发展。第二次世界大战以后,受世界格局的影响以及各国不同条件的制约,中国与东南亚各国的经济关系经历了曲折的历程。直到20世纪70年代,国际形势变化,东南亚各国开始调整其对华政策,中国与东南亚各国的国家关系逐渐实现正常化,双方经济关系得以迅速恢复和发展。20世纪80年代末期冷战结束至90年代初,国际和区域格局发生重大变化,中国与东南亚各国的关系出现了新的转折,双边经济关系进入全面合作与发展的新阶段。总之,中国与东盟各国合作关系由来已久,渊源深厚。

发展中国家区域经济合作浪潮的兴起和亚洲的觉醒是东盟得以建立的主要背景。20世纪60—70年代,发展中国家区域经济一体化第一次浪潮兴起,拉美和非洲国家涌现出中美共同市场、安第斯集团、加勒比共同市场等众多的区域经济一体化组织。20世纪90年代,发展中国家区域经济一体化浪潮再次兴起。在两次浪潮的推动下,发展中国家普遍意识到加强区域经济合作的必要性和紧迫性,只有实现区域经济一体化才能顺应经济全球化的世界趋势并减缓经济全球化带来的负面影响。亚洲各国正是在这一背景下觉醒并形成了亚洲意识。战前,亚洲是欧美的殖民地;战后,亚洲各国尽管已经独立,但仍未能摆脱大国对亚洲地区事务的干涉和控制。20世纪50—60年代,亚洲各国民族主义意识增强，已经显示出较强烈的政治自主意愿，要求自主处理地区事务，不受大国支配，努力维护本国的独立和主权。亚洲各国都意识到，要实现这种意愿，弱小国家必须组织起来协同合作，由此"亚洲主义"得以产生。东盟就是在东南亚国家这种意愿的推动下，经过艰难曲折的过程而建立起来的。

"东盟"是东南亚国家联盟的简称，在国际关系格局中具有重要的战略地位。东盟的战略地位首先是由其所具有的两大地理区位优势决定的：一是两洋的咽喉门户。东南亚处于太平洋与印度洋的"十字路口"，既是通向亚、非、欧三洲及大洋洲的必经航道，又是南美洲与东亚国家间物资、文化交流的海上门户。其中，世界上每年50%的船只通过马六甲海峡，这使得东南亚成为远东制海权的战略要地。二是欧亚大陆"岛链"重要组成部分。欧亚大陆有一条战略家非常重视的扼制亚欧国家进入太平洋的新月形的"岛链"，北起朝鲜半岛，经日本列岛、琉球群岛、我国的台湾岛，连接菲律宾群岛、印度尼西亚群岛。东南亚是这条"岛链"的重要组成部分，是防卫东亚、南亚大陆的战略要地。其次，东盟的经济实力也决定了其战略地位。1999年4月30日，以柬埔寨加入东盟为标志，东盟已成为代表全部东南亚国家的区域经济合作组织。至此，东盟已拥有10个国家、448万平方公里土地、5亿人口、7370亿美元国内生产总值、7200亿美元外贸总额，其经济实力在国际上已是一支重要的战略力量。再次，东盟在国际关系中还具有重要的政治战略地位，东盟所处的亚太地区是世界大国多方力量交会之处，中国、美国、俄罗斯、日本、印度等大国有着不同的政治、经济和安全利益追求。东盟的构建在亚太地区的国际政治关系中加入了新的因素，对于促进亚太地区国家特别是大国之间的磋商、制衡大国之间的关系、促进大国之间的合作具有极重要的作用。

在保证了地区安全稳定、推进国家间的合作、增强了国际影响力的同时，东盟也面临一些问题。东盟各国在政治制度等方面存在较大差异，政治多元的状况会严重影响合作组织的凝聚力；东盟大多数成员国经济结构相似，各国间的经济利益竞争也会直接影响到东盟纵向的发展进程。长期以来，东盟缺乏代表自身利益的大国核心，不但影响政治经济合作的基础，在发生区域性危机时更是无法整合内部力量来抵御和克服，外来不良势力来袭时会呈现群龙无首的状态，这对于区域合作组织抗风险能力的提高极为不利。因此，到区域外寻求稳定的、友好的战略合作伙伴是东盟推进发展必须要解决的紧迫的问题。中国改革开放以来的发展及其所实行的外交政策、在1992年东亚金融危机中的表现以及加入WTO，使东盟不断加深了对中国的认识；随着中国与东盟各国的关系不断改善和发展，进入21世纪后，中国与东盟也进入了区域经济合作的新阶段。

发展与东盟的战略伙伴关系是中国外交政策的重要组成部分。从地缘上看，东南亚是中国的南大门，是中国通向外部世界的海上通道；从国际政治上看，亚太地区是中、美、日三国的战略均衡区域，而东南亚是亚太地区的"大国"，对中、美、日都具有极重要的战略地位，是中国极为重要的地缘战略区域；从中国的发展战略要求看，东南亚作为中国的重要邻居是中国周边发展环境的一个重要组成部分，推进中国与东盟的关系，还可以有效防止该地区针对中国的军事同盟，是中国稳定周边战略不可缺少的一环；从经济发展的角度说，中国与东盟的合作对促进双方的贸易和投资、促进地区之间的协调发展具有极大的推动作用，同时，这一合作还是以区域经济一体化融入经济全球化的重要步骤；从中国的国际经济战略要求来说，加强与东盟的联系直接关系到我国对外贸易世界通道的问题，预计在今后15年内，中国制造加工业将提高到世界第二位的水平，中国与海外的交流日益增强，东南亚水域尤其是马六甲海峡是中国海上运输的生命线，因此，与东盟的合作具有保护中国与海外联系通道畅通的重要意义。总之，中国与东盟各国山水相连的地理纽带、源远流长的历史交往、共同发展的利益需求，形成了互相合作的厚实基础。经过时代风云变幻的考验，中国与东盟区域合作的关系不断走向成熟。东盟已成为中国外交的重要战略依托，中国也成为与东盟合作关系发展最快、最具活力的国家之一。

中国—东盟自由贸易区的建立是中国与东盟各国关系发展的里程碑。中国—东盟自由贸易区是一个具有较为严密的制度安排的区域一体化的经济合作形式，这些制度安排涵盖面广、优惠度高，它涵盖了货物贸易、服务贸易和投资的自由化及知识产权等领域，在贸易与投资等方面实施便利化措施，在农业、信息及通信技术、人力资源开发、投资以及湄公河流域开发五个方面开展优先合作。同时，中国与东盟的合作还要扩展到金融、旅游、工业、交通、电信、知识产权、中小企业、环境、生物技术、渔业、林业及林产品、矿业、能源及次区域开发等众多的经济领域。中国—东盟自由贸易区的建立既有助于东盟克服自身经济的脆弱性，提高其国际竞争力，又为我国对外经贸提供新的发展空间，对于双边经贸合作向深度和广度发展都具有重要的推动作用。中国—东盟自由贸易区拥有近18亿消费者，人口覆盖全球近30%；GDP近4万亿美元，占世界总额的10%；贸易总量2万亿美元，占世界总额的10%，还拥有全球约40%的外汇。这不仅大大提高了中国和东盟国家的国际地位，而且将对世界经济产生重大影响。

广西在中国—东盟合作关系中具有特殊的地位。广西和云南一样都处于中国与东盟国家的接合部，具有面向东盟开放合作的良好的区位条件。从面向东盟的地理位置看，桂越边界1020公里，海岸线1595公里，与东盟有一片海连接。从背靠国内的区域来看，广西位于西南和华南之间，东邻珠江三角洲和港澳地区、西毗西南经济圈、北靠中南经济腹地，这一独特的地理位置使广西成为我国陆地和海上连接东盟各国的一个"桥头堡"，是我国内陆走向东盟的重要交通枢纽。广西与东盟各国在经济结构和出口商品结构上具有互补性。广西从东盟国家进口的商品以木材、矿产品、农副产品等初级产品为主，而出口到东盟国家的主要为建材、轻纺产品、家用电器、生活日用品和成套机械设备等工业制成品；在水力、矿产等资源的开发方面还有很强的互补性。广西与东盟各国的经济技术合作具有很好的前景和很大的空间。广西南宁成为中国—东盟博览会永久承办地，泛北部湾经济合作与中国—东盟"一轴两翼"区域经济新格局的构建为广西与东盟各国的合作提供了很好的平台。另外，广西与东南亚各国有很深的历史人文关系，广西的许多民族与东南亚多个民族有亲缘关系，如越南的主体民族越族与广西的京族是同一民族，越南的岱族、侬族与广西壮族是同一民族，泰国的主体民族泰族与广西的壮族有很深的历史文化渊源关系，这些都是广西与东盟接轨的重要人文优势。自2004年以来，广西成功地承办了每年一届的中国—东盟博览会和商务与投资峰会以及泛北部湾经济合作论坛、中国—东盟自由贸易区论坛、中越青年大联欢等活动，形成了中国—东盟合作"南宁渠道"，显示了广西在中国—东盟合作中的重要作用。总之，广西在中国—东盟关系发展中占有重要地位。在中国—东盟关系发展中发挥广西的作用，既是双边合作共进的迫切需要，对于推动广西的开放开发、加快广西的发展也具有十分重要的意义。

中国—东盟自由贸易区一建立就取得了显著的效果。据中国海关统计，2010年中国与东盟双边贸易额达2927.8亿元，比上年增长37.5%。当然，这仅仅是一个良好的开端，要继续深化中国与东盟的合作，使这一合作更为成熟并达到全方位合作的实质性目标，还需要从战略上继续推进，在具体措施上继续努力。无论是总体战略推进还是具体措施的落实都需要以理论思考、理论研究为基础进行运筹和决策，因此，不断深化中国与东盟及各国关系的研究就显得尤为必要。

加强对东盟及东盟各国的研究是国际区域经济、政治和文化研究学者的一项重要任务。东盟各国及其区域经济一体化的稳定和发展是我国构建良好的周边国际环境和关系的关键。东盟区域经济一体化的发展受到很多因素的制约，东盟各国经济贸易结构的雷同和产品的竞争，在意识形态、宗教历史、文化习俗、发展水平等方面的差异性，合作组织内部缺乏核心力量和危机共同应对机制等因素都会对区域经济一体化的进一步发展造成不利影响。要把握东盟各国及其区域经济一体化的走向，就要加强对东盟各国历史、现状、走向的研究，同时也要加强东盟区域经济一体化有利因素和制约因素的走向和趋势的研究。

我国处理与东盟各国关系的战略、策略也是需要不断思考的重要问题。要从战略上发挥我国在与东盟关系的良性发展中的作用，形成中国—东盟双方共同努力的发展格局；要创新促进双边关系发展的机制体系；要进一步深化和完善作为中国—东盟合作主要平台和机制的中国—东盟自由贸易区，进一步分析中国—东盟自由贸易区的下一步发展趋势和内在要求，从地缘关系、产业特征、经济状况、相互优势等方面充实合作内容、创新合作形式、完善合作机制、拓展合作领域，全面发挥其积极的作用。所有这些问题都要从战略思想到实施措施上展开全面的研究。

广西在中国—东盟关系发展中如何利用机遇、发挥作用更需要从理论和实践的结合上不断深入研究。要在中国—东盟次区域合作中进一步明确广西的战略地位，在对接中国—东盟关系发展中特别是在中国—东盟自由贸易区的建设发展进程中，发挥广西的优势，进一步打造好中国—东盟合作的"南宁渠道"；如何使"一轴两翼"的泛北部湾次区域合作机制创新成为东盟各国的共识和行动，不仅要为中国—东盟关系发展创新形式、拓展领域，也要为广西的开放开发、抓住中国—东盟区域合作的机遇实现自身发展创造条件；如何在中国—东盟区域合作中不断推动北部湾的开放开发、形成热潮滚滚的态势，这些问题都需要不断地深入研究。

综上所述，中国与东盟各国的关系无论从历史现状还是发展趋势来看都是需要认真研究的重大课题。广西大学作为地处中国与东盟开放合作的前沿区域的"211工程"高校，应当以这些研究为己任，应当在这些重大问题的研究上产生丰富的创新成果，为我国与东盟各国关系的发展、为广西在中国—东盟经济合作中发挥作用并使广西跨越式发展作出贡献。

在中国与东盟各国关系不断发展的过程中，广西大学中国—东盟研究院的学者、专家们在中国—东盟各项双边关系的研究中进行了不懈的探索。学者、专家们背负着民族、国家的责任，怀揣着对中国—东盟合作发展的热情，积极投入到与中国—东盟各国合作发展相关的各种问题的研究中来。"宝剑锋从磨砺出，梅花香自苦寒来"，历经多年的积淀与发展，研究院的组织构架日臻完善，团队建设渐趋成熟，形成了立足本土兼具国际视野的学术队伍，在学术上获得了一些喜人的成果，比较突出的有：取得了"CAFTA进程中我国周边省区产业政策协调与区域分工研究"与"中国—东盟区域经济一体化"两项国家级重大课题；围绕中国与东盟各国关系的历史、现状及其发展，从经济、政治、文化、外交等各方面的合作以及广西和北部湾的开放开发等方面开展了大量的研究，形成了一大批研究论文和论著。这些成果为政府及各界了解中国—东盟关系的发展历史、了解东盟各国的文化、把握中国—东盟关系的发展进程提供了极好的参考材料，为政府及各界在处理与东盟各国关系的各项决策中发挥了咨询服务的作用。

这次以《广西大学中国—东盟研究院文库》的形式出版的论著仅仅是学者、专家们的研究成果中的一部分。文库的顺利出版，是广西大学中国—东盟研究院的学者们在国家"211工程"建设背景下，共同努力，经过不辞辛苦、锲而不舍的研究所取得的一项重大成果。文库的作者中有一批青年学者，是中国—东盟关系研究的新兴力量，尤为引人注目。青年学者群体是广西大学中国—东盟研究院未来发展的重要战略资源，青年兴则学术兴，青年强则研究强，多年来，广西大学中国—东盟研究院致力于培养优秀拔尖人才和中青年骨干学者，从学习、工作、政策、环境等各方面创造条件，为青年学者的健康成长搭建舞台。同时，众多青年学者也树立了追求卓越的信念，他们在实践中学会成长，正确对待成长中的困难，不断走向成熟。"多情唯有是春草，年年新绿满芳洲"，学术生涯是一条平凡而又艰难、寂寞而又崎岖的道路，没有鲜花，没有掌声，更多的倒是崇山峻岭、荆棘丛生；但学术又是每一个国家发展建设中不可缺少的，正如水与空气之于人类，整个人类历史文化长河源远流长，其中也包括着一代又一代学者薪火相传的辛勤劳动。愿研究院的青年学者们，以及所有真正有志献身于学术的人们，都能像春草那样年复一年以自己的新绿铺满大地、装点国家壮丽锦绣的河山。

当前，国际政治经济格局加速调整，亚洲发展孕育着重大机遇，中国同东盟国家的前途命运日益紧密地联系在一起。在新形势下，巩固和加强中国—东盟战略伙伴关系，不断地推进中国—东盟自由贸易区的健康发展是中国与东盟国家的共同要求和共同愿望。广西大学中国—东盟研究院将会继续组织和推进中国与东盟各国关系的研究，从区域经济学的视角出发，采取基础研究与应用研究相结合、专题研究与整体研究相结合的方法，紧密结合当前实际，对中国—东盟自由贸易区建设这一重大战略问题进行全面、深入、系统的思考；并在深入研究的基础上提出具有前瞻性、科学性、可行性的对策建议，为政府提供决策咨询，为相关企业提供贸易投资参考。随着研究的深入，我们会陆续将研究成果分批结集出版，以便使《广西大学中国—东盟研究院文库》成为反映我院中国—东盟各国及其关系研究成果的一个重要窗口，同时也希望能为了解东盟、认识东盟、研究东盟、走进东盟的人们提供有益的参考与借鉴。由于时间仓促，本文库错误之处在所难免，敬请各位学者、专家及广大读者不吝赐教，批评指正。

是为序。

（作者系广西大学中国—东盟研究院院长）

2011年1月11日

前　言

21世纪是海洋的世纪。

21世纪旅游业是滨海旅游业的世纪。滨海旅游业是指滨海海岸的区域或城市以海岸带、海岛及海洋景观资源为依托而展开的旅游经营和服务活动。当前世界旅游正在从中低端向高端迈进，从观光旅游向休闲度假旅游发展，从传统旅游方式向现代旅游方式转变。世界旅游发展的三种表现形式都与滨海旅游具有密切联系。可以说，具有滨海旅游优势的国家或地区，在当今世界旅游发展的大趋势中，具有优越的发展条件，处于十分有利的地位。

我国的滨海旅游业成规模发展始于20世纪80年代后期，目前正处于快速发展阶段，与世界滨海旅游发达地区相比还有较大差距。因此，我国滨海旅游具有巨大的发展潜力，是旅游业的一个新的增长点。北部湾（广西）在我国滨海旅游发展中是一个大有作为的新的发展极。北部湾（广西）包括南宁、北海、钦州、防城港四市。四个市中，北海、钦州、防城港三市滨海。北部湾（广西）（以下简称北部湾）滨海旅游指的是北部湾滨海土地和滨海水域的所有与旅游休闲以及休憩相关的活动。在北部湾经济区开放开发上升为国家战略的今天，滨海旅游的发展已经引起了各方面的充分重视。

经过多年的发展，北部湾滨海旅游业取得了一定的业绩，旅游产品开发成效显著；旅游大交通框架日渐形成；旅游服务配套逐步完善；旅游产业已初具规模，主要体现在以下三个方面：第一，景区建设成效显著。2011年年底，共有A级以上旅游景区21家，其中4A级景区10家，3A级景区8家，2A级景区3家，较为著名的有北海银滩旅游区、北海涠洲岛地质公园鳄鱼山景区、防城港十万大山国家森林公园、钦州三娘湾旅游区，形成了一批知名度高、影响力大、竞争力强的旅游吸引地。第二，住宿设施配套相对完善。2011年年底，共有星级以上酒店84家，其中五星级2家，四星级9家，三星级59家，二星级14家。第三，旅行社日渐成长。到2011年年底，共有星级旅行社52家，其中五星级4家，四星级8家，三星级24家，二星级13家，一星级3家。还有一大批农（渔）家旅馆、招待所、旅社、经济型酒店等其他住宿设施。

相对我国其他滨海地区尤其是世界顶级滨海旅游地而言，北部湾滨海旅游发展还不成熟，主要表现在四个方面：第一，旅游产业的核心要素发育不足，目前还没有国家5A级景区，更没有世界级景区。第二，旅游企业发育不成熟、规模小，没有形成知名的旅游企业或集团，没有形成著名的旅游接待服务品牌。第三，旅游业整体性不强，旅游开发缺乏整体规划、统筹安排。低水平开发、重复建设、同质竞争的现象不时出现；联动性发展不足，协同优势不明显，区域性壁垒和地方保护主义依然存在。第四，旅游发展呈现低端化倾向，旅游产品开发层次不高，旅游设施配套和服务档次一般，整体面向的依然是周边中低端市场。从总体上看，北部湾滨海旅游的发展仍处在起步阶段。

当前，北部湾滨海旅游面临前所未有的机遇。一是多个区域合作平台交会带来的机遇。北部湾滨海地区处于泛北部湾区域经济合作、中国—东盟自由贸易区（CAFTA）、大湄公河次区域合作区（GMS）、泛珠三角合作区等多个国际国内区域性合作平台的交会处。这些平台从三个方面创造北部湾滨海旅游的条件：跨区域整合资源、产品，提升广西北部湾滨海旅游竞争力，比如销售越南等周边区域的产品来拓展自己的市场；区域合作的深化，既有利于拓展周边客源，又可以分享周边旅游市场；给跨国旅游、边境旅游创造更宽松的政策环境。二是双重国家战略交会带来的机遇。北部湾滨海地区处于西部大开发、广西北部湾经济开发双重国家战略的交会处。这给广西北部湾滨海旅游带来了至少两个方面的驱动：双重国家战略的交会，使广西北部湾滨海地区成为我国改革开放的新高地，成为社会投资的热点区域，这必将全面推动广西北部湾滨海地区社会经济的发展，为旅游业发展奠定良好的基础；双重战略带来的政策优势，会引发民间、国际资本向广西北部湾滨海地区聚集，旅游投资亦将成为热点领域。三是国家新出台政策带来的机遇。《广西北部湾经济区发展规划》于2008年获国务院批准实施，标志着广西北部湾经济开发区开放开发上升为国家战略，将广西沿海地区作为一个经济区来统筹开放，建设成为"重要国家区域经济合作区"。2009年出台的《国务院关于加快发展旅游业的意见》，提出"把旅游业培育成国民经济战略性支柱产业和人民群众更加满意的现代服务业"，明确了加快发展旅游业的总体要求、主要任务、保障措施；2009年出台的《国务院关于进一步促进广西经济社会发展的若干意见》明确指出，"要充分发挥北部湾经济区引领带动作用，加快发展服务业，提升产业现代化水平"；2009年由国家旅游局领衔组织的《北部湾旅游发展规划》将北部湾打造成为与地中海、加勒比海等相媲美的世界顶级滨海旅游目的地；2010年中共中央、国务院出台了《关于深入实施西部大开发战略的若干意见》明确提出"积极建设广西东兴、云南瑞丽、内蒙古满洲里等重点开发试验区"。这些国家战略性政策都给广西北部湾滨海旅游创造了跨越式发展的良机。

与此同时，北部湾滨海旅游也面临严峻挑战。一是快速城市化和工业化对生态环境的严重威胁。多个区域合作的深化及双重国家战略的实施，使广西北部湾滨海地区成为我国又一个亮丽的窗口，成为政策、资金、信息、人才、人口等汇集之地，势必推进该区域的城市化和工业化进程，这对于该区域相对脆弱的生态环境将是一个巨大的威胁。如果处理不当，不仅会影响到旅游业的发展，甚至会给区域可持续发展带来伤害。二是区域旅游发展同质化带来的挑战。我国东部沿海、环北部湾、泛北部湾区域的滨海旅游地比比皆是，而且这些区域旅游基础设施和配套设施建设比较完善，在国内外市场上已形成品牌，广西北部湾滨海旅游在发展战略、产品开发等各方面与之趋同，区域之间同质化竞争现象严重，而作为新兴的滨海旅游地，品牌影响力小，与这些发达地区相比还存在一定差距。三是发展观念转变带来的挑战。进入21世纪，许多传统发展观念面临转变的挑战，旅游业是综合性强、带动作用大的现代服务业，是国民经济的重要产业，必须站在国家战略的高度，切实转变发展观念，正确处理好速度与效益的关系、数量与质量的关系、当前与长远的关系、服务经济建设与服务民生建设的关系、自身发展与服从大局的关系、突出重点与兼顾整体的关系、国内旅游与国际旅游之间的关系、政府同中介机构与旅游企业的关系、各级旅游部门的工作关系。传统观念根深蒂固，实现彻底转变需要克服很多困难。

北部湾发展滨海旅游具有良好的条件。2009 年年末，广西北部湾滨海地区行政区域土地面积 20402 平方公里，总人口 618.29 万人。2009 年，地区生产总值 957.86 亿元，第一、二、三产业增加值分别为 232.57 亿元、384.71 亿元、340.57 亿元；按常住人口计算，人均生产总值 15492 元。广西北部湾滨海地区幅员辽阔，人口密度低，第三产业对地区经济的贡献率较大，第三产业在地区经济的地位较高，这些都为发展旅游提供了强有力的经济条件支撑。

从气候条件来看，北部湾发展旅游得天独厚。北部湾滨海地区属亚热带季风型海洋性气候，终年温暖，四季常青，是我国乃至全球的一块宝地。集陆地、海洋、半岛、岛屿于一体，拥有宁静的海湾，优良的港口，丰富的资源，秀美的山水；在亚热带季风性海洋气候的影响下，展现出蓝（海洋）、红（火山地貌与红土地）、绿（植被）生机勃勃的生态环境。在人类不断占据和开发沿海地区的形势下，北部湾是剩下来少有的一块净土，这是一个海碧、天蓝、空气清新的洁净海域。该地区雨量充沛，雨热同季，十分适宜林木生长，这里还是我国红树林分布较集中的地区。

北部湾滨海地区拥有高品位的旅游资源，自然风光与人文风情并茂，具有许多开发价值极高的旅游资源，如北海银滩、北海涠洲岛、中华白海豚保护区、红树林保护区、海上"丝绸之路"等。资源类型多样，涵盖了跨国海湾、海岛海岸、边关风情、生态山水、民风民俗、历史文化等，形成了北部湾特有的"海"之神韵、"边"之神秘、"山"之神奇、"林"之清秀、"瀑"之神妙等景观特色，特别是品质优良的亚热带滨海沙滩和少数民族风情极富吸引力；组合优势明显，既有现代国际旅游所追求的"阳光、海水、沙滩、绿色、空气"五大要素，又兼具世界热门的"河流、港口、岛屿、气候、森林、动物、温泉、岩洞（峰林）、田园、风情"十大风景资源。资源特色鲜明，亚热带海滨风情、海岛风情、跨国海湾风情、中越边境风情、少数民族风情、历史文化风情等特色与周边热点旅游地形成了巨大的反差。

北部湾滨海旅游要抓住机遇乘势而起，必须要对自身的资源优势进行更深入细致的调查，并进行科学评价和选划，在此基础上进行战略规划并扎实推进。从推动北部湾国土开发和滨海旅游业的战略要求出发，国家海洋局和广西近海海洋综合调查与评价专项办（简称"908专项办"）委托广西大学等单位开展了《广西潜在滨海旅游区评价与选划》（GX908-02-01）的专项研究。开展潜在滨海旅游区的评价和选划研究，对将北部湾滨海旅游资源的潜在优势转化为现实的滨海旅游经济优势、促进旅游转型升级、提高竞争力具有重要的现实意义和深远的历史意义。对于推进我国以及北部湾滨海旅游业的发展以及潜在滨海旅游区的开发和保护具有重要意义。

本书是在这一专项研究报告的基础上充实整理而成的。本书从实事求是原则、综合性原则、主导因素原则、环境友好优先原则、可持续发展原则等基本原则的要求出发，遵循科学调查与评价规律，在广泛收集资料和开展北部湾近海旅游资源调查的基础上，主要针对北部湾滨海三市即北海、钦州、防城港的滨海区域（包括近岸腹地和岸线以外的近海领域和岛屿，一般是指岸线向陆10km，向海5m等深线以内）的旅游资源进行了评估和选划并作出了滨海旅游发展战略规划。为我国沿海地区合理调整海洋经济布局、充分利用海洋资源、促进海洋经济发展提供了参考依据。

本书在调研、资料收集和数据整理过程中得到了广西壮族自治区海洋局法规和规划科技处蒋明星处长等领导，广西大学张协奎副校长、李星群副教授、程胜龙副教授、周武生副教授、凌常荣副教授、张林教授、黄智刚副教授以及广西红树林研究中心范航清主任、广西民族研究所覃彩銮所长、广西林业勘测设计院何彬元高级工程师等课题组成员给予的大力支持与帮助。

在本书编著过程中，还得到了广西大学邓小桂、汤宗虎硕士等给予的大力帮助。

在此，我们一并表示真挚的敬意和衷心的感谢。此外，由于北部湾滨海地区涉及的范围较大，涵盖的领域较多，加上作者水平有限，本书难免存在不当之处，敬请学界同人批评指正。

作者

2011年12月于南宁

目 录

第一章 北部湾（广西）滨海旅游发展历程 ················· 1
  第一节 国外滨海旅游发展历程 ························· 1
  第二节 国内滨海旅游发展历程 ························· 2
  第三节 北部湾（广西）滨海旅游发展历程 ············ 4

第二章 北部湾（广西）滨海旅游发展现状概述 ········· 9
  第一节 北部湾（广西）滨海旅游资源开发现状及评价 ··· 9
  第二节 北部湾（广西）滨海旅游区主要旅游企业发展
     现状及评价 ····································· 19
  第三节 北部湾（广西）滨海旅游产业发展的效益分析 ··· 28
  第四节 北部湾（广西）滨海旅游发展中存在的主要问题 ··· 37
  第五节 结论 ·· 48

第三章 北部湾（广西）滨海旅游市场分析 ············· 53
  第一节 旅游市场背景 ································· 53
  第二节 北部湾（广西）滨海国内旅游市场分析 ······· 64
  第三节 北部湾（广西）滨海"黄金周"旅游市场分析 ··· 69
  第四节 北部湾（广西）滨海入境旅游市场分析 ······· 76
  第五节 东盟客源市场时空特征分析 ··················· 86
  第六节 北部湾（广西）滨海旅游客源市场调查分析 ··· 95
  第七节 结论 ·· 122

第四章 北部湾（广西）滨海旅游资源评价分析 ······· 125
  第一节 滨海旅游资源（景点）的评价原则和方法 ····· 125
  第二节 滨海旅游资源（景点）分类 ··················· 141

第三节 滨海生态类旅游资源（景点）开发评价 …………… 149
第四节 滨海水体—沙滩类旅游资源开发评价 …………… 168
第五节 滨海人文类旅游资源（景点）开发评价 …………… 185
第六节 滨海旅游资源（景点）综合评价 …………… 200

第五章 北部湾（广西）滨海旅游开发环境影响分析 …………… 214
第一节 滨海旅游环境现状（背景）调查 …………… 214
第二节 滨海环境容量及资源承载力 …………… 219
第三节 滨海旅游区域环境质量评价 …………… 225
第四节 滨海旅游资源开发环境问题评价 …………… 241
第五节 滨海旅游地区环境保护对策与措施 …………… 248
第六节 结论 …………… 249

第六章 北部湾（广西）滨海旅游区选划与评价 …………… 252
第一节 滨海旅游区选划依据与条件 …………… 252
第二节 北部湾（广西）滨海旅游区选划布局 …………… 255
第三节 北部湾（广西）滨海旅游区选划与评价 …………… 257

第七章 北部湾（广西）滨海旅游与旅游产业发展战略规划 …………… 287
第一节 滨海旅游与旅游产业发展的战略目标与原则 …………… 287
第二节 滨海旅游与旅游产业发展空间战略布局 …………… 290
第三节 滨海旅游发展重点任务 …………… 294
第四节 滨海旅游开发示范基地概念性规划 …………… 300
第五节 滨海旅游产业发展的保障措施 …………… 339

附录 北部湾（广西）滨海旅游资源与环境数据集 …………… 345
参考文献 …………… 364

第一章

北部湾（广西）滨海旅游发展历程

第一节 国外滨海旅游发展历程

国际上滨海旅游资源开发的历程可以分为四个阶段。最早的海水浴场出现于1730年英国的斯卡伯勒和布赖顿；现代滨海旅游形成于19世纪中叶，欧洲大西洋沿岸、波罗的海沿岸开辟众多的滨海疗养地；20世纪初，地中海沿岸避寒度假胜地成为新的世界著名滨海旅游中心；20世纪中叶，热带滨海旅游迅速崛起，依托气候优势，大力发展"3S"（Sun、Sea、Sand），形成了巨大的市场影响。

早期海滨旅游度假区主要集中在大城市郊区的多阳光沿海地带，依托"3S"（阳光、大海和沙滩）资源、多种多样的康体休闲设施（如滨海大道、舞厅、戏院、娱乐场所等）以及良好的区位条件。最著名的有依托伦敦客源的布赖顿，依托工业发达的英国北部客源的布勒克普尔。在欧洲大陆，这类服务于大城市度假需求的海滨胜地有：斯赫维宁根，服务于海牙；第奥维勒，服务于巴黎；勒图盖，服务于巴黎和布鲁塞尔。在美国，大西洋城为纽约—费城地区服务。国际海滨旅游度假区以吸引国外度假旅游者为目标，依托极为丰富的康体休闲活动，如冲浪运动、划船游玩或乘船游览以及携带人造肺潜水等活动。这些康体活动极大地促进了海滨旅游度假区的开发，招徕了大批国际度假旅游者。

"二战"之后，各个沿海国家都意识到海滨度假旅游地的吸引力及其开发价值，对滨海地区进行了广泛的旅游开发。"二战"后，北欧、西欧开始组团去地中海海滨度假，使地中海沿岸的国际海滨旅游度假区迅速成长起来，南欧、北非的地中海海滨成为世界著名的度假旅游休闲地。地中海海滨旅游度假区得以迅速传播，原因有三：第一，民航发展及其费用降低；第二，地中海沿岸国家的物价比北欧和西欧低廉；第三，人们具有强烈的逐光需求，北欧纬度偏北、西欧多雾，光照时数都偏少，早期由于交通限制只能在自己国家附近的海滨去追逐阳光和海水，但大部分时间难以得到满足，而地中海沿岸一年四季都有充足的阳光，成了理想的度假胜地。地中海沿岸海滨旅游度假区的兴起逐渐导致北欧和西欧早期开发的海滨旅游度假区走向衰落，转向接待短期性度假的旅游者。

北美的度假旅游者在20世纪50年代之后，为逐光需求而奔向佛罗里达、南卡罗来纳、北卡罗来纳以及加勒比地区的海滨去度假，促进加勒比海沿岸和佛罗里达州沿岸的国际海滨旅游度假区的出现与兴起。最近的30多年时间，在加勒比海群岛上以及东南亚等国家快速开发了许多著名的滨海度假旅游胜地。乌拉圭的优良海滨和娱乐场所吸引了拉丁美洲其他国家和地区的旅游者，西非象牙海岸开辟了一个大型沿海胜地。在东南亚及太平洋沿岸出现了一些著名的国际海滨旅游度假区，如印度尼西亚的巴厘岛和泰国的芭提雅旅游度假区都是国际著名的度假休闲胜地。

滨海旅游产品开发可分为三个阶段。一是治病疗养产品阶段。这个阶段的主要产品是海水浴、阳光浴的治病和医疗保养。二是疗养游乐产品阶段。这个时期除传统产品外，出现了水上娱乐项目，如滑水、摩托艇、空中跳伞。三是游乐度假产品阶段。这一阶段主要新产品有度假村、海底观光、水上体育活动等。

目前，滨海旅游作为旅游业中的重要一支，正在向纵深发展。

第二节　国内滨海旅游发展历程

中国濒临太平洋西岸，拥有18000km的大陆海岸线，14000km的海岛岸线，岛屿有 6500 多个；可管辖的海域南北延伸近 40 个纬度，面积达 300 多万 km^2，有中温带、暖温带的海上景致，更有热带、亚热带的海洋风光，拥有丰富多样的滨海旅游资源。

我国滨海旅游开发最早可上溯到 19 世纪。晚清民国，西方文化传播至中国，海滨度假区开始出现，其中以北戴河为代表。当时的北戴河可以粗略地分为东中西三个部分：东部以东山为大本营，住在那里的人多是美国的传教士；中部以石岭为中心点，那里住的多是商人，尤其是在中国经商暴发的德、俄商人；西部以联峰山为中心点，住在那里的除外交界的人士外，还有中国的富翁和休养林泉的贵人。那时的北戴河海滨旅游开发主要用于避暑、疗养。新中国成立后，北戴河建起了各种层次的宾馆、旅社和休养所，户外康体活动以海水浴为主。把海滨当作公众游览之地，并对它进行一定的管理，在大陆几乎是到新中国成立后才开始。

新中国成立后，滨海旅游的发展与我国旅游业的发展基本同步，但滨海旅游作为一项产业是进入 20 世纪 80 年代后才出现的。与世界滨海旅游开发相比，我国滨海旅游开发不仅起步晚，而且发展缓慢，滨海旅游开发仅限于市区及市郊海岸开发，项目仅限于海滨浴场开发，内容主要是计划内的会议和疗养消费，开发中缺乏统一规划和特色。但由于中国大陆滨海旅游资源十分丰富，加之改革开放后中国沿海地区对外开放度高，经济充满活力，使我国滨海旅游的开发速度加快，并逐步涌现了一批滨海旅游胜地。

20 世纪 90 年代以来，我国滨海旅游发展迅速，其中以第一批国家级旅游度假区的公布及建设为引擎，推动了我国滨海旅游的快速发展。这一阶段，我国滨海旅游资源得到了广泛开发，滨海旅游产品日渐成为最主要的度假旅游产品类型，户外和室内康体休闲活动种类多样，缩小了与国外的距离。目前，我国海滨旅游的开发沿我国漫长的海岸线展开，北起丹东，南至防城，形成了 5 个滨海旅游发展带，见表 1.1。每个旅游带在资源条件、经济条件、区位条件、空间组合、客源市场等方面都具有各自的特点。

表1.1 我国海滨旅游空间布局结构

区域名称	区域范围	中心城市	区域优势	主导功能	主要目标市场
环渤海湾海滨旅游带	山东半岛、辽东半岛、渤海湾地区	大连、秦皇岛、青岛	区域紧密度高、客源市场优势	海滨度假	日本、韩国、环渤海湾地区
长三角海滨旅游带	以上海、连云港、南通、宁波、舟山、温州、杭州等城市为中心的苏沪浙沿海地区	上海、连云港、宁波、杭州	区域经济优势、对外开放优势	都市观光、海滨观光、商业旅游	长江三角洲海外游客
海峡西岸海滨旅游带	福建省沿海地区	福州、厦门、泉州	宗教文化多元、民俗特色突出	民俗旅游、宗教旅游、文化旅游、海滨观光、海滨度假	台湾地区、东南亚、长江三角洲、珠江三角洲
珠三角海滨旅游带	以香港特区、澳门特区、广州、深圳、珠海、汕头为中心的珠江三角洲沿海地区	香港、深圳	地理区位优势、区域经济优势	观光游览、休闲度假、疗养避寒	东南亚、欧美、珠江三角洲
北部湾（广西）滨海旅游带	海南岛、广西沿海三市	海口、北海	热带海滨风貌、独特气候条件优越	海滨观光、海滨休闲、海滨度假	东南亚、我国内地

第三节 北部湾（广西）滨海旅游发展历程

北部湾（广西）滨海旅游资源集聚于海南岛和广西滨海三市。北部湾（广西）滨海旅游资源开发的历程与我国改革开放的进程、中国及广西旅游开发的历程基本同步。总体而言，北部湾（广西）滨海旅游资源开发起步于新中国成立初期，初步发展于改革开放后的头十年（20世纪80年代），快速发展于20世纪90年代，到目前已经形成了旅游产品丰富、旅游市场广阔、旅游效益明显、旅游环境良好的发展态势。

一、北海滨海旅游发展历程

改革开放以来，北海滨海旅游发展迅猛。1984年是北海滨海旅游发展的起点，1988年列为中国重点旅游城市。1984～1993年，共接待来自20多个国家和地区的代表团和入境旅游者（包括港、澳、台同胞）3.22万人次。1996年，全市共接待国内游客131万人次，国内旅游收入3.3亿元；接待海外游客7600人次，创汇288万美元。1998年，北海被评为"中国优秀旅游城市"。2008年，全年接待国内外游客700.54万人次，增长15.47%，其中接待国内游客694.97万人次，增长15.6%；接待国外游客5.57万人次，增长1.27%。实现国内旅游收入37.94亿元，同比增长28.7%；旅游创汇1558.85万美元，同比增长11.28%。2011年，北海被评为"中国最适合夏季旅游十大城市"，全年接待国内游客1100万人次，增长17.00%；接待国外游客8.00万人次，增长13.70%。实现国内旅游收入80.17亿元，同比增长19.91%；旅游创汇2500.03万美元，同比增长16.24%。

北海市旅游资源丰富，海洋旅游资源综合优势更为突出。目前已经形成了以北海银滩为龙头的景区群。国家4A级景区景点有北海银滩、海洋之窗、海底世界；其他景区景点有：市区的北部湾广场——珍珠魂、海滩公园、海滨公园、还珠堂世界贝类珊瑚馆、南珠宫、珠海老街、大江埠旅游风景区、外沙海鲜岛等；合浦县的星岛湖旅游度假区、山口红树林自然保护区、漳嘉自然景观旅游区；海城区涠洲岛的国家地质森林公园、涠洲盛塘天主堂旧址、海底珊瑚、猪仔岭和滴水岩；银海区的下窑窑群；铁山港区的白龙珍珠城遗址。北海田野农业生态旅游观光园和合浦东园家酒厂工业生态旅游观光园是北海新兴的旅游景点。主要旅游线有北海市区一日游、星岛湖一日游、涠洲岛探险一日游、红树林生态科学考察游、"农家乐"游、北海—越南跨国五日游。

酒店业发展迅速，酒店服务水平不断提高。清末民初，北海旅游业一般为民间开设的客栈、旅社。到抗战胜利后，北海有客栈、旅社10多家，最大的旅社是天海楼。新中国成立后，1958年，北海市政府直属涉外宾馆北海迎宾馆建成，只负责接待国家领导人和外国友人，不对外营业。20世纪80年代，北海新建成华侨宾馆、泗海宾馆、福利大酒店（今阳光大酒店）、富丽华大酒店等10多家，有床位1300多张。20世纪90年代，北海拥有功能齐全的旅游宾馆、饭店40多家，小型旅馆、旅社、招待所近20家，其中涉外饭店有皇都大酒店、四川大酒店、利源国际大酒店、鸿华大厦、北海香格里拉大饭店、夜巴黎大酒店、凯帝大酒店等19家。1991年11月，皇都大酒店开业，因其主体建筑外形如二颗橄榄形宝石，曾被评为全国十大异形建筑之一。1994年，富丽华大酒店被国家授予三星级酒店称号，这是当时北海唯一一家星级酒店；1996年获中国"百优"星级饭店和广西"十佳"星级饭店称号。1996年4月，全国连锁五星级饭店北海香格里拉大饭店开业。2000年，全市涉外饭店总数达到26家，星级饭店20家。2011年，全市有宾馆酒店、旅馆、招待所500余家，其中五星级1家，四星级5家，三星级18家，二星级13家。

二、钦州滨海旅游发展历程

钦州滨海旅游起步较北海晚，但经过20多年的发展，钦州旅游业取得了骄人的成绩。改革开放初期，钦州旅游开发处于零散的状态，旅游业的发展速度较慢。但进入新世纪，钦州抓住发展机遇，迅速提升了滨海旅游的发展速度和竞争实力。2000年，钦州港经济开发区修建旅游码头和孙中山纪念碑。钦南区建设并完善麻兰岛旅游度假区。是年全市接待游客26.71万人次，旅游总收入2364.3万元，其中海外游客606人次，外汇收入21.3万美元。2003年，开发建设三娘湾旅游景区，是钦州滨海旅游的引爆点。当年"十一黄金周"三娘湾共接待国内外游客25.86万人次，旅游收入1207.7万元，分别占全市各景区接待客人总数和旅游总收入的72.1%和70.4%。2004年，钦州市策划推出广西首届海上集体婚礼、三娘湾风情表演、休闲渔业游、渔家乐、沙滩灯展、火龙果生态之旅等活动，是年全市共接待国内游客165.11万人次，旅游总收入5.75亿元。2008年，钦州市加大旅游投入，大力建设旅游项目，进一步拉动了旅游业的发展，全年共接待国内游客346.09万人次，旅游总收入15.66亿元。接待海外游客1.8万人次，外汇收入

645.42万美元。2010年，钦州市大力促进旅游业的发展，全年共接待国内游客469.33万人次，旅游总收入27.04亿元。接待海外游客2.44万人次，外汇收入822.38万美元。

酒店业发展速度较快。1998年，钦州市开展涉外饭店和星级宾馆的评定工作，金湾大酒店、钱庄大酒店、钦州宾馆被评为全市首批旅游涉外饭店，金湾大酒店荣获三星级酒店称号。2000年，全市旅游涉外饭店有客房876间，床位1842张，接待客人26.71万人次，营业总收入4779.3万元。2005年，全市有星级饭店7家，有客房1257间，床位2393张，接待客人52.24万人次，营业总收入6988.24万元。2006年，全市有金湾大酒店、钦州宾馆、泉城大酒店、钱庄大酒店、金花茶酒店、金福大酒店、正元大酒店、红树林大酒店8家星级饭店，其中三星级3家，二星级5家。全市旅游涉外饭店有床位1.68万张，共接待客人132.91万人次。2011年，全市有白海豚国际酒店、金湾大酒店、钦州宾馆、泉城大酒店、钱庄大酒店、金花茶酒店、金福大酒店、正元大酒店、红树林大酒店等25家星级饭店，其中五星级1家，四星级1家，三星级22家，二星级1家。

三、防城港滨海旅游发展历程

防城港市的旅游业从20世纪90年代初兴起，概括说是"上山下海又出国"。上山，即森林公园游；下海，即海滨风光游；出国，即越南跨国游。全市有江山旅游度假区、京岛旅游度假区等较大的著名旅游景区。其中江山旅游度假区是省级的旅游区，以沙滩阔浩、怪石林立和古迹罗布而著称，较著名的景点有月亮湾、白浪滩、海上怪古林、周顶瀑布、仙女浴池等自然景观和贝丘遗址，有白龙珍珠港、潭蓬古运河、白龙古炮台等名胜古迹。京岛旅游度假区是一个集海滨风光、民族风情和跨国旅游于一体的风景旅游区，与越南的万柱旅游度假区隔海相望，是国际旅游最推崇的旅游胜地之一。东兴口岸是中越跨国旅游的主要通道，出入境人数逐年攀升。此外，防城港市还有十万大山森林公园、企沙天堂滩、伯南公园、峒中温泉、上思明江公园、仙人山公园等旅游景点。1993年，全市接待游客为39.2万人次，旅游收入4230万元。2000

年，接待游客120万人次，实现总收入1.4亿元。2008年，旅游总收入达9.60亿元，增长28.7%。其中，国内旅游总收入8.96亿元，增长32.5%；国际旅游外汇收入928万美元，增长1.3%。全年共接待国内外游客226.96万人次，增长13.9%。其中，国内游客222.62万人次，增长14.9%；海外游客4.34万人次，下降21.4%。2010年，国内旅游总收入27.89亿元，增长62.75%；国际旅游外汇收入1726.10万美元，增长36.10%。全年共接待国内游客550.08万人次，增长31.57%；海外游客7.01万人次，增长22.35%。

酒店服务设施不断完善，服务水平不断提升。改革开放前，防城、东兴、思阳等主要城镇共有不到10家国营招待所、饭店。1993年，全市旅游涉外星级饭店有星港假日酒店、南城大酒店、伯南公园酒店、北部湾大厦、金海岸宾馆、茂名宾馆等6家。2000年，旅游涉外饭店有东兴东港大酒店、花苑大酒店为一星级旅游饭店，银海大酒店、东海大酒店为三星级旅游饭店。2006年，全市共有金海岸宾馆、天益酒店、南城大酒店等星级宾馆（酒店）13家，其中三星级酒店7家。2011年，全市共有金海岸宾馆、天益酒店、南城大酒店等星级宾馆（酒店）22家，其中四星级3家，三星级19家。南园饭店、金海岸宾馆、东兴外事宾馆曾接待过胡耀邦、杨尚昆、李鹏、李瑞环等党和国家领导人。

第二章

北部湾（广西）滨海旅游发展现状概述

第一节　北部湾（广西）滨海旅游资源开发现状及评价

一、广西滨海旅游景区现状及评价

1. 已形成了一批特色滨海旅游目的地

经过20多年的开发，目前广西已经形成了一批以北海银滩为龙头的特色鲜明的滨海旅游景区，且数量较多，类型多样，品位较高，组合较好，发展潜力较大。

A级以上旅游景区（点）是衡量景区品质高低的重要标签。广西滨海地区的国家A级旅游景区数量较多，且总体级别较高。依据国家《旅游区（点）质量等级划分与评定》标准，截止到2012年1月底，广西滨海地区A级以上的景区共有21个，其中4A级景区有10个，包括北海市的银滩旅游区、海底世界和海洋之窗，钦州市的三娘湾旅游区、刘冯故居景区和八寨沟景区，防城港上思十万大山国家森林公园景区等；3A级景区8个，包括钦州市龙门群岛海上生态公园和防城港市的东兴京岛景区等；2A级景区3个，包括防城港火山岛景区。见表2.1。

广西滨海旅游资源丰富，拥有自然风光、生态环境、历史文化等类型多样的旅游资源。以此为基础，目前广西已经开发出多种类型的滨海

表 2.1 广西滨海地区国家 A 级旅游景区一览

等级	序号	旅游景区名称	所在地区	批准时间	占全区同级别景区的比例(%)
4A	1	北海银滩旅游区	北海市	2001年1月	12.35
	2	北海海底世界		2002年2月	
	3	北海海洋之窗		2006年10月	
	4	北海涠洲岛国家地质公园鳄鱼山景区		2009年12月	
	5	钦州三娘湾旅游区	钦州市	2006年10月	
	6	钦州刘冯故居景区		2006年10月	
	7	钦州八角寨沟旅游景区		2007年11月	
	8	上思十万大山国家森林公园景区		2010年1月	
	9	防城港市东兴市京岛风景名胜区	防城港市	2010年7月	
	10	东兴市屏峰雨林景区		2012年1月	
3A	1	灵山六峰山景区	钦州市	2006年9月	11.94
	2	钦州龙门群岛海上生态公园		2007年12月	
	3	东兴陈公馆景区	防城港市	2008年12月	
	4	防城港市西湾旅游景区		2011年12月	
	5	防城港市北仑河源头景区		2011年12月	
	6	北海金海湾红树林景区	北海市	2011年12月	
	7	北海合浦汉文化公园景区		2011年12月	
	8	北海大江埠民俗风情村		2011年12月	
2A	1	防城港火山岛景区	防城港市	2008年12月	18.75
	2	上思县百鸟乐园		2011年11月	
	3	钦州市北部湾坭兴玉陶景区	钦州市	2011年12月	

注：截至 2012 年 1 月底，广西全区已评定国家 A 级旅游景区共计 166 家，其中有 2 家 5A 级，81 家 4A 级，67 家 3A 级，16 家 2A 级。按行政区划来看，桂林市拥有国家 A 级旅游景区 40 家，占全区 A 级景区数量的 24.1%；南宁市 24 家，占 14.5%；柳州市 20 家，占 12.0%；河池市 18 家，占 10.8%；百色市 12 家，占 7.2%；防城港市 8 家，占 4.8%；北海市 7 家，占 4.2%；钦州市、玉林市、崇左市、贺州市各 6 家，各占 3.6%；来宾市 5 家，占 3.0%；梧州市、贵港市各 4 家，各占 2.4%。但高等级的 2 家 5A 级景区都在桂林市。

旅游景区（点），包括 4 个滨海旅游度假区、3 个滨海风景名胜区、1 个滨海国家森林公园、1 个国家地质公园、1 个国家级海洋公园以及 4 个自然保护区。见表2.2至表2.5。

表2.2 广西滨海区域国家级和自治区级风景名胜区一览

名称	地址	级别	批准时间
南万—涠洲岛海滨风景名胜区	北海市	自治区级	1988年
江山半岛风景名胜区	防城港市	自治区级	1994年
京岛风景名胜区	东兴市	自治区级	1994年

表2.3 广西滨海区域国家级和自治区级旅游度假区一览

名称	地址	特点	级别	批准时间
北海银滩旅游度假区	北海市	海滨沙滩	国家级	1992年
防城港江山半岛旅游度假区	防城港	热带滨海	自治区级	1994年
合浦南国星岛湖旅游度假区	合浦县	内湖	自治区级	1995年
北海涠洲岛旅游度假区	北海市	热带滨海	自治区级	1995年

表2.4 广西滨海区域国家地质公园、森林公园、海洋公园一览

名称	地点	级别	特色
冠头岭国家森林公园	北海市	国家级	天然次生林、海滨风光
涠洲岛火山国家地质公园	北海市	国家级	火山岩溶地貌
茅尾海国家级海洋公园	钦州市	国家级	红树林生态系统、典型盐沼生态系统、近江牡蛎的全球种质资源保留地和我国最重要的养殖区与采苗区

表2.5 广西滨海区域各级自然保护区一览

名称	地址	面积（hm²）	主要保护对象	成立时间	级别
合浦儒艮自然保护区	合浦县	35000	儒艮	1992年	国家级
山口红树林国家自然保护区	合浦县	8000	红树林生态系统	1990年	国家级
北仑河口海洋自然保护区	东兴市	3000	红树林生态系统	2000年	国家级
涠洲岛鸟类自然保护区	北海市	2600	各种候鸟	1982年	自治区级

北海银滩国家旅游度假区是国务院1992年10月4日批准建立的12

个国家级旅游度假区之一,被评为中国 35 个 "王牌景点" 中的 "最美休憩地",广西十佳景点之一。银滩 "滩长平、沙细白、水温净、浪柔软、无鲨鱼",具有 "天下第一滩" 之称。涠洲岛火山地质公园面积为 25km^2,是中国最大最年轻的火山岛,被评为中国最美丽的十大海岛之一。冠头岭国家森林公园森林资源非常丰富,同时还是大批候鸟迁徙停留栖息地。山口国家红树林生态自然保护区是 1990 年 9 月经国务院批准建立的我国首批(5 个)国家级海洋类型保护区之一,是我国大陆海岸发育较好、连片较大、结构典型、保存较好的天然红树林分布区。茅尾海国家级海洋公园是 2011 年 5 月全国首批批准建立的 7 处国家级海洋公园之一,是我区唯一一个国家级海洋公园。钦州茅尾海国家级海洋公园拥有处于原生状态的红树林和盐沼等典型海洋生态系统,也是近江牡蛎的全球种质资源保留地和我国最重要的养殖区与采苗区。钦州茅尾海国家级海洋公园的建设,将有效改善茅尾海的生态环境和景观环境,促进广西北部湾沿岸开放开发与海洋生态保护的和谐发展。

虽然广西滨海地区旅游资源类型丰富,旅游资源,具有较高的品位度,但是就其数量、结构与类型等方面而言,仍表现出诸多不尽如人意之处,具体表现在以下几个方面:

(1)广西滨海 A 级旅游景区数量占全区的比例较低。从表 2.1 中发现,广西滨海旅游资源 A 级景区占广西全区相应级别的景区数量比例均较低,4A 级、3A 级和 2A 级景区分别只占到 12.35%、11.94% 和 18.75%。其他尚未评定为 A 级的景区中,有较多品位度较高的景区具有较大潜力,如冠头岭国家森林公园、涠洲岛国家火山地质公园以及其他自治区级风景名胜区等景区景点。

(2)有影响力的旅游精品较少,缺乏旅游精品。广西滨海旅游资源丰度高而且品质较优,但是其中有影响力的旅游精品却寥寥无几,其中除较知名的北海银滩度假区之外,其他诸多景区景点有较高的品位度,甚至具有一定的资源垄断性,但是直至目前仍是缺乏独创的旅游精品,不能够很好地利用广西北部湾多处潜力较大的高品质景区景点,凸显本身的优势之处。相比之下,三亚市正在倾力打造 "国际性热带滨海旅游城",所在海南省也正在实施 "国际旅游岛" 发展战略。在此情形下,广西滨海地区应该加快步伐,力创独特的旅游精品。

(3)旅游资源文化含量普遍较低,绝大多数以自然景观类旅游资源为主。广西滨海旅游资源类型丰富多样,以景观类旅游资源为主但是其中绝大多数属于自然旅游资源,人文旅游资源相对较少,以刘冯故居为代表的历史文物古迹寥寥无几,所含的文化含量普遍较低,缺乏较为丰富的文化内涵。

2. 与周边省市相比还有较大差距

海南滨海旅游相对比较发达。广西滨海旅游的发展与海南滨海旅游的发展历程基本同步,但经过20多年的发展,海南的滨海旅游已经领先于广西。海南的三亚市、海口市滨海旅游与广西滨海旅游具有可比性,在景区品位度及知名度方面,两者存在着差距,具体见表2.6～表2.8。

表2.6 广西滨海地区与海南三亚滨海地区旅游景区(点)品位度情况比较

类型	国家级景区(点)		省(区)级景区(点)	
	广西滨海地区	海南三亚滨海地区	广西滨海地区	海南三亚滨海地区
旅游度假区	1	1	3	—
风景名胜区	—	4	3	—
国家森林公园	2	—	—	—
国家地质公园	1	—	—	—
自然保护区	4	—	—	—
国家级海洋公园	1	—	—	—

表2.7 广西滨海地区与海南三亚滨海地区A级以上景区数量情况比较
(截至2010年1月底)

级别	5A级景区		4A级景区		3A级景区		2A级景区		1A级景区	
地区	广西	三亚	广西	三亚	广西	三亚	广西	三亚	广西	三亚
数量	—	2	8	3	3	1	1	2	—	1
该省数量(个)	2	2	59	7	44	13	5	6	—	2
占该省区比例(%)	—	100	14	42	9	8	20	33	—	50

表 2.8　广西滨海地区与海南三亚滨海地区知名度情况比较

搜索对象	谷歌	百度	搜狐	雅虎	合计
三亚旅游（人次）	1350000	4430000	16668029	2710084	25158113
北海旅游（人次）	664000	1990000	18192294	307032	21153326
钦州旅游（人次）	395000	781000	6911060	12601	8099661
防城港旅游（人次）	618000	370000	6788644	768029	8544673
广西旅游（人次）	693000	2540000	27463268	655034	31351302
海南旅游（人次）	1340000	1580000	27887501	3120223	33927724

资料来源：运用当前各种热门的搜索引擎工具对"某某旅游"进行搜索，可从相应的旅游网页数据中反映出该旅游地的知名度。用谷歌、百度、搜狐和雅虎等搜索引擎对海南、三亚、广西滨海地区以及全区旅游进行相关搜索，分别输入"海南旅游、三亚旅游、北海旅游、钦州旅游、防城港旅游和广西旅游"，从而得出的数据。

由表 2.6 可知，广西滨海旅游资源类型丰富且品位度较高，但是尖端类旅游景区相对较少。广西滨海地区与海南三亚滨海地区相比，拥有的国家级和省级旅游景区景点明显多于三亚，而且类型丰富。可是在广西滨海地区尚无国家级风景名胜区的情况下三亚滨海地区拥有 4 个，而这 4 个国家级旅游景区恰是三亚市最具吸引力的景区景点。同时，海南三亚市拥有全省仅有的两个 5A 级旅游景区（见表 2.7），即三亚南山文化旅游区、三亚南山大小洞天旅游区，与此形成鲜明对比的是，广西滨海旅游地区暂无任何 5A 级景区。总体而言，与海南省三亚市滨海地区相比，广西滨海地区拥有的尖端类旅游景区相对较少。

广西滨海旅游资源保护较好，但其中较多景区景点尚未得到很好的开发利用。广西滨海地区有 2 个国家森林公园、1 个国家火山地质公园和 4 个国家自然保护区，基本上均处于较好的资源保护状态，但是其中大多数尚未得到充分开发。而在三亚，诸多风景名胜区开发较早，旅游资源得到了充分的利用。比如作为三亚最早被开发、最具规模的热带海滨度假区大东海旅游度假区，已经发展成为较为成熟的旅游度假区，区内海滨度假旅游设施配套齐全，建有风格各异的酒店，大型海滨广场，观光潜艇、潜水和跳水基地，均是冬泳、避寒、度假的最佳去处，被国家旅游局评选为中国"四十佳"旅游景点之一。

广西滨海与周边地区如海南和越南海防在旅游资源上具有极大的相似性，在旅游资源开发上却没有自己的特色，而海南岛却有自己独特的热带椰岛风情。因此，广西滨海地区应该利用自身具有的资源优势，形成具有广西滨海地区特色的边关风情。

二、广西滨海旅游产品现状及评价

旅游产品结构是指旅游产品的构成及其各部分之间的相互关系。它大致可分为旅游产品要素结构和旅游产品组合结构。旅游产品要素结构是指为满足旅游活动中的食、住、行、游、购、娱等各种需要，旅游产业不同行业，部门所提供的旅游产品中各种服务要素之间的结构比例关系，表现为同一旅游产品之间的结构比例关系。"旅游产品的组合结构是指按照一定的旅游需求和旅游供给条件，把各种单项旅游产品有机组合起来，形成一定区域内具有不同内容、不同档次和不同时间分配组合的旅游产品结构，表现为同一行业、部门所提供的旅游产品之间的结构比例关系"。本书所指的旅游产品结构是指旅游产品的组合结构。根据国内外旅游产品的发展历程，可以将旅游产品结构分为三个层次：基础层次、提高层次和专门层次。

1. 广西滨海旅游产品现状

根据对海南、广东、北海、钦州和防城港等区域旅游产品的调查，从旅游产品层次结构看，广西北海、钦州、防城港三个滨海城市在旅游业发展过程中，逐步形成了以基础层次的观光型旅游产品为主体的产品结构，提高层次的海滨度假旅游有所发展，但发展较缓慢，如表2.9所示。

表2.9 广西滨海旅游产品与国内外滨海旅游产品结构比较

广西北部湾地区	以基础层次的滨海观光、民族风情游、边境旅游等旅游产品为主；提高层次的海滨度假旅游有所发展，但发展较缓慢；节庆、商务会展类等专项产品发展速度快，但开发深度不够

续表

广东省	以基础层次的现代滨海城市观光、山水观光等旅游产品为主；提高层次的温泉和海洋度假等旅游产品以及专门层次的商贸会展等旅游产品发展较快，所占比重不断提高，但总体上仍以基础层次的滨海观光型产品为主
香港特区	以基础层次的都市观光，提高层次的购物、美食、娱乐度假和专门层次的商务会展等旅游产品为主，已形成观光、娱乐度假、专项旅游三足鼎立的产品结构
海南省	基础层次的"环岛观光游、苗黎民族风情游等旅游产品为主，提高层次的热带海度假旅游产品"、"温泉康乐度假休闲游"、"南中国海潜水游"、"高尔夫球休闲游"、"热带海岛生态游"等旅游产品已有较大发展，专门层次的商务会展等旅游产品已初具规模
越南	基础层次的热带海洋观光旅游产品为主，提高层次的热带海度假旅游产品已有较大发展
印度尼西亚	以基础层次的热带海岛旅游、热带雨林、火山风光、宗教文化旅游为主，提高层次的热带海度假旅游产品已有特色，雅加达也成了重要的商务会展中心，专门层次的商务会展旅游产品也是重点发展的旅游产品
菲律宾	以基础层次的热带海岛旅游、多元宗教文化、民风民情为主，提高层次的热带海洋度假旅游产品丰富，专门层次的商务会展和大学旅游具有特色
文莱	以基础层次的热带滨海观光旅游、阿拉伯风情旅游为主，提高层次的热带海度假旅游产品已有发展，但尚未形成主要旅游产品

综观广西滨海旅游的旅游产品结构，总体呈现出以下特点：

（1）多样性。自然与人文旅游资源分布类型的多样性，决定其开发的旅游产品也具有多样性。依据国家《旅游资源分类、调查与评价（GB/T18972—2003）》及《滨海湿地旅游资源分类、调查与评价（DB35/T750—2007）》，结合广西滨海地区的潜在滨海旅游资源的实际，广西滨海旅游资源可以分为8个主类（景观类），23个亚类（景观组），61个基本类（景观型）。根据这些丰富多样的旅游资源，广西已经开发出类型多样的滨海旅游产品。利用滨海水体沙滩类旅游资源，已经开发以北海银滩旅游度假区为龙头、以东兴江平万尾金滩旅游度假区、涠洲岛旅游区等为代表的多样特色旅游产品；利用滨海生态类旅游资源的特征，相继开发出了系列生态旅游产品，如山口红树林、北仑河口红树林、鱼洲坪城市红树林、茅尾海红树林、廉州湾红树林、大冠沙城市红树林、防城港巫头万鹤山鹭鸟栖息地、企沙盐田港火山岛鹭鸟栖息地、合浦沙田儒艮栖息地、三娘湾等；利用海岛类旅游资源，积极开发海岛旅游，包括涠洲岛、斜阳岛、龙门群岛、麻蓝岛、六墩岛、蝴蝶岛等；利用人文旅游资源，紧密结合滨海旅游其他类的旅游资源，开发出了系列旅游产品，如节庆旅游，包括北海国际珍珠节、北海国际海滩旅游文化节、中国首部海洋风情舞蹈诗剧——咕哩美、中国钦州国际海豚节、三娘湾观潮节、"天下名龟出钦州"暨"千年古陶——坭兴陶文化节"、"蚝门盛宴"美食节、京族"哈节"、中越边境（东兴—芒街）旅游、商贸博览会等，大大丰富了广西滨海旅游的内容。

（2）层次性。①基础层次。北海、钦州和防城港区域基础层次以滨海观光旅游，延伸跨国观光旅游、领略异国民族风情游为主打的基础产品。②提高层次。北海、钦州、防城港区域的滨海休闲度假产品。海洋休闲旅游产品是一种多功能、复合型并且可塑性很强的旅游产品，它可以组合海上休憩、观光、度假、健身、会议、婚庆、潜水、探险等内容成为旅游的新热点。③专项层次。目前相对发展较弱。可以考虑发展"观光＋专项"、"观光＋度假"、"度假＋专项"、"观光＋度假＋专项"等组合产品。

（3）互补性。在三个滨海城市中，旅游产品具有一定的互补性。北海的滨海休闲、钦州的滨海观光和防城港的滨海养生。三者在主打产品上具有互补性。

滨海旅游形象正逐步形成。广西滨海旅游的形象由北海的滨海旅游逐步向钦州、防城港扩散，整体滨海旅游形象正逐步形成。广西已经建立北部湾经济区"4＋2"城市旅游联盟，将北海、钦州、防城港、南宁、崇左和玉林等六个城市紧密联系在一起，联合致力于广西北部湾旅游圈的发展。六个城市凭借丰富的旅游资源，南宁的昆仑关，北海的银滩、涠洲岛，钦州的三娘湾、八寨沟，防城港的金滩、十万大山，玉林的云天文化城，崇左的德天跨国瀑布、宁明花山等，为广西北部湾经济区"4＋2"城市旅游联盟加快旅游发展奠定了良好的基础。

总之，北海、钦州和防城港在大力发展滨海旅游过程中，成功推出了一批以自然山水、滨海休闲、边关览胜、京族风情为主题特色的旅游景点景区，打造了一批市场竞争力强、规模大、档次高的旅游产品，使北海、钦州、防城港三城市旅游产品结构日趋合理，逐步由单一观光型向多元化综合型转变。目前已形成环北部湾（广西）滨海旅游区和一批国家级景区以及一批全国、全区的工农业旅游示范点。同时，北海、钦州、防城港三城市还加大了主题特色精品旅游线路的开发和配套设施的完善，推出了环北部湾（广西）滨海休闲度假游，初步构建了特色突出、竞争力强的旅游产品体系。

2. 广西滨海旅游产品的不足

旅游产品整体旅游形象不鲜明，区域品牌效应不显著。广西滨海旅游整体旅游产品缺乏长远计划，对外没有形成统一的旅游品牌形象，对不同的国家、地区，不同的客源群体，缺乏深入细致的市场调研，缺乏富于整体旅游形象的宣传口号、形象标识和促销手段。目前开发树立起来的旅游，从形象上看，虽然北海从旅游开发一开始便以滨海旅游为突破口，并建立了以北海银滩为龙头的旅游产品，但其形象的辐射作用远没有发挥，钦州、防城港旅游开发较晚，且由于两市的旅游资源呈现出较大的综合性，滨海旅游的形象在其中并未凸显，三市之间也由于争夺客源而没有进行形象的整体塑造。因此，到目前为止，广西滨海旅游的整体形象还没有完全形成。从品牌上看，北海以滨海旅游为主打品牌，钦州以三娘湾滨海旅游、刘冯故居人文为主打品牌，防城港以金滩滨海旅游为主打品牌，三者在品牌合作上尚缺乏整体整合与共同打造，"北部湾（广西）滨海之旅"旅游品牌效应不显著。因此，应加强旅游资源的综合开发和管理工作，要靠对区域线性分布的旅游精品项目的共建与打造来推动。共同打造"北部湾（广西）滨海观光、商务、休闲、度假之旅"的品牌。

旅游产品整合度不够，合作开发程度较低。旅游资源整合开发程度较低，各景点景区间的合作不紧密，"单兵作战"的局面还未打破，还远未达到产品连线、资源共享、市场共享和品牌共建的目的。目前，北部湾区域旅游企业集团化进程缓慢，对旅游线路的整合、旅游产品的整合功能较低，因此有必要构建北部湾区域旅游企业联盟。以该联盟为平台，促进政府组织间、旅游企业之间的协调与合作，联合建立滨海旅游资源合作开发协调机制、旅游市场联合营销机制，重新规划整合现有的交通基础设施，并有策略性地构建跨区域的基础设施，完善区域交通网络，合理设计旅游线路，将各个景区、景点、子区域连接起来，构筑以"会—海—边"为特色的无障碍北部湾（广西）滨海旅游区。

第二节 北部湾（广西）滨海旅游区主要旅游企业发展现状及评价

一、广西滨海旅游区旅行社发展现状及评价

1. 广西滨海旅游区旅行社行业与广西区内旅行社行业比较

广西滨海旅游区旅行社行业与广西区内旅行社行业比较在行业规模上遴选的指标主要包括国际旅行社数量及占广西全区的比重、国内旅行社数量及占广西区内的比重、旅行社总数及占全区的比重、旅行社双百强的数量。具体构成见表2.10和图2.1。

表2.10 2007年广西滨海旅游区旅行社构成

	国际旅行社数（家）	国内旅行社数（家）	旅行社总数（家）	双百强旅行社数（家）	国际旅行社区内比重（％）	国内旅行社区内比重（％）	旅行社总数区内比重（％）
北海市	8	22	30	—	12.7	7.5	8.5
钦州市	—	10	10	—	—	3.4	2.8
防城港市	5	5	10	—	7.9	1.7	2.8
北钦防总计	13	37	50	—	20.6	12.7	14.1
南宁市	15	53	68	—	23.8	18.2	19.2
桂林市	21	74	95	2	33.3	25.3	26.7

从表2.10和图2.1可知，与广西区内的两个主要旅游城市南宁和桂林相比，整个广西滨海旅游区的旅行社行业还存在很大的差距，这方面主要是由很多客观因素所决定的。南宁是广西的区府，人口基数大，

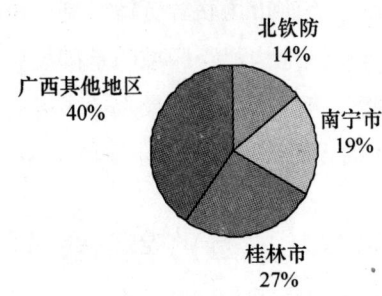

图 2.1 广西滨海旅游区旅行社总数占广西区比重

旅游需求量大,所以相对来说,旅行社分布较为密集;作为全国最为著名的旅游城市之一,桂林的旅游业一直在广西居主导地位,这也是毋庸置疑的,其旅行社数量最多。

这几年,广西滨海旅游业发展迅速,一方面,由于北、钦、防三个城市的旅游资源丰富;另一方面,旅游服务企业规模也是其中一个重要因素。旅游业的发展,极大地依赖于旅行社行业的发展,因此,广西滨海旅游区需要进一步提高其旅行社行业规模,作为泛北部湾旅游区域的一个重要部分,尽快发展国际旅行社的数量是很有必要的。

全国"双百强"旅行社数量是衡量一个地区旅行社行业发展质量的一个重要指标。全国"双百强"旅行社是从旅行社的经营质量上进行评选,能真实反映旅行社实力。2006年,全国旅行社"双百强"中,广西国际、国内百强榜的4家旅行社即桂林中国国际旅行社、广西中青旅旅行社、桂林和顺旅行社和桂林桃源旅行社,全部出自桂林。这也说明了广西旅游业发展的一个弊端:对桂林市旅游业的过度依赖,极大地限制了广西整体旅游业的发展,很可能会使广西在不稳定的旅游市场中遭到重创。广西滨海旅游区作为广西旅游的重要一极,有机会也有能力改变这个局面,使广西旅游业全面开花。

广西滨海旅游区三个沿海城市中,北海市的旅行社数量是最多的,占广西滨海旅游区旅行社总数的60%,北海市一直是广西滨海旅游最重要的城市,这是由它得天独厚的滨海旅游资源所决定的,国家政策因素在其中也起到了重要作用；防城港市和钦州市的旅行社数量相同，都有10家旅行社，各占广西滨海旅游区旅行社总数的20%，钦州市没有国际旅行社，这也说明，钦州的国内旅游市场在整个旅游市场中占主导地位；防城港市旅游资源的开发相对滞后，发展潜力大。总体上，广西滨海旅游区三大城市的旅行社数量分布不均衡，老牌旅游城市北海具有一定优势，同时，防城港市和钦州市的旅游业资源丰富，随着广西旅游业的发展，在今后的几年内，其旅行社数量会有进一步的提高。

2. 广西滨海旅游区旅行社行业与区外相关滨海旅游区旅行社行业比较

广西滨海旅游区旅行社行业与区外相关滨海旅游区旅行社行业比较的关键点在于区外相关滨海旅游区的选择与比较指标的确定。根据可比性与就近性原则，区外相关滨海旅游区选择的区域为海南三亚、海口及广东湛江。详见表2.11。

表2.11 广西滨海旅游区旅行社行业与区外相关滨海旅游区旅行社行业比较

滨海旅游区		旅行社总数（家）	国际旅行社数（家）	国内旅行社数（家）
广西滨海区域	北海市	30	8	22
	钦州市	10	—	10
	防城港市	10	5	5
	总计	50	13	37
海南滨海区域	海口	155	47	108
	三亚	41	8	33
	总计	196	55	141
广东滨海区域	湛江	26	4	22

资料来源：根据《广西统计年鉴》、《海南统计年鉴》、《湛江统计年鉴》及广西、海南、湛江旅游黄页整理。各类旅行社数量的统计时间截止到2007年，其中海南的数据截止到2009年3月。

由表2.11可知：海南滨海旅游区在各类旅行社数量上占据绝对优势，主要原因是由于海南省从整个区域范围来讲，都可看做是滨海旅游区，同时海口市是海南的省府，因此其旅行社的水平基本上代表了海南水平，同时也由此可见，海南的滨海旅游优势比较突出；广西滨海旅游区三市在旅行社行业的总体水平比较落后,钦州市、防城港市的旅行社总数量均少于湛江,但是在国际旅行社数量上,北海与防城港则占优势,同时,广西滨海旅游区作为一个整体而言,旅行社数量优于湛江,劣于海南。

二、广西滨海旅游区酒店业发展现状及评价

酒店业的发展状况是旅游目的地接待能力的反映,在一定意义上也体现了特定区域过夜旅游者的规模。这一指标进一步从星级酒店的数量、客房数以及床位数的统计数据3个四级指标进行说明,而酒店行业的整体生存状况则用酒店客房入住率来衡量。

1. 广西滨海旅游区酒店业总体现状

广西滨海旅游区酒店业总体现状如表2.12和图2.2所示。

表2.12　2007年广西滨海旅游区旅游饭店统计

	星级饭店数量（家）	客房数量（间）	床位数（张）	星级饭店数量区内比重（%）	客房数量区内比重（%）	床位数区内比重（%）
北海市	39	5700	10948	11.1	12.4	12.2
钦州市	7	1257	2393	2.0	2.7	2.7
防城港市	9	1121	2097	2.6	2.4	2.3
北钦防总计	55	8078	15438	12.6	17.6	17.2
南宁市	84	12238	22021	23.9	26.6	24.5
桂林市	67	10460	20109	19.0	22.7	22.3

由表2.12和图2.2可知,南宁市是广西星级酒店数量最多的城市,有84家星级酒店,其次是桂林,整个广西滨海旅游区的星级酒店数量只有55家,相对这两个城市还是比较落后的;但是一个地区酒店的数量,是要与该地区游客的数量相匹配的,各地区的酒店数量规模,总体上反映了各地区旅游市场的占有率,南宁市作为中国—东盟博览会的永久举办城市,其酒店数量是与其游客市场规模相适应的;桂林市的星级酒店数量比南宁市低,是南宁市近几年会展旅游发展的结果,而桂林市

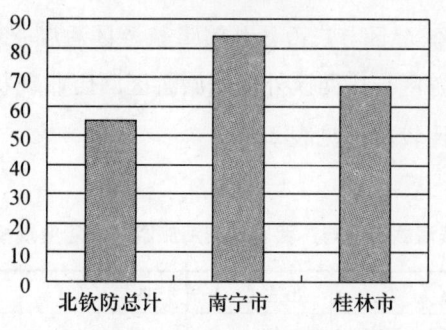

图 2.2　2007 年广西滨海旅游区星级酒店数量分析

旅游业在广西的主导地位并没有改变；北、钦、防三城市的星级酒店数量的规模较小，也是其旅游业发展尚未成熟的表现，还有很大的成长空间。

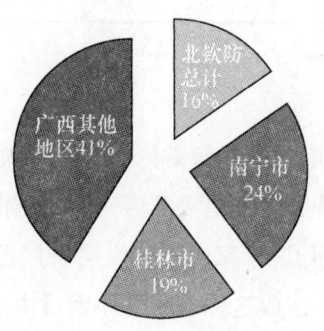

图 2.3　广西滨海旅游区星级饭店数量区内比重

图 2.3 说明，广西滨海旅游区星级饭店数量占广西区的比重是 16%，桂林市占 19%，南宁市占 24%，广西其他地区占 41%。广西滨海旅游区在广西区内的地位相对处于弱势，以旅游业见长的桂林在这一数据上也比不上南宁，可见南宁市旅游住宿行业的发展是相当迅速的，并且在近期还将保持同样的增长势头。广西滨海旅游区尚处于规划阶段，旅游效益还没有体现出来，正处于旅游业发展的关键时期。酒店业作为旅游产业的重要因素，"住"在旅游六要素中的不可或缺性，决定

了广西滨海旅游业的发展，离不开一定规模的星级酒店数量。

2. 广西滨海旅游区与广西区外滨海旅游区酒店业现状比较

广西滨海旅游区与广西区外滨海旅游区酒店业现状在规模上都有各自的优势。具体比较指标见表 2.13。

表 2.13　广西滨海旅游区与广西区外滨海旅游区酒店业规模比较（2007 年）

滨海旅游区		五星（个）	四星（个）	一～三星（个）
广西滨海区域	北海市	2	6	36
	钦州市	0	0	12
	防城港市	0	1	18
	总计	2	7	66
海南滨海区域	海口	7	16	19
	三亚	10	21	59
	总计	17	37	78
广东滨海区域	湛江	0	2	30

资料来源：《广西旅游年鉴》。

由表 2.13 可知，广西滨海旅游区与海南滨海旅游区的星级酒店数量总体上处于劣势，特别是五星级酒店，广西滨海旅游区仅有 2 家，而海南滨海旅游区则达到了 17 家，充分说明了广西滨海旅游区与海南滨海旅游区的差距之大，造成这种差距的原因是由于海南历来重视旅游业的发展，海南滨海旅游区的旅游业发展相对成熟，海口市作为海南的首府，酒店业相对发达也在情理之中，三亚作为国际滨海旅游城市，其发展的程度已经成熟，酒店业的发展与旅游业的发展相伴而成；广西滨海旅游区除北海作为首批沿海开放城市之外，钦州与防城港的开放开发程度相对比较低，旅游业的发展起步晚，水平不高，从而导致酒店业的发展相对滞后；与湛江相比，广西滨海旅游区的酒店业则处于相对优势，其中，五星级酒店数量比湛江多 2 家，四星级酒店数量多 5 家，但广西滨海旅游区的星级酒店总布局上存在不合理的状况，绝大部分集中在北海市。

三、广西滨海旅游区旅游交通发展现状

交通是旅游产业产生和发展的重要条件,是连接旅游客源地和旅游目的地的纽带。交通运输的畅通可以提高旅游目的地的可进入性,从而能够推动旅游区的兴建与开发,促进旅游产业的快速发展。对交通体系的评价主要有年客运总量,公路交通的客车数量,游船数指标来衡量。

1. 广西滨海旅游区旅游车船总体规模现状

广西滨海旅游区旅游车船总体状况,表 2.14、表 2.15。

表 2.14 2005 年广西滨海旅游车船数量统计

城市	客车合计（辆）	其中			游船	
		大型客车（辆）	中型客车（辆）	小型客车（辆）	游船总数（艘）	总座位数（座）
北海市	188	24	96	68	7	1701
钦州市	4	—	1	3	5	160
防城港市	6	—	1	5	1	235
北钦防总计	198	24	98	76	13	2096
南宁市	181	37	71	73	3	350
桂林市	3239	1256	1105	878	352	27078

表 2.15 2002～2007 年广西旅游车船总数统计

类别 \ 年份	2002	2003	2004	2005	2006	2007
全区客车数（辆）	1631	1760	1760	3816	2967	3152
全区游船数（艘）	276	287	281	381	739	474

由表 2.14 可知:广西滨海旅游区的旅游车船数量较小,与旅游业发达的桂林相比,其交通"瓶颈"十分明显,主要表现在:

(1) 旅游客车数量少,而且分布极不均衡。北海有旅游客车 188 辆,而钦州只有 4 辆,防城港也只有 6 辆,远不能满足市场的需求;北、钦、防三个城市的旅游客车总量是 198 辆,还不及桂林市的 10%。

(2) 游船数量少，游船总座位数不足。截至 2005 年年底，北海有游船 7 艘，钦州 5 艘，而防城港只有 1 艘，总共才有 13 艘。游船是滨海旅游发展的基础条件，沿海城市的游船数量象征着该城市的滨海旅游业发展水平，游船太少，将是制约一个城市滨海旅游发展的突出的因素。同期，桂林有游船数量 352 艘，游船总座位数 27078 座，而北、钦、防三个城市的游船总座位数也不过只有 2096 座，这显然与广西滨海旅游区建设的目标相去甚远。

表 2.15 描述了 2002～2007 年广西旅游车船总数的变化情况，2002 年，全区的旅游客车数只有 1631 辆，游船数 276 艘，到了 2005 年，全区客车数已经达到 3816 辆，游船数增加到 381 艘，实现稳步增长。

其中，全区旅游客车数增长速度较快，而游船数量增长相对缓慢。这也从一个侧面说明广西滨海旅游发展速度低于广西内陆旅游，有数据显示，全区客车数量从 2002～2007 年，增加了近一倍，而游船增加量却不到 1/3。广西滨海旅游的发展主要集中在北海、钦州和防城港这三个地区，整个广西游船增加速度，体现着广西滨海旅游区的滨海旅游发展状况，加大力度发展滨海旅游的工作中，提高游船的数量是关键。

2. 广西滨海旅游区旅游客车规模现状

广西滨海旅游区旅游客车规模现状，见表 2.16。

表 2.16 北、钦、防旅游客车总数统计

年份	旅游客车数（辆）	旅游客车数区内比重（%）
2002	213	13.1
2003	241	13.7
2004	180	10.2
2005	198	6.1
2006	219	7.38
2007	333	10.56

由表 2.16 可知:

(1) 广西滨海旅游区的旅游客车总体数量波动较大。2002 年旅游客车总量达到 213 辆,2003 年数量有所上升,达到 241 辆,而 2004 年则下降到 180 辆,2005 年数量又缓慢回升到 198 辆,到 2007 年,旅游客车数量达到 333 辆。

(2) 广西滨海旅游区的客车数量区内比重总体在下降。2002~2003 年,广西滨海旅游区的客车数量有所增加,但增加不大,2003~2005 年,数量一直在下滑;尽管 2005 年相对于 2004 年,旅游客车数量增加了 18 辆,但其所占比重仍是在下降的,主要是因为整个广西区的旅游客车数量增幅比滨海旅游区的增幅要大,从 2004 年的 1760 辆,增加到 3239 辆,增幅达 84%。2007 年的增幅最大。

3. 广西滨海旅游区旅游游船规模现状

表 2.17　北、钦、防游船总数统计

年份	游船总数（艘）	游船总座位（座）	游船总数区内比重（%）	区内游船总座位（座）	游船总座位数区内比重（%）
2002	20	1880	7.2	25857	7.3
2003	35	1045	12.2	25221	4.1
2004	7	490	2.5	25380	1.9
2005	13	2096	3.7	27078	7.7
2006	11	2756	1.5	37796	7.3
2007	36	2699	7.6	27669	9.8

表 2.17 的数据表明,北、钦、防的游船总数变化情况与旅游客车的总量变化情况极为相似,总体上呈波动状态。2002~2003 年是增加的,2003~2004 年开始出现巨幅下降,到 2005 年、2006 年又大幅回升,达到 2756 艘。

由于广西滨海旅游游船数量较小,而不同的游船的座位数差别较大,因此可用游船总座位数来分析广西滨海旅游区的水运状况。从表

2.17可知，2002~2004年，广西滨海旅游区的游船总座位数占区内游船总座位数的比重是一直在下降的，而且下降速度较快，到了2005年，这个比重才有了很快回升，并且超越2002年的水平，达到7.7%。

通过对广西滨海旅游交通发展现状进行分析，广西滨海旅游交通研究起步较晚，对其研究缺乏系统性、专业性和前瞻性；而广西的旅游交通发展伴随着交通运输业蓬勃发展而逐渐兴起，虽然近年来其发展速度较快，尤其在一些旅游资源丰富而交通等基础设施相对落后的地区已经引起足够的重视并得到了迅速发展。然而，首先从广西滨海旅游交通的实际发展来看，仍然存在区域性失衡问题，缺乏系统规划，重通道建设，忽视景区内交通布局，旅游交通的破坏性建设和环境保护之间的矛盾等尚未解决。

第三节 北部湾（广西）滨海旅游产业发展的效益分析

一、广西滨海旅游的经济效益分析

旅游业的发展能给当地带来经济效益。衡量旅游经济效益的指标众多，考虑到数据的可获得性、完整性和可比性，通过比较与筛选，本课题最终确定通过旅游人次、旅游业总收入、旅游业总收入相当于GDP的比重、旅游创汇、旅游消费、旅游饭店经营利润等指标来分析旅游业的经济效益。通过对2004~2007年各指标的纵向比较以及与社会其他行业的横向比较，可反映旅游业的真实发展状况与实际经济贡献。

1. 旅游宏观经济效益分析

（1）广西滨海旅游区内部旅游宏观经济效益分析。衡量旅游宏观经济效益的指标包括旅游人次、旅游业总收入、旅游业总收入相当于GDP的比重、旅游创汇等。如表2.18所示。

表 2.18 北海、钦州、防城港旅游宏观经济效益的指标统计

区域范围	年份	接待总人数（万人次）	同比（%）	营业总收入（万元）	同比（%）	营业税（万元）	同比（%）	利润总额（万元）
北海市	2003	112.38	-9.06	19100.55	-10.03	—	—	—
	2004	116.04	3.26	18345.7	-3.95	1249.3	—	-7533.7
	2005	116.51	0.41	18889.39	2.96	1360.16	8.87	-9275.31
	2006	129.5	11.15	26382.66	39.67	1448.59	6.5	-3261.58
	2007	145.17	12.1	29732.07	12.7	1688.59	16.57	-3036.91
钦州市	2003	23.27	-14.01	4924.29	3.05	—	—	—
	2004	33.57	44.26	7254.1	47.31	371	—	-1267.2
	2005	52.24	55.62	6988.24	-5.96	339.02	-8.61	-237.35
	2006	47.36	-9.34	9250.34	32.37	629.1	85.56	12.2
	2007	49.52	4.56	1144095	23.68	665.22	5.74	11.42
防城港市	2003	31.86	-20.2	2430.31	21.12	—	—	—
	2004	37.69	18.3	8099.1	33.25	254.7	—	-1012.5
	2005	29.97	-20.48	3457.4	-17.72	206.41	-19	-701.05
	2006	35.56	18.65	4380.39	26.7	258.8	25.38	-176.39
	2007	35.97	1.15	5555.32	26.82	293.62	13.45	-223.98

注：人民币兑换美元汇率统一为 1:8。

资料来源：《广西统计年鉴（2004~2007）》、《广西旅游年鉴（2004~2007）》、《北海、钦州、防城港市国民经济和社会发展统计公报（2004~2008）》、《CNKAI 中国宏观数据挖掘分析系统》。

旅游总收入是旅游产业国内旅游收入与旅游外汇收入的总和，是衡量一个区域中旅游业自身发展经济效益的核心指标。近五年来，北海、钦州、防城港旅游总收入呈增长态势，增幅大，增长速度很快，平均增幅达到18%以上，快于GDP的增长速度。北海市在2006~2008年三年中旅游业的增长速度远超当年GDP增长速度，钦州市旅游业平均增长速度最快，以高于20%的增幅增长，2004~2008年五年的旅游业增长速度远超GDP增长速度，其中2007年呈"井喷式"爆发，高达48.82%，防城港旅游业增长很快的年份是2004年、2006年、2008年，其中最快的年份是2004年，这主要是因为受"非典"影响导致2003年旅游收入不高。三市中，北海的旅游总收入远高于钦州、防城港，每年

的旅游总收入高于钦州和防城港两市旅游总收入的总和。通过对北海、钦州、防城港市旅游总收入的比较分析说明，广西滨海旅游区旅游业发展速度快，发展前景好，发展潜力大。

旅游总收入占GDP的比重是衡量旅游业对区域经济贡献大小最直接的宏观指标。北海、钦州、防城港GDP总体上呈增长态势，增长速度较快，其中北海每年GDP总量均高于钦州与防城港，说明北海的经济发展水平相对来说比较高，发展速度也较快。旅游总收入占GDP的比重一项中，则更能直接体现出旅游业对经济发展的贡献。相比之下，北海市旅游业对当地经济发展的贡献最大，2007年高达12.45%，从2004~2007年看呈增长趋势，但每年增幅不大，2008年甚至略有下降；从目前情况看，钦州市旅游业对当地经济的贡献虽然比率最小，但其增加的速度最快，特别是2008年，其增长幅度超过了北海和防城港；防城港GDP增长速度最快，从而影响了该市旅游业总收入占当地GDP的比重，但一个比较严重的问题是2004~2008年5年，防城港市旅游业总收入占当地GDP的比重逐步下降，由2004年的6.39%下降到了2008年的4.52%，说明旅游业对当地经济贡献率逐步降低。旅游业总收入的增长率、旅游业总收入相当于GDP的比重是非常重要的宏观评价数据，在支柱产业选择中具有重要地位。产业经济学上，把对地区经济贡献大、对地区产业发展具有引导作用的产业认为是支柱产业，一般要求产业增加值要比较稳定地占到GDP的5%~8%。根据该理论，北海旅游业毫无疑问已经成为该市的支柱产业，2004~2008年，每年均达到了11%以上；钦州该项指标的发展速度喜人，但目前还偏低，旅游业对当地经济贡献较小，不过，由于钦州市近年来加大了旅游开发的速度，相信不久的将来也会成为该市的支柱产业；防城港市在总体指标的数据上基本符合了支柱产业的要求，但欠缺稳定性，特别是呈下滑的态势，如果不加以遏制，将会影响到旅游业的快速发展。

旅游创汇直接反映着一个国家的国际收支情况，也体现旅游业对当地经济发展的重要推动作用。通过开展国际旅游业务活动，招徕国际游客，销售本国各类旅游产品而取得相应的旅游外汇收入，对增加国家外汇收入，减少外贸逆差，平衡外汇收支，以及增强国家外汇支付能力等方面具有重要作用。从旅游创汇的总量上看，北海、钦州、防城港三市中，北海的旅游创汇能力最强，钦州最弱，防城港凭借其优越的区域位置，旅游创汇能力逐步增加。从增长率来看，北海、钦州、防城港三市旅游创汇逐年递增，增速快、增幅大，其增长的速度跟幅度均超过了旅游总收入、国内旅游收入的增长速度和幅度，特别是2004年，受"非典"影响后的国际旅游业重新崛起，导致旅游创汇的增幅最大，三市均呈"跨越式"和"井喷式"的规模增长，其中北海和钦州的增幅达到了90%以上。但从另一个侧面来看，三市的旅游创汇呈现出波动状态，这种波动建立在旅游创汇收入逐年增加的基础上，只是在增加比例上体现出来的一种正向波动，但这种现象说明旅游创汇的多少取决于入境旅游者人数的多少及他们消费能力、结构的影响。2008年，北海、钦州、防城港旅游创汇的速度明显减慢，特别是防城港市，增长幅度仅有1.38%。这种现象说明，一方面广西滨海入境旅游市场存在较大的发展潜力，另一方面广西滨海区域旅游业的发展还不够稳定和成熟。

通过上述分析，广西滨海旅游区对当地经济的贡献比较大。其中，旅游总收入直接推动了当地经济的发展，旅游总收入占GDP的比重大，北海、防城港的旅游业已经发展成为当地的支柱产业，旅游创汇能力较强，对于平衡当地的国际收支及推动当地经济发展均起着重要作用。导致上述现象的主要原因如下：第一，北海市是广西滨海旅游起步最早、发展最成熟的市，因此它的各项旅游数据均高于钦州和防城港。第二，近几年来，北海、钦州、防城港三市抓住了机遇，在政府主导下，大力推动了滨海旅游业的快速发展。第三，随着中国—东盟博览会永久落户南宁、广西北部湾经济区开发战略已经上升到国家层面、中国—东盟自由贸易区即将建成、泛北部湾旅游合作进程加快等大好形势的涌现，使广西北部湾经济区成为中国新一轮改革开放的焦点和热点城市，也促进了广西滨海旅游的升温。第四，中国旅游业良好的发展势头，广西旅游强省建设的进一步推进，也助推了广西滨海旅游业发展。

（2）广西滨海旅游区与相邻滨海旅游区宏观经济效益比较分析。广西滨海旅游区与其他相关滨海旅游区经济功能比较主要指标包括GDP总量、旅游总收入、旅游总收入占当地GDP的比重及旅游创汇。通过比较，可判断出各滨海旅游区的旅游经济实力及对当地经济所作出的贡献，判断出广西滨海旅游区的发展潜力。具体见表2.19。

表2.19 广西滨海旅游区与其他相关滨海旅游区经济功能比较

滨海旅游区		当地GDP（亿元人民币）	旅游总收入（亿元人民币）	旅游总收入占当地GDP比重（%）	旅游创汇（万美元）
广西滨海区域	北海市	313.88	37.94	12.1	1558.85
	钦州市	377.42	15.66	4.1	645.42
	防城港市	212.18	9.60	4.5	928
	总计	903.48	63.2	7.0	3132.27
海南滨海区域	海口	443.18	60.02	13.5	—
	三亚	144.31	91.05	63.1	26206.84
	总计	587.49	151.07	25.7	—
广东滨海区域	湛江	1048.66	45.72	4.4	1891.13

资料来源：根据北海、钦州、防城港、海口、三亚、湛江各市2008年国民经济和社会发展统计公报整理。

由表2.19可知，从单个市来看，三亚旅游经济功能最强，其为当地经济的贡献最大，旅游总收入占当地GDP的比重高达63.1%。在旅游总收入占当地GDP比重指标中，钦州跟防城港的贡献率相对较小，在旅游总收入绝对收入指标中，北海、钦州、防城港均低于海口、三亚与湛江。在旅游创汇指标中，北海、钦州、防城港也比较低，其中钦州最低，仅有645.42万美元，三亚最高，高达26206.84万美元，据此可说明广西滨海旅游区单个市的旅游经济功能比较而言不是很强。从整体来看，广西滨海旅游区的整体实力突出，其中旅游总收入占当地GDP的比重高达13.5%，说明广西滨海旅游区的三市应加强合作，共创旅游经济效益。

2. 旅游行业经营效益分析

旅游行业经营效益主要是通过旅游企业的经营效益来体现。鉴于资料的可获得性及可比性，仅以广西滨海旅游区旅游宾馆饭店经营状况来分析旅游行业经营效益。衡量旅游宾馆饭店经营效益的主要指标有宾馆饭店的档次、接待总人数、营业总收入、营业税、利润总额、客房出租率等指标。广西滨海旅游区旅游宾馆饭店经营情况，见表2.20。

表2.20 北海、钦州、防城港旅游宾馆饭店经营效益主要指标统计

区域范围	年份	接待总人数（万人次）	同比（%）	营业总收入（万元）	同比（%）	营业税（万元）	同比（%）	利润总额（万元）
北海市	2003	112.38	-9.06	19100.55	-10.03	—		
	2004	116.04	3.26	18345.7	-3.95	1249.3		-7533.7
	2005	116.51	0.41	18889.39	2.96	1360.16	8.87	-9275.31
	2006	129.5	11.15	26382.66	39.67	1448.59	6.5	-3261.58
	2007	145.17	12.1	29732.07	12.7	1688.59	16.57	-3036.91
钦州市	2003	23.27	-14.01	4924.29	3.05	—		
	2004	33.57	44.26	7254.1	47.31	371		-1267.2
	2005	52.24	55.62	6988.24	-5.96	339.02	-8.61	-237.35
	2006	47.36	-9.34	9250.34	32.37	629.1	85.56	12.2
	2007	49.52	4.56	11440.95	23.68	665.22	5.74	11.42
防城港市	2003	31.86	-20.2	2430.31	21.12	—		
	2004	37.69	18.3	8099.1	33.25	254.7		-1012.5
	2005	29.97	-20.48	3457.4	-17.72	206.41	-19	-701.05
	2006	35.56	18.65	4380.39	26.7	258.8	25.38	-176.39
	2007	35.97	1.15	5555.32	26.82	293.62	13.45	-223.98

资料来源：根据《广西统计年鉴（2003～2007）》、《广西旅游年鉴（2003～2007）》整理。

年接待总人数及同比状况揭示了旅游宾馆饭店的市场发展状况。广西滨海旅游区旅游宾馆饭店2003～2007年年接待游客的总量呈缓慢上升的趋势，但其中的波动比较大。三市横向比较，北海市旅游宾馆饭店的年接待总人数远高于钦州和防城港市，这一点刚好吻合了三市经济发展水平及旅游业发展状况。从年接待人数的同比可知，三市旅游接待人数的波动比较大，其中钦州与防城港市5年内出现了两次波动，特别是防城港市，两次波动的幅度很大，为-20.2%和-20.48%，说明三市的旅游宾馆饭店还应加大市场营销的力度，尽量克服这种大起大落的波动。

营业总收入及同比状况反映了宾馆饭店自身的财务状况及对经济的

影响。广西滨海旅游区宾馆饭店的营业总收入随着接待总人数的变化而变化，其变化的趋势与旅游接待人数的变化趋势大体一致。北海旅游宾馆饭店的营业总收入最高，说明北海旅游业相对比较发达，来北海的游客数量较多，但同比之下，5年之内，北海营业总收入的增长速度慢于钦州和防城港，增长幅度少于钦州和防城港，北海2003年、2004年营业收入连续下降，说明2003年的"非典"对北海的旅游业造成比较大的负面影响，钦州和防城港在2005年也出现了同比下降的局面，但随后回升的速度快、幅度大，这进一步说明了北海、钦州、防城港三市宾馆饭店的实力较弱、规模较小。

营业税则直接体现了旅游企业对当地经济的贡献，营业税的高低反映了对经济贡献的大小。横向比较，北海、钦州、防城港三市的总税率远不及工业及其他行业，这说明了北海、钦州、防城港三市旅游宾馆饭店行业实力较弱。三市中，北海由于旅游宾馆饭店总数较多，经营规模较大，旅游业相对发达，因此营业税高于钦州和防城港。三市中营业税总额并不高，但总体上呈递增的趋势，其中，北海市呈连续增长态势，而钦州和防城港则在2005年出现了负增长，这种局面对当地经济的贡献起负面影响。

利润总额体现了企业的盈利能力和竞争实力。表中显示的数据表明，2004～2007年，北海、钦州、防城港旅游宾馆饭店利润总额呈下滑趋势，其中，北海市旅游宾馆饭店的下滑速度最快，钦州市在2006年与2007年出现了小幅反弹。这种状况说明，广西滨海旅游区旅游宾馆饭店的盈利能力较弱，综合竞争实力较弱。

广西滨海旅游区旅游宾馆饭店总体来说集中度高，主要集中于北海市，这种过度集中的局面不利于行业经营效益的整体发挥；接待总人数总量不高，同比中整体呈增长态势，但具有较大的波动性；营业总收入随旅游接待总人数的变化而变化，但行业整体收入不高；创税能力较弱，远不能跟工业企业相比；企业利润总额连年下降，盈利能力较弱，综合竞争实力不高。总之，广西滨海旅游行业经济效益与旅游业的快速发展、当地经济的飞速发展不相适应，因此，北海、钦州、防城港旅游业企业的当务之急是加快发展，增强实力。

二、广西滨海旅游的社会效益分析

旅游开发的社会效益主要表现在拉动劳动就业、提升当地居民的受教育程度、保护当地的特色文化等方面。课题重点阐述广西滨海旅游开发对劳动就业的影响。

旅游业的劳动就业可以分为直接就业和间接就业两个维度。直接就业指在各旅游部门、各旅游企业工作的人员。直接就业人员的素质和结构关系到旅游业发展的深度和广度。广西滨海旅游区旅游行业直接就业人员状况，见表 2.21。

表 2.21　北海、钦州、防城港旅游行业直接就业人员状况

区域范围	年份	总就业人数（人）	旅行社（家）	宾馆饭店（家）	旅游区（点）	管理机构及其他（家）
北海市	2004	7861	1133	3654	702	2372
	2005	8873	716	4756	1166	2235
	2006	9565	805	5623	1115	2022
	2007	8610	1022	4591	1003	1994
防城港市	2004	2023	332	1156	469	66
	2005	1034	172	716	105	41
	2006	1313	70	1003	162	78
	2007	1345	108	949	188	100
钦州市	2004	1739	97	1292	320	30
	2005	1831	88	1331	368	44
	2006	2352	106	1720	472	54
	2007	2589	93	1860	597	39

资料来源：根据《广西统计年鉴（2003~2007）》、《广西旅游年鉴（2003~2007）》整理。

表 2.22　广西滨海地区（北海、钦州、防城港）旅游部门职工人数与结构基本情况

年份	合计（家）	旅行社（家）	宾馆饭店（家）	旅游区（点）	旅游管理机构及其他
2004	11623	1562	6102	1491	2468
2005	11738	976	6803	1639	2320

续表

年份	合计（家）	旅行社（家）	宾馆饭店（家）	旅游区（点）	旅游管理机构及其他
2006	13234	981	8346	1749	2154
2007	12544	1223	7400	1788	2133

资料来源：根据《广西统计年鉴（2003～2007）》、《广西旅游年鉴（2003～2007）》整理。

表 2.23 广西滨海地区与区内其他主要地区旅游部门职工人数对比

地区	2004 年	2005 年	2006 年	2007 年
滨海地区（人）	11623	11738	13234	12544
桂林地区（人）	21870	24536	24814	22812
广西全区（人）	74485	82169	83979	82149

资料来源：根据《广西统计年鉴（2003～2007）》、《广西旅游年鉴（2003～2007）》整理。

由表 2.21～表 2.23 可知，广西滨海地区旅游直接就业人数与结构总体趋势良好，但发展欠稳定。2004～2007 年，旅游部门职工总人数增长了近 15 个百分点，表明越来越多的人开始从事旅游业，为旅游业服务，当地旅游业的发展有了更安全的人力资源保障。2004～2007 年，广西全区旅游从业者都呈现出平稳增长的态势，桂林地区作为广西先进发达旅游城市，其发展态势也与全区一致。而滨海地区则出现了起伏现象，2003 年，"非典"肆虐全国，具有明显脆弱性的旅游业受到了严重的影响和冲击，全区旅游从业人员只增长了 5.5 个百分点，桂林地区也只增长了 3.6 个百分点，而当地却增长了高达 22.5 个百分点，这与当时的形势是背道而驰的，也导致随后一年在其他地区继续保持稳步增长的情况下当地却减少了。这暴露出当地旅游从业者的盲目性和不稳定性。旅游从业人员规模庞大，但仍须进一步发展。广西滨海地区旅游直接就业人数为 11738 人，超出全区平均职工人数（6847 人）71 个百分点（4891 人），约占全区的 14.3%，在这个意义上规模已经相当庞大。然而，桂林地区职工人数多达 24536 人，约占全区的 29.9%，比当地多了 109 个百分点。一经比较不难发现，当地旅游从业人员规模跟区内先进发达旅游城市桂林还存在着一定的差距，因此还需进一步发展。旅游部门职工结构较合理，但仍需改善。以 2007 年为例，分析旅游部门职工结构，当地旅游各部门职工人数的比例基本上与全区以及先进发达旅游城市桂林的一致，处于比较合理的状态。但仔细观察发现，当地旅行社的从业人员尤其少，综合当地 4 年的数据，2005 年出现骤降情况，人数仅为最高的 2003 年的 53%。因而广西滨海旅游区应积极改善当地旅游部门职工结构。

根据旅游组织资料介绍，旅游部门每增加 1 个直接就业机会，社会就可以增加 5 个就业机会。因此，按照这个比例计算，广西滨海旅游区 2007 年旅游业的直接从业人员约为 12544 人，那么间接就业人数将是 62720 人，所以，广西滨海旅游区旅游业总的从业人员为 75264 人，因此分别占到了当年内蒙古全社会及第三产业从业人员比例的 3.5% 和 7.7%。

广西滨海区通过发展旅游业，促进了当地文化的保护。据调查，广西滨海区域文化旅游资源在旅游开发中，一方面得到了进一步开发，另一方面加深了当地居民对自身文化的认同，特别是京族文化的挖掘和保护，不仅成为防城港市宝贵的精神财富，而且也成为重要的旅游资源，与金滩旅游区相辅相成，增强了景区的吸引力。海上丝绸之路原本属于纯文化的范畴，但通过与旅游开发相结合，将其进一步进行挖掘，打造成了滨海旅游的特色旅游线路。

广西滨海旅游区通过发展旅游业，开阔了当地居民的视野，助推了当地教育的发展，这一点尤其在北海和东兴体现得最明显。

第四节 北部湾（广西）滨海旅游发展中存在的主要问题

一、区域合作开发进程较慢

1. 区域内部合作尚需进一步加强

广西滨海区域的北海、钦州、防城港三市环北部湾而立，紧密相连，滨海旅游在各自的旅游开发占有重要的地位，围绕如何更好地开发利用滨海旅游资源这一主题，三市之间的合作在20世纪80年代便展开。特别是进入21世纪以来，三市之间合作的步伐明显加快，其中最具影响的合作事件是2007年广西北部湾经济区内6市（南宁、北海、钦州、防城港、崇左、玉林）签订了《环北部湾区域旅游合作协议》，以捆绑销售、整合资源的方式，共同构建广西"4＋2"区域旅游联盟，共同打造广西北部湾无障碍旅游区。2008年《广西北部湾经济区发展规划》的批准实施，助推了广西北部湾区域合作的速度，2009年《北部湾旅游发展规划》的评审通过，直接为北部湾区域旅游合作提供指导。但总体来看，广西北部湾区域旅游合作的进程较慢，合作程度较低，根本原因是各方基于各自管辖范围内利益的考虑，合作开放开发的意识还不够强烈。这就需要三方进一步强化合作意识，进一步认识到三市之间"唇齿相依"和"唇亡齿寒"的道理，在竞争中合作，在合作中"双赢"。在加深认识的基础上，不断明确各方在北部湾区域旅游合作中的定位，不断完善旅游合作机制，不断推进旅游合作向纵深发展。

2. 区域外部合作尚需进一步加快

广西北部湾区域位置优越，地处华南经济圈、西南经济圈和东盟经济圈的结合部，是我国西部大开发地区唯一的沿海区域，也是我国与东盟国家既有海上通道又有陆路通道的区域。南拥北部湾，背靠大西南，东连珠三角，面向东南亚，西南与越南接壤，拥有1595km的海岸线和1020km的陆地边境线，是我国西部唯一既沿海又沿边的地区，是我国唯一与东盟海陆相连的经济区。良好的区域位置为广西北部湾经济区与周边区域的合作提供了极大的便利。国家西部大开发的深入发展、2010年中国—东盟自由贸易区的建成、泛珠三角合作的进一步深化、泛北部湾合作的务实推进等，为广西北部湾与国际国内的旅游交流与合作提供了极为广阔的空间。在系列利好因素中，广西北部湾区域与外部区域旅游合作的程度，关键取决于广西北部湾区域的合作态度、力度和深度。但纵观广西北部湾区域与外部区域旅游合作的进程，虽然近几年来合作力度加大，但合作速度较慢，合作深度不够。在区域合作中，广西与琼、粤之间合作的力度进一步加大。2007年，广西北部湾经济区六市（"4＋2"）无障碍游区、两广九市（又称"4＋5"）区域旅游合作机制、10市自驾车无障碍旅游联盟等相继出现；2008年两广无障碍旅游区迅速扩展到两广的20个城市。两广还就扩大旅游合作达成五条协议：即构建两广10市首个自驾车无障碍旅游区域，成立两广10市首个自驾车无障碍旅游联盟，推动自驾车无障碍旅游的发展，共同策划推广自驾车无障碍旅游精品线路和建立自驾车无障碍旅游联盟的保障机制等。2009年，琼粤桂三省（区）签订了《环北部湾区域旅游合作框架协议》，标志着三省（区）携手打造环北部湾旅游圈，开始从概念变成具体行动。但相比较而言，与西南其他地区的合作则相对较慢，作为一个整体融入泛珠三角的程度较浅。与东盟国家的合作则主要集中在越南。2008年《泛北部湾旅游合作》项目的评审通过，为广西北部湾区域与泛珠三角区域及东盟区域的旅游合作提供了指导；2008年，北海市与越南承天顺化省旅游部门签署了《旅游合作备忘录》，双方就发展两地旅游和延长北海至越南旅游航线达成了共识：以最短的时间，让邮轮通达东盟各国的主要滨海城市，与海上东盟六国连成一片。通过这一系列的合作措施，充分发挥广西北部湾的区域核心优势，进一步加快区域合作进程。

二、旅游资源整合能力不强

1. 旅游产品雷同化较严重

旅游产品雷同现象主要是由旅游产品的同质化及旅游开发的深度不够而引起。目前，北部湾（广西）滨海旅游产品的差异主要体现在开发时间上的不同，开发定位以资源为基础，虽然考虑了市场，但由于资源的同质，再加上在开发过程中，合作程度较浅，在设计旅游产品时，较少从整个北部湾（广西）滨海旅游全局的高度来思考问题、靠山吃山、靠海吃海的思路左右着开发的深度。因此，同质化的资源开发出来的产品必然缺乏差异或创新。北海的沙滩、海岛、人文旅游资源比较丰富，开发时间较早，是比较成熟的滨海旅游目的地，但相比于钦州和防城港，旅游产品的特色不够鲜明，只是知名度之间的差异。此外，广西滨海区域旅游产品开发的层次不高，观光型旅游产品较多，参与体验型旅游产品较少，自然资源类旅游产品较多，文化资源类旅游产品较少，文化内涵欠缺，旅游品牌效应不显著，旅游线路的连接不顺畅。

2. 滨海旅游整体形象模糊

由于广西滨海区域旅游合作的广度、深度、力度不够，旅游资源、旅游产品同质化现象严重，旅游市场竞争激烈且同质，导致广西滨海旅游整体形象尚未树立起来，影响着广西滨海旅游的整体发展。虽然北海从旅游开发一开始便以滨海旅游为突破口，并建立了以北海银滩为龙头的旅游产品，但其形象的辐射作用远没有发挥，钦州、防城港旅游开发较晚，且由于两市的旅游资源呈现出较大的综合性，滨海旅游的形象在其中并未凸显，三市之间也由于争夺客源而没有进行形象的整体塑造。因此，到目前为止，广西滨海旅游的整体形象还没有完全形成。广西滨海旅游定位要结合东"海"、西"边"、中"山、林"的区域资源特征，强调"保护第一、保护与开发利用相结合"的生态原则以及"局部突出个性，整体相互协调"的开发经营理念，从旅游市场需求和旅游发展态势出发，确定广西滨海旅游的整体形象、主题、功能以及开发方向等。首先，广西滨海旅游的整体形象要突出海、边、山、林的有机结合，可定位为：环北部湾风情，感受海之韵、边之奇、民之纯、山之秀，让游客切实体验滨海生态之旅的愉悦历程。其次，滨海旅游的主题是：走滨海公路，游海水浴场，沐海滩阳光，赏海岛风情，尝海鲜美味，强调"海"字系列的产品组合。最后，旅游总体功能必须是综合性的、全方位的，但要以会议度假、休闲疗养、边境商贸为主，在开发方向上要向会议度假旅游、疗养康复旅游、体育娱乐旅游、美食购物旅游和跨国与边境旅游等方面发展。

三、旅游市场开发创新不够

广西滨海旅游区域国内、入境旅游市场增长较快，但与环北部湾的海口、三亚、湛江等市单独比较，北海、钦州、防城港三市的旅游者总人数方面少于海口、三亚、湛江三市，但作为一个整体，广西滨海旅游区占有比较优势，其入境旅游者虽然低于海南滨海旅游区，但高于广东滨海旅游区，国内旅游者人数远高于海南和广东滨海旅游区。引起这种现状的原因主要是广西滨海旅游区域旅游市场合作开发程度较低，导致游客流失，旅游市场定位重叠，导致同质竞争，旅游市场开发手段创新不够，导致引力太低。

1. 旅游市场定位重叠

北海、钦州、防城港三市在发展旅游业过程中，均对其旅游市场进行了定位，根据调研，三者旅游市场的区域定位从入境旅游市场与国内旅游市场双向展开。入境旅游市场方面，核心目标客源市场为东盟各国及港澳台地区，基本目标客源市场为日韩俄。国内旅游市场方面，核心目标客源市场广东及区内，基本目标客源市场为西南各省。诚然，从旅游市场定位的理论及实践来说，这并没有问题，但关键在于三者的定位还没有突破"空间距离决定旅游市场"的传统观念，缺乏创新。既然三者市场定位存在重叠，就应该从一个区域整体来进行整合营销。在旅游市场开拓实践中，旅游产品的同质化模糊了旅游者对广西滨海旅游的全面认识。北海由于开发滨海旅游较早，国内外游客对其滨海旅游的认知比较清晰，但同时却屏蔽了钦州与防城的滨海旅游形象。国内游客到广西旅游主要是去桂林，有的顺便到北海银滩泡泡海水，吃吃海鲜就走了，在北海停留时间一般为 1~2 天。近年来，自驾车到北海旅游蔚然成风，但停留的时间仍然很短，这对发展度假型旅游的北海来说实在是太短了。资料显示，到北海旅游的人数中有 1/3 来自区外，尤以港澳特区、西南地区为主；2/3 是区内游客，以到桂林旅游为主。区内游客的重游率较高，且多是自助旅游的；境外游客较少，在与海南的竞争中处于劣势；至于去防城、钦州的主要是为数不多的区内游客，区外游客对此不甚了解，不知有何看头，大多只是从防城的东兴出境去越南。旅游市场定位重叠化，进一步加剧了对旅游市场的同质竞争，三市旅游市场开拓实践的相互分离，导致广西滨海旅游整体客源增长速度受到限制。

2. 市场营销缺乏创新

近年来，随着经济的发展和旅游业的发展，广西滨海旅游的市场营销有了较大发展，但从整体来看，广西滨海旅游市场营销创新性不够，营销理念比较狭隘，营销手段比较传统，营销力度有待加强。首先，应树立"大滨海旅游圈"、整合营销和系统营销理念，注意把广西滨海旅游作为一个整体进行宣传，以广西滨海旅游整体形象为出发点，整合滨海旅游资源共同开发差异化、体验化的旅游产品，整合滨海旅游产品，共同打造高品质、强竞争力的旅游品牌，整合旅游营销人才，共同打造高素质、强能力的旅游营销团队，整合旅游企业资源，共同对接高品质、强吸引力的旅游线路，通过系列整合，共同打造广西大滨海旅游圈。其次，创新营销手段，推行"政府主导"与"市场运作"联动营销模式，进一步强化体验营销模式，不断开拓出旅游市场营销新手段。再次，在推动广西滨海旅游整体形象的基础上，强调差异化营销。滨海旅游整体形象是营销的基点，但不能过度同一。差异化营销体现在两个方面：一是区域内的差异，主要是指广西滨海旅游区三市在深化合作中的差异，主要目的是吸引更多的人流来广西北部湾；二是强化与周边区域如海南、广东滨海旅游形象的差异。海南是广西滨海旅游最大的竞争对手，滨海风光方面与海南相同，应与之携手共建"上山下海又出国"旅游工程的以达到产品互补、客源互流、共同发展；同时，应强化与海南滨海旅游形象的差异。最后，继续加强与东盟国家尤其是越南的合作，一是可以直接把东盟国家的居民吸引来广西滨海旅游区旅游，二是可以间接把来东盟国家旅游的游客延伸至广西滨海区域。

四、旅游企业经营能力较低

1. 旅游企业竞争力较弱

根据调查，与海南、广东相比，广西北部湾（广西）滨海区域旅游企业竞争力较弱。旅游企业经营规模方面，北海、钦州、防城港三市旅行社总数为50家，五星级酒店为2家，而海南旅行社总数为196家，五星级酒店为17家。旅行社百强方面，2008年海口民间旅行社有限公司和海南海之缘旅行社有限公司名列榜单，而广西滨海区域此项指标则为零。由此可见，广西滨海旅游区旅行社经营规模普遍较小，旅游企业集团化不够，竞争力较弱。而且，广西滨海旅游区域中旅游企业存在集聚现象。据统计，北海、钦州、防城港三市中，北海旅游企业的数量和规模占绝对优势，这种过分集中的现象，加剧了北海市旅游企业的竞争程度，而使其他两市实力更显不足。基于此，广西滨海旅游区旅游企业的发展，要合理布局旅游企业，从宏观布局上优化旅游企业的结构，更重要的是加强企业竞争力的培育,核心是实施旅游企业集团化。综观国内旅游企业经营发展的成功经营,旅游企业集团化是提升旅游企业竞争力的有效途径。旅游企业集团化往往以一个控股企业为核心,通过建立资产关系,控制下属子公司和分公司。控股公司通常是集团企业的核心。北部湾(广西)滨海旅游区旅游企业集团化发展,是时之所趋、势在必行。大集团、大旅游是旅游企业发展的必由之路。集团化可采取的模式一般有三种,即特许经营与专业化经营相结合模式、资本经营模式、多元化经营模式。随着2010年中国东盟自由贸易区的建成,广西滨海区域作为最便捷的出入口与前沿阵地,如果不进一步外创旅游发展的良好环境,内强旅游企业的竞争实力,将会制约广西滨海旅游业的快速发展。

2. 旅游企业盈利能力较低

旅游企业经营效益方面,北海、钦州、防城港三市旅游企业经营效益远不及海南。导致这种现状的原因比较复杂,但从根本上来说,是由广西滨海旅游企业自身不足而引起的。这就需要广西滨海旅游区域的旅游企业不断创新管理模式,不断提升旅游企业整体实力,不断提高旅游企业的经济效益。提高旅游企业经济效益,总体上说,有两个方面的途径:一是扩大销售量,不断吸引旅游客源,增加旅游企业的收入;二是通过科学管理,不断降低企业生产成本。从增加旅游企业收入来看,广西滨海旅游区旅游企业应着力做好以下工作:加强旅游市场的宣传促销,扩大旅游客源,旅游市场的宣传促销活动可采取多种方式,如旅游交易展销会、扩大旅游大篷车的实效、开展体验营销等;提高旅游产品质量,以质量求效益。整合广西北部湾(广西)滨海旅游品牌,有重点、有目的、有层次地推出高档次的旅游产品,整合广西滨海旅游线路,从区内、国际两个层面不断延伸创新旅游线路,尽量避免旅游线路重合性,推行全方位的全面质量管理,加强各区域、各部门的分工协作,提高服务质量。

优化旅游产品结构和旅游企业结构,提高区域综合竞争实力。一是根据差异化发展战略,整合提升三市同质化的旅游产品,创新开发体验化旅游产品,逐步减少观光层次旅游产品数量,逐步增加提升层次旅游产品，重点增加专项旅游产品；二是合理布局广西滨海区域旅游企业的区域发展结构，逐步改变"一强二弱"（北海相对强，钦州、防城港相对弱）的不利局面，逐步调整旅游企业的内部结构，使三市内部旅游景区（点）、旅行社、酒店宾馆、旅游购物企业、旅游商品开发企业协调发展，逐步改变旅游企业"弱、散、小"的局面，共同拉动旅游企业的经济效益。

从降低旅游企业的成本来看，广西滨海旅游区域应抓好以下几个方面的工作：改善经营管理，完善各项成本控制措施，对成本开支范围及费用开支标准实行严格控制，加强内外部监督机制建设，保障成本的合理支出和利润的实现。结合企业成本结构，寻求降低旅游企业成本的最佳途径，实行规模化发展，以规模化带动成本的降低。实行全员管理、全过程成本管理。

五、旅游服务质量有待提高

旅游服务质量的高低主要表现在游客在旅游活动过程中，享受到服务后的物质和心理满足程度的高低，因此，衡量旅游服务质量高低的标准是游客满意度。游客对旅游服务质量的满意度可分为两个层次，一是物质上的满足程度，二是心理上的满足程度。

1. 旅游服务设施需进一步改善

游客物质上的满足程度通过设施、设备和实物产品表现出来，主要包括旅游服务设施、设备的舒适程度、完好程度、安全程度、档次高低、饮食产品的色、香、味、形，服务用品的美观、完善程度等。广西滨海旅游区域中，旅游酒店建设虽然形成了高、中、低的层次性结构，但高档次的旅游酒店、宾馆、饭店数量相对较少，截止到2008年，星级饭店的数量为55家，其中5星级饭店仅有2家。农家旅馆尚未形成规模，旅游饭店提供的菜肴以海鲜为主，但色、香、味、形等方面还有待提高。旅游交通建设已初步形成了陆海空立体交通格局，但整个滨海区域内部的大交通建设的限制性因素较多，交通便捷性不够，特别是通往景区的交通及景区内小交通建设还不能满足游客的需求，有些甚至是沙砾低等级公路，严重影响了游客的通达性，旅游营地硬件建设还处于起步阶段，限制了自驾车旅游市场的开发。旅行社由于规模较小，综合效益较低，硬件设施的建设比较滞后，特别是旅游管理信息系统建设方面更是滞后于旅游业发展的要求，进一步影响了旅游市场的开发及旅游整体形象的塑造。旅游购物方面，旅游购物场所的建设形成了大、中、小的布局，但对特色旅游商品的挖掘不够，特色旅游商品体系尚未完全建立，部分旅游商品价格脱离价值规律。

综上所述，广西滨海旅游服务设施亟须完善，通过"政府主导、企业主体、社会参与"的模式，加大对旅游基础设施建设的投入，加快对特色旅游商品的开发力度，加强对旅游服务设施的管理，加速对老化旅游服务设施的更换升级，促进广西滨海旅游区旅游服务的进一步完善。

2. 旅游人才素质需进一步提高

游客心理上的满足程度主要通过直接劳动服务方式所创造的使用价值表现出来，是服务质量的最终体现，主要取决于旅游服务劳动者的服务观念、服务态度、服务方式、服务技巧、服务内容、礼节礼貌、言语动作等。因此，要提高游客心理上的满足程度，关键是提高旅游人才的综合素质。广西滨海旅游区旅游人才建设存在以下不足：旅游人才培养培训的平台建设不足，旅游院校规模较小，旅游专业档次较低，旅游人才专业性培训机构较少；旅游人才资源存量不足，存在一些结构性矛盾，如缺乏熟悉国际规则和国际惯例、具有跨文化沟通能力的旅游人才，缺乏具有战略开拓能力和现代管理水平、熟悉和利用国际国内两种资源的旅游人才；旅游人才整体学历不高，流失严重，这些状况严重制约了广西滨海旅游区旅游业的快速健康发展。为此，广西滨海旅游区旅游人才素质的进一步提高可从以下几方面入手：一是加强旅游院校培养质量建设，培养出思想品德好、动手能力强、服务质量高的高素质人才。二是加强旅游人才三支队伍建设。基本思路是通过"培养、引进、提升、留住"八字方针，建设好旅游行政管理者、旅游企业管理者、导游三支旅游队伍。首先，主要依靠广西不同层次的旅游高校培养不同层次的专业旅游人才。其次，与国外高校建立大学合作联盟，加强旅游学科留学人员互派力度。再次，依据实际需要，培养多种小语种旅游人才，建立广西北部湾旅游人才猎头公司，搜集并引进综合素质高、业务能力强特别是高级旅游管理人才。建立完善不同层级的培训基地，充分发挥现有培训基地的积极作用，与国外高校合作，建立国外培训基地，不断提升现有旅游人才的素质与能力。

六、旅游发展环境尚需改善

旅游产业的发展壮大依赖于良好的产业发展环境，外部环境的优劣对旅游产业的发展有着重要的影响。衡量广西滨海旅游业环境主要包括经济环境、政治环境、社会环境与技术环境等。

1. 整体经济实力不强

广西滨海旅游区的经济水平从动态来看，处于较快增长的状态。地区生产总值近几年有较高的增长幅度，这表明广西滨海旅游区总体经济实力在增强。同时居民消费支出中娱乐支出比例在增长，这说明居民在物质生活水平提高的同时也更加注意精神生活质量，因此对滨海旅游需求有潜在的增长趋势。尽管目前广西滨海旅游区经济发展进程很乐观，但是由于它的经济基础比较落后，经济发展后劲不足，而且滨海旅游资源开发起步晚，开发程度低，这也制约了滨海旅游产业的发展。旅游目的地国民生产总值的高低，对旅游需求会形成正反两方面的影响，如果国民生产总值增高，旅游需求会增加，旅游的规模和结构就会相应提高。反之，就会减少。2007年，广西滨海三市国民生产总值为893.48亿元，与沿海其他区域相比，则远远落后于广东、浙江、上海等地，与海南相比，也有一定的差距。由于整体经济实力不强，对旅游投资的相对力度就较弱，直接导致广西滨海旅游区旅游配套设施建设资金不足，进一步制约了旅游业的快速发展。因此，应进一步加快广西滨海旅游区的经济发展水平，为旅游业的发展提供强大的经济支撑。

2. 法律法规尚需完善

完善的法制环境可以规范旅游资源普查、规划、建设、开发、利用和保护，规范旅游企业成立、运作，规范国家有关部门和公职人员监管和服务旅游业行为，保护旅游消费者的合法权益。近年来，广西加大了旅游政策法规建设的力度，也取得了系列成果。结合广西旅游业实际，以通知、通告的形式，制定了系列专项规章制度，如《关于建立健全旅游安全生产责任制加强我区旅游安全工作若干意见》、《关于规范广西出境旅游团队管理的通知》，广西壮族自治区工商局、广西壮族自治区旅游局联合发布了《关于进一步整治和规范我区旅游市场维护旅游者合法权益的通知》等，特别是2008年制定并实施《广西壮族自治区旅游条例》，开创了广西旅游法制建设的新局面，此外，还制定了系列行业标准与规范。广西滨海旅游区一方面实施国家及广西旅游相关政策与法规，同时也结合自己的实际，参照国家及广西旅游政策与法规，制定了一些地方旅游管理制度，这些旅游政策与法规，为广西旅游业的健康发展提供了强有力的制度保障。但从整体来看，广西现有的旅游相关政策，远远不能满足旅游业作为龙头产业的要求，尤其是旅游科技相关政策尚未出台。由于缺乏有力的政策支持，在旅游基础设施的建设、旅游资源的开发、旅游人才的培养、旅游行业管理及企业管理方面，对科学技术的利用及知识产权的保护等方面都处于无序状态，致使一些资源得不到及时的保护，盲目开发、缺乏科学开发现象依然存在。根据广西的实际情况，旅游管理部门必须加大旅游科技政策制定的力度，加紧出台旅游科技相关政策步伐，为广西旅游科技的发展保驾护航。

3. 技术能力尚需提升

随着技术的发展，越来越多的娱乐休闲形式能够被创造出来，从而可能在一定程度上或者在某些领域对旅游这种休闲娱乐形成替代性。在居民的闲暇时间与经济收入一定的前提下，技术发展所创造出来的对旅游消费形成替代性的其他休闲娱乐形式，会对滨海旅游产业的市场份额产生分流的作用。所以滨海旅游产业关注技术环境的发展和变化意义重大。目前，广西壮族自治区旅游局已建成包括 DIMS 系统在内的多项信息化应用系统，能够提供从旅游系统内部办公管理、从业单位管理、导游资质管理到旅游信息资讯提供的一条龙服务。中国移动、中国电信与各地旅游局的合作将推动广西旅游信息化水平迈进新的一步，并最终以信息化为载体助推广西滨海旅游实现新跨越。目前广西滨海旅游区旅游科技建设方面还存在一些不足，具体表现在以下几个方面：旅游科技资金投入不足，近年来，全广西滨海旅游区的旅游科技投入虽然有所增加，但与其他省市相比，仍然存在一定的差距；旅游科技人力资源配置不足，专门从事旅游科技活动的技术人员几乎没有，极大地制约了广西滨海旅游区旅游科技的发展；相关机制及政策不健全，缺乏一个对广西旅游科技发展进行管理的专门机构，有关旅游科技发展的相关法规及政策还不完善，许多关系未理顺，有待进一步完善；广西旅游科技意识总体水平较低，2003年、2004年，广西科技意识总体评价分别名列全国第28、27位，处于下游水平，而广西滨海旅游区旅游科技意识水平更低，旅游发展依然停留在传统的项目上，对新技术的应用也仅停留在少数领域，依靠科技发展旅游的意识还需进一步加强。

第五节 结论

通过调查与分析，关于广西滨海旅游产业的发展现状及潜力，考察组得出如下结论：

1. 广西滨海旅游整体起步晚，但发展速度快

广西滨海旅游资源开发的历程与我国改革开放的进程、中国及广西旅游开发的历程基本同步。总体而言，广西滨海旅游开发起步于新中国成立初期，初步发展于改革开放后的头10年（20世纪80年代），快速发展于20世纪90年代，到目前，已经形成了滨海旅游产品体系、旅游市场体系、旅游企业结构体系，旅游经济社会效益明显、旅游环境良好的发展态势。

2. 广西潜在滨海旅游资源丰富，开发潜力大

广西滨海旅游资源富集于广西北部湾。广西滨海旅游区旅游资源单体品质高，具有较高的品位度。广西滨海地区的国家A级以上旅游景区数量较多，且总体级别较高，其中4A级景区共有10个，3A级景区共有8个；广西滨海地区旅游资源单体丰度高，潜在旅游资源具有较大的开发价值，拥有自然风光、生态环境、历史文化等类型多样的旅游资源，且品位高；广西滨海地区旅游资源类型丰富多样，旅游资源组合优势突出；广西滨海地区拥有数量较多的A级景区（点）和高品质的旅游景区景点，其资源类型拥有滨海风光、森林景观，也涵盖了火山地貌、红树林景观，以及富有历史文化内涵的人文古迹，具有多种不同类

型资源组合开发的较好优势，且每处均具有自己的独特之处。经过20多年的开发，目前广西已经形成了一批以北海银滩为龙头的特色鲜明的滨海旅游目的地。旅游产品形成了多样性、层次性、互补性的特色，北海、钦州和防城港在大力发展滨海旅游过程中，成功推出了一批以自然山水、滨海休闲、边关览胜、京族风情为主题特色的旅游景点景区。打造了一批市场竞争力强、规模大、档次高的旅游产品，使北海、钦州、防城港三城市旅游产品结构日趋合理，逐步由单一观光型向多元化综合型转变。进一步加大了主题特色精品旅游线路的开发和配套设施的完善，推出了环北部湾（广西）滨海休闲度假游，初步构建了特色突出、竞争力强的旅游产品体系。

尽管经过了20多年的开发，但还有很大的发展潜力。一是广西滨海旅游资源储备丰富，现已开发的滨海旅游资源相对于整体滨海旅游资源来说，还是少数，特别是有些地方的资源还处于初级开发甚至待开发状态；二是现已开发的旅游资源提升空间较大，现已经形成的旅游产品在开发的广度、深度、档次、知名度等方面还存在加大的提升空间，因此，从这两个意义上说，广西滨海旅游资源的开发潜力大。

3. 广西滨海旅游市场不断扩大，增长潜力大

广西北海、钦州、防城港三市在发展旅游业过程中，通过各自的市场定位、市场营销、市场对接等措施，使广西滨海旅游区域国内旅游市场迅速增长，入境旅游市场一直保持着良好的发展势头。国内旅游市场总体规模逐步扩大。经过多年基础设施的建设及旅游资源的开发，广西旅游业发展迅速，其滨海旅游地的客流量呈稳定增长的趋势。北海国内旅游者接待人次总量以绝对优势领先于防城港和钦州两市，钦州市国内旅游者人数增幅最大，随着防城港与钦州两市在国内的知名度的不断提升，其国内旅游者规模发展前景广阔。广西滨海旅游区接待入境旅游者人数持续增加，在入境旅游市场构成中，防城港市的入境旅游市场占绝对份额，北海的港澳台游客与外国游客的市场份额相当，钦州入境旅游市场总体规模最小但入境旅游者人数总量增长速度最快。

广西滨海旅游市场增长潜力大。一是广西滨海旅游资源丰富，不仅已经开发了一批颇具竞争力和吸引力的旅游产品，而且还存在巨大的挖

掘潜力；二是滨海旅游目的地已经成为人们向往的重要旅游目的地之一，滨海旅游业成为人们推崇的重要旅游方式，因此，广西滨海旅游区可借助良好的资源条件，开发和提升出更加符合消费者需求的旅游产品，吸引更多潜在旅游者；三是中国经济和旅游业的蓬勃发展、广西旅游强省建设的进一步推进，必将会进一步刺激广西滨海旅游的快速发展；四是广西北部湾经济区加快开发，不仅为广西滨海旅游区带来了直接的人流和旅游者，而且也会进一步提升广西滨海旅游知名度和整体形象，从而有助于旅游市场的扩大；五是2010年中国—东盟自由贸易区的建成，广西滨海旅游区作为核心圈和桥头堡，势必受益最多。总之，广西滨海旅游在沿着市场扩张的道路上，进一步大踏步前行。

4. 广西滨海旅游企业稳步发展，且逐步协调

广西滨海旅游区旅游企业整体呈稳步发展的态势，企业部门结构逐渐协调，正向合理化和高级化的方向发展。旅行社总体实力不断壮大，旅游集团化的趋势日渐明显，各知名旅行社品牌发展态势良好，旅行社经济效益较好。但比较而言，广西滨海旅游区中旅行社的发展过度集中于北海，存在分布不均，规模效益不突出等问题；旅游酒店发展速度快，基础较好，客房出租率不断提高，但也存在高层次酒店数量较少，高素质酒店服务较低等问题；便捷的旅游交通网络已经形成，旅游交通基础设施不断完善，旅游游轮经济突出，但仍然存在区域性失衡，缺乏系统规划，重通道建设，忽视景区内交通布局等问题。从总体来分析，广西滨海旅游区目前尽管高度集中于北海市，但钦州和防城港市旅游企业发展速度快，这种区域性失衡的现象经过合理布局和市场作用后会逐步得到改善，从而促使广西滨海旅游区整体发展，旅游企业整体竞争力增强。

5. 广西滨海区旅游效益明显，且逐步增加

广西滨海旅游区对当地经济的贡献比较大。旅游总收入直接推动了当地经济的发展，而且旅游总收入占GDP的比重大，其中北海、防城港旅游总收入占GDP的比重自2004年以来均分别达到了11%和5%以上的规模，可见旅游业已经发展成为当地的支柱产业；旅游创汇能力较强，对于平衡当地的国际收支及推动当地经济发展均起着重要作用。旅

游行业经营效益主要通过旅游企业的经营效益来体现。广西滨海旅游区旅游宾馆饭店 2003~2007 年经济效益总体上呈增长态势，但其中集中度高，波动性比较大。

广西滨海地区旅游直接就业人数与结构总体趋势良好，但发展欠稳定。广西滨海旅游区 2007 年旅游业直接从业人员为 12544 人，间接就业人数为 62720 人，旅游区旅游业总的从业人员为 75264 人，促进了当地的劳动就业机会，一定程度上改变了广西滨海旅游区的职业结构。此外，广西滨海区通过发展旅游业，促进了当地文化的保护，开阔了当地居民的视野，助推了当地教育的发展，这一点尤其在北海和东兴体现得最明显。

6. 广西滨海旅游优势与不足并存，需逐步改善

广西滨海旅游发展在区位、资源、市场、企业等方面都存在着优势，但同样存在着不足。一是区域合作开发进程较慢。区域合作在广西滨海旅游发展中起着至关重要的作用，但目前，区域合作不够理想。一方面，区域内部合作程度较低，在合作意识、合作机制、合作内容、合作方式、合作对策等方面均需进一步加强；另一方面，区域外部合作尚需进一步加快，广西滨海旅游区应充分抓住良好的发展机遇，充分利用好自己的优势，不断改善合作态度、加大合作力度、加强合作深度，加快旅游业的发展。二是旅游资源整合能力不强。由于广西丰富的滨海资源中存在着同质状况，长期以来区内外合作程度较浅，导致旅游开发中，旅游产品同质现象普遍，开发层次较低，文化内涵欠缺等，滨海旅游整体形象模糊，影响着广西滨海旅游的整体发展。三是旅游市场开发创新不够。广西滨海旅游区域国内、入境旅游市场增长较快，但与环北部湾的海口、三亚、湛江等市单独比较，旅游者总人数方面少于海口、三亚、湛江三市，引起这种现状的原因主要是广西滨海旅游区域旅游市场合作开发程度较低，导致游客流失，旅游市场定位重叠，导致同质竞争，旅游市场营销手段创新不够，导致引力太低。四是旅游企业经营能力较低，旅游效益还有待于提升。旅游企业规模偏小，大型旅游企业集团尚未形成，旅游企业盈利能力较低，整体竞争力较弱。虽然北海、防城港已经是当地的支柱产业，但总体而言，滨海旅游业对当地的经济贡

献率特别是社会贡献率还有待进一步提升,旅游企业经营利润还有待进一步增加。五是旅游服务质量有待提高,旅游服务设施需进一步改善,特别是部分通往景区和景区内的交通设施比较差,旅游人才素质需进一步提高,应着力抓好旅游服务平台建设、旅游队伍建设、旅游人才培育机制建设等方面。六是旅游发展环境尚需改善,不断增强广西滨海旅游区的经济实力,不断完善旅游法律法规,不断提升旅游科学技术的应用水平。

在北部湾(广西)滨海旅游发展优势和不足并存的现状下,市场作为各种产业发展的助推器,其作用不言而喻,北部湾(广西)滨海旅游的发展当然也离不开旅游市场的刺激和助推,我们对北部湾(广西)滨海旅游市场的分析显得不可或缺。

第三章

北部湾（广西）滨海旅游市场分析

第一节　旅游市场背景

一、全球国际旅游市场格局

传统的国际旅游市场多是经济发达国家和地区，一直以来欧洲和北美地区是国际旅游市场主要的客源产生地，其国际旅游和国内旅游都很活跃。进入21世纪，全球国际旅游市场格局面临着新的变化，国际旅游流量重心逐渐向亚太地区转移。近几年由于经济的发展，日本、韩国、中国及东南亚国家在世界旅游市场中的地位越来越重要，出境旅游人次也在逐渐增多，其中热点地区是东南亚国家和中国。

中国旅游业在全球增长最快。从20世纪90年代开始，东亚太地区旅游业迅速崛起，到2002年首次超过美洲，跃居世界第二位。"九五"以来，我国旅游业以10%左右的速度增长，高于全球旅游业平均增幅3～5个百分点，由此世界旅游组织预测：到2015年，中国将成为世界第一大旅游目的地国和第四大客源输出国。中国已经成为亚洲增长最快的新兴客源输出国，出境旅游的快速增长已经受到世界各目的地国家和地区的广泛关注，中国出境旅游的发展正在改变亚太和世界旅游的格局。2006年，我国旅游外汇收入340亿美元；国内旅游收入5830亿元，是全球最大的国内旅游市场之一；出境旅游3452万人次，位居亚洲第一位。

据世界旅游组织统计数据显示，2008年全球国际旅游者人数达9.24亿人次，比上年增长了1600万人次，全年增幅仅为2%。因受到金融危机、商品和石油价格上涨等负面影响，2008年全球旅游需求量有所下降，特别是在下半年，全球旅游需求量急速下降，下半年每个月国际旅游者人数都出现负增长。国际形势影响着全球旅游市场格局，世界旅游市场正向欧洲、美洲、东亚太三足鼎立的新格局演变。

二、中国旅游市场现状与特征

1. 中国旅游市场现状

自改革开放以来，我国旅游业进入一个快速发展时期，国内与国际旅游市场规模迅速扩大，除2003年受"非典"影响外，近几年我国旅游市场呈逐年快速增长态势。2001~2007年我国各项旅游经济指标均有所增长，其中入境游客人数从8901万人次增至13187万人次，7年入境游客人数增长率高达48.2%；国内旅游人数则从7.8亿人次上升到16.1亿人次，国内游客总数翻了一番；旅游业总收入从2001年的4995亿元上升至2007年的10957亿元，增幅相当明显。

表3.1 2001~2007年全国旅游主要经济指标

年份	入境游客总数（万人次）	旅游外汇收入（亿美元）	国内旅游人数（亿人次）	国内旅游收入（亿元）	旅游业总收入（亿元）
2001	8901	178	7.8	3522	4995
2002	9791	204	8.8	3878	5566
2003	9166	174	8.2	3651	5096
2004	10904	258	11.0	4711	6840
2005	12029	293	12.1	5286	7686
2006	12494	339	13.9	6230	8935
2007	13187	419	16.1	7770	10957

资料来源：国家旅游局官方网站，http://www.cnta.com/。

2007年，我国入境旅游人数达13187.33万人次，其中：外国人2610.97万人次、香港特区同胞7794.89万人次、澳门特区同胞

2318.68万人次、台湾同胞462.79万人次；入境过夜旅游者人数达5471.98万人次，其中入境过夜外国游客2139.89万人次、港澳台同胞3332.09万人次。在有效的入境游客市场构成中，港澳台旅游客源市场占据中国入境旅游市场60.89%的绝对份额。2008年，受全球金融危机及其他突发性事件的影响，我国旅游业受到严峻考验，特别是入境旅游市场出现明显下滑。我国入境旅游市场构成中，除香港特区入境旅游市场略有增长外，澳门特区、台湾地区以及外国旅游客源市场的接待人次均有不同幅度的下降，其中下滑幅度最大的是外国旅游客源市场与台湾市场，分别比2007年下降6.83%和5.24%。国际金融危机的影响仍在扩散和蔓延，美洲、欧洲作为全球主要客源市场受影响最大，亚太地区虽也受到一些影响，但仍会保持小幅增长。我国旅游业面临的重大机遇和基本环境没有改变，其总体发展趋势不会因金融危机影响而发生改变，将继续保持平稳发展状态。

表3.2 2006~2008年中国入境旅游接待人次

	2006年（万人次）	同比增长（%）	2007年（万人次）	同比增长（%）	2008年（万人次）	同比增长（%）
合计	12494.21	3.9	13187.33	5.5	13002.74	-1.4
香港同胞	7390.97	5.3	7794.89	5.5	7835.01	0.51
澳门同胞	2440.87	-5.2	2318.68	-5	2296.63	-0.95
台湾同胞	441.35	7.4	462.79	4.9	438.56	-5.24
外国人	2221.03	9.7	2610.97	17.6	2432.53	-6.83

资料来源：国家旅游局官方网站，http://www.cnta.com/。

2. 中国旅游市场特征

（1）传统入境客源国地位稳固，东南亚国家入境市场增长迅速。韩国、日本、俄罗斯和美国四大传统入境旅游客源国的地位稳固，占据我国外国人客源市场绝对份额；东南亚国家入境旅游市场增长速度较快。一直以来，日本市场是我国最大的国际旅游市场，2004年接待日本入境游客333.43万人次；近几年韩国市场增长势头迅猛，2005年接待韩国入境游客354.53万人次，入境游客总量超过日本，成为我国第一大入境旅游客源国家；2006～2008年，韩国入境游客人数分别达392.4万人次、477.68万人次、396.04万人次，稳居我国第一大入境旅游客源国位置，其中2007年的增幅达到21.7%。其次，俄罗斯和美国也是中国最主要的入境旅游市场客源地，2005～2008年连续四年是我国第三大和第四大国际旅游市场客源国家，分别占有我国入境市场较大份额。马来西亚、新加坡、菲律宾等东南亚国家是我国巨大而稳定的传统客源市场，增长势头强劲，2007年马来西亚入境旅游者达106.20万人次，仅次于美国排在我国入境旅游者人数的第五位，新加坡和菲律宾入境旅游者人数达92.20万人次和83.30万人次，增长率分别为11.4%和18.3%，旅游者人数增长迅速。

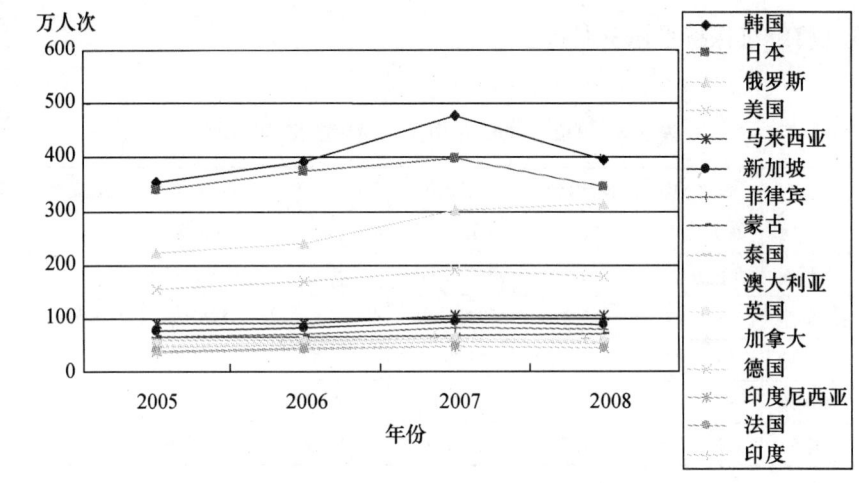

图3.1　2005～2008年中国主要入境旅游客源国情况

（2）外国游客入境旅游目的以观光休闲为主，会议（商务）为辅。来华旅游的外国游客仍以观光休闲为目的的旅游者为主，会议（商务）游客为辅。2008年，我国共接待国际游客2432.53万人次，按来华旅游目的分，其中会议（商务）入境游客人数为567.77万人次，占23.33%；观光休闲游客1203.96万人次，占49.47%，是中国入境旅游外国游客总数的一半；探亲访友旅游者6.79万人次，占0.32%；服务员工旅游者243.19万人次，占9.99%；其他游客410.82万人次，占16.88%。

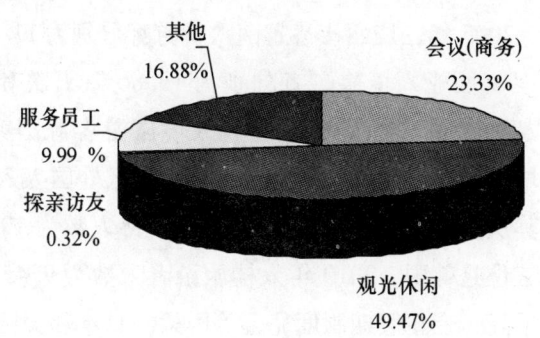

图3.2　2008年中国入境旅游外国游客情况（按目的分）
资料来源：根据国家旅游局官方网站（http://www.cnta.com/）统计数据整理。

（3）港澳地区入境旅游者以一日游游客为主。2007年，香港特区入境人数为7794.89万人次，比上年增长5.5%，其中：过夜旅游者2539.12万人次，占32.6%；一日游人数5255.77万人次，占67.4%。澳门特区入境游客人数为2318.68万人次，其中过夜旅游者390.85万人次，占6.9%；一日游人数1927.83万人次，占83.1%。

三、广西旅游市场现状与特征

1. 广西旅游市场现状

广西各类旅游资源特色突出、种类丰富，涵盖了海滨休闲、边关风情、山水风光、民族风情、历史文化等，为广西区旅游业发展奠定了坚实的资源基础。广西旅游人次与收入持续增加，2010年全区接待旅游者14323.74万人次。其中入境旅游者250.24万人次，比上年增长19.24%；国内游客14073.5万人次，增长19.21%。全区旅游总收入946.42亿元，增长20.3%。其中，国际旅游（外汇）收入8.07亿美元，增长25.45%，国内旅游收入898亿元，增长36.70%。依托旅游资源、地理区位、生态环境、市场拓展与政策扶持等多方面优势条件，广西旅游业进入蓬勃发展时期。

随着中国—东盟博览会永久落户广西南宁，中国—东盟贸易区建设进程的加快，东盟国家客源市场人数持续增长，占有广西入境市场的绝对份额。2004~2005年，广西接待越南入境游客分别为11.24万人次和14.5万人次；马来西亚入境旅游者分别为13.86万人次和15.06万人次，连续两年超过越南成为广西第一大入境旅游客源国家。2010年，全区越南游客增长迅速，达29.23万人次，在全区外国人入境旅游市场中占据首位；其次是马来西亚，2010年游客接待人数为19.01万人次；排在东盟的第三位是韩国，2010年入桂旅游者人数为9.45万人次。由于经济发展水平高、带薪假期制度完善等因素，日本和美国都是广西入境旅游市场的传统客源国，在全区入境旅游市场中一直占有重要的市场份额。2010年美国游客接待人次10.15万人次，排在广西入境游客第三位。2004~2006年韩国入境市场逐年减少，从2004年的5.88万人次下降至2005年的5.73万人次，再到2006年的5.26万人次；但在2007年，韩国旅游者人数猛增，总接待量达到9.39万人次，增长率高达78.52%，成为广西入境旅游市场第五大客源国，到2010年已成为广西入境旅游市场第四大客源国。

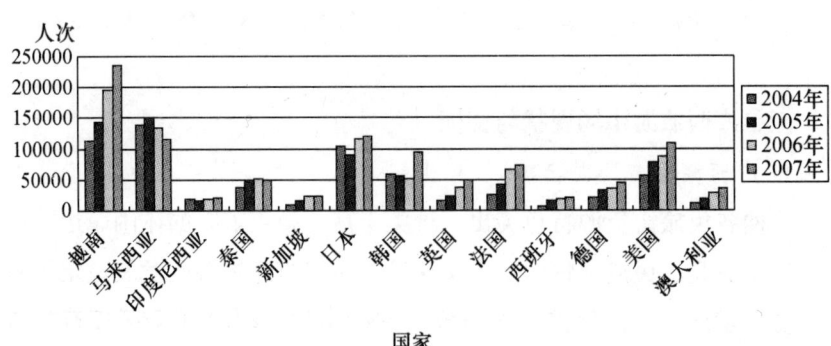

图3.3 2004~2007年广西入境旅游主要客源国概况

资料来源：据《广西旅游年鉴统计数据》整理。

凭借优美的自然山水风光及"桂林山水甲天下"的高知名度，桂林市占有广西入境旅游市场的绝大份额。2010 年，广西全区各市接待入境旅游者 250.23 万人次，桂林市接待入境游客达 148.6 万人次，占全区各市入境游客总数的 59.39%。20 世纪 90 年代中期，随着中越政治、经济友好关系的全面发展，越南游客经凭祥、东兴口岸入境来华的人数迅速增加。据 2010 年统计，崇左市（原南宁地区）接待越南游客占全区各市接待越南游客的首位，占 39.5%，防城港市第二占 24.58%，北海市第三占 17.43%。其中崇左市的入境旅游者人数总量的位次逐年递增，2010 年总量达 20.73 万人次，仅次于桂林市排在全广西第二位。在广西滨海旅游城市中，防城港市的入境旅游者人数总量增长速度最快，2011 年入境旅游者接待人次达 10.32 万人次，是 2005 年接待总量的 2.9 倍。

表3.3 广西各市入境旅游者人数

2005 年			2007 年			2010 年		
位次	城市	人次数	位次	城市	人次数	位次	城市	人次数
1	桂林市	1000976	1	桂林市	1285952	1	桂林市	1486202
2	贺州市	93496	2	崇左市	158468	2	崇左市	207330
3	崇左市	92963	3	南宁市	141103	3	南宁市	167527
4	南宁市	83317	4	贺州市	122114	4	贺州市	164018
5	柳州市	41751	5	梧州市	64069	5	梧州市	90017
6	梧州市	40799	6	防城港市	55156	6	柳州市	81100
7	防城港市	35763	7	北海市	55011	7	北海市	73008
8	北海市	30228	8	柳州市	50215	8	防城港市	70122
9	玉林市	23526	9	玉林市	45869	9	贵港市	40485
10	贵港市	14870	10	贵港市	26816	10	玉林市	33128
11	百色市	8541	11	百色市	18451	11	河池市	30155
12	河池市	4461	12	钦州市	17086	12	百色市	26741
13	来宾市	3353	13	河池市	7850	13	钦州市	24367
14	钦州市	3100	14	来宾市	7028	14	来宾市	8163

资料来源：《广西旅游年鉴》、《广西旅游统计》。

2. 广西国内旅游市场特征

（1）国内游客是广西旅游主要客源市场。改革开放以来，国民经济持续发展，居民的收入水平不断提高，双休假日和"黄金周"假期的实施，居民消费结构发生了较大变化，极大地促进了旅游业的快速发展，国内旅游者人数迅速增长，规模不断扩大。2007年全区接待旅游者8755.25万人次，入境旅游者205.52万人次，国内游客8549.73万人次，占区内旅游者总人数的97.65%。

表3.4　2002～2007年及2010年广西旅游市场与旅游收入情况

年份	国内旅游者（万人次）	国内旅游收入（亿元）	入境旅游者（万人次）	外汇收入（亿美元）
2002	4886.92	204.11	136.34	3.04
2003	4540.35	193.36	65.02	1.55
2004	5517.51	231.11	117.58	2.74
2005	6493.38	277.80	147.71	3.50
2006	7399.67	366.00	167.64	4.04
2007	8549.73	402.03	205.52	5.64
2010	14073.5	898.10	250.23	8.07

资料来源：《广西旅游年鉴》、《广西年鉴》、《广西旅游统计》。

（2）国内旅游稳步增长。广西接待的国内旅游者以入国内旅游收入保持稳定增长。2002年，广西全区接待国内旅游者4886.92万人次，2006年国内游客人数为7399.67万人次，增幅达51.42%，2004～2007年国内游客数量每年都以两位数的增长速度稳定上升，增长率分别为21.52%、17.69%、13.96%和15.54%；2002年全区的国内旅游收入为204.11亿元，2007年为402.03亿元，5年广西国内旅游收入将近翻了一番。同时，2004～2006年全区国内旅游收入每年都以两位数的增长速度持续上涨，增幅分别为19.52%、20.20%和31.75%。可以看出，国内旅游收入的增长速度高于国内旅游者数量的增长，这说明国内游客的旅游消费水平在逐年提高。

（3）旅游消费结构有所改变。在国内游客的传统旅游消费结构中，住宿花费一直占据整个旅游花费的最大比重,其次是交通费用。近年来,国内居民的经济收入水平明显提高,旅游方式从纯粹观光到休闲度假的转变,国内游客的旅游消费结构出现了一定的变化。据2007年广西旅游统计,在9项人均花费构成中,长途交通占18.34%、住宿占16.45%、餐饮占21.08%、游览占12.05%、娱乐占6.14%、购物占17.78%、市内交通占2.95%、邮电通信占0.90%、其他占4.3%。与2006年相比,住宿减少2.59%,餐饮和购物均超过住宿花费,分别排在旅游花费构成中的第一位和第三位。

3. 广西入境旅游市场特征

(1) 东盟国家是广西主要入境市场。随着中国—东盟博览会的影响力不断扩大,"泛北部湾"区域经济合作进程的推进,东盟国家入境旅游人数大幅增长。2007年广西总共接待入境游客205.52万人次,其中外国入境旅游者124.51万人次。来自东盟国家的旅游者人数分别为:越南23.48万人次,马来西亚11.59万人次,泰国5.0万人次,新加坡2.35万人次,印度尼西亚2.04万人次,菲律宾0.76万人次,缅甸0.10万人次,总计45.32万人次,占外国旅游市场的36.4%。

(2) 入境市场中外国游客比例逐渐增大。近年来,外国入境旅游者人数增长迅速,与港澳台游客的市场占有率逐渐拉开差距,2004~2007年外国客源市场份额均高于港澳台地区。

2002~2003年广西入境旅游市场中外国人与港澳台市场份额相当。2002年接待入境游旅游者136.34万人次,外国人65.93万人次,占48.36%;港澳台游客70.41万人次,占51.64%。2003年入境游客总数为65.02万人次,外国人32.93万人次,占50.65%;港澳台游客32.09万人次,占49.35%。2004年入境旅游者人数总计117.58万人次,外国人69.38万人次,占59.01%;港澳台游客48.2万人次,占40.99%。2005年入境旅游者人数总计147.71万人次,外国人88.66万人次,占60.02%;港澳台游客59.05万人次,占39.98%。2006年全区入境旅游者人数达170.77万人次,外国人104.67万人次,占61.29%;港澳台游客66.11万人次,占38.71%。2007年全区接待入境旅游者205.52万人次,外国人为124.51万人次,占60.58%;港澳台游客81.02万人次，占39.42%。

目前，广西已成为台商投资旅游热点，在港澳台入境游客市场中，台湾入境游客人数居首位，以较大优势领先于香港特区与澳门特区，其中澳门特区市场占有率最低。

表3.5　2002~2007年及2010年广西入境旅游者接待人次

单位：万人次

年份	合计	外国人	香港特区	澳门特区	台湾地区
2002	136.34	65.93	19.77	1.35	49.29
2003	65.02	32.93	13.52	0.77	17.79
2004	117.58	69.38	16.71	1.89	29.62
2005	147.71	88.66	17.61	2.39	39.05
2006	170.77	104.67	22.52	2.54	41.05
2007	205.52	124.51	31.79	3.85	45.38
2010	250.23	141.38	42.09	8.50	58.25

资料来源：《广西旅游年鉴》、《广西年鉴》、《广西旅游统计》。

(3) 入境游客长途交通、购物花费较大。旅游花费主要由长途交通、住宿、餐饮、景区游览、娱乐、购物、市内交通及邮电通信等部分组成。对于入境旅游者来说，长途交通与购物是其旅游消费中的两大板块。2003年入境游客抽样调查由于"非典"而取消，根据国家旅游局的规定："2003年继续沿用2002年入境旅游者花费情况抽样调查结果。"1994~2005年广西入境旅游者的长途交通费用连续17年在整个旅游花费中占据首位，最低比例为28.7%，最高达43.9%。与国内旅游市场不同，入境旅游者的经济收入水平高，消费能力相对较强，并且对异域文化极富兴趣，因此在入境游客的旅游花费构成中，旅游购物超过了住宿费用位居第二位。总的来看，餐饮花费较住宿费用低，除1995年的购物花费低于住宿外，1994~2005年的购物消费均超过住宿费用。2006年，购物消费在整个旅游花费的比例高达27.9%，首次超过长途交通花费。排在住宿费用之后的是餐饮费用，值得注意的是，入境旅游者景区游览部分的花费占较小的比例，在2.2%~8.5%。但在2007年，入境旅游者购物花费较2006年有所减少，在花费构成中占19.7%。

表 3.6　1994～2007 年广西入境旅游者人均天花费构成比例

年份	合计(%)	长途交通费	其中 飞机	火车	汽车	客轮	住宿	餐饮	景区游览	娱乐	购物	市内交通	邮电通信	其他
1994	100	34.8	29.3	0.1	0	5.5	13.6	7.9	4.9	1.0	19.5	4.4	2.1	12.4
1995	100	43.9	37.5	0.5	0	5.6	16.7	12.9	4.8	3.0	8.1	2.1	2.6	5.9
1996	100	28.7	20.9	0.1	1.8	5.9	14.6	13.3	2.2	3.2	25.6	1.8	5.0	5.6
1997	100	32.2	22.9	0.6	1.2	7.5	13.7	11.3	6.9	1.9	19.7	2.7	4.2	7.4
1998	100	30.6	25.4	1.4	1.8	2.0	16.4	11.0	4.2	5.9	18.3	2.3	5.4	5.9
1999	100	31.9	25.4	2.3	3.3	0.9	16.5	9.9	5.8	4.3	17.7	4.5	2.4	7.0
2000	100	34.1	30.8	2.7	0.1	0.5	12.5	9.2	5.6	2.8	22.4	3.1	3.5	6.8
2001	100	33.3	23.9	4.6	0.8	4.0	11.2	9.2	5.1	2.4	24.5	1.9	3.5	4.5
2002	100	29.3	21.0	4.2	2.1	2.0	10.3	10.1	8.5	3.0	23.8	2.8	3.6	8.8
2003	100	29.3	21.0	4.2	2.1	2.0	10.3	10.1	8.5	3.0	23.8	2.8	3.6	8.6
2004	100	32.8	21.5	6.6	3.3	1.4	7.1	7.0	6.6	3.4	23.5	2.9	3.3	13.4
2005	100	37.0	21.9	8.9	4.6	1.6	10.5	9.6	6.8	3.7	15.9	1.4	2.5	10.4
2006	100	23.2	20.5	1.0	1.3	0.4	13.5	8.8	7.1	3.2	27.9	1.8	2.0	12.5
2007	100	36.9	28.7	3.6	2.3	2.3	9.9	7.0	7.2	5.4	19.7	2.1	2.6	9.2

资料来源：《广西旅游年鉴》。

（4）入境旅游旺季集中在 4～5 月和 10～11 月。2004～2007 年各月来桂旅游的入境旅游者人数均有一定规律的变化趋势，4 年间入境旅游者的旅游时间变化规律大致相似。旅游旺季大致分布在每年的 4～5 月和 10～11 月，淡季大致分布在每年的 1 月、2 月、6 月和 12 月，其余月份为广西入境旅游平季。每年的 10 月是接待人次最多的时候，2007 年 1 月的入境游客人数为 8.58 万人次，10 月的入境旅游者人数为 22.08 万人次，是 1 月游客数量的 2.5 倍。12 月和 1 月集中了西方圣诞节和新年两个盛大的节日，以及加上气候等因素，外国人出国旅游人数相对较少，因而形成了广西入境旅游淡季。

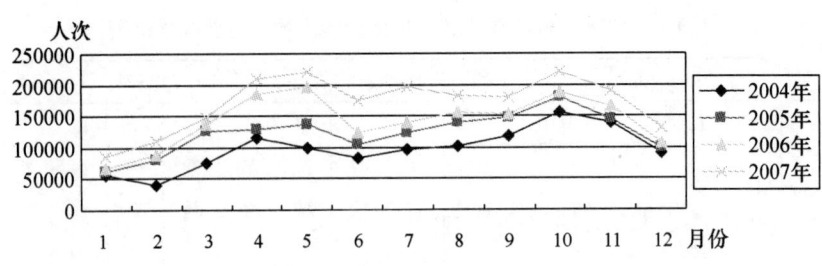

图 3.4　2004~2007 年各月接待入境旅游者情况

资料来源：据《广西旅游年鉴数据》整理。

第二节　北部湾（广西）滨海国内旅游市场分析

一、总体规模与变化趋势

经过多年基础设施的建设及旅游资源的开发，北部湾旅游业发展迅速，其滨海旅游地的客流量呈稳定增长的趋势。经过多年基础设施的建设及旅游资源的开发，广西旅游业发展迅速，其滨海旅游地的客流量呈稳定增长的趋势。2001 年广西滨海旅游地接待国内游客总计 605.30 万人次，除 2003 年国内游客总体规模有一定程度的下降外，每年的游客数持续稳定增长，到 2006 年国内旅游者人数总量达 843.45 万人次，增长率为 39.34%，2010 年国内旅游者人数总量达 1957.84 万人次，增长率达 132.12%。据《广西旅游年鉴统计数据》：2001 年，北海接待国内游客数量为 347.06 万人次，2006 年国内游客达 471.19 万人次，其同期增长率达 35.77%，至 2011 年国内游客达 1100.12 万人次，其同期增长率为 133.48%；2001 年，钦州接待国内游客数量为 125.98 万人次，2006 年国内旅游者数量达 193.56 万人次，同期增长率为 53.64%，至 2011 年国内旅游者数量达 469.33 万人次，其同期增长率为 142.47%；2001 年，防城港接待国内游客数量为 132.26 万人次，2006 年国内旅游者人数为 178.70 万人次，其同期增长率为 35.11%，至 2011 年国内旅游者数量达 675.48 万人次，其同期增长率为 278%。可见，防城港旅游目的地国内客源市场的增长速度高于北海与钦州两地,并且保持着较高的增长速度;同时,北海、防城港两市国内游客数量均保持着持续增长的趋势。

表3.7　广西滨海旅游地国内旅游者人数　　单位:万人次

年份	北海市	钦州市	防城港市
2001	347.06	125.98	132.26
2002	380.41	139.55	146.5
2003	368.5	136.46	113.59
2004	398.82	165.11	153.00
2005	440.36	176.39	169.81
2006	471.19	193.56	178.7
2007	601.36	302.38	193.81
2008	694.97	346.09	222.62
2009	815.8	402.2	418.09
2010	938.43	469.33	550.08
2011	1100.12	532.43	675.48

资料来源:《广西旅游年鉴》、《广西年鉴》、《广西旅游统计》。

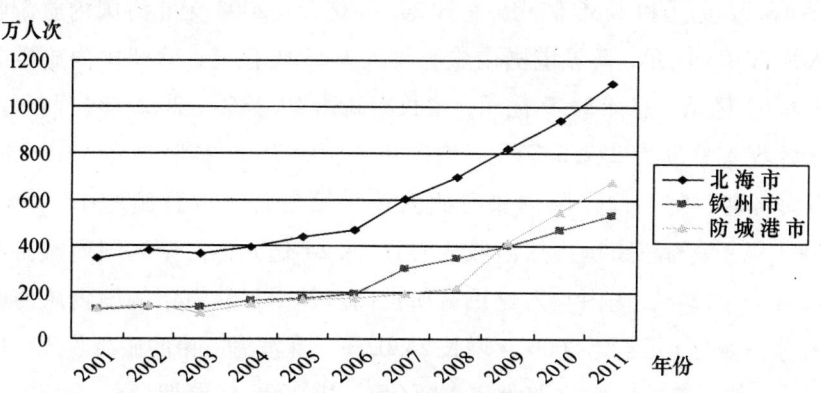

图3.5　2001~2011年广西滨海国内旅游者人数发展趋势

资料来源:据《广西旅游年鉴》、《广西年鉴》、《广西旅游统计数据》整理。

二、国内旅游市场特征分析

1. 北海国内旅游者接待人次总量以绝对优势领先于防城港和钦州两市

国内旅游者在全国滨海旅游地形象的认知度上,北海滨海度假旅游地形象明显高于防城港与钦州两市,使得北海接待国内游客数量的基数就以较大的差距大于其他两处滨海旅游地。如表3.7所示,2001年,北海接待国内游客347.06万人次,远远超过钦州市的125.98万人次和防城港的132.26万人次,北海国内旅游者人数比钦州市和防城港市两地接待国内旅游人数之和还多88.82万人次。到2006年,北海国内旅游者人数为471.19万人次,防城港为178.7万人次,钦州为193.56万人次,北海国内游客总量仍然比防城港与钦州两地游客人数之和还多,北海在广西滨海旅游中龙头地位稳固。随着北部湾经济区的建立,防城港与钦州两市在国内的知名度也在不断提升,其国内旅游者规模发展前景广阔。到2009年,钦州市和防城港市的国内旅游者人数总和达到820.29万人次,首次超过北海市国内旅游者人数4.49万人次。

2. 国内旅游收入持续增加

2003年北海、防城港和钦州三市的国内旅游收入分别为16.16亿元、3.32亿元和4.86亿元,总计24.34亿元;2005年北海国内旅游收入为20.05亿元,防城港国内旅游收入为5.21亿元,钦州国内旅游收入6.64亿元,总计31.9亿元,增长率高达49.48%。2005年广西国内旅游收入总额为277.8亿元,南宁市占29.97%,桂林市占13.96%,滨海(北、防、钦)国内旅游收入位于第三位,占总额的11.48%。2007年,滨海三市国内旅游收入总计48.24亿元,占全区国内旅游收入总量的12%,国内收入比重有所提高。其中,北海市的国内旅游收入为29.48亿元,比2006年增长24.02%,在滨海三市的旅游收入中居首位;钦州市的国内旅游收入12亿元,比2006年同期增长48.82%,增长速度和增长幅度均在滨海三市中处于第一位;防城港市的国内旅游收入为6.76亿元,同比增幅为11.18%。

3. 北部湾（广西）滨海一日游市场份额较大

在国内旅游市场构成中，防城港与钦州两市的国内一日游市场份额偏小。2007 年，北海市国内游客与一日游游客接待数量分别为：336.46 万人次和 264.9 万人次，其中一日游游客数量所占比例高达 44.05%。在北海国内旅游市场有效的构成中，一日游游客份额与过夜旅游者相当，是极其重要的国内客源市场组成部分。钦州 2007 年国内旅游者人数猛增至 116.29 万人次，比 2006 年增长 60.17 万人次，增幅高达 107.22%。防城港国内旅游市场一直主要以过夜旅游者为主，一日游游客所占比例较小，因此应加强对广西区内及周边地区潜在一日游客源市场的开拓力度。

表 3.8　2004~2007 年广西滨海国内旅游者情况

单位：万人次

城市	2004 年		2005 年		2006 年		2007 年	
	国内旅游者	一日游游客	国内旅游者	一日游游客	国内旅游者	一日游游客	国内旅游者	一日游游客
北海市	231.04	167.42	254.13	186.23	266.43	204.76	336.46	264.9
防城港市	98.53	54.47	116.74	53.07	130.6	48.1	135.01	58.8
钦州市	121.74	43.37	137.1	39.29	137.44	56.12	186.09	116.29

资料来源：《广西旅游年鉴》。

三、主要客源市场分析

1. 区内市场

随着城市居民的旅游需求不断上升，广西区内交通网络的进一步完善，区内各市居民利用双休日进行短途旅游成为现代生活的重要组成部分。北海、防城港和钦州三市的区内客源市场主要来自南宁、柳州和桂林城市。1999 年 10 月，桂海高速公路的通车，把桂林、柳州、南宁、北海、钦州、防城港等广西主要的旅游城市串联起来；近年来，南宁、北海、钦州、防城港、玉林、崇左 6 市组成广西北部湾经济"4+2"城市旅游联盟，6 城市联手开展宣传促销工作，建立旅游联合发展机制。

这些因素都将带动北部湾（广西）滨海旅游发展，促成区内旅游者规模不断扩大。随着广西北部湾经济区和中国—东盟自由贸易区的发展，近年来广西经济社会取得了快速的发展，2011年全区GDP已经突破万亿大关，达到11714.35亿元，城镇居民人均可支配收入18854元；交通的改善、居民收入水平的提高和闲暇时间的不断增加，出游欲望日趋旺盛，加上广西壮族自治区政府推出的"广西人游广西"活动继续开展，广西区内滨海旅游出游市场规模将越来越大。

2. 珠三角市场

珠三角通常是指广东省珠三角地区，包括广州、深圳、东莞、珠海、佛山、肇庆、中山、江门、惠州9个城市。珠三角地区人口密集，经济发达，是北部湾（广西）滨海最主要的区外客源市场。改革开放以来，珠三角地区经济迅速发展，居民生活水平不断提升，是国内出游频率较高的客源地。北部湾旅游资源丰富，且与广东毗邻，旅行距离较近，交通便利，越来越多的珠三角旅游者选择在双休日或"黄金周"到北部湾进行观光、休闲与度假旅游。区域联动发展是旅游业发展的一个重要趋势，泛珠三角区域合作的全面展开，为广西—广东旅游市场一体化的实现提供了良好的政策条件。北部湾（广西）滨海旅游地已经在珠三角地区进行了一系列的旅游宣传，珠三角地区的旅游市场份额将进一步扩大。

3. 西南地区市场

西南市场主要是指云南、贵州、四川及重庆等省市。近几年，广西高速公路建设飞速向前推进，2003年广西高速公路里程达到1011km，成为我国第一个高速公路里程突破1000km的少数民族自治区；2004年实现了西南出海公路通道广西境段的全线贯通，西南各省进入广西的自驾车日渐增多；2007年南宁至百色高速公路通车，云贵川等省通往广西沿海港口和粤港澳地区十分便捷。随着高铁的发展，广西滨海地区与成都、重庆、昆明、贵阳等城市联系得更为紧密，同时广西滨海地区作为西南经济圈与东盟经济圈的结合部、西南出海大通道，是西南地区最近、交通最便捷的滨海旅游目的地，对西南地区居民，特别是城市居民有很大的吸引力。

第三节 北部湾（广西）滨海"黄金周"旅游市场分析

一、客流现状与发展趋势

1999年9月18日，中国国务院修订发布《全国年节及纪念日放假办法》后，国内客流分别在春节、五一、国庆假期形成三大高峰旅游潮，即"旅游黄金周"。因2003年受到"非典"影响，北海、钦州、防城港未对五一国内旅游者作详细统计，其2001~2007年"黄金周"国内游客接待情况可详见表3.9。2001年春节、五一劳动节和十一国庆节三个"黄金周"假期，北海的游客总人数为38.75万人次，钦州的游客总人数为35.22万人次，防城港的游客总人数为34.5万人次；2007年"黄金周"北海的旅游者人数总量为61.06万人次，钦州国内旅游者人数总量为100.71万人次；防城港市旅游人数总量为60.34万人次。北部湾（广西）滨海旅游"黄金周"接待国内游客人数增长迅速，从2001年的108.47万人次增长到2007年的221.11万人次，增幅高达104.77%。除2003年的"非典"时期外，"黄金周"游客数量近几年均保持稳定增长的趋势。

表3.9 北部湾（广西）滨海旅游地"黄金周"游客人数现状

单位：万人次

年份	北海			钦州			防城港		
	春节	五一	十一	春节	五一	十一	春节	五一	十一
2001	9.37	15.39	13.99	6.6	13.92	14.7	5.8	14.2	14.5
2002	9.67	16.06	14.15	6.91	15.9	18.21	4.44	14.5	14.8
2003	9.02	—	15	7.25	—	31.83	6.2	—	13.5
2004	8.7	21.42	15.05	9.26	31.98	34.5	5.8	13.6	13.6
2005	11.42	28.17	16.42	12.8	33.43	35.62	5.44	23	13.45
2006	12.34	30.33	15.69	15.38	36.17	39.60	5.23	24.56	15.71
2007	13.15	31.03	16.88	19.60	38.06	43.05	5.81	36.46	18.07

资料来源：据《广西旅游年鉴数据》整理。

二、"黄金周"客源市场特征分析

1. 客源市场特征分析

（1）以一日游游客为主。在"黄金周"客源市场构成中，一日游游客占绝大部分。2007年"黄金周"北海接待旅游者61.06万人次，其中一日游游客38.68万人次，占总人数的63.34%；防城港市共接待游客60.34万人次，其中一日游游客47.93万人次，占79.43%；钦州接待游客100.71万人次，其中一日游游客62.72万人次，占62.28%。因为在"黄金周"旅游市场中，大多是来自区内的本地居民及附近省区的游客，在区内形成较大的旅游流。对于北部湾（广西）滨海旅游地全年接待游客构成来说，过夜旅游者占绝大部分。与2007年广西滨海旅游地接待游客构成对比可知，"黄金周"一日游游客的比例明显高于全年。

（2）北海市的旅游收入最高。从2007年"黄金周"的统计数据可以看出，钦州市接待游客人次最高，超出北海39.65万人次，但北海市的旅游收入居滨海三市之首。最主要的原因在于过夜旅游者的花费占北海市"黄金周"旅游收入的较大份额，2007年北海市旅游总收入达28394.7万元，其中源自过夜旅游者的旅游收入为20636.28万元，占72.68%。北海是国内著名的滨海旅游度假胜地，慕名而来的区外游客以及较远距离省份的以度假为目的游客相对较多，加之北海的滨海旅游发展较早，各方面的基础设施、接待设施和游乐设施等都比其他两市齐全、完善。防城港、钦州两地可通过完善旅游服务设施及增加游乐消费项目等措施，丰富旅游者休闲、度假内容，从而延长旅游者在旅游目的地停留时间，增加当地旅游收入。

表3.10 2007年"黄金周"游客人数与旅游收入情况

城市	游客人数（万人次）			旅游收入（万元）		
	合计	过夜旅游者	一日游游客	合计	过夜旅游者	一日游游客
北海市	61.06	22.38	38.68	28394.7	20636.28	7758.42
防城港市	60.34	12.41	47.93	8290.15	3178.64	5111.51
钦州市	100.71	37.99	62.72	17636.8	6441.4	11195.4

资料来源：据《广西旅游年鉴数据》整理。

（3）自驾游是"黄金周"的主流。自驾车旅游者已成为"黄金周"旅游者出游的主要方式。自改革开放以来，我国国民经济实力不断增强，人民生活水平不断提高，城市居民私家车的拥有率不断上升；随着旅游逐渐成为人们生活中的一部分，自驾车旅游开始风行起来。近几年，自驾游在广西方兴未艾，游客接待量呈猛增趋势。在 2008 年的国庆"黄金周"，仅北海市 7 天就有自驾游车辆 3.57 万辆。当今城市居民热衷于自驾车旅游方式，因为散客旅游者大多都是以家庭、朋友为单位，自驾车对于这些人来说具有自由支配游玩时间和自由选择旅游景点等优势，旅行社的组团旅游方式大多适宜于企事业单位员工集体出游。

2."黄金周"客源市场分析

（1）春节"黄金周"市场分析。北海市的游客接待量有较小幅度的波动。2001 年北海接待游客 9.37 万人次，2003 年和 2004 年游客接待人次均有小幅下降，游客人数分别为 9.02 万人次和 8.7 万人次，2007 年北海市旅游者人数攀升，为 13.15 万人次。"黄金周"客源市场主要是国内、区内市场，防城港市在游客接待规模方面低于北海与钦州两地，2007 年春节"黄金周"旅游者人数仅为 5.81 万人次，不到北海与钦州两市游客人数的一半。2001～2007 年防城港市的游客人数在不断波动，2001 年接待游客 5.8 万人次，2002 年出现 23.45% 的下降幅度，旅游者人数为 4.44 万人次，到 2003 年游客接待人次有所回升并超过 2001 年的游客总量，2004～2006 年旅游者人数均出现下降现象，2004 年游客数量与 2001 年持平，而 2005 年游客接待人次低于 2001 年的水平，仅为 5.44 万人次，至 2007 年的旅游者人数为 5.81 万人次。2001～2007 年，钦州的游客人数持续增长，2001 年接待 6.6 万人次，2007 年为 19.60 万人次，旅游者人数翻三倍，特别是在 2004 年和 2005 年两年游客人数增长迅速，2004 年旅游者人数总量超过北海，位于滨海三市第一位。

（2）"五一黄金周"市场分析。2003 年全国各地旅游市场均受到"非典"影响，旅游者人数统计工作难以开展，因此未对该年五一长假旅游者人数作统计。北海市凭借较鲜明的滨海度假旅游区形象和知名度高等优势拥有稳定的国内及区内客源市场，居北部湾（广西）滨海市场

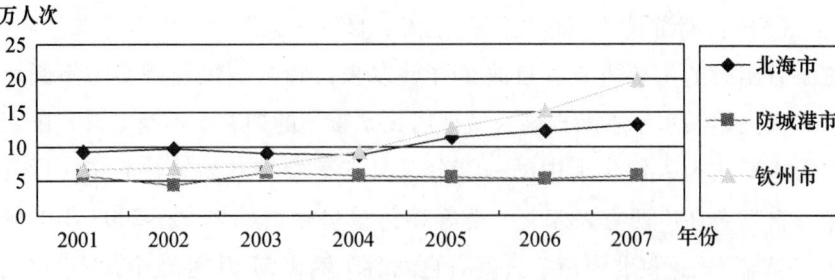

图 3.6 2001～2007 年"春节黄金周"游客人数变化趋势

的首位。但近年来随着钦州市三娘湾等旅游区的开放及不同类型旅游项目的开发，其客源市场规模不断扩大，游客人数增长迅速，是北部湾（广西）滨海旅游的后起之秀。2004 年"五一黄金周"，钦州接待游客 31.98 万人次，以 10 万人次的较大优势超过北海市居于首位。2005 年钦州旅游者人数达 35.62 万人次，其游客数量将近 2001 年的 2.5 倍，钦州的旅游发展速度迅猛。2007 年"五一黄金周"，钦州接待游客总量达 38.06 万人次，比 2001 年增长绝对量高达 24.14 万人次。2001～2006 年的"五一黄金周"，防城港是三地黄金周旅游市场规模最小的，主要是因为"黄金周"的客源市场以国内及区内游客为主，而防城港由于其区位等因素，其旅游者市场以入境游客为主。近几年，北海市国内旅游者人数增长速度缓慢，在 2007 年，防城港国内旅游者人数已超过北海市，接待人数总量达 36.46 万人次，而北海市国内游客量为 31.03 万人次。

表 3.11 2001～2007 年"五一黄金周"游客接待情况

单位：万人次

城市	2001 年	2002 年	2003 年	2004 年	2005 年	2006 年	2007 年
北海市	15.39	16.06	—	21.42	28.17	30.33	31.03
防城港市	14.20	14.50	—	13.60	23.00	24.56	36.46
钦州市	13.92	15.90	—	31.98	35.62	36.17	38.06

资料来源：《广西旅游年鉴》。

（3）"十一黄金周"市场分析。2001～2007 年"十一黄金周"沿海三市旅游者人数变化趋势：钦州市客源市场规模不断扩大，增长迅速，以较大优势领先于北海和防城港两市；北、防两市基本上保持缓慢的增长速度，7年间北海市游客数量增幅不大，但防城港市2007年"十一黄金周"的游客量超过北海市。2001年，北海、防城港和钦州三市分别接待游客13.99万人次、14.5万人次和14.7万人次。其中钦州市的游客数量与北海和防城港两市相当，之后几年都以较高的增长速度不断扩大市场规模，特别是在2003年接待游客突破30万人次，达31.83万人次，比上年的增幅高达74.79%，2004~2006年三年的"十一黄金周"游客人数均保持在30万人次以上，并以较快速度增长，2006年旅游者人数达39.60万人次，是2001年市场规模的1.7倍。到2007年，钦州市"十一黄金周"的游客接待量突破40万人次，远远领先于北、防两地。值得注意的是，传统滨海旅游地北海市在近几年"黄金周"的游客数量增长后劲明显不足。

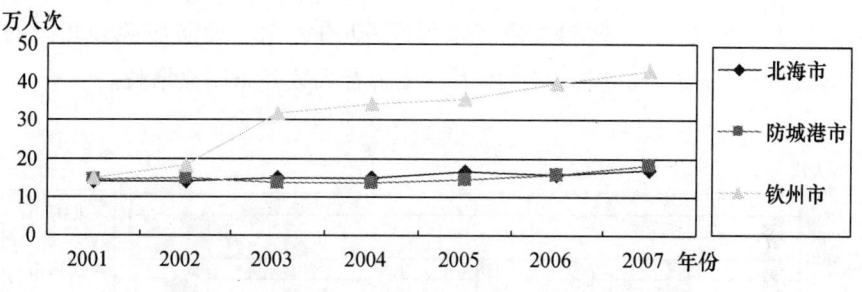

图3.7　2001~2007年"十一黄金周"游客人数变化趋势

资料来源：据《广西旅游年鉴数据》整理。

（4）"黄金周"客流量与年客流量比较分析。自实行春节、五一和十一"黄金周"假期以来，全国旅游市场在这三个时间段出现市场规模达到高峰，"黄金周"旅游市场主要以国内游客为主，因此针对国内旅游市场，对北部湾（广西）滨海旅游市场与"黄金周"市场进行比较分析。

在整个国内旅游市场中，北海的国内客源市场以最大规模居于首位；而在"黄金周"市场中则是钦州的游客市场份额独占鳌头。2001~2007年（除2003年外）北海市的国内游客保持稳定增长，一直处于第一位。2007年北海市接待国内游客601.36万人次，钦州国内旅游者人数为302.38万人次，防城港为183.81万人次，2007年北海市国内游客的总人数比钦州与防城港两市的游客总量还要多115.17万人次。在"黄金周"旅游市场中，钦州市场迅速扩大，在2003年超过北海，成为市场规模最大的滨海城市。随着2003年钦州三娘湾旅游区的开放，以及之后的"七十二泾"旅游区、八寨沟旅游区等一系列旅游景点的建成，使钦州的"黄金周"旅游市场（包括本市及区内游客）迅速增长。2003年钦州市的游客数量大幅度增长，全年"黄金周"（除五一外）接待的旅游者人数达39.08万人次，2004年三个"黄金周"的游客人数快速增长，达75.74万人次，2005年则达到81.85万人次。钦州"黄金周"的游客规模在2003~2005年表现突出，2003年的"十一黄金周"游客人数首次突破30万人次，比上年同期增长74.79%；2004与2006年的五一和十一"黄金周"均超过30万人次并持续增长；2007年"十一黄金周"，钦州市游客量突破40万人次。而防城港和北海的"黄金周"旅游市场规模变化不大，旅游者人数并未明显增长。

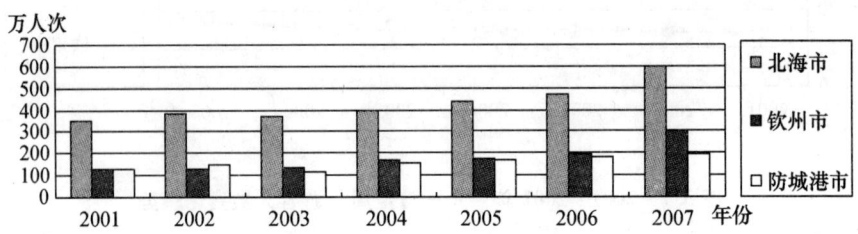

图 3.8　2001~2007年广西滨海国内旅游市场比较情况

资料来源：据《广西旅游年鉴》、《广西年鉴》数据整理。

国内旅游者大都偏爱选择五一和十一进行中远程旅游。2001~2007年的统计数据显示，五一和十一"黄金周"的国内游客接待规模均大于"春节黄金周"。2007年，五一和十一"黄金周"，北部湾（广西）滨海旅游地接待国内游客人数总量分别为105.55万人次和78万人次，"春节黄金周"国内游客数量仅为38.56万人次。这是因为春节是中国传统节日，国人一般会选择回家与家人团聚而不是远行，但是近年来，由于国内旅游者持有新的旅游观念以及生活方式有所改变，选择在"春节黄金周"出游的旅游者人数逐年增多，特别是2008年实行新的放假制度，五一长假被取消，"春节黄金周"出游的旅游者人数将会大幅上升。

2001～2007年春节、五一、十一假期，从北海、钦州及防城港三处滨海旅游地国内旅游者的接待情况，可以看出，在"黄金周"假期实施初期，2001～2003年北海在"春节黄金周"的国内游客接待量领先于钦州与防城港两市，在"五一黄金周"的国内游客接待量上，北海、钦州与防城港三市并无较大差距。值得关注的是，在2003年"十一黄金周"，钦州国内客源市场异军突起，国内游客接待总量高达31.83万人次，以2倍接待数量超过具有高知名度的北海旅游地与毗邻的防城港市。2004～2006年，钦州延续"黄金周"国内客源增长猛势，"春节黄金周"接待量超过北海；"五一黄金周"国内游客数量以较大人次差距领先于北海与防城港两市；钦州"黄金周"游客接待数量的绝对优势表现在"十一黄金周"，连续3年旅游者数量超过30万人次，2006年高达39.60万人次，2007年突破40万人次。钦州连续3年以超过2倍接待量超过北海，成为北部湾（广西）滨海旅游地"黄金周"国内游客接待量最大的旅游目的地。

北部湾（广西）滨海整个旅游市场与"黄金周"市场最大的区别在于：沿海三市的旅游市场以过夜旅游者为主，一日游游客为辅；而"黄金周"市场以一日游游客所占份额最大，过夜旅游者所占份额相对较少。实际上，"黄金周"旅游市场以区内及本地游客为主，相对来说，区外及较远距离的旅游者人数较少。2007年北海、防城港和钦州三市分别接待国内过夜旅游者336.46万人次、135.01万人次和186.09万人次，总计657.56万人次；接待一日游游客分别为264.9万人次、58.8万人次和116.29万人次，总计439.99万人次；2007年"黄金周"北、防、钦三市总共接待过夜旅游者222.11万人次，一日游游客166.99万人次。显然，北部湾（广西）滨海整个旅游市场的过夜旅游者所占份额较大，一日游游客人数相对较少；而"黄金周"旅游市场则以一日游游客为主,特别是钦州市在"黄金周"的一日游游客量占绝对份额,刚好与整个旅游市场的表现相反。2007年钦州旅游国内旅游者186.09万人次,一日游游客为116.29万人次;而"黄金周"期间,接待过夜旅游者20.57万人次,一日游游客80.14万人次。

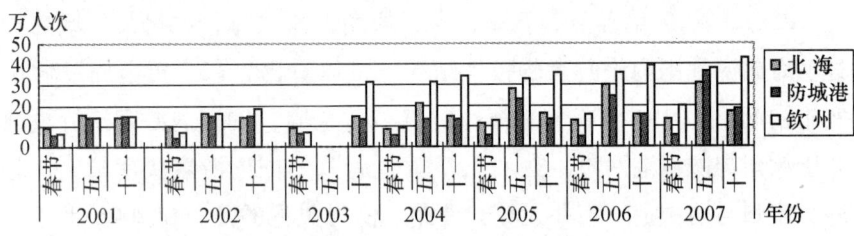

图3.9 北海、钦州、防城港"黄金周"国内游客接待量比较(2001~2007年)

资料来源:据《广西旅游年鉴数据》整理。

总体来讲,从对滨海三市旅游"黄金周"的市场分析可以看出:三大旅游"黄金周"中春节假期外出旅游者的总体规模偏小;钦州的游客人数增长势头最为强劲,规模不断扩大,是北部湾(广西)滨海旅游的后起之秀;传统滨海旅游城市北海旅游者人数增幅较慢;防城港市的旅游市场构成中以入境旅游者为主,因此在"黄金周"接待的游客数量最少,且无明显增长。另外,北部湾(广西)滨海黄金周的客流与全年客流相比,具有明显的特征,即以一日游游客为主,自驾车游比例较高。

第四节 北部湾(广西)滨海入境旅游市场分析

一、总体规模与变化趋势

2001~2011年,除2003年旅游业受到"非典"影响外,每年广西滨海旅游地(主要包括北海、钦州和防城港三市)接待入境旅游者人数持续增加,2001年入境游客人数总量为7.19万人次,2006年为8.95

万人次，同期增长率为24.48%，2011年为22.19万人次，同期增长率达147.93%。根据《广西旅游年鉴》统计数据：2006年，北海接待入境游客数量为4.02万人次，至2011年入境旅游者数量达8.30万人次，同期增长率为106.47%；2006年，防城港接待入境游客数量为4.53万人次，至2011年入境旅游者数量达10.32万人次，同期增长率达127.81%；2006年，钦州接待入境游客数量仅为0.4万人次，至2011年入境旅游者人数达3.56万人次，同期增长率790%。由于钦州入境旅游者的基数小，虽然钦州入境旅游者人数的增幅是最大的，但其总体规模远远不及北海与防城港两市。北海市入境市场总量基数较大，但增长速度仍较快；防城港市除2003年外，其入境游客数量每年以两位数的增长率持续上升，入境游客总量比北海市稍高，成为广西入境旅游者首先考虑的滨海旅游目的地。

　　从北部湾（广西）滨海三城市入境旅游市场比较可以看出，北海入境旅游市场规模相对较大，保持低速增长态势，钦州市的入境旅游者人数基数小，增长速度迅速，防城港是北部湾入境旅游者总体规模最大的滨海旅游目的地。同广西全区的入境旅游市场相比，广西滨海三市的入境旅游市场占全区极小份额。2010年全区接待入境旅游者250.24万人次，桂林市接待入境游客148.60万人次，占总人数的59.38%；广西滨海地区（北海市、防城港市、钦州市）入境游客共16.75万人次，仅占全区入境市场份额的6.69%。桂林市的入境市场份额差不多是广西整个滨海旅游地的9倍。但从总体上来看，北部湾（广西）滨海入境旅游市场份额虽然较小，但入境游客接待人次呈持续稳定增长趋势，凭借独特滨海风光与边关风情，北部湾（广西）滨海地区入境旅游市场具有巨大的挖掘潜力。

表3.12　广西滨海旅游地入境旅游者人数　　　单位：万人次

年份	北海市	钦州市	防城港市
2001	3.83	0.08	3.28
2002	4.21	0.10	3.64
2003	1.32	0.08	1.80

续表

年份	北海市	钦州市	防城港市
2004	2.53	0.15	3.22
2005	3.02	0.31	3.58
2006	4.02	0.40	4.53
2007	5.50	1.71	5.51
2008	5.57	1.8	4.34
2009	6.14	1.97	5.73
2010	7.30	2.44	7.01
2011	8.30	3.56	10.32

资料来源：《广西旅游年鉴》、《广西年鉴》、《广西旅游统计》。

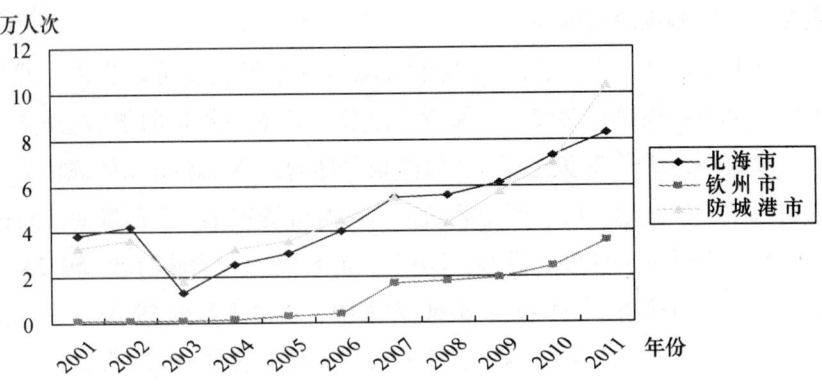

图 3.10　2001～2011 年广西滨海旅游地入境市场情况

资料来源：据《广西旅游年鉴》、《广西年鉴》、《广西旅游统计》数据整理。

二、入境旅游市场特征分析

1. 北部湾（广西）滨海入境旅游外汇收入持续增长

2002 年北部湾（广西）滨海入境旅游外汇收入总计 13338.12 万美元，2003 年由于"非典"影响，外汇收入受到重创，北海与防城港两市均有大幅度下降，分别比上年降低 64.6% 和 46.8%。从 2004 年起，全区滨海旅游地外汇收入逐步恢复，北、防、钦三市入境旅游外汇收入比2003年均有50%以上的增长率，北海与钦州的增长率高达97.67%和90.29%，旅游业在"非典"之后恢复迅速。至2005年，仅钦州的入境外汇收入超过"非典"期以前的水平，北海与防城港两市均未恢复到2002年的创汇水平，增长速度十分缓慢。到2006年，沿海三市的入境旅游得到迅速恢复，外汇创收大幅度提高，其中北海市的增幅达到50.89%。2007年，北海和钦州两地入境旅游外汇收入猛增，钦州的外汇收入是2006年的581.62倍。到2010年，北海、钦州和防城港三市的旅游外汇收入分别为2173.03万美元、822.40万美元和1726.10万美元，都处于持续快速增长中。

总体来看，北海与防城港两市的入境旅游外汇收入占全区滨海旅游地入境旅游外汇收入贡献较大；钦州因接待入境旅游者人数总量以较大差距落后于北海与防城港两地，导致其外汇收入贡献率远不及北、防两地，钦州因三娘湾等景区的开发，滨海旅游发展迅速，增长速度不容忽视，具有很大的入境旅游市场开拓空间。

2. 北海、钦州、防城港入境市场各有特色

在入境旅游市场构成中，防城港市的外国客源占绝对份额；北海的港澳台游客与外国游客的市场份额相当；钦州入境旅游市场总体规模最小。北海是一个集游览、观光、会务、休闲、度假于一体的滨海旅游目的地，凭借其高知名度和鲜明的滨海度假区形象吸引了广大入境游客。在入境旅游市场构成中，北海市外国与港澳台旅游者数量相当，2003年外国游客6554人次、港澳台同胞6639人次；2004年接待外国游客15130人次、港澳台同胞10204人次；2011年接待外国游客41703人次、港澳台同胞41370人次，这三年的外国游客和港澳台游客数量大致相等。防城港市是北部湾的第一大港、第二大侨乡，并且有着特殊的区位优势，既沿海又沿边，这些因素都决定了防城港的外国游客在其入境旅游市场中占有绝对份额，2002~2011年接待外国入境旅游者人数所占比例都在90%以上。因钦州市滨海旅游起步较晚，入境旅游者市份额仅占三市总量的16.05%；2007年，钦州港澳台游客人数突破1万人次，达到16285人次，占其入境旅游市场的绝对份额；2011年，钦州港澳台同胞游客人数突破3万人次，继续占其入境旅游市场的绝对份额。

表3.13 2002～2007年及2011年广西滨海入境旅游者人数

单位：人次

年份	北海			防城港			钦州		
	总计	外国人	港澳台	总计	外国人	港澳台	总计	外国人	港澳台
2002	42079	22569	19510	36424	35370	1054	1043	632	411
2003	13193	6554	6639	18018	17151	867	808	459	349
2004	25334	15130	10204	32200	31374	826	1537	579	958
2005	30228	18657	11571	35763	35161	602	3100	1057	2043
2006	40245	25789	14456	45286	43080	2206	4017	1675	2342
2007	55011	31631	23380	55156	51547	3609	17086	801	16285
2011	83073	41703	41370	103275	99002	4273	35630	5220	30410

资料来源：据《广西旅游年鉴》数据整理。

3. 入境旅游者人均停留时间短

从2002～2011年北部湾（广西）滨海入境旅游者停留情况的统计数据来看，除2003年和2007年钦州，2011年北海入境游客平均停留两天以上，每年北、防、钦三市的入境旅游者的平均停留时间均不到两天，直接导致北部湾（广西）滨海入境旅游外汇创收能力有限。

表3.14 2002～2007年北部湾（广西）滨海入境旅游者停留情况

年份	北海		防城港		钦州	
	人天数（人天）	平均停留天数（天）	人天数（人天）	平均停留天数（天）	人天数（人天）	平均停留天数（天）
2002	60643	1.44	45377	1.25	2010	1.93
2003	18310	1.39	24074	1.34	1751	2.17
2004	36181	1.43	40751	1.27	2715	1.77
2005	41050	1.43	43328	1.27	4279	1.77
2006	60707	1.51	53530	1.18	5655	1.41
2007	84816	1.54	63630	1.15	35483	2.08
2008	84856	1.52	51709	1.19	34749	1.93
2009	93569	1.52	70538	1.23	35072	1.78
2010	112982	1.55	94285	1.34	44182	1.81
2011	141457	2.7	143241	1.39	60439	1.7

资料来源：据《广西旅游年鉴》数据整理。

三、空间结构分析

20世纪90年代中期，随着中越政治、经济友好关系的全面发展，越南游客经凭祥、东兴口岸入境来华的人数迅速增加。2000年到广西的越南游客为68124人次，2002年上升到106600人次，比上年增长20.59%。从1998~2002年，越南已连续5年成为来桂旅游第三大客源国。2007~2010年，北部湾（广西）滨海旅游地接待入境旅游者人数总量分别为127253人次、117126人次、138468人次和167497人次，其中越南游客数量占其首位，占到整个滨海旅游地入境旅游者人数的一半以上，分别占67.54%、58.84%、66.53%和54.73%的绝大份额，是全区滨海旅游地第一大客源国。日本与其他东南亚国家的入境旅游者人数较为突出，在亚洲客源市场构成中，日本、马来西亚、菲律宾、新加坡等国家的游客接待人数以较大差距落后于越南，但东盟国家是北部湾（广西）滨海旅游地比较稳定的传统客源国家且是广西入境旅游市场的主流。

欧美入境旅游市场中，美国、加拿大、英国和法国一直是北部湾（广西）滨海入境旅游市场中的重要客源国家。由于地理位置、人文联系等因素，欧美市场总体规模小于东南亚各国，尽管如此，但这些客源国是北部湾（广西）滨海入境旅游市场中值得珍惜和不断开拓的远程客源市场，其增长潜力较大。

表3.15　北部湾（广西）滨海入境旅游客源国情况

单位：人次

国家	2002年	2003年	2004年	2005年	2006年	2007年
越南	44855	16695	39898	40656	59577	69653
日本	1570	807	598	998	706	771
马来西亚	1500	779	317	1046	408	739
菲律宾	1337	776	293	590	454	480
新加坡	1287	543	268	767	454	430
印度尼西亚	830	408	245	720	542	675
韩国	298	224	224	844	1201	562
泰国	258	206	158	976	725	341
英国	426	309	349	442	516	522
法国	300	209	163	403	360	447

续表

国家	2002年	2003年	2004年	2005年	2006年	2007年
德国	182	116	211	427	311	388
意大利	143	64	84	250	109	182
瑞士	86	51	74	85	23	39
瑞典	149	38	84	177	82	131
俄罗斯	926	335	293	147	71	165
西班牙	88	331	47	206	110	80
美国	1284	670	949	1799	1709	1762
加拿大	793	340	229	589	744	569
澳大利亚	336	232	281	759	633	588
新西兰	135	64	77	136	130	118

资料来源：据《广西旅游年鉴》数据整理。

2007年，北部湾（广西）滨海地接待港澳台地区入境旅游者43274人次、东盟国家游客72423人次、日本和韩国游客1333人次、欧美游客5409人次、大洋洲游客913人次，总计123352人次。从空间结构来看，以东盟国家入境旅游者人数最多，所占比例高达58.71%，这是因为广西与东盟国家有着密切的人文联系和区位关系；其次是港澳台地区游客，占35.08%；欧美入境旅游者占有一定份额，比例为4.39%；而日本和韩国游客数量相对较少，占1.08%，但具有较大的市场开拓潜力。

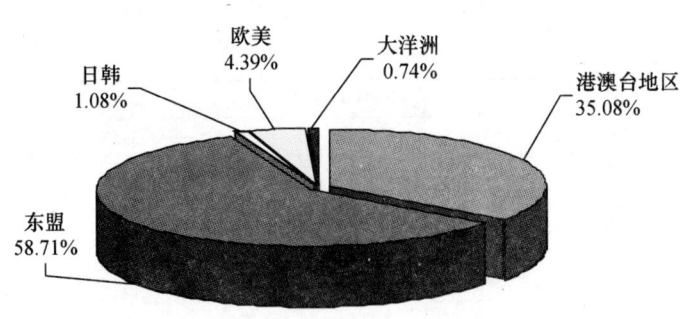

图3.11　2007年北部湾（广西）滨海入境旅游空间结构

资料来源：据《广西旅游年鉴》数据整理。

四、主要客源市场分析

在广西入境旅游的发展过程中，东盟国家一直是占有重要份额的传统客源市场。中国—东盟自由贸易区的建立，泛北部湾区域合作的加强，北海、防城港和钦州三地在国际上的知名度不断提升，近年来，入桂旅游的入境游客不断攀升，带动北部湾（广西）滨海入境旅游者持续增长。

1. 东南亚市场

因地理区位优势及良好的政策背景下，北部湾（广西）滨海旅游迎来前所未有的发展机遇。东南亚是广西传统的客源市场，在北部湾（广西）滨海旅游市场中占主导地位，特别是越南市场占有绝对份额。由于地缘、亲缘及边境贸易等因素，2002～2010年防城港接待越南游客一直居于首位，排在第二位的是北海，最后是钦州。2007年，防城港的越南入境旅游者人数为46798人次，北海接待游客22776人次，钦州接待游客仅为79人次。2007年防城港的越南游客占滨海三市游客人数的67.23%，而钦州仅占微小的份额，比例为0.11%。2002～2010年，马来西亚连续9年是北部湾（广西）滨海旅游第二大客源市场的东盟国家。由于受"非典"的影响，2003年越南游客陡降，从2002年的44855人次下降到2003年的16696人次，幅度达到62.78%。2004年东南亚主要的客源市场未完全恢复，除越南外，其他国家游客均低于2003年的旅游者人数。东盟10国中，2002～2011年并未查询到文莱、老挝与柬埔寨三国的游客统计数据。2004年北部湾（广西）滨海三市接待缅甸旅游者45人次，这是第一次有缅甸客源市场的统计数据，2005年缅甸游客人数为280人次，但是2006～2011年该国游客人数有所减少。

表 3.16　2002～2007 年及 2011 年东南亚入境游客情况

单位：人次

国家	2002年	2003年	2004年	2005年	2006年	2007年	2011年
越南	44855	16695	39898	40656	59577	69653	119319
马来西亚	1500	779	317	1046	706	739	2632
菲律宾	1337	776	293	590	408	480	1097

续表

国家	2002年	2003年	2004年	2005年	2006年	2007年	2011年
新加坡	1287	543	268	767	464	430	1574
印度尼西亚	830	408	245	720	454	675	—
泰国	258	206	158	976	542	341	665
缅甸	—	—	45	280	19	105	

资料来源：据《广西旅游年鉴》数据整理。

2. 港澳台地区市场

港澳台地区经济发展水平较高，与中国内地的经济生活联系日益紧密，出游频率高，一直是中国内地入境市场的主流。在北部湾（广西）滨海旅游市场构成中，港澳台地区市场保持稳定增长的趋势，是仅次于东南亚排在第二位的主要入境旅游市场，但总体规模不大，远没有达到理想的水平，对这部分市场的开发和利用明显不足。台湾市场2010年的入境游客人数为582582人次，港澳台市场中入境人数最多，排在第二位的是香港市场，为420947人次，相对落后的是澳门市场。北海市经过多年的基础设施和旅游设施的开发和建设，滨海旅游形象鲜明，是较成熟的滨海旅游度假区，因此港澳台地区的游客到北部湾（广西）滨海旅游选择到北海者较多，2010年北海接待港澳台游客35759人次，占北部湾（广西）滨海港澳台市场的58.71%。随着北部湾经济区的建立，防城港和钦州两市知名度有所提高。尤其钦州市港澳台旅游者人数增长速度快，幅度大。

3. 日本与韩国市场

日韩经济恢复较快，居民生活水平较高，并且有完善的带薪休假制度，使日韩出境旅游发展迅速。日韩两国与我国的文化相近及旅行距离较短，成为我国最大的两个海外客源市场。在广西各市接待日韩游客的统计数据中，桂林市接待人次最多，2010年广西各市总共接待日韩旅游者17.90万人次，桂林市占92.82%。而北部湾（广西）滨海旅游形象较弱，知名度相对较低，来北部湾（广西）滨海旅游的日韩旅游者人数具有一定波动性，并且旅游者人数不多，总体规模小。

北部湾（广西）滨海旅游地应加强与桂林市的区域旅游合作，使其客源市场分流，带动滨海旅游发展，并针对日韩旅游市场的特点开发旅游产品，加强边境滨海旅游形象的宣传促销，扩大日韩两大海外客源市场的滨海旅游市场份额。

4. 欧美市场

欧美市场中的英国、法国、德国、美国和加拿大等入桂旅游的国家均首选桂林作为主要目的地，且这些国家的旅游者人数占很大的比重。相比而言，北部湾（广西）滨海旅游地因缺乏对欧美市场的吸引力，其总体规模相当小。广西的少数民族风情、山水风光等都是吸引欧美游客的主要因素，北海的"南珠文化"和至越南下龙湾的跨国航线，钦州的"白海豚"及防城港沿海沿边的区位优势，这些都是广西旅游资源的新亮点，边境滨海资源与桂林的山水风光形成优势互补，随着泛北部湾区域旅游合作的推进，北部湾（广西）滨海旅游将在国际上的知名度不断提升，欧美旅游市场规模将不断扩大。

表3.17　2002～2007年及2011年北部湾（广西）滨海欧美各主要客源国情况

单位：人次

国家	2002年	2003年	2004年	2005年	2006年	2007年	2011年
英国	426	309	349	442	516	522	1210
法国	300	209	163	403	360	447	982
德国	182	116	211	427	311	388	848
意大利	143	64	84	250	109	182	450
瑞士	86	51	74	85	23	39	188
瑞典	149	38	84	177	82	131	216
俄罗斯	926	335	293	147	71	165	249
西班牙	88	331	47	206	110	80	82
美国	1284	670	949	1799	1709	1762	3405
加拿大	793	340	229	589	744	569	1433

资料来源：据《广西旅游年鉴数据》整理。

第五节 东盟客源市场时空特征分析

东盟国家是广西入境旅游市场的传统客源地。由于地理距离近、旅行成本低以及文化相近等因素,东盟国家在广西入境旅游市场中占有较大比重的市场份额。随着中国—东盟博览会永久落户南宁、中国—东盟贸易区建设进程的推进,广西与东盟各国的经济、政治和民间友好往来更加密切,来桂旅游的东盟国家游客人数持续增长,规模不断扩大,为北部湾(广西)滨海旅游发展带来巨大的挑战与机遇。因此,对东盟客流进行时空特征分析有助于北部湾(广西)滨海入境旅游市场的开拓。

一、越南

1. 来桂客流量季节性变化

越南来桂旅游的客流量季节性变化不是非常明显,波动较小,总体变化呈平缓态势。在2002~2010年(2003年除外)6~8月和10月,广西接待越南游客人数分别为127592人次、146238人次、126346人次和11804人次,分别占年客流量的13.29%、15.11%、13.25%和12.95%,月客流量排在前四位。相对来说,6~8月和10月是越南游客来广西旅游的高峰期;旅游淡季则是1~3月,1月游客量占年客流量的7.52%,是越南游客旅桂的极淡月;其他月份的客流量变化较平稳。

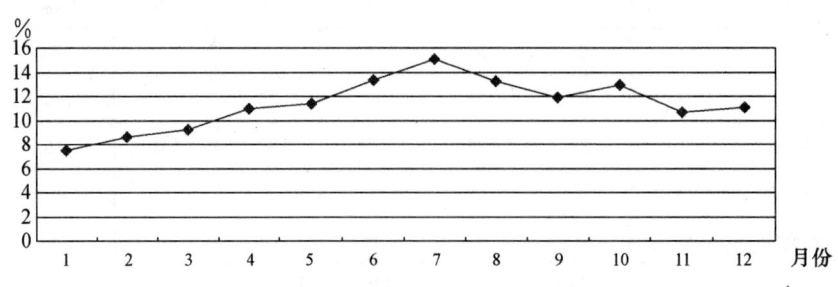

图3.12 2002~2010年(2003年除外)越南客流量月分布变化

资料来源:据《广西旅游年鉴》数据整理。

2. 来桂旅游空间流向

崇左市和防城港市是越南游客来桂旅游的两大目的地。越南是唯一与广西接壤的东盟国家，大量旅游者经过凭祥"友谊关"和东兴边境口岸来桂旅游，大多是边境一日游。2003～2010年，崇左市和防城港市接待越南游客分别为56.2万人次和27.85万人次，占越南旅游者人数总量的44.09%和21.05%。自中国—东盟博览会永久落户南宁以来，广西与东盟各国贸易往来频繁，南宁市接待越南游客人次也在不断增加，成为越南来桂旅游的重要目的地。2003～2010年南宁接待越南游客总数为32.69万人次，占总量的19.77%。

在北部湾（广西）滨海旅游地中，防城港成为接待越南游客最大的旅游目的地，其次是北海，绝对数量最小的是钦州市。2003～2010年滨海三市共接待越南游客38.65万人次，占总量的30.07%。

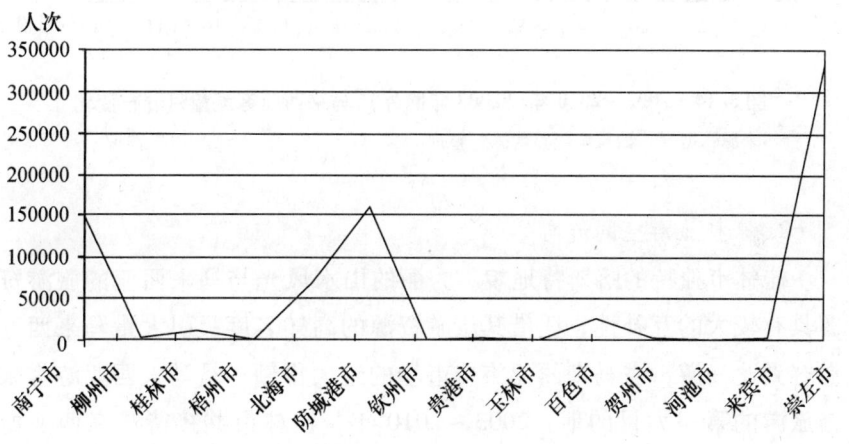

图3.13　2003～2010年各市接待越南游客情况

资料来源：据《广西旅游年鉴》数据整理。

二、马来西亚

1. 来桂客流量季节性变化

马来西亚旅游者来广西旅游的淡旺季变化明显，波动较大。旅游旺季主要集中在 4～5 月和 10～12 月。2002～2010 年（2003 年除外）的这 5 个月共接待马来西亚游客达 59.4 万人次，占年客流量的 62.11%；1～2 月、6～8 月是马来西亚入桂旅游的淡季，其中所占年客流量比重最低的月份是 1 月，占比为 2.67%，是整个旅游季的极淡月。马来西亚是东盟国家来桂旅游的两大客源市场之一，其来桂旅游的淡旺季分布明显，春秋两季是来桂旅游的旺季，而夏冬两季则为旅游淡季。

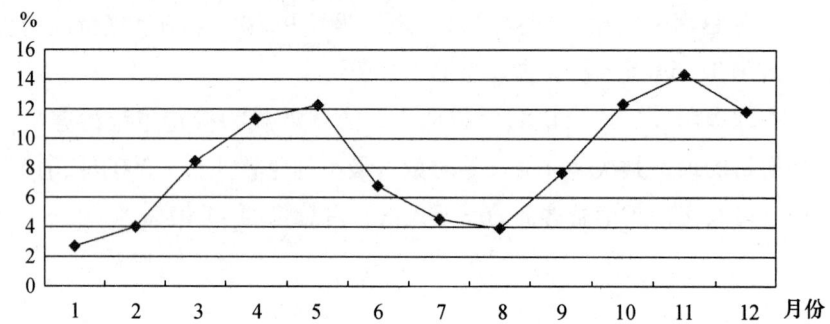

图 3.14　2002～2010 年（2003 年除外）马来西亚客流量月分布变化
资料来源：据《广西旅游年鉴数据》整理。

2. 来桂旅游空间流向

桂林市独特的喀斯特地貌、秀丽的山水风光与马来西亚的旅游资源具有较大的互补性，凭借其旅游资源的高知名度吸引大量马来西亚游客到此一游，占马来西亚旅桂市场的绝大份额，是马来西亚游客来桂旅游的第一大目的地。2003～2010 年，桂林市共接待马来西亚游客 54.21 万人次，占总量的 45.81%。其次，贺州市是马来西亚来桂旅游的第二大目的地，2003～2010 年马来西亚游客总人数为 27.37 万人次，占 20.89%；梧州市是第三大目的地，2003～2010 年共接待马来西亚游客 12.39 万人次，占 9.29%。北部湾（广西）滨海三市所占马来西亚客源市场的极小份额，2003～2010 年的游客人次仅占总量的 2.52%。

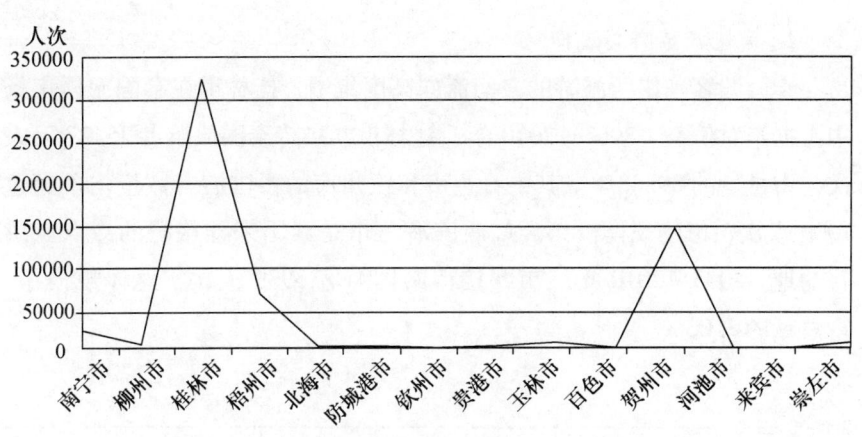

图 3.15　2003～2010 年各市接待马来西亚游客情况

资料来源：据《广西旅游年鉴》数据整理。

三、泰国

1. 来桂客流量季节性变化

泰国来桂旅游客流量具有明显的季节性，旺季表现突出，淡季持续时间长。4 月和 10 月是泰国来桂旅游的两个极旺月，2002～2010 年（除 2003 年外）4 月和 10 月接待泰国游客 64034 人次和 48205 人次，分别占年客流量的 19.95% 和 15.55%；1～3 月、5～8 月均为泰国来桂旅游的低谷期，旅游淡季长达 7 个月，持续时间较长，其中 1 月为极淡月，2002～2010 年（除 2003 年外）的 2 月接待泰国游客为 11453 人次，仅占年客流量的 3.71%。

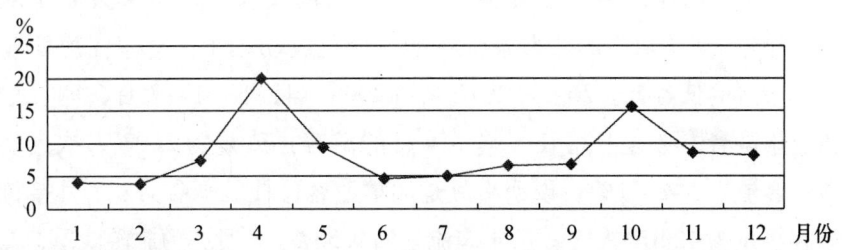

图 3.16　2002～2010 年（2003 年除外）泰国客流量月分布变化

资料来源：据《广西旅游年鉴》数据整理。

2. 来桂旅游空间流向

泰国游客来广西旅游的空间流向高度集中，桂林市在泰国旅桂市场中占据绝对份额。2003~2010年，桂林市共接待泰国旅游者35.27万人次，占总量的89.48%。其中百色市和钦州市的泰国游客数量均不超过1000人次，市场规模极小。广西滨海三市是泰国来桂旅游的冷点旅游目的地，2003~2010年三市共接待泰国游客3979人次，总体规模小，占总量的3.03%。

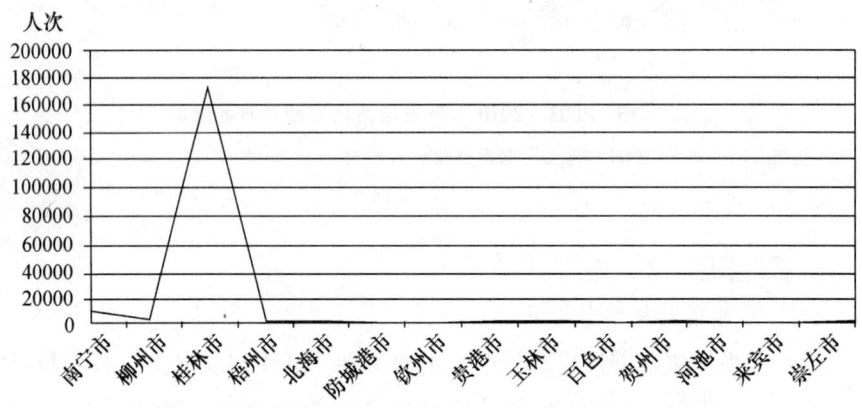

图3.17　2003~2010年各市接待泰国游客情况

资料来源：据《广西旅游年鉴》数据整理。

四、印度尼西亚

1. 来桂客流量季节性变化

印度尼西亚游客来桂旅游淡季持续时间较长，秋冬季为旅游旺季。每年上半年1~4月为旅游淡季且变化波动较小，是印度尼西亚来桂旅游的低谷期。2002~2010年（2003年除外）1~7月，印度尼西亚旅游者人数逐月增长，其中1月的游客接待量为2603人次，仅占年客流量的1.81%，说明1月是印尼游客旅桂的低谷月；7月接待游客数量为12401人次，占年客流量的9.56%。8月亦为旅游淡季，其游客量占年客流量的6.15%。7月、9~12月为印度尼西亚游客来桂旅游的高峰期，其中10月的游客量占年客流量的17.47%，达到最高峰。

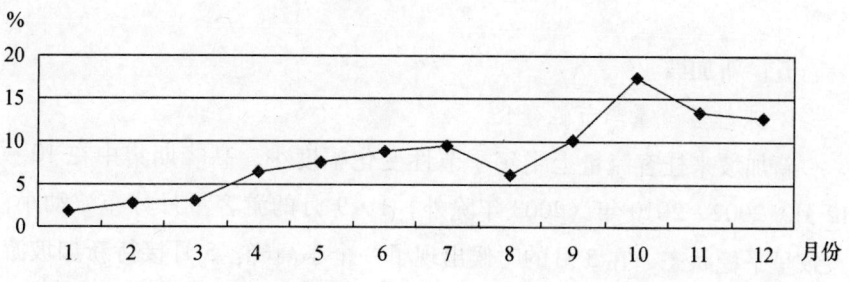

图 3.18　2002~2010 年（2003 年除外）印度尼西亚客流量月分布变化
资料来源：据《广西旅游年鉴》数据整理。

2. 来桂旅游空间流向

印度尼西亚游客来桂旅游的空间流向与泰国游客流向极其相似。同样，桂林市是最大的旅游目的地且占据绝对份额，来桂旅游空间流向高度集中。2003~2010 年，桂林市的印度尼西亚游客数量为 12.87 万人次，占总量的 82.98%；百色市和河池市接待印度尼西亚游客人数最少，8 年统计的游客总人数分别为 807 人次和 1235 人次；北海市、钦州市和防城港市 8 年所接待印度尼西亚游客共计 23502 人次，占总量的 8.02%。

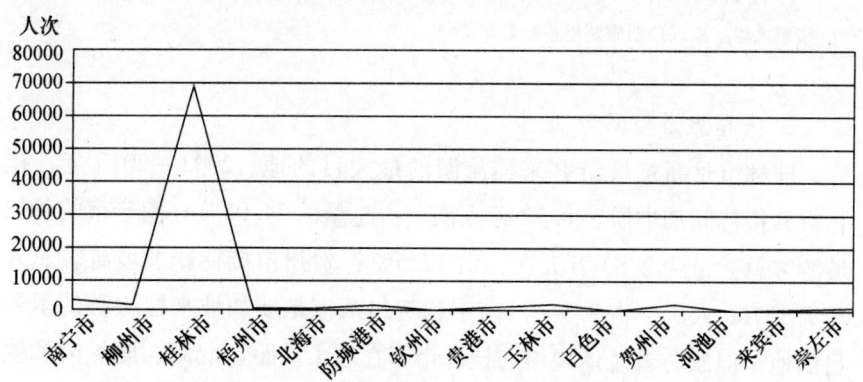

图 3.19　2003~2010 年各市接待印度尼西亚游客情况
资料来源：据《广西旅游年鉴》数据整理。

五、新加坡

1. 来桂客流量季节性变化

新加坡来桂客流量上半年季节性变化幅度小，高峰期集中在10～12月。2002～2010年（2003年除外）1～9月的游客量月分布波动小，大致呈平稳状态，在5月的时候出现了一个小高峰。5月接待新加坡游客12838人次，占年客流量的9.96%；1月接待游客2923人次，占年客流量的2.83%，是旅游低谷月。10～12月为新加坡游客来桂旅游的旺季，其中12月接待新加坡游客24958人次，占年客流量的19.46%，是极旺月；11月和10月分别是新加坡旅桂的次高峰期和第三高峰期。

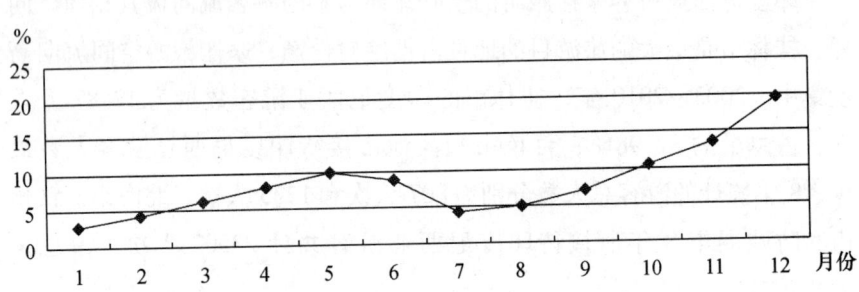

图3.20　2002～2010年（2003年除外）新加坡客流量月分布变化

资料来源：据《广西旅游年鉴》数据整理。

2. 来桂旅游空间流向

桂林市是新加坡游客来桂旅游的最大目的地。2003～2010年，桂林市共接待新加坡游客8.12万人次，占总量的54.05%；南宁市的新加坡游客总数量为2.53万人次，占17.5%；贺州市接待新加坡游客总人数为13766人次，占8.9%。南宁和贺州两市是新加坡来桂旅游的重要目的地，但旅游者总体规模与桂林市存在较大差距。北海、防城港和钦州三市2003～2010年共接待新加坡游客5716人次，占总量的3.57%，滨海三市在新加坡客源市场中所占市场份额偏小。

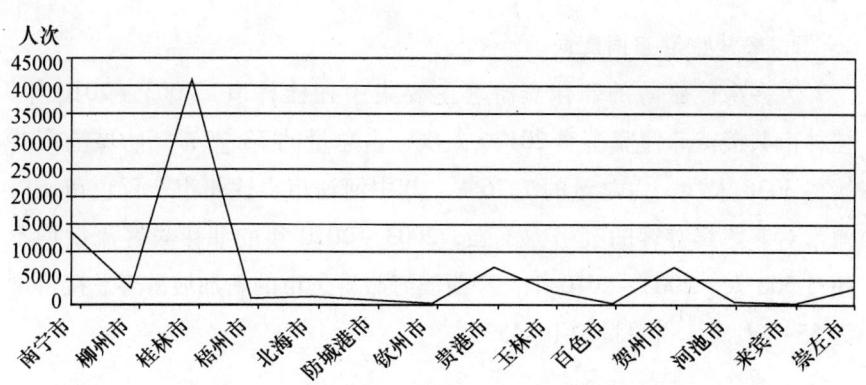

图 3.21 2003~2010 年各市接待新加坡游客情况

资料来源：据《广西旅游年鉴》数据整理。

六、菲律宾

1. 来桂客流量季节性变化

菲律宾来桂旅游的客流量季节性变化波动大，呈"双峰双谷"，有两个旅游旺季。旅游旺季分别集中在 4~6 月和 9~10 月，说明春季和秋季是菲律宾来广西旅游人数最多的时期。其中菲律宾旅游者人数达到顶峰的是 4 月和 10 月，2002~2010 年（2003 年除外）分别为 7610 人次和 7292 人次，占年客流量的 15.45% 和 13.44%。旅游淡季集中在 1~2 月和 7~8 月，其中 1 月游客量占年客流量的 2.67%，是菲律宾来桂旅游的极淡月。

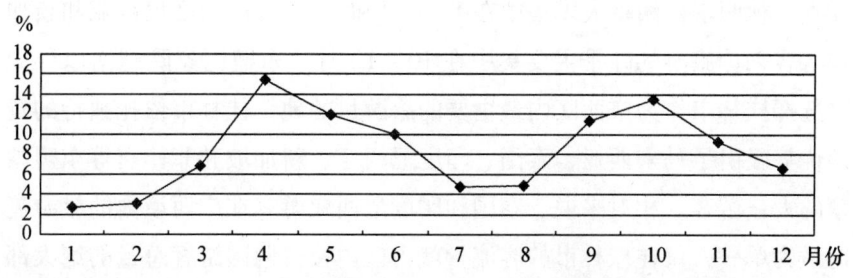

图 3.22 2002~2010 年（2003 年除外）菲律宾客流量月分布变化

资料来源：据《广西旅游年鉴》数据整理。

2. 来桂旅游空间流向

大多来桂旅游的菲律宾游客主要集中在桂林市。2003～2010年，桂林市共接待菲律宾游客20170人次，占总量的53.72%。防城港市共接待3036人次，占总量的7.76%。其中河池市、钦州市、百色市、梧州市对菲律宾游客的吸引力不强，2003～2010年的菲律宾客流量均不超过500人。2003～2010年，广西滨海旅游三市的新加坡游客总接待量为5547人次，占总量的16.45%。

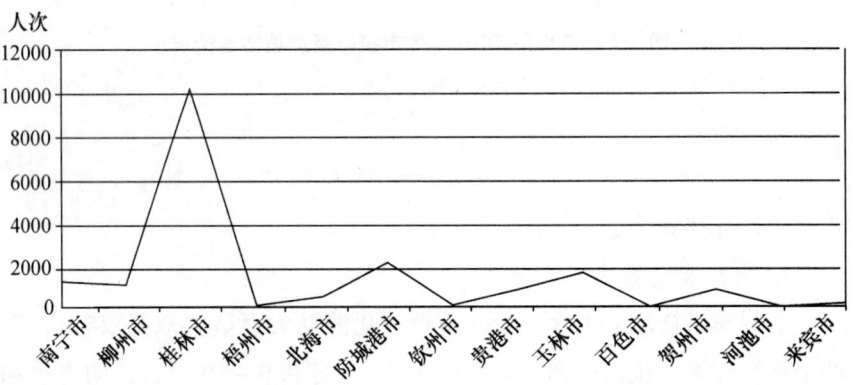

图3.23　2003～2007年各市接待菲律宾游客情况

资料来源：据《广西旅游年鉴》数据整理。

总的来说，越南游客来桂旅游无明显的淡旺季变化，全年客流量变化呈平稳态势；马来西亚、泰国和菲律宾游客来桂旅游的旺季主要集中在春、秋两季，淡季大多集中在1～2月和7～8月；印度尼西亚和新加坡游客来桂旅游的旺季主要集中在10～12月。东盟国家除越南以外大多选择桂林市作为广西区内最主要的旅游目的地，桂林市依托独特的资源优势吸引了马来西亚、泰国、印度尼西亚、新加坡和菲律宾等东盟国家的大量游客。相对来说，泰国和印度尼西亚游客在广西境内的旅游流向最为单一，仅在桂林市的客流量就占区内接待两国游客总量的绝大部分份额；贺州市是马来西亚和新加坡游客在广西区内第二大重要的旅游目的地，第三是南宁市；菲律宾游客主要流向桂林市外，还流向防城港市和南宁市。凭借地理位置优势、中越边境贸易往来密切，崇左市和防城港市是越南游客在广西境内最主要的两大旅游目的地。目前，东盟国家是广西稳定的客源市场，但广西滨海地区的东盟国家旅游者所占市场份额较小，加强区内旅游合作将有利于拓展广西滨海入境旅游市场。

通过以上分析可以看出，就广西主要的东盟客源国马来西亚、泰国、印度尼西亚、新加坡、菲律宾、越南看，马来西亚、泰国、印度尼西亚、新加坡、菲律宾入桂旅游者均以桂林为第一旅游目的地，其中马来西亚的入桂旅游者在5月、11月达到了客流高峰，泰国入桂旅游者在4月、11月达到了客流高峰，印度尼西亚入桂客流在10月、11月达到高峰，新加坡入桂客流在12月达到高峰，菲律宾入桂客流在4月、10月达到高峰。崇左市和防城港市是越南游客来桂旅游的两大目的地，其入桂客流高峰集中在6月、7月和10月。

第六节 北部湾（广西）滨海旅游客源市场调查分析

在旅游业和旅游研究中，旅游市场指旅游需求市场或旅游客源市场，通常包括旅游产品的经常购买者和潜在购买者。北部湾（广西）滨海旅游地对旅游市场的确立和划分，包括对北部湾（广西）滨海经常购买者和潜在购买者调查，其目的是为了界定目标市场，并为旅游地或旅游企业定位、规划、推广、经营提供依据。

一、北部湾（广西）滨海旅游者调查研究

1. 调查内容与方法

北部湾（广西）滨海旅游城市包括北海、钦州、防城港，对旅游者的调查选择在已开展多年旅游实践的北海银滩、钦州三娘湾以及防城港金滩和大坪坡等四个景区，调查对象具有一定的代表性。通过前期文献回顾和访谈，并通过试调查后，主要从滨海旅游目的地角度，选择16个影响消费者旅游目的地选择的因子，分别为：F1景区/景点吸引

力、F2 景区配套设施、F3 旅游宣传促销、F4 旅游地居民好客程度、F5 海水洁净、F6 旅游地从业人员诚信、F7 旅游交通、F8 海鲜美食、F9 旅游价格、F10 旅游服务质量、F11 旅游资讯、F12 海上参与项目、F13 旅游气候、F14 旅游地安全情况、F15 旅游距离、F16 异域文化，用于对旅游者及潜在旅游者的调查。对旅游者的调查问卷由三个部分组成，第一部分是影响旅游者滨海旅游目的地选择因子重要性调查（因子用 I 表示，代表 Important），第二部分为第一部分因子的正向表述，调查相关因子实际表现状况（因子用 P 表示，代表 Performance），第三部分是受访者人口社会学特征及旅游行为调查。重要性调查和表现调查的问卷均采用李克特五等级量表，选项进行标准化处理，重要性问题的选项为"非常不重要"、"不重要"、"一般"、"重要"、"非常重要" 5 个选项，分别赋值为 1~5 分，表现状况问题的选项为"完全不同意"、"不同意"、"中立"、"同意"、"完全同意" 5 个选项，分别赋值为 1~5 分。本次调查采用实地发放问卷，面对面指导填写，实时回收问卷的方式，并对重点游客进行访谈。在北海、钦州、防城港发放问卷共 1200 份，每地 400 份，收回问卷 1192 份，其中有效问卷 1153 份，有效率为 96.08%。

2. 北部湾（广西）滨海旅游者流动规律

对北部湾北海、钦州、防城旅游者的抽样调查表明，广西区外游客占 25.9%，区内游客占 74.1%，其中区外游客分布在云南、湖南、贵州、广东、北京等 29 省（自治区/直辖市），区外市场中湖南所占市场份额最大，但仅占滨海客源市场的 4.2%，区内南宁所占市场份额最大，占滨海旅游市场的 21.4%。

总体上看，到广西北海、钦州、防城港的旅游者中，仅以一个城市为滨海目的地的占 65.5%，另有 34.5% 的旅游者选择到区内、区外的其他地方旅游，其中北海、钦州、防城港的旅游者未到所在城市以外旅游目的地旅游的比例分别为占 63.2%、70.8%、62.0%。北海旅游者流动规律区内表现为：南宁—北海、桂林—北海为主，另有部分旅游者向区内的钦州、防城港、崇左、玉林、百色等地辐射；区外表现为：北海—海南、北海—广东、北海—云南等周边省份辐射；国外表现为：北海

—越南。钦州旅游者流动规律区内表现为：钦州—北海为主，另有部分旅游者向区内桂林、南宁、凭祥、防城港等地辐射，很少有旅游者通过钦州到越南旅游。防城港旅游者流动规律区内表现为：防城港—北海为主，另有部分旅游者向区内桂林、南宁等地辐射，另有部分旅游者通过防城港到越南旅游。

3. 北部湾（广西）滨海旅游者滨海旅游目的地选择行为影响因素分析

抽样旅游者对滨海旅游景区相关因子："旅游景区/景点吸引力（I1）"、"旅游景区配套设施（I2）"、"旅游宣传促销（I3）"、"旅游价格（I4）"、"旅游景区服务质量（I5）"重要性评价见表3.18。调查结果显示：旅游者在选择滨海旅游目的地时，旅游景区服务质量、旅游景区/景点吸引力是最关心的因素，比较关心旅游景区配套设施，而对旅游宣传促销、旅游价格的关注较少。

表3.18　旅游者对滨海旅游景区相关因子重要性评价　　单位：%

	I1	I2	I3	I4	I5
非常不重要	4.1	3.0	5.7	6.1	2.2
不重要	3.9	5.8	14.2	11.4	4.8
一般	23.5	24.5	35.8	38.4	23.6
重要	28.3	32.3	23.5	25.8	29.2
非常重要	40.2	34.4	20.7	18.3	40.2
平均值	3.97	3.89	3.39	3.39	4.00

抽样旅游者对滨海旅游环境因子："旅游地居民好客程度（I6）"、"旅游地从业人员诚信（I7）"、"旅游资讯（I8）"、"旅游气候（I9）"、"旅游地安全状况（I10）"、"旅游交通（I11）"、"旅游距离（I12）"重要性评价见表3.19。调查结果显示：旅游者在选择滨海旅游目的地时，旅游目的地安全状况、从业人员的诚信程度、旅游气候是影响出游的重要因素，旅游地居民的好客程度、旅游交通是影响选择的较重要因素，而滨海旅游目的地跟客源地距离、旅游资讯对出游影响较小。

表 3.19 旅游者对滨海旅游环境因子重要性评价 单位:%

	I6	I7	I8	I9	I10	I11	I12
非常不重要	3.2	2.4	3.4	1.8	1.5	2.4	5.1
不重要	5.8	4.4	10.0	4.9	3.7	4.9	13.3
一般	29.3	18.7	38.9	20.8	15.5	24.5	37.7
重要	31.6	29.6	31.6	33.5	23.8	34.2	26.9
非常重要	30.3	45.0	16.1	38.9	55.5	33.9	17.0
平均值	3.80	4.10	3.47	4.03	4.28	3.92	3.37

抽样旅游者对滨海旅游体验因子:"海水洁净(I13)"、"海鲜美食(I14)"、"海上参与类项目(I15)"、"异域文化(I16)"重要性评价见表3.20。滨海旅游目的地洁净的海水对旅游者有巨大的吸引力,而目的地的海鲜美食、海上参与类项目、旅游客源地与旅游目的地文化差异对旅游者的吸引力有限。

表 3.20 旅游者对滨海旅游体验因子重要性评价 单位:%

	I13	I14	I15	I16
非常不重要	3.5	5.3	4.5	6.4
不重要	4.7	9.4	11.1	9.8
一般	16.7	27.9	32.2	34.3
重要	21.9	27.7	27.6	27.4
非常重要	53.2	29.6	24.5	22.0
平均值	4.16	3.67	3.56	3.49

将所有因子综合考虑,将影响旅游者滨海旅游目的地选择的影响因子进一步分类,认为重要性平均值大于4.0的因子对旅游决策的影响最大,平均值介于4.0~3.7的因子对旅游决策的影响较大,而重要性平均值在3.7以下则对决策的影响一般。

(1)旅游者认为影响其滨海旅游目的地选择最重要因子依次排序为:旅游地安全状况、海水洁净、旅游地从业人员诚信、旅游气候,对其重要性持正面看法分别78.3%、75.1%、74.6%、72.4%,即绝大部分旅游者认为上述因子重要,其对滨海旅游目的地选择行为产生重大影响。

（2）旅游者认为影响其滨海旅游目的地选择较重要因子为：旅游服务质量、旅游景区/景点吸引力、旅游交通、旅游地居民好客程度，对其重要性持正面看法的分别占 77.3%、69.4%、68.5%、68.9%、61.9%，即有较大部分潜在旅游者认为上述因子重要，其对滨海旅游目的地选择行为产生较大影响。

（3）旅游者认为影响其滨海旅游目的地选择重要性一般因子为：海鲜美食、旅游参与项目、异域文化、旅游资讯、旅游宣传促销、旅游价格、旅游距离，对其重要性持正面看法分别占 57.3%、52.1%、49.4%、47.7%、44.2%、44.1%、43.9%，有相当部分潜在旅游者认为上述因子重要，其对滨海旅游目的地选择行为有一定影响。

4. 北部湾（广西）滨海旅游相对优势和劣势分析

通过了解旅游者对影响滨海旅游目的地选择行为因子表现评价，可以识别出旅游者认可的北部湾（广西）滨海旅游相关工作及需要进一步改进的工作。表现评价分别了解北海、钦州、防城港的旅游者对当地旅游相关工作的评价，表现评价因子为重要性因子的正面表述，见表 3.21。

表 3.21 滨海旅游表现评价因子

滨海旅游景区表现评价因子	"旅游景区/景点吸引力大（P1）"、"旅游景区配套设施完善（P2）"、"旅游宣传促销名副其实（P3）"、"旅游价格合理（P4）"、"旅游服务质量较高（P5）"
滨海旅游环境表现评价因子	"当地居民好客（P6）"、"旅游地从业人员诚信（P7）"、"旅游资讯发达（P8）"、"旅游气候宜人（P9）"、"旅游地安全（P10）"、"旅游交通便利（P11）"、"旅游距离较近（P12）"
滨海旅游体验表现评价因子	"海水洁净（P13）"、"海鲜美食物有所值（P14）"、"海上参与类项目丰富（P15）"、"浓郁的异域文化（P16）"

抽样旅游者对滨海旅游景区相关表现评价为：受访者中有 46.4% 认为旅游景区/景点吸引力大、33.0% 认为旅游景区配套设施完善、27.2% 认为旅游宣传促销名副其实、20.7% 认为旅游价格合理、30.9% 认为旅游服务质量较高，但受访者中分别有 15.7%、24.3%、24.8%、31.4%、18.0% 对"旅游景区/景点吸引力大"、"旅游景区配套设施完

善"、"旅游宣传促销名副其实"、"旅游价格合理"、"旅游服务质量较高"持负面看法，见表3.22。

表3.22 旅游者对滨海旅游景区相关因子表现评价 单位：%

	P1	P2	P3	P4	P5
完全不同意	4.1	5.8	3.8	12.1	2.7
不同意	11.6	18.5	21.0	19.3	15.3
一般	37.9	42.6	47.4	47.8	51.1
同意	30.7	23.0	19.7	17.1	23.7
完全同意	15.7	10.0	8.0	3.6	7.2
平均值	3.42	3.13	3.07	2.81	3.18

抽样旅游者对滨海旅游环境表现评价为：受访者中有41.0%认为当地居民好客、有44.0%认为旅游地从业人员诚信、有28.0%认为旅游资讯发达、62.9%认为旅游气候宜人、56.0%认为当地安全、56.3%认为旅游交通便利、48.7%认为客源地距旅游目的地距离较近，但受访者中分别有13.3%、13.1%、18.2%、7.5%、8.7%、10.2%、14.7%对"当地居民好客"、"旅游地从业人员诚信"、"旅游资讯发达"、"旅游气候宜人"、"旅游地安全"、"旅游交通便利"、"旅游距离较近"持负面看法，见表3.23。

表3.23 旅游者对滨海旅游环境因子表现评价 单位：%

	P6	P7	P8	P9	P10	P11	P12
完全不同意	3.0	3.1	2.8	1.7	1.6	3.1	4.7
不同意	10.3	10.0	15.4	5.8	7.1	7.1	10.0
一般	45.7	42.9	53.8	29.7	35.3	33.4	36.6
同意	27.0	30.2	20.4	37.8	36.0	36.8	31.3
完全同意	14.0	13.8	7.6	25.1	20.0	19.5	17.4
平均值	3.39	3.41	3.15	3.79	3.66	3.62	3.48

抽样旅游者对滨海旅游体验评价为：受访者中有33.7%认为当地海水洁净、有36.5%认为当地海鲜美食物有所值、有26.4%认为海上

参与类项目丰富、29.4%认为当地有浓郁的异域文化氛围，但受访者中分别有32.3%、22.6%、35.2%、30.3%对"海水洁净"、"海鲜美食物有所值"、"海上参与类项目丰富"、"浓郁的异域文化"持负面看法，见表3.24。

表3.24　旅游者对滨海旅游体验表现评价　　　　单位:%

	P13	P14	P15	P16
完全不同意	10.1	5.4	7.2	7.1
不同意	22.2	17.2	28.0	23.2
一般	34.0	40.9	38.4	40.3
同意	19.7	26.3	17.8	20.8
完全同意	14.0	10.2	8.6	8.6
平均值	3.05	3.19	2.93	3.01

对上述评价滨海旅游表现16项因子持中立看法的比例介于29.7%~53.8%，即有相当部分受访者认为北部湾（广西）滨海旅游相关工作处于一般水平。

从北部湾（广西）滨海旅游者的调查可以看出：旅游者认为北部湾（广西）滨海旅游的相对优势为：旅游交通便利、旅游地安全状况较好、旅游者感觉客源地距旅游目的地距离较近、旅游景区/景点吸引力大，有相当部分旅游者对上述相关因子的工作表现为满意；旅游者认为北部湾（广西）滨海旅游的相对劣势为：海上参与娱乐项目少、海水不干净、旅游价格不合理、旅游地没有体现出地方文化特色，有相当部分旅游者对上述相关因子的工作表现为不满意。

5. 北部湾（广西）滨海旅游工作改进分析

（1）北部湾（广西）滨海旅游工作改进的战略选择。一般来说，在影响滨海旅游者目的地选择行为的因素中，旅游者认为其重要程度高，则其对与该因子相关的滨海旅游工作要求就高，旅游者在获得旅游经历后对相应工作的评价较高时，旅游者旅游感知满意度较高，其中满意度的高低可以通过均值差（表现平均值－重要性平均值）直观表示，若某一因子均值差大于或等于零，则旅游者对该因子的相关工作满意；

若均值差小于零，则旅游者对该因子的相关工作不满意。通过计算可知，上述 16 个因子的均值差中除"旅游距离"的均值差为正外，其余因子均值差均为负，详见表 3.25。通过对因子重要性和表现进行配对样本 t 检验能够进一步反映出两者是否存在显著差异。结果显示，对上述均值差为负的 15 个因子重要性和表现配对样本 t 检验的 P 值均为零，小于显著性水平 0.05，因此旅游者认为 15 个因子相关工作均远未达到旅游者的要求。因此，从长远看，除"旅游距离"外，与滨海旅游目的地选择相关的 15 个因子的相关工作均应进行改进。

表 3.25 影响旅游者滨海旅游目的选择因子的重要性与表现对比分析

指标	f1	f2	f3	f4	f5	f6	f7	f8
重要性	3.97	3.89	3.39	3.39	4.00	3.80	4.10	3.47
表现	3.42	3.13	3.07	2.81	3.18	3.39	3.41	3.15
均值差	-0.55	-0.76	-0.32	-0.57	-0.82	-0.41	-0.69	-0.32
P 值	0.000	0.000	0.000	0.000	0.000	0.000	0.000	0.000
指标	f9	f10	f11	f12	f13	f14	f15	f16
重要性	4.03	4.28	3.92	3.37	4.16	3.67	3.56	3.49
表现	3.79	3.66	3.62	3.48	3.05	3.19	2.93	3.01
均值差	-0.24	-0.62	-0.30	0.11	-1.11	-0.58	-0.63	-0.48
P 值	0.000	0.000	0.000	0.018	0.000	0.000	0.000	0.000

（2）北部湾（广西）滨海旅游工作改进的战术选择。在资源有限的情况下，利用 IPA 能够将有限的资源用于北部湾（广西）滨海旅游工作中最急需改进的方面。IPA（Importance—Performance Analysis），其实质上通过分析所有因子在重要性和表现构成的四象限坐标系内分布情况，识别出优先改进的因子。由重要性因子分值的算术平均值、表现因子分值的算术平均值为坐标原点构建 IPA 四象限图，IPA 四象限的四个区域，分别表示受访者对不同因子的重要性和表现情况的个人评价。通过 IPA 表能直观地看出受访者对各种旅游因子的满意度情况。第一象限区域为高重要性，高表现。说明旅游者对位于这一象限的因子相对满意，对于旅游经营者来说，近期内其象限的因子相关工作须继续保持。

第二象限区域为低重要性，高表现。说明旅游者认为位于这一象限这些因子不是很重要，其实际表现高于期望。旅游经营者对其象限的因子不需要刻意追求完满。第三象限区域为低重要性，低表现。说明旅游者不关注位于这一象限的因子，其因子服务质量的好与坏都无所谓，旅游经营者对其象限的因子暂时不需要改进，在资金、管理、人员等方面充裕的情况下再考虑改进。第四象限区域为高重要性，低表现。说明旅游者认为位于这一象限的因子很重要，但对其工作表现感到不满意，其象限内分布的因子为工作改进的重点，旅游经营者须特别重视和对待。

经计算16个重要性平均分值的总平均值为3.78，16个表现平均分值的总平均值为3.27。这样，在以重要性总平均分值为横坐标，以表现总平均值为纵坐标，坐标原点为（3.78，3.27）的四象限图中16个因子分别落在了四象限图的四个不同的象限中，如图3.24所示。

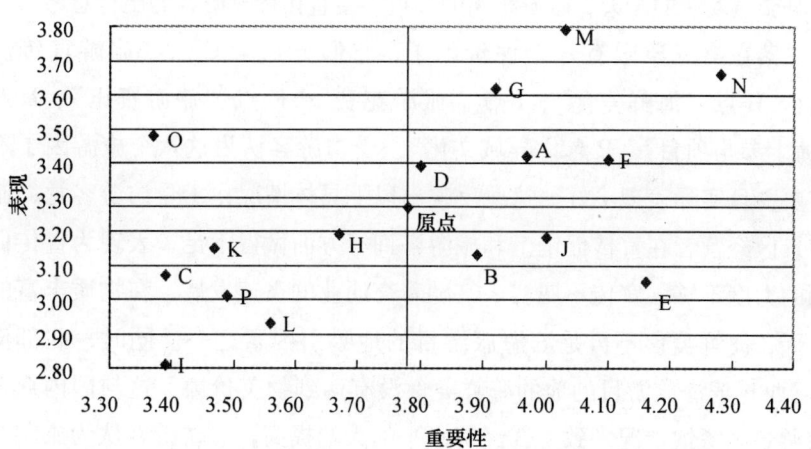

图3.24 北部湾（广西）滨海旅游服务质量评价IPA四象限图

备注：A：景区/景点吸引力（3.97，3.42）、B：景区配套设施（3.89，3.13）、C：旅游宣传促销（3.39，3.07）、D：旅游地居民好客程度（3.80，3.39）、E：海水洁净（4.16，3.05）、F：旅游地从业人员诚信（4.10，3.41）、G：旅游交通（3.92，3.62）、H：海鲜美食（3.67，3.19）、I：旅游花费（3.39，2.81）、J：旅游服务质量（4.00，3.18）、K：旅游资讯（3.47，3.15）、L：海上参与项目（3.56，2.92/2.93）、M：旅游气候（4.03，3.79）、N：旅游地安全情况（4.28，3.66）、O：旅游距离（3.37，3.48）、P：异域文化（3.49，3.01）。

从图3.24中，我们可以看到共有六个评价因子落在第一象限，它们分别是A点"景区/景点吸引力"、D点"旅游地居民好客程度"、F点"旅游地从业人员诚信"、G点"旅游交通"、M点"旅游气候"、N点"旅游地安全情况"。由此可以看出，受访游客认为这六个旅游因子很重要，对旅游目的地这六个方面的表现比较满意。这些反映出以下情况：①北部湾（广西）滨海旅游景区/景点具有很强的吸引力，受访者认为其吸引力名副其实。②当地居民不排外，友好、热情地对待外来游客。③北部湾（广西）滨海旅游景区从业人员诚信度较高，值得游客信任。④旅游交通方面，前往北部湾北海、钦州和防城港景区的交通便利。⑤北部湾（广西）滨海景区气候适宜，游客感到舒适。⑥旅游目的地治安状况比较好，游客感到人身财产比较安全。

落在第二象限只有O点"旅游距离"一个评价因子。可见，受访游客认为旅游距离不是影响旅游出行的重要因子，说明在公路、铁路、航空等交通发达的今天，旅游距离的远近不会直接影响游客的出行意愿。

落在第三象限有六个评价因子，它们分别为C点"旅游宣传促销"、H点"海鲜美食"、I点"旅游花费"、K点"旅游资讯"、L点"海上参与项目"、P点"异域文化"。受访游客认为这六个旅游因子不重要，且实际表现不好。这些反映出以下具体情况：①受访游客觉得旅游景区经营者在宣传促销上和旅游咨询等方面做得不足，表现为宣传促销的力度不够、宣传不属实。②随着交通业的飞速发展，在物质丰富的今天，海鲜美食不再是滨海旅游目的地吸引因素之一。同时，北部湾（广西）滨海旅游目的地的海鲜美食没有达到物美价廉，这与国内众多旅游景区餐饮状况一致。③经济水平的大幅提高，受访游客认为旅游花费的高低不影响其出游选择。④游客在北部湾（广西）滨海旅游目的地旅游对海上参与项目的多少，能否在旅游目的地感受到浓郁的异域文化显得不是特别需求，这可能与多数受访游客偏年轻以及受访者以区内游客为主有关。

落在第四象限有三个评价因子，它们分别为B点"景区配套设施"、E点"海水洁净"、J点"旅游服务质量"。这些表明受访游客在北海、钦州和防城港各景区游览中普遍感到配套设施、旅游服务质量及海水洁净与其期望有较大差距，可见，各景区在配套设施、旅游服务质量及海水洁净三项因子上存在服务质量问题。这反映出以下情况：①洁净的海水对于来自非滨海旅游地的游客具有很大的吸引力，但北部湾（广西）滨海旅游地的海水洁净度不高，受访者对海水的洁净度表现远远低于期望，令游客不满意。②景区配套设施缺乏或者配套设施简陋。③或许由于管理者的管理力度不够，或由于景区从业人员的服务技能不高、服务态度不够热情，令受访游客对三城市旅游目的地的服务质量感到失望。

因此，B点"景区配套设施"、E点"海水洁净"和I点"旅游服务质量"三个因子需要改进。这需要景区管理者（经营者）与上级主管部门共同努力，从而提高景区的服务质量和游客的满意度。

二、北部湾（广西）滨海潜在旅游者调查研究

1. 调查内容与方法

城市居民是旅游目的地客源市场的主要来源，综合考虑旅游客源地与旅游目的地的距离、旅游资源的差异性、客源地经济发展水平，广西区外的市场均可认为是北部湾（广西）滨海旅游的潜在客源市场，课题组选择昆明、长沙、北京居民进行北部湾（广西）滨海旅游选择行为相关调查，具有典型性和代表性。调查内容为潜在旅游者对影响滨海旅游选择行为的16项因子的重要性看法，以及其滨海旅游行为意向。本次调查共发放问卷1200份，回收问卷1123份，其中有效问卷954份。

2. 潜在旅游者滨海旅游目的地选择分析

受访者从7个滨海旅游目的地选项中选择1~2个优先选择的滨海旅游目的地，统计结果显示：从总体上看，以及对昆明、长沙、北京居民进行单独考察，均发现北部湾（广西）滨海与国内的著名的滨海旅游目的地三亚、大连、青岛、北戴河相比，选择到广西进行滨海旅游的城市居民所占比例较小，详细数据见表3.26。另外，广西与海南的滨海旅游资源差异性不大，地缘接近，城市居民在考虑滨海旅游目的地时，将北部湾（广西）滨海作为滨海旅游目的地的仅占5.3%，另有2.7%的受访者同时选择广西滨海和海南滨海。因此，在开发城市居民

滨海旅游客源市场时，广西滨海旅游面临海南、大连、青岛、北戴河的强势竞争，尤其是与广西邻近的海南滨海旅游竞争激烈。

表 3.26　昆明、长沙、北京市民优先选择的滨海旅游目的地　单位：%

	广西滨海	海南滨海	广东滨海	大连滨海	青岛滨海	北戴河滨海	其他地方滨海
总体	9.6	39.5	5.6	27.7	27.4	13.0	7.1
昆明	13.4	39.1	4.6	31.4	30.9	13.4	10.5
长沙	7.6	45.4	6.0	24.9	26.0	11.8	5.8
北京	8.1	31.2	6.2	27.5	25.5	14.2	5.0

3. 潜在旅游者实现滨海旅游的主客观条件分析

旅游需求是决定一个人能否成为旅游者的主观条件，并作为个人实现旅游的内因起决定性作用。对昆明、长沙、北京市民实现广西滨海旅游的主观条件——滨海旅游出游意愿调查显示（见表3.27），总体上看，城市居民的滨海旅游出游需求比较强烈，仅有12.6%的市民不具备滨海旅游出游需求，46.6%的市民的滨海旅游出游需求处于待激发状态，而40.9%市民具有明显的滨海旅游需求。从昆明、长沙、北京区域角度考虑，昆明、长沙市民的滨海旅游出游意愿不具备明显的差异，两地居民与北京市民的滨海旅游出游意愿具有明显差异，即昆明、长沙市民的滨海旅游出游需求不如北京市民强烈。

从旅游者的个人层面看，决定一个人能否成为旅游者的两个最重要的客观条件是其支付能力和闲暇时间。个人支付能力和收入水平密切相关，收入达到一定水平是实现旅游的重要物质基础，这一水平会由于地区的差异有所不同。根据已有的关于客源地的人均收入与出游率关系的研究表明，人均收入在6000～7000元时，平均出游率为0.736，人均收入在7000～13000元时，平均出游率大于1，且随收入的增加，平均出游率增大，人均收入大于13000元时，平均出游率下降为1.021。就昆明、长沙、北京收入水平调查表明，见表3.27，从总体上看，72.4%的受访者年均收入水平在12000元以上，另外，北京市民的收入水平高于昆明、长沙市民，考虑到受访者有相当部分是没有收入的学生，其家庭收入水平与其旅游支出密切相关，还有相当部分学生具备出游的资金保障，因此，绝大多数受访者具备实现旅游的资金保障；闲暇时间就是在日常工作、生活、学习及其他必需的时间之外，可以自由支配，从事消遣娱乐或自己乐于从事的其他任何事情的时间。从2008年起，全体公民放假的节日包括春节、国庆两个黄金周，元旦、清明、五一、端午、中秋五个小黄金周，另外，由于居民所从事行业的差异，不少居民还有带薪假期。每周假日、黄金周、带薪假期在一定程度上为居民外出旅游提供了时间保障。就昆明、长沙、北京可出游时间调查表明，绝大多数居民都有时间外出旅游。

表3.27 昆明、长沙、北京市民实现滨海旅游主客观条件

项目	指标	总体	昆明	长沙	北京
滨海旅游出游意愿	完全没有	3.9	6.2	2.4	3.5
	没有	8.7	7.5	11.3	6.3
	无所谓	46.6	47.2	53.1	35.9
	强烈	32.3	29	27.5	43.4
	非常强烈	8.6	10.1	5.8	10.9
月收入	1000元以下	27.6	33.9	27	20.1
	1001~2000元	28.2	35.8	31.5	12.5
	2001~3000元	19.7	20.2	21	17
	3001~4000元	11.3	4.9	12.5	18.3
	4001~5000元	5.7	1.3	4.5	13.4
	5001~6000元	2.6	0.7	1.1	7.6
	6001~8000元	1.5	0.7	0.9	3.6
	8001~10000	1.4	1.0	0.3	3.6
	10000元以上	2.0	1.6	1.1	4.0
可用旅游时间	有	77.3	73.6	78.1	81.2
	无	22.7	26.4	21.9	18.8

因此，从居民的角度看，昆明、长沙、北京的绝大多数居民具备实现滨海旅游的条件，滨海旅游的市场广阔但处于待开发状态。

4. 潜在旅游者滨海旅游行为意向分析

对昆明、长沙、北京市民广西滨海旅游意向的调查的结果，见表3.28。

（1）从旅游组织形式看，市民普遍喜欢与亲朋好友结伴的散客旅游形式，长沙的市民比昆明、北京市民更青睐跟随旅游团旅游。

（2）市民滨海旅游目的以度假休闲为主，观光旅游为辅。

（3）从滨海旅游期望花费的时间和金钱看，时间以5~7天为主，3~4天为辅，旅游花费在1000~3000元的占多数，约有两成市民愿意花费4000元以上。

（4）从广西比较有特色的旅游资源看，市民最喜欢山水风光类旅游资源，其次是滨海风光，民俗风情排在第三位，但仅钟情于某一类旅游资源的市民仅占少数，如只对滨海风光感兴趣的市民仅占受访者的9.6%，而同时对滨海风光和山水风光感兴趣的却占到受访者的45%，同时对滨海风光和民俗风情感兴趣的占28.7%。

（5）从旅游信息获取渠道看，受访者中有57.7%通过网络、51.7%通过亲朋推荐、42.6%通过电视、39.7%通过报刊、33.2%通过旅游指南获取滨海旅游信息，但市民通常是通过多种组合渠道获取滨海旅游信息，如同时通过网络和亲朋推荐获取信息的市民占29.9%，通过网络和电视的占26.8%，通过网络和报刊的占21.9%。

表3.28　昆明、长沙、北京市民广西滨海旅游行为意向

项目	指标	总体	昆明	长沙	北京
旅游组织形式	跟随旅游团	43.0	37.5	52.5	35.8
	散客旅游	57.0	62.5	47.5	64.2
滨海旅游类型（复选）	观光	37.9	37.1	42.9	31.4
	度假休闲	57.0	64.7	50.1	57.5
	会议	3.3	1.9	1.9	4.5
	商务/公务	2.8	2.5	0.8	6.1
	探亲访友	2.5	1.8	2.2	3.7
	其他	2.7	3.6	1.9	2.4

续表

项目	指标	总体	昆明	长沙	北京
滨海旅游理想时间花费	1~2天	2.4	2.6	2.3	2.3
	3~4天	19.7	17.8	20.2	21.0
	5~7天	58.2	57.0	58.4	59.3
	8天及以上	19.7	22.6	19.1	17.4
滨海旅游理想的资金花费	1000元及以下	11.6	10.6	12.2	8.5
	1001~2000元	36.3	27.9	45.0	36
	2001~3000元	24.3	29.6	19.4	25.6
	3001~4000元	6.2	5.8	6.0	7.2
	4001~6000元	14.4	16.8	11.5	16.1
	6001元及以上	7.2	9.3	5.9	6.6
喜欢的旅游资源类型	山水风光	70.1	70.0	69.5	71
	滨海风光	65.9	67.8	67.0	62.1
	民俗风情	42.3	43.6	42.6	40.3
	城市风貌	25.1	31.3	23.5	19.8
	边关风情	23.1	26.1	19.4	25.0
	宗教圣地	18.9	19.2	18.6	19.0
信息获取方式	网络	57.7	58.3	50.9	67.1
	电视	42.6	52.4	37.0	39.0
	广播	13.2	15.3	13.4	10.4
	报刊	39.7	46.3	36.6	36.1
	亲朋推荐	51.7	51.5	51.6	52.2
	旅游指南	33.2	33.6	32.4	33.7
	旅行社	18.0	18.2	17.6	18.1

5. 潜在旅游者滨海旅游目的地选择行为影响因素分析

在不考虑潜在旅游者个人因素影响的前提下，潜在旅游者滨海旅游目的地选择行为主要受滨海旅游目的地滨海旅游景区相关因素、滨海旅游环境因素、滨海旅游体验因素等三大类因素的综合影响。潜在旅游者选择滨海旅游目的地时，对上述三项因素包含的16项因子的重要性评价可以看出相关因子对其滨海旅游出游决策的影响程度。一般来讲，潜在旅游者认为某项因子重要性高，则其在选择滨海旅游目的地时，该因子对其出游决策产生重大影响；反之，认为某项因子不重要，则该因子不会对其出游决策产生影响，而对因子重要性持中立态度，则该因子仅对其出游决策产生一定影响。

潜在旅游者对滨海旅游景区相关因子："旅游景区/景点吸引力（I1）"、"旅游景区配套设施（I2）"、"旅游宣传促销（I3）"、"旅游价格（I4）"、"旅游景区服务质量（I5）"，重要评价见表3.29。调查结果显示：潜在旅游者在选择滨海旅游目的地时，旅游景区服务质量、旅游景区/景点吸引力是最关心的因素，比较关心旅游景区配套设施、旅游价格，而对旅游宣传促销的关注较少。

表3.29　潜在旅游者对滨海旅游景区相关因子重要性评价　单位:%

	I1	I2	I3	I4	I5
非常不重要	3.7	2.9	9.0	3.4	1.5
不重要	2.4	3.4	14.6	5.3	2.3
一般	14.6	22.6	37.8	32.4	10.1
重要	25.8	40.5	25.8	30.9	30.8
非常重要	53.5	30.6	12.8	28.0	55.3
平均值	4.23	3.93	3.19	3.75	4.36

潜在旅游者对滨海旅游环境因子"旅游地居民好客程度（I6）"、"旅游地从业人员诚信（I7）"、"旅游资讯（I8）"、"旅游气候（I9）"、"旅游地安全状况（I10）"、"旅游交通（I11）"、"旅游距离（I12）"重要评价见表3.30。调查结果显示：潜在旅游者在选择滨海旅游目的地时，旅游目的地安全状况、从业人员的诚信程度、旅游交通是影响出游的重要因素，旅游目的地气候条件、旅游地居民好客程度是影响选择的较重要因素，而滨海旅游目的地跟客源地距离、旅游资讯对出游影响较小。

表 3.30 潜在旅游者对滨海旅游环境因子重要性评价　　单位:%

	I6	I7	I8	I9	I10	I11	I12
非常不重要	1.9	1.5	3.5	2.5	1.5	1.3	5.0
不重要	9.2	2.5	10.1	6.3	1.6	3.7	14.9
一般	27.4	13.6	34.9	26.1	12.0	17.7	38.9
重要	35.2	22.5	35.6	36.5	20.2	36.9	26.3
非常重要	26.3	59.9	15.9	28.6	64.7	40.4	14.8
平均值	3.75	4.37	3.50	3.82	4.45	4.12	3.31

潜在旅游者对滨海旅游体验因子:"海水洁净(I13)"、"海鲜美食(I14)"、"海上参与类项目(I15)"、"异域文化(I16)"。滨海旅游目的地洁净的海水对潜在旅游者有巨大的吸引力,而目的地的海鲜美食、海上参与类项目、旅游客源地与旅游目的地文化差异对潜在旅游者的吸引力有限,重要评价见表3.31。

表 3.31 潜在旅游者对滨海旅游体验重要性评价　　单位:%

	I13	I14	I15	I16
非常不重要	1.6	2.8	3.4	5.9
不重要	2.8	10.1	11.5	9.7
一般	14.5	30.4	35.9	34.6
重要	25.2	31.3	31.4	29.8
非常重要	55.8	25.4	17.8	20.1
平均值	4.31	3.66	3.49	3.48

将影响潜在旅游者滨海旅游目的地选择的影响因子进一步分类:

(1)对潜在旅游者滨海旅游目的地选择最重要影响因子为:旅游服务质量、旅游地安全状况、旅游地从业人员诚信、海水洁净、旅游景区/景点吸引力,对其重要性持正面看法分别占86.1%、84.9%、82.4%、81.0%、79.3%,即绝大部分潜在旅游者认为上述因子重要,其对滨海旅游目的地选择行为产生重大影响。

(2) 对潜在旅游者滨海旅游目的地选择较重要影响因子为：旅游交通、旅游景区配套设施、旅游地居民好客程度、旅游价格、海鲜美食、旅游气候，对其重要性持正面看法的分别占 77.3%、71.1%、61.5%、58.9%、56.7%、55.1%，即有较大部分潜在旅游者认为上述因子重要，其对滨海旅游目的地选择行为产生较大影响。

(3) 对潜在旅游者滨海旅游目的地选择重要性一般因子为：旅游资讯、异域文化、海上参与类项目、旅游距离、旅游宣传促销，对其重要性持正面看法的分别占 51.4%、49.9%、49.2%、41.1%、38.6%，有相当部分潜在旅游者认为上述因子重要，其对滨海旅游目的地选择行为有一定影响。

6. 基于市场细分的潜在旅游者滨海旅游目的地选择行为分析

旅游消费者需求多种多样，任何一个旅游目的地和旅游企业都难以有足够的实力吸引和满足所有各类旅游消费者的需要，因而有必要在众多的旅游消费者中，选择某些适合自己经营能力的市场部分作为自己的目标市场。根据旅游者需求的差异性，将一个整体旅游市场划分为两个或两个以上的顾客群进行的市场细分，便于分析各细分市场的需要特点和购买潜力，从而可以根据自己的旅游供给或经营实力有效地选定适合自己经营的目标市场；可以针对这些目标消费者的需要，开发适销对路的产品，以避免盲目开发产品造成的失误和浪费，而且为使顾客满意提供了基本保证；针对目标市场开展促销可以避免因盲目促销而造成的浪费，有助于提高促销的成效。

市场细分是提高滨海旅游营销效果的前提和基础，要有针对性地开发滨海旅游客源市场，关键在于找到滨海旅游的目标市场，而目标市场须通过对市场的细分后予以明确。由于年龄、性别、收入、职业、受教育程度以及生活方式等因素的影响，不同消费者有不同的需求，这些不同的需求成为旅游市场细分的依据。本着可衡量、可盈利、可进入性、稳定性等原则进行市场细分，以使客源市场细分能真正有效地发挥作用。

不同地理区域的地理位置、自然环境、经济环境与人文环境的综合差异，深刻影响、制约其消费者的旅游需求的综合差异。从地理变量的角度看，广西滨海潜在客源市场可细分为昆明市场、长沙市场、北京市场。昆明市民与长沙市民，对影响滨海旅游目的地选择行为的"旅游服务质量"、"旅游宣传促销"、"旅游地居民好客程度"、"旅游资讯"、"旅游距离"等5项因子重要性看法一致，而其他11项因子的重要性看法存在明显差异，见表3.32。

表3.32　昆明市民与长沙市民滨海旅游目的地选择影响因素的差异

评价因子	昆明平均值（I）	长沙平均值（J）	平均差值（I-J）	显著性水平
旅游景区/景点吸引力	4.33	4.08	0.25	0.002
旅游景区配套设施	4.09	3.80	0.29	0.000
海水洁净	4.57	4.20	0.37	0.000
旅游地从业人员诚信	4.60	4.35	0.25	0.000
旅游交通	4.30	4.04	0.26	0.000
海鲜美食	3.84	3.54	0.30	0.000
旅游价格	3.86	3.63	0.24	0.003
海上参与项目	3.62	3.41	0.21	0.005
旅游气候	4.01	3.77	0.24	0.002
旅游安全状况	4.59	4.36	0.23	0.000
异域文化	3.63	3.41	0.21	0.013

昆明市民与北京市民，对影响滨海旅游目的地选择行为的"旅游景区/景点吸引力"、"旅游宣传促销"、"旅游价格"、"旅游资讯"、"旅游距离"等5项因子重要性看法一致，而其他11项因子的重要性看法存在明显差异，见表3.33。

表3.33　昆明市民与北京市民滨海旅游目的地选择影响因素的差异

评价因子	昆明平均值（I）	北京平均值（J）	平均差值（I-J）	显著性水平
旅游景区配套设施	4.09	3.92	0.17	0.025
旅游地居民好客程度	3.89	3.55	0.33	0.000
海水洁净	4.57	4.15	0.42	0.000
旅游地从业人员诚信	4.60	4.13	0.47	0.000
旅游交通	4.30	4.01	0.29	0.000

续表

评价因子	昆明平均值（I）	北京平均值（J）	平均差值（I-J）	显著性水平
海鲜美食	3.84	3.64	0.20	0.025
旅游服务质量	4.50	4.16	0.34	0.000
海上参与项目	3.62	3.44	0.18	0.047
旅游气候	4.01	3.68	0.33	0.000
旅游安全状况	4.59	4.42	0.23	0.026
异域文化	3.63	3.42	0.21	0.019

长沙市民与北京市民，对影响滨海旅游目的地选择行为的"旅游景区配套设施"、"旅游宣传促销"、"海水洁净"、"旅游交通"、"海鲜美食"、"旅游资讯"、"海上参与项目"、"旅游气候"、"旅游地安全状况"、"旅游距离"等10项因子重要性看法一致，而其他6项因子的重要性看法存在明显差异，见表3.34。

表3.34　长沙市民与北京市民滨海旅游目的地选择影响因素的差异

评价因子	长沙平均值（I）	北京平均值（J）	平均差值（I-J）	显著性水平
旅游景区/景点吸引力	4.08	4.33	0.25	0.002
旅游地居民好客程度	3.77	3.55	0.22	0.008
旅游地从业人员诚信	4.35	4.13	0.22	0.006
旅游价格	3.63	3.80	-0.17	0.033
旅游服务质量	4.39	4.16	0.23	0.001

人口统计细分是将市场按年龄、性别、家庭规模、婚姻状况、收入、教育、信仰等为依据划分不同的群体。由于人口统计变量较其他变量更容易衡量和区分，它与消费者的欲望、偏好、文化习惯及产品使用频度等都有密切联系。对潜在旅游者的调查显示，受访者男性占47.1%，女性占52.9%，不同性别的潜在旅游者对影响滨海旅游目的地选择行为的"旅游景区配套设施"、"旅游宣传促销"、"旅游地居民的好客程度"、"海鲜美食"、"旅游价格"、"旅游资讯"等6项因子重要性看法一致，而其他10项因子的重要性看法则存在明显差异，见表3.35。

表 3.35 男性与女性滨海旅游目的地选择影响因素的差异

评价因子	男性平均值（I）	女性平均值（J）	平均差值（I-J）	显著性水平
旅游景区/景点吸引力	4.14	4.34	-0.20	0.004
海水洁净	4.23	4.39	-0.16	0.007
旅游地从业人员诚信	4.26	4.48	-0.22	0.000
旅游交通	4.03	4.20	-0.17	0.004
旅游资讯	3.36	3.64	-0.28	0.000
海上参与项目	3.41	3.55	-0.14	0.034
旅游气候	3.71	3.94	-0.23	0.000
旅游安全状况	4.32	4.56	-0.24	0.000
旅游距离	3.19	3.41	-0.22	0.000
异域文化	3.35	3.60	-0.25	0.001

从年龄的角度看，青少年年轻、活泼，喜欢刺激、新颖的产品，消费水平低，发展前景好；中年市场比较理智，人数多，潜力大，商务旅游居多，消费水平高，逗留时间较短，两类市场对老年市场有较强的示范作用。受访者中年龄在24岁以下的占45.3%，年龄在25～44岁的占43.6%，青少年、中年潜在旅游者对影响滨海旅游目的地选择行为的"旅游宣传促销"、"旅游地居民好客程度"、"旅游地从业人员诚信"、"旅游气候"、"旅游地安全状况"、"异域文化"等6项因子重要性看法存在明显差异，而其他10项因子的重要性看法不存在明显差异，见表3.36。

表 3.36 青少年与中年人滨海旅游目的地选择影响因素的差异

评价因子	青少年平均值（I）	中年平均值（J）	平均差值（I-J）	显著性水平
旅游宣传促销	3.09	3.28	-0.19	0.021
旅游地居民好客程度	3.83	3.66	0.17	0.020
旅游地从业人员诚信	4.49	4.32	0.17	0.007
旅游气候	3.62	3.46	0.16	0.028
旅游地安全状况	3.94	3.77	0.17	0.013
异域文化	3.60	3.41	0.19	0.020

由于旅游是具有审美性质的高层次消费活动，因此消费者受教育程度与职业特征直接影响到旅游需求的程度、层次、类型与内容。一般受教育程度越高，旅游需求层次越高、品位越高。职业特征对旅游需求的时机、类型影响较大，教师、学生群体一般只能利用寒暑假旅游，管理人员、技术人员和商务人员多属公务旅游和商务旅游。收入、职业与受教育程度往往相互关联，管理人员大多受过高等教育，收入也较高，喜欢旅游，且具有较多公务旅游的机会。综合收入、职业与受教育程度三方面的因素，往往形成社会地位的差异，形成不同的社会阶层，其中社会阶层的划分多以收入为基础，职业为代表，受教育程度作为参考。高中（中专）与专科学历群体、中专（高中）与本科及以上学历、专科与本科以上学历的群体进行对比研究，上述16项影响潜在旅游者滨海旅游目的地选择行为的因子中，群体间仅在少数因子重要性评价方法存在显著差异，表现为学历低的对旅游价格相对敏感，但对旅游景区/景点吸引力重要性看法明显低于高学历群体。不同职业群体的潜在旅游者对比研究发现，群体间仅在少数因子重要性评价方法存在显著差异，如企事业管理人员与专业技术/文教人员相比，仅对宣传促销的重要性看法存在差异，前者认为宣传促销相对重要。相对而言，不同经济收入的群体对影响滨海旅游目的地选择行为的因子的看法差异主要表现在：低收入者大多认为旅游交通相对重要。

7. 潜在旅游者与旅游者滨海旅游目的地选择行为对比研究

（1）研究滨海旅游目的地选择行为的现实意义。国内外学者以目的地的选择为核心，对旅游者的旅游决策过程及其影响因素进行了大量研究。国外学者尝试建立消费者行为模型的方法研究旅游者的决策行为。安迪森提出的消费者行为模型强调消费者决策制定过程中信息和消费者态度的重要性。克朗普顿模型是基于外部因素、内部因素和认知构成三个系列的变量进行决策评价。莫迪荷模型分为决策前及决策制定过程、购后评价和未来决策制定三个阶段。梅奥和贾维斯共同提出的"旅游者购买决策模型"中，将决策的相关影响因素归纳为角色和家庭、参照群体、社会阶层以及文化和亚文化群体四个主要方面。总的来讲，旅游者购买决策模型很少或几乎没有经过实际经验的检验，并且几乎没有提出什么证据来表明决策到底是怎样进行的,且绝大多数模型由北美、澳大利亚和北欧国家的学者提出,很少反映出目前我国市场上旅游者购买行为的本质特点。国内研究包括,卞显红(2003)认为,旅游者目的地选择的影响因素包括:费用与时间、旅游价格、消费者偏爱、质量、信息与广告、新旅游目的地。王显成(2006)认为,影响旅游者目的地选择的主要因素包括:旅游动机、旅游目的地形象、旅游产品的价格、新旅游目的地的替代影响。姚艳虹(2006)借鉴消费者计划行为理论,构建了一个旅游目的地选择模型,认为意向、情境、旅游群体是旅游者目的地选择的基本影响要素;态度、主观规则和主观感知对意向产生重要影响;目的地形象、旅游经历、动机等因素是最直接的影响要素。不论是国内还是国际研究,均表明影响旅游者目的地选择行为的因素错综复杂。

从潜在旅游者到旅游者,旅游者最后决定购买一项旅游产品的决策是一个复杂过程的结果。这是多种因素的结果,这些因素与旅游者和作用在他们身上的外界因素有关。潜在旅游者在自身、旅游客源地、旅游目的地等因素的综合影响下,有可能将其行为意向转化为旅游行动,而成为真正的旅游者。显然,通过了解和掌握影响个体旅游者购买行为的一般规律,通过完善旅游目的地相关工作,减少目的地对潜在旅游者的障碍,有利于促进潜在旅游者采取旅游行动。

(2)潜在旅游者与旅游者滨海旅游目的地选择影响因素对比分析。对影响潜在旅游者和旅游者滨海旅游目的地选择行为的16个因子进行的重要性排序看,"旅游地安全状况"、"旅游地居民好客程度"在潜在旅游者和旅游者的重要性地位基本一致外,其余因子重要性地位有一定差异。从潜在旅游者转变为旅游者时,重要性地位相对降低的因子为:"旅游景区/景点吸引力"、"旅游景区配套设施"、"旅游地从业人员诚信"、"旅游交通"、"旅游价格"、"旅游服务质量"、"旅游资讯"、"旅游距离"等8项,重要性地位相对上升的因子为:"旅游宣传促销"、"海水洁净"、"海鲜美食"、"海上参与项目"、"旅游气候"、"异域文化"。

对影响潜在旅游者和旅游者滨海旅游目的地选择行为的16个因子进行重要性认知差异性分析,在显著性水平为0.05,发现潜在旅游者与旅游者在"旅游景区/景点吸引力"、"旅游宣传促销"、"海水洁净"、"旅游地从业人员诚信"、"旅游交通"、"旅游价格"、"旅游服务质量"、"旅游气候"、"旅游地安全状况"等9项因子的重要性看法存在显著差异,见表3.37。相对而言,旅游者更关注"旅游宣传促销"、"旅游价格",而潜在旅游者更关注旅游景区吸引力、海水洁净程度、旅游地从业人员诚信、旅游交通、旅游服务质量、旅游气候、旅游地安全状况。即潜在旅游者对滨海旅游目的地要求相对较高。

表3.37 潜在旅游者与旅游者滨海旅游目的地选择因素对比分析

影响因子	平均值		平均差值	显著性水平	排序		重要变化趋势
	潜在	现实			潜在	现实	
旅游景区/景点吸引力	4.23	3.97	0.26	0.000	5	6	降低
旅游景区配套设施	3.93	3.89	0.04	0.431	7	8	降低
旅游宣传促销	3.19	3.39	-0.20	0.000	16	14-15	上升
旅游地居民好客程度	3.75	3.80	-0.05	0.286	8-9	9	基本持平
海水洁净	4.31	4.16	0.15	0.001	4	2	上升
旅游地从业人员诚信	4.37	4.10	0.27	0.000	2	3	下降
旅游交通	4.12	3.92	0.20	0.000	6	7	下降
海鲜美食	3.66	3.67	-0.01	0.881	11	10	上升
旅游价格	3.75	3.39	0.36	0.000	9-10	14-15	下降
旅游服务质量	4.36	4.00	0.36	0.000	3	5	下降
旅游资讯	3.50	3.47	0.03	0.424	12	13	下降
海上参与项目	3.49	3.56	-0.07	0.101	13	11	上升
旅游气候	3.82	4.03	-0.21	0.000	8	4	上升
旅游地安全状况	4.45	4.28	0.17	0.000	1	1	持平
旅游距离	3.31	3.37	-0.06	0.173	15	16	下降
异域文化	3.48	3.49	-0.01	0.942	14	12	上升

由此可以看出,对众多滨海旅游目的地选择过程中,潜在旅游者更加看重滨海旅游目的地整体形象,而旅游者对个体直接感知的因素要求高。在某一滨海旅游目的地要在众多的滨海旅游目的地中成为潜在旅游者选择的对象,必须重点围绕旅游景区建设、提高旅游服务质量、营造安全的旅游目的地等方面做好工作。

（3）潜在旅游者与旅游者滨海旅游目的地选择行为对比分析。凭借良好的资源优势和广西旅游业"对接东盟"机遇，广西滨海旅游产品将不断升级完善，广西的客源市场将逐步从广西区内为主，拓展为广西区内与区外齐头并进。潜在旅游者滨海旅游行为意向在一定程度上将影响其滨海旅游行为。

对广西滨海旅游者行为与以昆明、长沙、北京市民滨海旅游行为意向比较，见表3.38。结果表明：广西滨海旅游者的组织形式将从以散客为主，逐步转变为以散客和团队旅游并重的局面；度假休闲旅游是广西滨海旅游发展方向，传统观光旅游仍将占相当的市场份额；广西比较有特色的山水风光、滨海风光、民俗风情、城市风貌、边关风情、宗教圣地中，潜在旅游者和旅游者的偏好并无太大差别，两群体对民俗风情、城市风貌、边关风情、宗教圣地的偏好程度大体一致，而潜在旅游者对广西的山水风光最感兴趣，其次是滨海风光，现实旅游者则对滨海风光最感兴趣；广西滨海旅游者的停留时间将逐渐延长；潜在旅游者通过网络、亲朋推荐、电视、报刊、旅游指南收集潜在滨海旅游目的地信息，而主要通过亲朋推荐决定滨海旅游目的地。

表3.38　潜在旅游者滨海旅游行为意向与旅游者滨海行为对比

项目	指标	潜在	现实	项目	指标	潜在	现实
旅游组织形式	旅游团	43.0	17.7	滨海旅游类型(复选)	观光	37.9	39.9
	散客	57.0	82.3		度假休闲	57.0	51.2
滨海旅游理想时间花费	1~2天	2.4	58.5		会议	3.3	1.4
	3~4天	19.7	16.4		商务/公务	2.8	3.4
	5~7天	58.2	12.3		探亲访友	2.5	4.1
	8天及以上	19.7	12.7		其他	2.7	4.1
喜欢的旅游资源类型	山水风光	70.1	58.6	信息获取方式（复选）	网络	57.7	19.7
	滨海风光	65.9	72.2		电视	42.6	27.8
	民俗风情	42.3	34.8		广播	13.2	5.2
	城市风貌	25.1	23.2		报刊	39.7	14.9
	边关风情	23.1	20.8		亲朋推荐	51.7	49.1
	宗教圣地	18.9	11.5		旅游指南	33.2	15.7
					旅行社	18.0	8.3

（4）从潜在旅游者到旅游者：拓展广西滨海旅游市场的建议：

◆北部湾（广西）滨海旅游功能定位应向度假休闲型目的地转变。

旅游度假休闲地旅游功能相对独立完整的旅游区，需要完善的食、住、行、游、购、娱等旅游配套设施。北部湾（广西）滨海旅游资源开发利用程度较低，目前主要是直接利用海水、沙滩、阳光，陆上和水上娱乐项目比较缺乏。滨海旅游产品结构单一，旅游活动内容单调，已成为制约北部湾（广西）滨海度假休闲市场发展的主要障碍。北部湾（广西）滨海要从观光型旅游目的地转变为度假休闲型旅游目的地，需要对全区的滨海旅游进行统筹规划，有计划地改造现成的滨海旅游景区或开发有度假潜力的新景区。鉴于目前大众游客的度假消费意识刚刚苏醒，对度假旅游的理解和认识还大多停留在西方游客的行为示范层面，度假市场尚未成形，与度假相关的各类旅游产品开发也正处于探索和试错阶段，北部湾（广西）滨海旅游在向度假休闲型旅游目的地转变的需要做好市场调研，滨海旅游景区的建设应从度假休闲旅游者的需求出发，通过营造良好的环境满足旅游者的生理需求，以满足旅游者心理需要为服务和设施规划的出发点，以提升旅游体验为指导满足旅游者的心灵追求。

◆实施滨海风光与山水风光、滨海风光与民俗风情的联合推广。

风情八桂，山水广西，作为居住着壮、汉、瑶、苗、侗、仫佬、毛南、回、彝、京、水和仡佬等12个民族的自治区，广西具有特色浓郁的民族风情，且作为著名的岩溶省，处处都有峻峭的山峰、娟秀的江水、瑰丽的岩洞、奇异的风光。北海、钦州、防城港是北部湾的三个滨海城市，风光旖旎，有多姿多彩的自然景色，悠久而众多的人文景观，目前形成了海滨旅游、森林旅游、民族风情旅游、边境旅游四位一体的旅游特色。"滨海风光＋山水风光"、"滨海风光＋民俗风情"是城市居民认可程度较高的资源组合，但目前联合推广还十分有限，在旅行社推荐的线路中也难觅踪影，应在北海、钦州、防城港构成的滨海旅游区开发上述组合的旅游线路，并适当将上述组合扩大到广西区内。滨海旅游区内山水风光较好的有集雄、奇、幽、秀、野、古为一体的十万大山国家森林公园、泉潭、瀑布景观及稀有砂页岩山涧地貌景观为一体的八寨沟，特有的民俗风情包括拥有"唱哈"、竹竿舞、独弦琴的京族风情及至今仍保留着古老、纯朴的民族风情的瑶族风情，将上述山水风光、民俗风情与滨海风光形式旅游线路后向打算在滨海停留时间较长的市民推荐，滨海旅游区外的联合以"桂林山水+滨海风光"为主。

◆提高滨海旅游服务质量，扩大口碑的正面宣传效应。

旅游服务质量是旅游业的生命线，加强旅游服务质量管理，是提高旅游业社会效益、经济效益的基本途径。滨海旅游服务质量子系统至少应包括吃、住、行、游、购、娱相关行业和部门的服务质量。目前我国旅游法不健全，现有的旅游行政法规均集中在对旅行社的管理上，缺乏可操作性的服务质量管理法规，地方旅游行政管理部门虽也致力于服务质量管理，但依法治旅，监督规范旅游市场的力度远远达不到行业的需要。从市民期望在广西滨海旅游花费的时间看，昆明、长沙、北京等中长距离客源地的市民到广西滨海旅游的时间将集中在"黄金周"和"小黄金周"。我国多年"黄金周"旅游实践均显示市民的旅游的需求旺盛，而旅游供给相对稳定，造成旅游服务质量得不到保证甚至下降。另外，市民的旅游目的地选择行为受亲朋好友推荐的影响大，潜在客源地拥有广西滨海旅游经历的旅游者，其对北部湾（广西）滨海旅游服务质量的评价将影响潜在旅游者行为。因此，加强滨海旅游服务质量管理，尤其是保障"黄金周"的旅游服务质量，对潜在客源市场开拓意义重大。

◆采用多种信息传播渠道，扩大北部湾（广西）滨海旅游的知名度。

北部湾（广西）滨海旅游区除北海银滩有较高的知名度外，北海的其他旅游景区及钦州、防城港的景区知名度低，需要通过网络、电视、报刊、旅游指南等多种信息传播渠道，扩大北部湾（广西）滨海旅游目的地的知名度。调查发现，潜在旅游者利用网络收集旅游信息最常见，北部湾（广西）滨海旅游应采用网络，从方便潜在旅游者角度出发，提供丰富的旅游资讯，降低潜在旅游者购买风险，以促成潜在旅游者决策，实现营销滨海旅游的目标。在利用网络营销的同时，还应针对潜在旅游者的特点，采用其他信息传播渠道，以加深旅游信息对潜在旅游者中的影响。

第七节 结论

一、北部湾（广西）滨海旅游市场分析结论

（1）从总量上看，北部湾（广西）滨海旅游客流量大，且增长迅速，2011年已达12617.74万人次。北海在北部湾（广西）滨海业中处于领先地位，其在滨海三城市中国内旅游者市场占有率最高，2011年占到52.38%；钦州和防城港市游客规模偏小，且钦州的入境游客总体规模亦偏小，到2011年才仅有3.56万人次。

（2）广西滨海核心目标市场是区内各市，国内各省区是广西旅游基本目标市场。城镇居民的外出旅游在国内旅游市场中一直占据着主导地位，无论从出游率还是消费水平方面衡量都是如此。沿海三市拥有优良的海滩、洁净的海水以及优美的海湾，滨海旅游已成为区内旅游热点，选择在周末及小假期到滨海进行观光休闲的游客将持续增长，区内旅游者规模将不断扩大。北部湾（广西）滨海旅游区域依托旅行距离短、交通条件便利等优势，区内游客是最重要的客源市场。北部湾（广西）滨海旅游资源丰富、区位优势突出，既沿边又沿海，具有令人羡慕的边关风情、滨海风光和民俗文化，与桂林的山水风光形成资源优势互补，对国内各省区旅游者具有不同寻常的吸引力。

（3）广西滨海入境市场中，以越南和港、澳、台地区为核心目标市场，俄罗斯及马来西亚、泰国、新加坡、菲律宾等东盟国家是基本目标市场，日韩与欧美等国家都是具有巨大潜力的客源市场。

（4）自从1999年国务院采用新休假制度后，国内旅游市场初步形成了春节、五一、十一三个出游量集中的旅游"黄金周"。"黄金周"旅游"井喷"现象比较明显，游客数量近几年均保持稳定增长的趋势，旅游者以自驾车游为主，停留时间较短。

二、北部湾（广西）滨海旅游者调查研究结论

（1）广西滨海旅游者以区内游客为主，其中南宁是广西滨海最大的客源市场，区外游客分布广泛，大部分旅游者以一个滨海旅游城市为目的地，另有部分旅游者向区内及区外其他旅游区流动。

（2）旅游者在选择滨海旅游目的地时，从滨海旅游景区角度来看，旅游景区服务质量、旅游景区/景点吸引力是最关心的因素，比较关心旅游景区配套设施，而对旅游宣传促销、旅游价格的关注较少；从滨海旅游环境角度看，旅游目的地安全状况、从业人员的诚信程度、旅游气候是影响出游的重要因素，旅游地居民的好客程度、旅游交通是影响选择的较重要因素，而滨海旅游目的地跟客源地距离、旅游资讯对出游影响较小；从滨海旅游体验角度看，滨海旅游目的地洁净的海水对旅游者有巨大的吸引力，而目的地的海鲜美食、海上参与类项目、旅游客源地与旅游目的地文化差异对旅游者的吸引力有限。

（3）从抽样旅游者对北部湾（广西）滨海旅游目的地所做工作的评价来看，北部湾（广西）滨海旅游的优势表现在：旅游交通便利、旅游地安全状况较好、旅游者感觉客源地距旅游目的地距离较近、旅游景区/景点吸引力大；北部湾（广西）滨海旅游的相对劣势为：海上参与娱乐项目少、海水不干净、旅游价格不合理、旅游地没有体现出地方文化特色。

（4）要塑造旅游者满意的北部湾（广西）滨海旅游目的地，广西滨海城市应做好景区管理工作，优化旅游环境，并完善和增加滨海旅游体验项目。在资源有限的情况下，应优先完善景区配套设施，治理海水污染，提高旅游服务质量。

三、北部湾（广西）滨海潜在旅游者调查研究结论

（1）对昆明、长沙、北京居民进行抽样调查发现，潜在旅游者在选择滨海旅游时，选择北部湾（广西）滨海的比例较低，广西滨海旅游面临海南、大连、青岛、北戴河等滨海旅游目的地的强势竞争。

（2）昆明、长沙、北京居民具备比较强烈的滨海旅游意愿，且出

游时间、出游资金均有一定的保障，滨海旅游市场广阔，广西滨海在客源开拓方面具有较大的空间。

（3）对众多滨海旅游目的地选择过程中，潜在旅游者更加看重滨海旅游目的地整体形象，而旅游者对个体直接感知的因素要求高。

（4）为满足潜在旅游者的旅游需求，对广西滨海旅游功能进行重新定位，广西区内旅游景区联动宣传促销、扩大北部湾（广西）滨海旅游知名度，是推广北部湾（广西）滨海旅游需采取的行动。

第四章

北部湾（广西）滨海旅游资源评价分析

第一节 滨海旅游资源（景点）的评价原则和方法

一、北部湾（广西）滨海旅游资源（景点）评价的相关范围界定

1. 地域范围界定

北部湾（广西）滨海三市即广西滨海北海、钦州、防城港的滨海区域，包括近岸腹地和岸线以外的近海海域和岛屿，一般是指岸线向陆10km，向海为5m等深线以内。在旅游资源（景点）评价中，考虑到旅游资源本身的自然外延的完整性，在资源调查和评价过程中，对滨海范围在以上界定下灵活把握。

2. 对旅游资源的界定

本研究的旅游资源具有几方面含义：

（1）具有一定的开发深度，但还具有进一步开发潜力的旅游源（资景点）：

第一种情况是，一些资源（景点），有些只开发了自然资源，或者只开发了资源的自然方面，而忽视了人文资源或者资源的人文方面优势。

第二种情况是，还有些景点或资源具有开发新的旅游业态或与其他产业交叉结合的潜能，如休闲渔业、工业旅游等。

第三种情况是，与国内发达地区，或者国际上同类景点或资源相比，在开发上深度还不够，还有继续深度开发的空间。

（2）低度开发的旅游资源或（景点）。这类景点只是做了低度的开发，基础设施和接待设施不完善，游客量较少，进一步开发的潜力空间大。

（3）未被发现或未被开发的资源。这类资源，由于远离市场或者地处偏远，没有被发现，或者发现后没有被开发。这类旅游资源，随着社会的发展，旅游经济的繁荣，逐渐将被开发。

综上所述，北部湾（广西）滨海地区，决定部分已开发的旅游资源（景点）都具有深度开发的空间，不论从市场需求潜力、环境容量和景区容量上来说都有进一步开发的空间，所以，都可列为第一类或者第二类。另外北部湾（广西）滨海岸线绵长，自然秀丽、人文荟萃，有许多的旅游资源还处于旅游开发的视线之外，可以列入第三类。所有这些旅游资源，都可以看作为北部湾（广西）滨海旅游资源。

二、评价的依据

本研究参照以下标准：

《旅游资源分类、调查与评价（GB/T 18972－2003）》，中华人民共和国国家标准，中华人民共和国国家质量监督检验检疫总局发布。

《滨海湿地旅游资源分类、调查与评价（DB35/T750－2007）》，福建省地方标准福建省质量技术监督局。

《环境空气质量标准（GB 3095－1996）》，中华人民共和国环境保护部。

《城市区域环境噪声标准（GB 3096－93）》，（代替 GB 3096－82、GB 11339－89）。

《中华人民共和国地表水环境质量标准（GB3838－2002）》，国家环境保护总局。

《游泳场所卫生标准（GB9667－1996）》，中华人民共和国国家标准（代替 GB9667－88）。

《海水水质标准（GB 3097－1997）》，中华人民共和国国家标准。

《景观娱乐用水水质标准1991》，中华人民共和国国家标准，国家环境保护局。

《水利风景区评价标准（SL 300—2004）》，中华人民共和国水利行业标准。

三、评价的目的

1. 指导的目的

通过对滨海旅游资源的综合调查，对调查内容（数据和各种资料）进行综合的、系统的、科学的分析和鉴定，以确定北部湾（广西）滨海旅游资源的品位、级别及其科学价值和开发价值。在对旅游地资源的各种调查数据和资料进行分析的基础上，对北部湾（广西）滨海旅游资源作出的评价结论，直接对今后的旅游开发作出指导作用。

2. 规划的目的

通过对区域旅游资源的综合评价，为合理利用资源，发挥资源整体宏观效应提供经验，为确定旅游资源开发顺序、步骤和重点等宏观规划研究提供理论依据，为制定旅游发展规划奠定基础。

3. 开发的目的

通过对滨海旅游资源的特色、种类、组合、结构、价值等的评价，确定旅游资源的质量水平，评估其在旅游地开发建设中的地位，在宏观规划的指导下，为新旅游区具体旅游资源的开发方向和专项旅游建设项目提供依据，为已经开发或部分开发的旅游区提供深化、改造、扩大等基础研究工作。

4. 管理的目的

通过对滨海旅游资源的质量、规模、水平的鉴定，确定旅游地性质（类型），为旅游资源的分级管理提供系列资料。依次确定出具有世界级、有国际意义的旅游资源地，国家级、省级和地方级的旅游资源管理级别。

四、评价原则

1. 两层次评价原则

在滨海旅游资源评价过程中，为了克服以往评价中没有和旅游资源开发周期结合起来的问题，本次评价将旅游资源的开发评价分为两个层次：一是旅游资源本身所具有的开发价值；二是旅游资源开发的潜力，即潜在性评价。在第一方面评价中，依据一般旅游资源的评价方法，按照定性与定量相结合，技术评价与一般性评价相结合，显性吸引力与隐性吸引力评价相结合的方法进行评价；在第二方面评价中，将旅游资源按照开发潜力（或已开发程度）分为三类，按照其开发潜力进行分级评价，如图4.1所示。

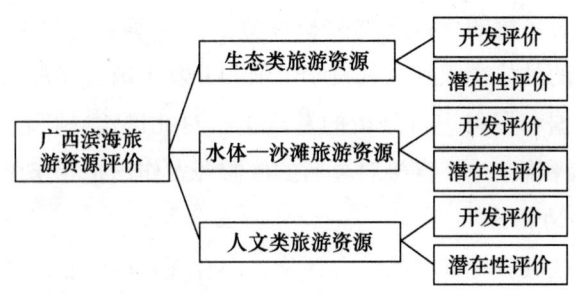

图4.1　滨海旅游资源（景点）评价体系

2. 科学原则

指评价时要有科学的态度，符合客观科学标准。该原则要求充分运用地学、美学、历史学、统计学等多方面的理论和知识。对旅游资源的形成、本质、属性、价值等核心内容，作出科学的解释和评价。旅游资源是客观存在的事物，其特点、价值表现、内涵和功能等也是客观存在的，评价时应从实际出发，实事求是地进行如实的科学的评价。既不任意扩大，也不缩小，应做到客观、恰如其分。

构建评价指标体系是复杂的系统工程，体系具有层次性，由目标层和指标层构成，在评价子层以下可以允许支持不同的因子，能全面、科学地反映旅游资源的各个侧面的基本特点。所以评价因子要包括资源特色、数量、规模等，也要包括资源所处的区位、环境、客源市场、基础设施状况等开发条件，以准确地反映生态旅游资源的整体价值。

旅游资源评价时，在旅游共性的基础上充分考虑不同旅游资源的差异，进行分类评价，将旅游资源分为自然旅游资源（本评价为了突出其生态效能，按照滨海生态旅游资源进行评价）、人文旅游资源。另外，为了突出滨海沙滩——水体类旅游资源，将其单列为一类旅游资源进行评价。这样既考虑到不同类型旅游资源的差异，同时也考虑到旅游资源开发的需要，对具有很好开发前景和在区域内比较重要的旅游资源进行重点评价。

3. 可量化原则

建立在定量化基础上的指标体系一般具有科学性和可操作性，因此要求定性指标可以间接量化，定量指标直接量化。旅游资源的评价方法发展到目前已经渐成体系，在评价时，应尽可能减少主观色彩、个性色彩，尽可能实际、系统全面地评价，故要求尽量定量或半定量地评价，本评价中对北部湾（广西）滨海旅游资源的评价采用模糊数学的方法和灰理论的方法，运用白化函数对旅游资源评价指标进行统计，以精确地完成评价。

4. 综合效益原则

资源评价是为旅游开发服务，开发利用是为了获得包括社会、生态与经济等方面的综合效益。北部湾（广西）滨海旅游资源的开发，本着综合效益的原则，一方面为经济和社会发展服务，另一方面充分考虑本区滨海生态的可持续发展，在滨海旅游资源评价中，邀请了滨海生态方面的权威单位和专家（红树林研究中心及其专家），一起完成滨海旅游资源，特别是滨海生态旅游资源的调查和评价。在对旅游资源的开发价值评价的同时，更注重了其生态的可持续性和保护性。这确保将生态环境保护作为旅游发展的前提条件和根本宗旨，在发展经济的同时，能保住北部湾（广西）滨海这一方碧水蓝天。因此，我们在做生态旅游价值的评价中，邀请了滨海生态的权威专家，对滨海生态旅游资源的环境胁迫及生态特点进行了评估。

五、相关研究方法介绍

1. 相关理论介绍

（1）模糊数学理论。20世纪50年代以来，旅游资源评价一直就是地理、环境、经济、社会等学科领域研究的一个重点问题。70年代起随着模糊数学的发展，国外对旅游资源评价的研究走向定量化。模糊数学法是由美国控制论专家查德（L. A. Zadeh）于1965年创立，是一门运用数学方法研究和处理具有"模糊性"现象的数学，是将定性问题定量化的有力工具。把模糊数学方法引入旅游资源的定量评价中，能更好地适应旅游资源评价——这种针对人类体验和审美判断的客观模糊性特征。

（2）层次分析理论AHP（Analytic Hierarchy Process）。这是美国著名运筹学家赛蒂教授于20世纪70年代提出的一种系统分析方法，其基本思路是先按问题要求建立起一个递阶层次结构（即模型树）。然后通过因素的相对重要性，给出相应的权重，构建上层某因素对下层相关因素的判断矩阵，以确定相关因素对上层因素的相对重要序列。

（3）视觉质量评价理论。对视觉质量评价研究人员采用揭示偏好法（RAP，Revealed Preference Approach），并用数值来表示景观的偏好程度。由于选取的数值标准不一样，评价的结果难以进行分析。在研究结果的分析上，一般采用定性与定量分析相结合。定性分析主要是利用社会学和心理学研究成果，从人类进化过程出发，用人类的进化过程及功能需求来解释视觉质量的评价结果。为使评价结果具有普遍指导意义，研究人员从不同的侧面寻找决定视觉质量的关键影响因子，通过多元回归分析，建立数学预测模型。就预测的模型看，基本上是将视觉影响因子和景观视觉质量看作是简单的线性或对数关系。为此，Hammrtt在预测模型的分析中引入意象过程和视觉表达等因子，增加预测模型的可信度和适用性。

（4）旅游资源货币价值评价理论。旅游资源货币价值理论主要是成本效益分析理论（CBA，Cost – Benefit Analysis），其思想源于Julse Dupuit提出的"消费者剩余"的概念和John Kutillal提出的"舒适性资源的经济价值理论"，特别是提出了舒适性资源的"唯一性"、"真实性"、"不确定性"、"不可逆"等重要概念，这为旅游资源的货币价值评价奠定了坚实的理论基础。20世纪70年代以后，随着福利经济学对消费者剩余、机会成本、非市场化商品与环境等公共产品价值的思考，旅游资源货币价值评价逐步形成理论体系。70年代后期到80年代，旅行费用法（TCA，Trvael cost Approach）在旅游资源货币价值评价中得到广泛应用。90年代以来，条件价值法（CVM，Contingent valuation Method）在旅游资源货币价值评价中的运用等。

2. 旅游资源评价一般方法

我国自20世纪70年代末部分学者开始投身旅游研究，在吸收国外相关研究成果的基础上，在旅游资源的分类、美学评价、适宜性技术评价等方面的研究获得较大进展。80年代以来，我国一些学者如魏小安、保继刚（1988），楚义芳（1996），俞孔坚（1989）等在定量技术方面也进行了尝试与探索，并取得了一些进展。国内旅游资源评价也经历了定性评价、技术性的单要素定量评价和旅游资源综合评价的历程。

（1）定性评价。定性评价也叫经验性评价，一般采用定性描述的方法。美感质量评价是专业性地对旅游资源美学价值的评价，康德的美学"四个契机"（moments）奠定了现代旅游资源视觉质量评价的理论基础（Lothinan，1999）。这类评价一般是基于对旅游者或旅游专家体验性评价基础上进行深入分析，其评价结果具有可比性。其中有关自然风景视觉质量评价较为成熟，已发展成为四个公认的学派，即专家学派、心理物理学派、认知学派或心理学派、经验学派或现象学派（郡志武等，2003）。

我国学者在美感质量评价基础上完善了评价体系，其中影响较大、方法较成熟的有卢云亭（1988）的"三、三、六"评价体系和黄辉实的"六字七标准"评价法。"三、三、六"评价体系即"三大价值"、"三大效益"、"六大开发条件"。"三大价值"指旅游资源的历史文化价值、艺术观赏价值、科学考察价值；"三大效益"指旅游资源开发之后的经济效益、社会效益、环境效益；"六大开发条件"指旅游资源所在地的地理位置和交通条件、景象地域组合条件、旅游环境容量、旅游客源市场、投资能力、施工难易程度等六个方面。

黄辉实提出，从资源本身和资源所处环境两个方面对旅游资源进行评价。对旅游资源本身的评价采用以下六字七标准：美，旅游资源给人的美感；古，有悠久的历史；名，具有名声或与名人有关的事物；特，特有的、别处没有的或少见的稀缺资源；奇，给人新奇之感；用，有应用价值。对旅游资源所处环境采用季节性、环境污染状况、与其他旅游资源之间的联系性、可进入性、基础结构、社会经济环境、客源市场等七项标准进行评价。

(2) 资源要素适宜性定量评价。资源要素适宜性定量评价是评价者在评价旅游资源时，集中考虑某些典型而又关键的因子，这些关键因子对于从事特定旅游活动进行技术性的适宜或优劣评判。这种评价对于开展专项旅游活动如登山、滑雪、游泳等非常适用。针对不同的评价对象，现在较为成熟的方法有气候的适宜性评价，刘继韩（1989）利用特吉旺提出的舒适指数和风效指数评价了秦皇岛的旅游气候。

3. 本研究拟采用的方法

本研究的方法采用定性和定量相结合。在照顾到旅游这一体验经济特殊性，即评价过程中的一些属性为体验性属性，定性判断成分较为重要，在充分考虑到旅游资源的体验性的同时，为了评价结果的准确性，尽量将定性的属性定量化，将定量和定性很好地结合。

(1) 北部湾（广西）滨海旅游资源（景点）的开发评价。首先根据专家访谈和文献研究，参照相关国家标准和地方标准，结合北部湾（广西）滨海旅游资源特点，制定北部湾（广西）滨海旅游资源（景点）的分类和评价标准。如在旅游资源评价指标设立上，总体参照《旅游资源分类、调查与评价（GB/T 18972 - 2003）》（中华人民共和国国家标准，中华人民共和国国家质量监督检验检疫总局发布）、《滨海湿地旅游资源分类、调查与评价（DB35/T750 - 2007）》（福建省地方标准、福建省质量技术监督局）等国家和地方标准；在具体指标及其指数设置上如空气质量、噪声、水体质量等参照相关部门的国家标准如：《环境空气质量标准（GB 3095 - 1996）》（中华人民共和国环境保护部）、《城市区域环境噪声标准（GB 3096 - 93）》（代替 GB 3096 - 82、GB 11339 - 89）、《中华人民共和国地表水环境质量标准（GB3838 - 2002）》（国家环境保护总局）、《游泳场所卫生标准（GB9667 - 1996）》（中华人民共和国国家标准（代替 GB9667 - 88））、《海水水质标准（GB 3097 - 1997）》（中华人民共和国国家标准）、《景观娱乐用水水质标准1991》（中华人民共和国国家标准，国家环境保护局）、《水利风景区评价标准（SL 300 - 2004）》（中华人民共和国水利行业标准）等。

然后在总体评价框架下，在调查人员培训和试调查以后，进行实地外业调查和观测，以及专家访谈和行业内调查，建立北部湾（广西）滨海旅游资源评价数据库。

指标的观测调查分两部分。

一部分为客观数据。在这一部分的数据采集上，尽量运用客观、科学的方法，如对单体的规模、建筑面积或占地面积、水体清洁度、空气质量、沙滩走向、坡度、沙子的粒度、有机质含量、海滨休闲水体的浪高、流速、水温、水质以及其他有关环境、气候、生物等指标采用仪器观测结合相关历史测量数据进行评价。为了便于评价，将测量数值和国家或国际的相关标准进行对照分为5级或者4级（如国家大气质量标准只有4级）。

另一部分为主观数据。因为旅游的体验经济特性，一些评价指标的设定和观测，必须要运用一些主观的方法，纯粹客观的方法还不成熟，也不科学，目前所用的所谓客观一点的方法也是建立在主观之上的，如心理物理方法等。所以在如旅游资源的观赏价值、旅游资源的优美度、奇异华美度等指标数据的采集上，针对这些必须用感性方法才能获得的主观评价指标，采用灰色系统理论的灰色统计方法，运用白化方程，将各专家的评价指标进行统计分析，最大限度地消除个人主观因素在评价过程中的影响。

在对旅游资源评价时，为了突出滨海旅游资源评价的特点，将北部湾（广西）滨海旅游资源分为三类，即滨海生态类旅游资源、滨海水体沙滩类旅游资源和滨海人文历史类旅游资源。评价的具体的技术流程，如图4.2所示。

（2）北部湾（广西）滨海旅游资源（景点）的评价。在北部湾（广西）滨海旅游资源评价过程中，将旅游资源分为三类：①具有一定的开发深度，但还具有进一步开发潜力的旅游资源（景点）；②低度开发的旅游资源（景点）；③未被发现或未被开发的资源。针对其开发潜力，设计新业态扩展潜力、规模扩展潜力、深度开发潜力和原生开发潜力四个指标，采用外业调查数据采集和专家打分结合，评价旅游资源的大小。

◆新业态扩展潜力：具有很强的新的旅游业态开发能力如休闲渔业、港口工业旅游、生态旅游、海上高端运动休闲等。

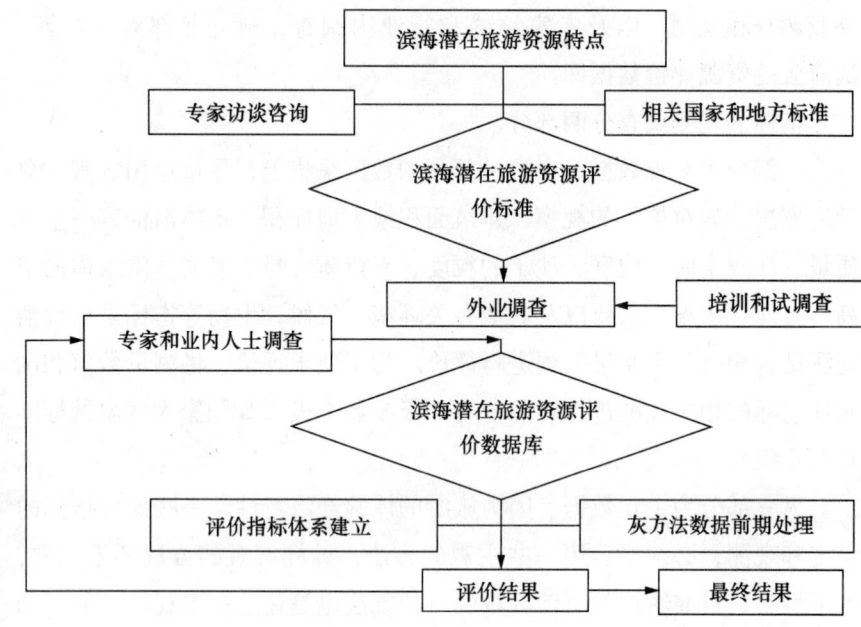

图 4.2　北部湾（广西）滨海旅游资源评价技术路线

◆规模扩展潜力：虽然在某些方面进行了开发，但开发规模小，有进一步扩大规模的潜力，如北海的银滩、防城港的大坪坡、天堂滩、金滩等，虽然有些进行了一定的开发，但开发规模远远没有达到其环境容量、生态容量、经济容量和社会容量，有进一步扩大规模的能力。

◆深度开发潜力：虽然有一些开发，或一定程度的开发，但旅游资源利用饱和度不够，只是利用了旅游资源的某些方面，或某些属性，没有充分利用其他方面的潜力，如金滩，目前的开发仅仅是滨海浴场，沙滩休闲，而民族文化风情，民族传统文化等方面没有很好地挖掘和开发，在开发深度上具有很大的潜力。

◆原生开发潜力：旅游资源刚被发现尚未开发利用，或者仅仅是吸引一些初期探索型游客，没有接待设施或者接待设施贫乏，由于尚未开发利用，而具有的广阔的开发潜力，称为原生开发潜力。

4. 灰理论与白化方程介绍

由于本评价运用到灰理论的白化方程，特意介绍。

(1) 简介。所谓"灰色"是形容信息量的多少。"黑色"表示信息缺乏,"白色"表示信息充足,"灰色"是介于两者之间。部分信息已知、部分信息未知的系统统称为"灰色系统"。灰色系统是大量存在的,采用灰色系统的分析方法(例如本文所用的灰色统计)与常用的数理统计方法(如回归分析、方差分析等)相比,其优点是:要求样本量少;不要求样本有较好的分布规律;计算工作量少;不会出现量化结果与定性分析结果不符的情况;也就是灰色系统方法能够将定量和定性结合起来,较好地反映客观规律。

例如:滨海路旅游资源单体的"整体情况"由形态和代表形象醒目程度(5分)[注:分值越高代表等级越高],奇异华美程度(5分)和装饰艺术特色(5分)组成。这三者的得分相加便得到"整体情况"的评分。问题在于有些"度"容易区分,有些"度"则很难确切打分。比如,"知名度":世界(4分),全国(3分),省内(2分),本地(1分),一般说比较容易打分。而"形态和代表形象醒目程度":高(5分),较高(4分),一般(3分),较低(2分),低(1分),高与很高的界限就很模糊了,不同专家可能给不同的分。如将若干位专家给出的分用算术平均取值,得到的小数点很难取舍,而且不能反映整个专家组的意见。这就是专家学派评价方法可靠性与灵敏性较差的主要原因之一。本书所采用的灰色系统分析方法,将提高其可靠性与灵敏性。

(2) 白化函数设计。在专家对每个因素评价的基础上,分成两大步骤,即专家评价的灰色统计和资源单体的层次分析。

专家评价的灰色统计:

有5位专家对组成"资源单体的整体状况"的形态和代表形象醒目程度、奇异华美程度和装饰艺术特色打分。

如下列矩阵所示。

第一步:给出决策量白化数矩阵 D_{ij}

形态和代表形象醒目程度	奇异华美程度	装饰艺术特色	
4	3	3	
(d_{11})	(d_{12})	(d_{13})	专家1
4	3	4	

(d21) 4	(d22) 4	(d23) 4	专家2
(d31) 4	(d32) 3	(d33) 4	专家3
(d41) 4	(d42) 2	(d43) 2	专家4
(d51)	(d52)	(d53)	专家5

第二步：给出灰类

灰1类：$\otimes_1$为5分（高）；灰2类：$\otimes_2$为4分（较高）；灰3类：$\otimes_3$为3分（一般）；灰4类：$\otimes_4$为2分（较低）；$\otimes_5$为1分（低）

然后对$\otimes_1$，$\otimes_2$，$\otimes_3$，$\otimes_4$，$\otimes_5$给出白化函数，如图4.3所示。

第三步：求决策系数 n_{ij}

设各个决策群体的人数均为1，则有：

$N_1 = N_2 = N_3 = N_4 = N_5 = N_s = 1$。决策系数：

$$n_{11} = \sum_{i=1}^{5} f(d_{i1}) N_i \quad 公式1 \quad 决策系数计算公式$$

表示5位专家给奇异华美程度的评分对高类$\otimes_1$归纳的综合系数，对于本例：

$$n_{11} = f_1(3) + f_1(3) + f_1(4) + f_1(3) + f_1(2)$$
$$= 0.6 + 0.6 + 0.8 + 0.6 + 0.4 = 3$$

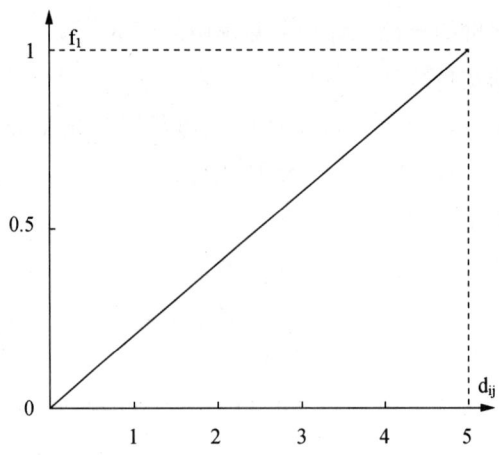

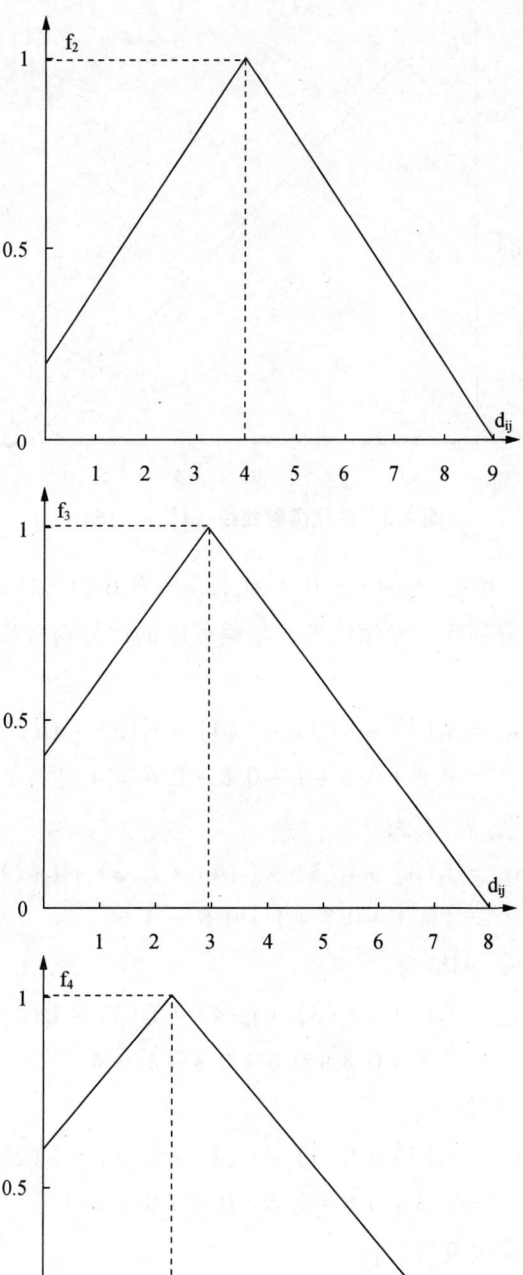

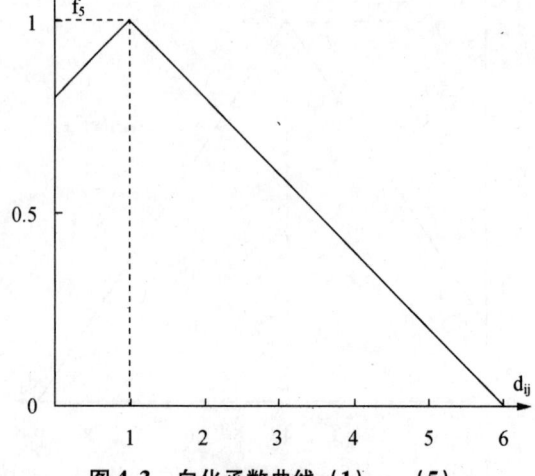

图 4.3 白化函数曲线（1）～（5）

由（图1）可见，$f_1(4) = 0.8$，$f_1(3) = 0.6$，$f_1(2) = 0.4$

同样，可得到5位专家给奇异华美程度的评分对较高类$\otimes_2$归纳的综合系数：

$$n_{12} = f_2(3) + f_2(3) + f_2(4) + f_2(3) + f_2(2)$$
$$= 0.8 + 0.8 + 1 + 0.8 + 0.6 = 4$$

对一般类$\otimes_3$归纳为：

$$n_{13} = f_3(3) + f_3(3) + f_3(4) + f_3(3) + f_3(2)$$
$$= 1 + 1 + 0.8 + 1 + 0.8 = 4.6$$

对较低类$\otimes_4$归纳为：

$$n_{14} = f_4(3) + f_4(3) + f_4(4) + f_4(3) + f_4(2)$$
$$= 0.8 + 0.8 + 0.6 + 0.8 + 1 = 4$$

对低类$\otimes_5$归纳为：

$$n_{15} = f_5(3) + f_5(3) + f_5(4) + f_5(3) + f_5(2)$$
$$= 0.6 + 0.6 + 0.4 + 0.6 + 0.8 = 3$$

第四步：求决策权：γ_{ij}

$$n_1 = \sum_{i=1}^{5} n_{1j} = 3 + 4 + 4.6 + 4 + 3 = 18.6$$

形态和代表形象醒目程度按"高"灰类统计的权：

$$\gamma_{11} = n_{11}/n_1 = 3/18.6 = 0.1613$$

形态和代表形象醒目程度按"较高"、"一般"、"较低"、"低"灰类统计的权分别为：$\gamma_{12} = n_{12}/n_1 = 4/18.6 = 0.2151$
$$\gamma_{13} = n_{13}/n_1 = 4.6/18.6 = 0.2473$$
$$\gamma_{14} = n_{14}/n_1 = 4/18.6 = 0.2151$$
$$\gamma_{15} = n_{15}/n_1 = 3/18.6 = 0.1613$$

第五步：构造决策矩阵

形态和代表形象醒目程度的决策行为：

$$\gamma_1 = (\gamma_{11}, \gamma_{12}, \gamma_{13}, \gamma_{14}, \gamma_{15})$$
$$= (0.1613, 0.2151, 0.2473, 0.2151, 0.1613)$$
$$\quad\quad\text{高}\quad\text{较高}\quad\text{一般}\quad\text{较低}\quad\text{低}$$

第六步：确定类别

因为 γ_{13} 大于 γ_{11}，γ_{12}，γ_{14}，γ_{15}，所以形态和代表形象醒目程度应选为"3"分。

仿此，可以构造出形态和代表形象醒目程度和装饰艺术特色的决策行为：

$$\gamma_2 = (0.2222, 0.2778, 0.2222, 0.1667, 0.1111)$$
$$\gamma_3 = (0.1868, 0.2418, 0.2308, 0.1978, 0.1429)$$

可见，代表形象醒目程度和装饰艺术特色分别应取 4 分和 4 分。

（3）判断矩阵设计。层次分析法（AHP 决策分析方法）最早是由美国运筹学家 A. L. Saaty 提出的，在国内应用这一研究方法的领域很广泛。它是一种定性与定量相结合的决策分析方法。运用这种方法，决策者通过将复杂问题分解为若干层次和若干因素，在各因素之间进行简单的比较和计算，就可以得到不同方案重要性程度的权重，为最佳方案的选择提供依据。

运用层次分析法的基本过程如下：

◆建立层次结构模型。

要求将问题所含的要素进行分组，把每一组作为一个层次，按照最高层（目标层）、若干中间层（准则层）以及最低层（对象层）的形式排列起来，见图4.4。

◆构造判断矩阵。

建立以上的分析层次后,逐层逐项进行两两比较,利用专家评分法比较它们的优劣,构造判断矩阵。

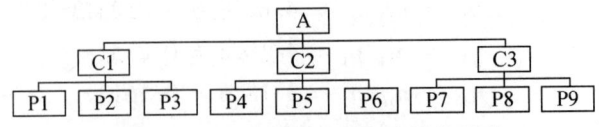

图 4.4　AHP 决策分析法层次结构示意

$$B = \begin{matrix} b_{11}b_{12}b_{13}\cdots b_{1n} \\ b_{21}b_{22}b_{23}\cdots b_{2n} \\ \cdots\cdots\cdots\cdots\cdots \\ b_{n1}\cdots\cdots\cdots b_{nn} \end{matrix}$$

$$b_{ij} = B_i/B_j \qquad 公式2\quad 判断矩阵$$

b_{ij} 表示针对上一层次中的某元素而言,评定该层次中各有关元素 B_i 对 B_j 相对重要性的判断值。

◆计算判断矩阵的特征根和特征向量。

$$M_i = \prod_{j=1}^{n} b_{ij}(i = 1,2,\cdots,n)$$

$$\overline{W_i} = \sqrt[n]{M_i}(i = 1,2,\cdots,11)$$

$$W_i = \overline{W_i}/\sum_{i=1}^{n}\overline{W_i}(i = 1,2,\cdots,n)$$

$$W = [W_1, W_2, W_3, \cdots, W_n]^T$$

公式3　判断矩阵的特征根和特征向量计算

即为所求的特征向量,它的分量 W_i 就是对应元素单排序的权重值。

◆层次总排序。

利用同一层次中所有层次单排序的结果,就可以计算针对上一层次而言的本层次所有元素的重要性权重值,这就称为层次总排序。如上一层次所有元素 $A_1, A_2, \cdots, A_m$ 的层次总排序已经完成,其权重值分别为 $a_1, a_2, \cdots, a_m$;与 A_j 对应的本层次元素 $B_1, B_2, \cdots, B_n$ 的层次单排序的权重结果为 $[b_1^j, b_2^j, \cdots, b_n^j]^T$,那么 B 层次的总排序结果为

$$\sum_{j=1}^{m}a_jb_1^j, \sum_{j=1}^{m}a_jb_2^j, \cdots, \sum_{j=1}^{m}a_jb_n^j,\text{ 显然},\sum_{i=1}^{n}\sum_{j=1}^{m}a_jb_i^j = 1 \text{ 即层次总排序为归}$$

一化的正规向量。

◆一致性检验。

为评价层次总排序的计算结果的一致性如何，需要计算与单排序类似的检验量。CI 为层次总排序一致性指标；RI 为层次总排序平均随机一致性指标；CR 为层次总排序随机一致性比例。它们的表达式分别为：

$$CI = \sum_{i=1}^{m} a_i CI_i$$

式中，CI_i 为与 a_i 对应的 B 层次中判断矩阵的一致性指标。

$$RI = \sum_{i=1}^{m} a_i RI_i$$

式中，RI_i 为与 a_i 对应的 B 层次中判断矩阵的平均随机一致性指标。

$$CR = CI/RI \quad 公式4 \quad 一致性检验公式$$

同样当 CR ≤ 0.10 时，认为层次总排序的计算结果具有满意的一致性。

◆计算评价结果。

◆排序。

按照评价结果的大小分为 4 级即：世界级、国家级、省区级和地方级，利用连续数值转化为不连续等级序数值公式：

$$3 \times \frac{评价结果值 - 最小评价值}{最大评价值 - 最小评价值} + 1$$

公式5　排序转换公式

得出旅游资源的评价结构排序。

本研究过程中对于调查资料的统计，均采用上述方法处理，以提高最终结果的精度，使定量和定性很好地结合起来，科学准确地得到评价的结果。

第二节　滨海旅游资源（景点）分类

一、北部湾（广西）滨海旅游资源（景点）分类

旅游资源分类与评价是开展旅游资源普查、制定旅游发展规划和确定旅游开发项目重点的主要依据。2003 年 5 月国家推出了《旅游资源

分类、调查与评价（GB/T 18972－2003）》。此国标依据旅游资源的性状，即现存状况、形态、特性、特征来划分旅游资源，分为"主类"、"亚类"、"基本类型"3个层次，共有8个主类、31个亚类、155个基本类型。2007年7月福建省发布了《滨海湿地旅游资源分类、调查与评价（DB35/T750－2007）》，本标准依据滨海湿地旅游资源的现存状况、形态、特性、特征来划分8个主类、32个亚类、171个基本类型。

北部湾（广西）滨海地区的滨海旅游资源类型多样，各具特色。依据《旅游资源分类、调查与评价（GB/T 18972－2003）》及《滨海湿地旅游资源分类、调查与评价（DB35/T750－2007）》，结合北部湾（广西）滨海地区的滨海旅游资源的实际作出北部湾（广西）滨海旅游资源基本分类表。此表列出基本类型中具有代表性的旅游资源。

结合上述两个国家和地方旅游资源的分类标准将北部湾（广西）滨海旅游资源分为8个主类（景观类），24个亚类（景观组），61个基本类（景观型）。具体如表4.1所示。

表4.1 北部湾（广西）滨海旅游资源（景点）分类

景观类	景观组	景观（型）	代表性旅游资源
A 地文景观	AA 综合地人文旅游地	AAA 岩石性海岸型旅游地	怪石滩、五彩滩、三娘湾
		AAB 沙滩砾石型海岸旅游地	银滩、大坪坡、金滩、玉石滩、天堂滩、侨港沙滩
		AAC 滩涂型海岸旅游地	红树林
	AB 山石堆积与蚀余景观	ABA 奇特与象形山石	涠洲岛滴水丹屏
		ABB 岩壁与陡崖	涠洲岛鳄鱼火山公园海蚀崖
		ABC 海蚀地貌	涠洲岛海蚀崖、海蚀平台、海蚀洞、海蚀柱、岩滩
	AC 自然变动遗迹	ACA 火山与熔岩	涠洲岛南湾火山口、横路山火山口
		ACB 自然变动遗迹	涠洲岛火山口遗迹，东兴南国雪原、山口红树林火山口遗迹
	AD 岛礁	ADA 岛区	涠洲岛、斜阳岛、蝴蝶岛
		ADB 岩礁	涠洲岛珊瑚暗礁
		ADC 综合岛礁区	三娘湾

续表

景观类	景观组	景观（型）	代表性旅游资源
B 水域风光	BA 综合水域旅游地	BAA 永久性浅海水域	各海湾浅海水域
		BAB 河口水域	各河流入海口
		BAC 海域	滨海及岛屿外围
	BB 天然湖泊与池沼	BBA 水库湖区区段	星岛湖旅游度假区
		BBB 海岸淡水湖	相思湖
	BC 波浪与潮汐	BCA 击浪现象	斜阳岛逍遥台
		BCB 涌潮现象	三娘湾大潮
C 生物景观	CA 树木	CAA 沿海生态、防护林	防城港企沙箭山村滨海植物、青山头木麻黄海防林、光坡南亚松林
		CAB 独树、丛树	榕树头
		CAC 红树林湿地	山口红树林、大冠沙城市红树林、廉州湾湿地红树林、茅尾海湿地红松林、鱼洲坪城市红树林、巫头红树林、北仑河口红树林等
	CB 野生动物栖息地	CBA 水生动物、鸟类栖息地	三娘湾白海豚栖息地、巫头万鹤山鹭鸟栖息地、企沙盐田港火山岛鹭鸟栖息地、合浦沙田儒艮自然保护区
		CBB 珊瑚礁	涠洲岛海滩珊瑚礁
		CBC 游憩性渔猎地	各沿海、海岛垂钓区域
		CBD 滨海湿地	北仑河口湿地、茅尾海湿地、廉州湾湿地等
	CC 人工增养殖地	CCA 滨海人工增养殖地	北海竹林盐场与海水养殖、白龙珍珠养殖等
D 天象气象与特殊景象	DA 天气与气候现象	DAA 避暑与避寒气候地	银滩、金滩等旅游度假区
E 遗址遗迹	EA 史前人类活动场所	EAA 文化层	交东贝丘遗址、马栏基贝丘遗址

续表

景观类	景观组	景观（型）	代表性旅游资源
E 遗址遗迹	EB 社会经济文化活动遗址遗迹	EBA 废弃宗教、文化、经贸场所	防城港白龙珍珠城、北海德国领事馆、北海英国领事馆、北海双孖搂、北海法国领事馆、北海老街、北海近代海关、北海普渡震宫、涠洲岛圣母堂、天主教堂、大士阁、东兴观音寺、万尾哈亭、巫头哈亭、京族文化风情园
		EBB 废弃设防交通水工设施	潭蓬古运河
		EBC 事件发生地、军事与战场遗址	防城港白龙炮台、乌雷炮台、蝴蝶岭、斜阳岛羊咩洞、冠头岭炮台
F 景观建筑	FA 观光游憩地个别区段	FAA 宗教礼仪、文化场所	仙岛公园、八寨沟、银滩、三娘湾、斜阳岛、蝴蝶岛、涠洲岛、金滩、怪石滩、大平坡、玉石滩、天堂滩
		FAB 园林、景观建筑	刘永福、冯子才故居等
		FAC 动物与植物展示地	山口红树林中心
		FAD 景物观赏点、港口观光地	大冠沙红树林监测站
		FAE 社会与商贸活动场所	东兴中越边贸
	FB 单体场馆	FBA 殿堂厅室	东兴海关大楼
		FBB 展示演示场馆	涠洲岛地质博物馆、鳄鱼火山公园
		FBC 主题公园	北海海洋公园
	FC 附属建筑与建筑小品	FCA 塔、楼阁、牌坊、台、阙、廊、亭、榭、表、舫等	文昌塔、东坡亭、天涯海角亭
		FCB 摩崖字画、雕塑、碑碣（林）	东兴大清钦州界碑、北仑河口大清钦州界碑、仙岛公园孙中山铜像、边陲明珠标志、公路零起点标志
		FCC 广场、喷泉、假山	涠洲岛主标志广场
	FD 城址和军事工程	FDA 城（堡）垣	合浦白龙珍珠城遗址
		FDB 军事设施	白龙炮台

续表

景观类	景观组	景观（型）	代表性旅游资源
F 景观建筑	FE 归葬地	FEA 墓（群）	合浦汉墓
	FF 交通建筑	FFA 桥	西湾大桥、北仑河大桥
		FFB 港口、航空港	川江深水码头、防城港工业码头、竹山港、侨港、企沙港、白龙珍珠港
	FG 水工建筑	FGA 水井	东坡井、寇井
		FGB 堤坝段落	北仑河口长堤、滨海长堤—虾堤夜景、滨海路、东兴滨河路
G 旅游商品与购物场所	GA 地方旅游商品	GAA 菜系肴馔	海鲜食品
		GAB 饮料食品	钦州黄瓜皮、涠洲岛木菠萝
		GAC 药材补品	海产品
		GAD 传统手工与工艺品	合浦珍珠、钦州坭兴陶艺
	GB 购物场所	GBA 特色街区、店铺	北海老街
		GBB 特色市场、商品街、传统墟市	企沙港渔市、涠洲岛海产品市场
		GBC 渔排购物地	企沙镇
H 人文活动	HA 人事记录	HAA 人物	刘永福、冯子才、苏东坡、陈济棠
		HAB 事件	万鹤山
		HAC 民间传说	珠还合浦、三娘湾传说等
	HB 艺术	HBA 艺术创作	三娘湾
		HBB 民间演艺活动	哈节

二、北部湾（广西）滨海旅游资源（景点）总体概况

在对北部湾（广西）滨海旅游资源（景点）评价过程中，在按照国家标准的同时，考虑到北部湾（广西）滨海旅游资源开发评价的适用性，同一个地理区域的旅游资源，如岛屿、河口区域等小区域，其本身具有独立性，其具有自身的生态演化的特征，为一完整的生态系统。在评价过程中，对于处于同一个小的地理区域内，在自然生态和文化上具有紧密联系的旅游资源，如海岛、河口区等，区内含有不同类型的旅游资源，如涠洲岛，岛上既有自然类旅游资源也有人文类旅游资源，为

了今后开发的考虑,将其作为一个旅游资源集合体进行评价。在分类上以其代表性的旅游资源作为其类型,如涠洲岛是作为海岛类生态旅游资源进行评价的,而北仑河口是作为河口——滨海湿地型生态类旅游资源进行评价的。为此,在上述国家标准的分类基础上,对北部湾(广西)滨海旅游资源的分类进行组合和合并。具体如表4.2所示。

表4.2　北部湾(广西)滨海旅游资源(景点)类型组合

代表类型	组合类型	资源名称
滨海水体沙滩类旅游资源	水体沙滩——民俗风情组合型	东兴江平万尾金滩旅游度假区
	水体沙滩——城市风光组合	北海银滩旅游度假区、北海侨港城市沙滩
	水体沙滩——自然生态组合型	涠洲岛石螺口和西海岸沙滩、麻蓝岛沙滩、三娘湾沙滩(含三娘湾大潮)、天堂滩—蝴蝶岛沙滩、月亮湾沙滩、大平坡沙滩、玉石滩沙滩
滨海生态类旅游资源	滨海红树林湿地类生态旅游资源	北仑河口红树林、鱼洲坪城市红树林、茅尾海红树林、廉州湾红树林、大冠沙城市红树林、山口红树林
	滨海陆地植物类生态旅游资源	巫头滨海植被、榕树头滨海植被、冠头岭国家森林公园、企沙籁山村滨海植物、防城港光坡亚松林
	珍稀野生动物栖息地类生态旅游资源	防城港巫头万鹤山鹭鸟栖息地、企沙盐田港火山岛鹭鸟栖息地、合浦沙田儒艮栖息地、三娘湾海域的中华白海豚栖息地
	滨海岛屿类生态旅游资源	涠洲岛、斜阳岛、龙门群岛、麻蓝岛、六墩岛、蝴蝶岛
人文旅游资源	文物古迹	合浦古汉墓群、文昌塔、东坡亭、白龙珍珠城遗址、冯子材故居和墓、刘永福故居和墓、北海近代建筑群
	史前遗迹	防城港交东贝丘遗址、马兰基贝丘遗址
	边疆要塞与地标	白龙炮台、乌雷炮台、大清钦州界碑、中国海岸线零起点、中国公路零起点地标
	民俗风情	疍家、具有地方特色的客家和我国唯一的海洋民族京族等
	滨海港口工业旅游与城市风光	钦州港临海工业\港口码头、防城港港口码头\工业基地游览区

1. 滨海水体—沙滩休闲旅游资源（景点）

北部湾（广西）滨海海岸线长1595km，其中大陆岸线长1020km，岛屿近100座，岛屿岸线长461km，沙质海岸线长，可供进行海水浴的海滩众多。小的可供数百人戏水，大的可建大型的海上休闲旅游场所。滨海—水体沙滩旅游资源大多数地处南亚热带，属季风型海洋性气候，冬无严寒，夏无酷暑，可供入水游泳时间达9个月，且滨海环境质量较好，空气中负离子含量多，空气清新，可开发成为度假疗养区。北部湾（广西）滨海水体—沙滩类旅游资源包括已开辟成浴场的海滩和已有一定游人但未开辟成浴场的海滩。北部湾主要的滨海水体—沙滩旅游资源有：银滩、侨港、三娘湾、天堂滩、大平坡、玉石滩、怪石滩、月亮湾、金滩及涠洲岛西部海岸，其中的三娘湾沙滩附近的海域更是有大潮景观，是北部湾（广西）滨海水体沙滩类旅游资源中的最大亮点。从整个北部湾的滨海旅游资源来看，滨海水体—沙滩类旅游资源是其中的精华和主体。

2. 滨海生态旅游资源（景点）

北部湾沿海地区地处南亚热带，属季风型海洋性气候，形成具有地带性特点的滨海植物群落，并成为各种动物适宜的栖息地。沿海防护林带主要以木麻黄为主要树种。在陆缘与海缘的潮间带，形成红树林湿地生态系统。北部湾（广西）滨海生态旅游资源主要有：滨海红树林湿地生态旅游资源、滨海生态林、滨海动物栖息地及相关保护区、滨海海岛生态旅游资源。

（1）红树林类生态旅游资源。红松林在北部湾海岸广有分布，从两广交界的山口红树林到中越交界的北仑河口，其中比较著名的有山口红树林、北海大冠沙城市红树林、廉州湾湿地红树林、茅尾海湿地红树林、防城港渔洲坪城市红树林、巫头湿地红树林、北仑河口海洋自然保护区红树林等。红树林湿地生态系统具有极高的生态效益、经济效益、社会效益，是北部湾沿海地区重点保护和开发的生态旅游资源。

（2）滨海植物类生态旅游资源。在北部湾沿海还有一些具有当地特色的生态林可以作为生态旅游资源，如冠头岭国家森林公园、防城港企沙簕山村滨海植物、防城港光坡南亚松林、榕树头榕树林等滨海森林旅游资源。

（3）珍稀野生动物栖息类生态旅游资源。北部湾沿海地区海洋生物资源丰富，对旅游最具吸引力的有野生动物栖息地有防城港巫头万鹤山和企沙盐田港火山岛鹭鸟栖息地、合浦沙田儒艮栖息地、三娘湾海域的中华白海豚栖息地等。

（4）滨海岛屿类生态旅游资源。岛屿也是北部湾沿海重要的旅游资源，形成了独特的海岛生态系统，它是综合了各种自然资源旅游资源（或/和不同人文旅游资源）的不同类型旅游资源的单体集合体。北部湾沿海地区大大小小分布有近700座岛屿，其中一些岛屿蕴涵了丰富的生态旅游资源，对游客具有很大的吸引力。如涠洲岛、斜阳岛、龙门群岛、麻蓝岛、六墩岛、蝴蝶岛等滨海岛屿生态旅游资源。

3. 滨海人文旅游资源（景点）

（1）文物古迹。广西位于西南边陲，古代成为"百越之地"，其西南地区主要为西瓯、骆越人，少数民族主要是以壮侗语为主的少数民族，其中京族为广西独有的少数民族。本区很早就与中原具有不可分割的关系，在交流、发展中走向统一，构成多元一体的中华民族的重要组成部分，在交流和融合中形成了多元的文化。北部湾沿海地区分布有较多的人文古迹，是很有吸引力的旅游资源。合浦古汉墓群、文昌塔、东坡亭、白龙珍珠城遗址、冯子材故居和墓、刘永福故居和墓、北海近代建筑群、海上丝绸之路、胡志明小道等都是具有重要开发价值的旅游资源。

（2）史前遗迹。"贝丘"是考古界的一个专用术语，简单来说，因史前人类生产力不发达，尚未进入农耕社会，靠山吃山靠水吃水，在聚居地常常丢弃有食用过的贝类、蚌壳和其他生活物品，久而久之积少成堆，千万年后，这些古遗物被今人发现，便将之称为"贝丘"。贝丘遗址看似古人的"垃圾场"，实则蕴藏着丰富的古人类生活信息，具有重大考古研究价值。北部湾（广西）滨海贝丘遗址主要有：防城港交东贝丘遗址和防城港亚菩山、马兰嘴山、杯较山等贝丘遗址，这些遗址主要是滨海型贝丘遗址。

（3）边疆要塞与地标。白龙炮台、乌雷炮台、大清钦州界碑、中国海岸线零起点、中国公路零起点地标等。

（4）民俗风情。北部湾（广西）滨海也是少数民族风情浓郁的地区，有以海上为生的疍家、具有地方特色的客家和我国唯一的海洋民族京族等。京族在广西主要集中居住在东兴市，这里有独具京族特色的建筑哈亭、京族人民的传统歌节——哈节，京族人民热情好客、能歌善舞，能够吸引游人到此游玩、休闲。

（5）滨海港口工业旅游与城市风光。现代城市旅游是旅游热点之一。北海、钦州、防城港都是中国起步较晚，但发展较快的滨海城市。这些城市主要体现在现代化的工业景观如大规模的工业园区、临海工业、港口码头，在建的钢铁厂、核能发电厂等，可以作为城市旅游资源进行开发。

第三节 滨海生态类旅游资源（景点）开发评价

一、对北部湾（广西）滨海生态旅游资源（景点）的界定

目前关于生态旅游资源的概念存在三种主要看法：第一种认为生态旅游资源主要指自然生态的资源，开发利用主要是为了加强自然环境的保护，促进社区经济可持续发展，它包括森林公园、自然保护区、自然动植物园、风景名胜区等；第二种认为生态旅游资源指以自然或人文生态美吸引游客前来旅游，为旅游业所利用，在保护的前提下，能够实现环境优化组合、物质能量良性循环、经济和社会协调发展，具有较高观光、欣赏价值的生态旅游活动对象物；第三种认为生态旅游资源是指以生态美吸引游客前来进行生态旅游活动，为旅游业所利用，在保护的前提下，能够产生可持续的生态旅游综合效益的客体。

本书研究中采用第二种定义，即生态旅游资源指吸引游客前来进行生态旅游活动，为旅游业所利用，在生态保护的前提下，能够产生尽可能大的经济效益、社会效益的客体。它包括人类影响较小的纯自然环境、自然保护区和国家公园、没有受到工业化及城市化影响的原始而淳朴人文生态环境，即人类与环境长期和谐过程中形成的地域文化，以及

在人类积极影响下朝良性方向发展的自然生态环境等。

由于北部湾（广西）滨海旅游资源开发的程度相对较低，均合乎前面我们对旅游资源的定义，均为滨海生态类旅游资源。

二、北部湾（广西）滨海生态旅游资源（景点）评价指标体系

1. 评价原则

◆以海滨生态保护为前提，在评价中体现"保护性"和"可持续"。海滨生态旅游强调对海滨生态环境的保护，要从维护海滨生态系统的整体性出发，保护生态系统中的一切有机物和无机物，以保证生态系统的物质、能量循环的顺畅，使旅游活动对环境的影响最小化。只有将生态旅游保护思想融入海滨生态旅游开发实践中，加强对生态旅游活动和生态旅游地的生态管理，才能使生态旅游业真正走上可持续发展的轨道。

◆服务于当地经济发展，并促进海滨地带经济、社会与环境的协调发展。海滨生态旅游应"维系当地人民生活"，为社区谋利。鼓励当地人参与生态旅游，可为他们提供就业机会和经济收益，以减小他们对自然生态资源的依赖度，缓解环境保护的压力，实现经济效益、环境效益和社会效益的协调发展。协调海滨旅游开发与环境保护之间的关系，是海滨生态的核心内容，经济效益、环境效益和社会效益的协调发展，是海滨生态旅游的固有特征和显著标志。海滨生态旅游开发是为了解、体验、欣赏和研究海滨生态景观而开展的既体现认识和享受自然，又体现环境教育和社会参与功能，既有利于生态环境保护，又有利于促进可持续发展的旅游活动。

◆科学性原则。指评价时要有科学的态度，符合客观科学标准。该原则要求充分运用地学、美学、历史学、统计学等多方面的理论和知识。对旅游资源的形成、本质、属性、价值等核心内容，作出科学的解释和评价。

（1）北部湾（广西）滨海生态旅游资源（景点）评价指标体系的构建。构建滨海生态旅游资源评价体系时，首先筛选评价因素，构建分层评价体系，其次采用判断矩阵确定权重。

（2）北部湾（广西）滨海生态类旅游资源（景点）开发评价指标体系，如图4.5所示。

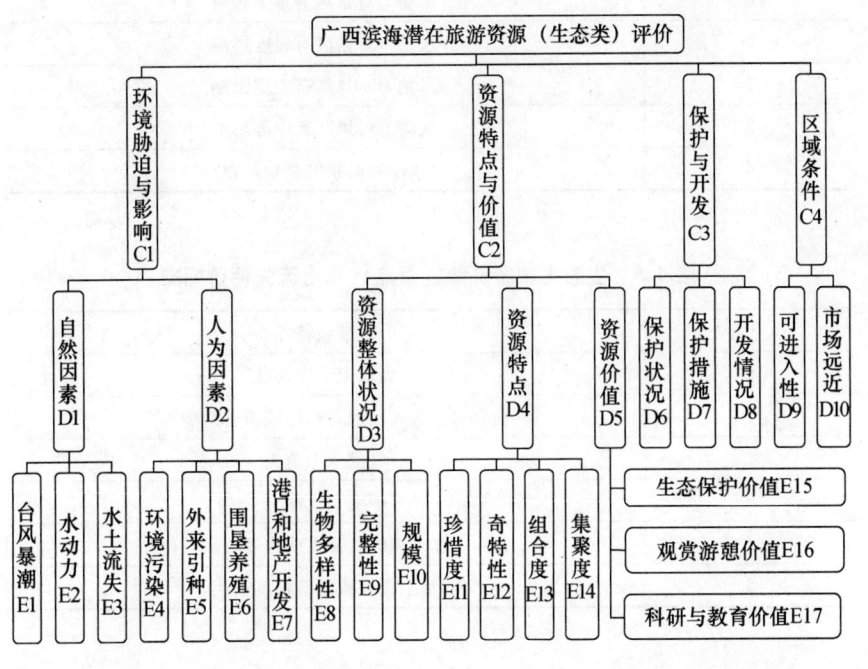

图4.5 北部湾（广西）滨海旅游资源（生态类）评价指标体系

（3）北部湾（广西）滨海生态类旅游资源（景点）开发评价标准，如表4.3~表4.19所示。

◆ 环境胁迫与影响

自然因素

表4.3 生态类旅游资源（景点）台风暴潮评价标准

台风暴潮等级	标准或特点（根据台风等级与暴潮的灾害性等级为标准）
0	基本不受台风暴潮的影响
1	该景区偶尔受轻度的台风暴潮影响
2	该景区受一定的台风暴潮影响
3	该景区受台风暴潮影响程度或频度较高
4	该景区受特大潮灾影响频度很高

表4.4 生态类旅游资源（景点）水动力评价标准

水动力	标准或特点（根据波浪的冲蚀程度）
0	水动力对景区基本无影响
1	水动力对景区有轻度影响
2	水动力对景区有一定影响
3	水动力对景区有中等影响
4	水动力对景区影响严重

表4.5 生态类旅游资源（景点）水土流失评价标准

水土流失	标准或特点
0	无水土流失现象
1	偶有水土流失，但对景区或资源影响不大
2	轻度水土流失
3	中度水土流失
4	水土流失较常见或程度较高
5	水土流失频繁且程度很高

人为因素

表4.6 生态类旅游资源（景点）环境污染评价标准

大气污染	标准或特点
0	无
1	大气轻度污染
2	大气中度污染
3	大气严重污染
水质污染	标准或特点
0	景区内水质完全无污染
1	景区内水质基本无污染
2	景区内水质受轻度污染
3	景区内水质受中度污染
4	景区内水质受较大污染
5	景区内水质受严重污染

表 4.7 生态类旅游资源（景点）外来种引入评价标准

外来种引入	标准或特点
0	完全为原生植被，无引种
1	保留大部分原生植被，个别种引种
2	保留部分原生植被，小部分引种
3	保留部分原生植被，部分引种
4	已无原生植被，部分引种
5	已无原生植被，完全引种

表 4.8 生态类旅游资源（景点）围海养殖评价标准

围海养殖	标准或特点
0	无围海养殖现象
1	个别海域进行围海养殖
2	小部分海域进行围海养殖
3	部分海域进行围海养殖
4	大部分海域进行围海养殖
5	全部海域进行围海养殖

表 4.9 生态类旅游资源（景点）内港口与地产开发评价标准

港口开发	标准或特点
0	港口开发程度很低
1	港口开发程度低
2	港口开发程度中等
3	港口开发程度高
4	港口开发程度较高
5	港口开发程度很高
房地产开发	标准或特点
0	基本上无房地产开发，保存良好的自然状态
1	房地产开发程度低
2	有一定房地产开发
3	房地产开发程度中等
4	房地产开发程度高
5	房地产开发程度非常高，自然化程度非常低

◆资源特点与价值

资源整体状况

表 4.10 生态类旅游资源（景点）生物多样性评价标准

生物多样性	标准或特点（水、空气、土壤、天然森林资源等）
0	生物多样性非常低，人为影响相当高
1	生物多样性很低
2	生物多样性低
3	生物多样性中等
4	生物多样性高
5	生物多样性非常高

表 4.11 生态类旅游资源（景点）完整性评价标准

完整性	标准或特点（旅游区保存程度）
0	资源受破坏或影响严重
1	资源受中等破坏或影响
2	资源受轻度破坏或影响
3	资源受一定保护，但完整性有一定的破坏
4	资源因受保护，基本未受破坏或影响
5	资源受很好保护，完整性很好

表 4.12 生态类旅游资源（景点）规模评价标准

规模	标准或特点
0	与同类资源景点相比，规模非常小
1	与同类资源景点相比，规模小
2	与同类资源景点相比，规模中等
3	与同类资源景点相比，规模较大
4	与同类资源景点相比，规模很大
5	与同类资源景点相比，规模非常大

资源特点

表4.13 生态类旅游资源（景点）珍稀度评价标准

珍稀度	标准或特点
0	无珍稀物种（自然景点）
1	有少量值得保护的物种
2	存在一定数量的保护物种，但保护级别较低
3	存在一定数量的保护物种，保护级别高
4	有数量较多的保护物种，保护级别较高
5	有数量较多的物种或非常珍稀的物种

表4.14 生态类旅游资源（景点）奇特性评价标准

奇特	标准或特点（与独特性相同）
0	景区内资源普遍属较常见类型，无奇特性可言
1	景区内偶见奇特资源
2	景区内少量资源属少见类型或奇特性中等
3	景区内某些资源属少见类型，奇特性强
4	景区内某些资源属较少见类型，奇特性较强
5	景区内某些资源属很少见类型，奇特性很强

表4.15 生态类旅游资源（景点）组合度评价标准

组合	标准或特点
0	邻近或周围无其他的旅游景点，旅游资源整合度很低
1	邻近或周围有个别旅游景点
2	邻近或周围有一些旅游景点
3	邻近或周围有出名的旅游景点，有一定的旅游资源整合度
4	邻近或周围有较出名或旅游潜力较大的旅游景点，旅游资源整合度较高
5	邻近或周围有很出名或旅游潜力很大，或数量较多的旅游景点，旅游资源整合度很高

表4.16 生态类旅游资源（景点）集聚度评价标准

集聚度	标准或特点
0	旅游资源分布分散，无明显集聚
1	旅游资源分布一般，集聚程度不明显

续表

集聚度	标准或特点
2	旅游资源分布相对集中，有一定集聚
3	旅游资源分布比较集中，相对集聚
4	旅游资源集中，集聚度好
5	旅游资源分布很集中，集聚度很高

资源价值

表 4.17　生态类旅游资源（景点）生态保存价值评价标准

保存	标准或特点（有无保存价值）
0	与同类资源景点相比，保存价值非常低
1	与同类资源景点相比，保存价值很低
2	与同类资源景点相比，保存价值低
3	与同类资源景点相比，保存价值高
4	与同类资源景点相比，保存价值很高
5	与同类资源景点相比，保存价值非常高

表 4.18　生态类旅游资源（景点）观赏与游憩价值评价标准

审美	标准或特点
0	观赏价值很低
1	观赏价值低
2	观赏价值一般
3	观赏价值较高
4	观赏价值高
5	观赏价值很高

表 4.19　生态类旅游资源（景点）科研与科普教育价值评价标准

科研教育	标准或特点
0	资源的科研教育价值很低
1	资源的科研教育价值低

续表

科研教育	标准或特点
2	资源具备一定的科研教育价值
3	资源的科研教育价值高
4	资源的科研教育价值很高
5	资源的科研教育价值非常高

2. 开发评价标准（如表4.20~表4.24所示）

表4.20 生态类旅游资源（景点）保护状况评价标准

保护状况	标准或特点
0	无保护，资源破坏严重
1	保护不力，资源明显破坏
2	保护一般，资源有部分破坏
3	保护比较好，资源未受明显破坏
4	保护好，资源得到较好保护
5	资源得到很好的保护

表4.21 生态类旅游资源（景点）保护措施评价标准

保护措施	标准或特点
0	无保护措施，处于无序状态
1	措施不完善，贯彻存在一定的困难
2	有一定保护措施，基本能正常保护
3	有保护措施，能贯彻执行，但未设立专门保护机构
4	有保护措施，设立了专门保护机构
5	有保护措施，设立了专门保护机构和科研机构

表4.22 生态类旅游资源（景点）开发状况评价标准

开发基础与潜力	标准或特点
0	休闲娱乐设施和场所很少或很差，且无开发潜力
1	休闲娱乐设施和场所少或者档次一般，且开发潜力低

续表

开发基础与潜力	标准或特点
2	休闲娱乐设施和场所少且档次一般,但具有一定开发潜力
3	有一定的休闲娱乐设施和场所或者具备一定开发潜力
4	有较好的休闲娱乐设施和场所或者具备较大开发潜力
5	有很好的休闲娱乐设施和场所或者具备很大开发潜力

区域条件

表4.23 生态类旅游资源(景点)可进入性评价标准

可进入性	标准或特点
0	乡村小路可入,交通很差,比较偏远
1	有石子路可入,远离干道
2	有油路可入,交通一般
3	有等级公路可入,交通方便
4	有高速路或铁路连接,交通顺畅
5	位于市区,交通便捷

表4.24 生态类旅游资源(景点)市场远近评价标准

与市场的远近	标准或特点
0	地处偏远,远离市场
1	离市场较远,只有少数探险型游客
2	离市场较远,有零散探索型游客
3	离市场较近,有固定游客市场
4	离市场很近,一般游客均能到达
5	位于市场中心,具有庞大的游客市场

3. 生态类旅游资源(景点)评价体系(如图4.6所示)

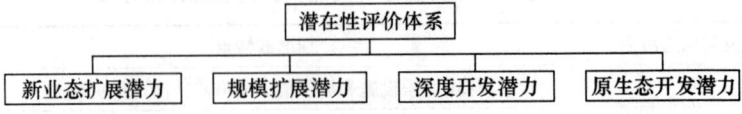

图4.6 北部湾(广西)滨海潜在旅游资源(景点)潜在性评价体系

4. 生态类旅游资源（景点）评价标准

有关新业态开发潜力、规模扩展潜力、深度开发潜力和原生开发潜力的界定在前面已经说明，这里不再赘述。

（1）生态类旅游资源（景点）新业态扩展潜力，如表4.25所示。

表4.25 新业态扩展潜力评价标准

新业态扩展潜力	标准或特点
1	资源属性单一，开展新业态旅游（生态、休闲渔业、工业旅游等）的能力小
2	资源属性相对单一，开展新业态旅游（生态、休闲渔业、工业旅游等）的能力较小
3	资源属性一般，开展新业态旅游能力（生态、休闲渔业、工业旅游等）一般
4	资源属性相对多样，开展新业态旅游能力（生态、休闲渔业、工业旅游等）较强
5	资源属性多样，开展新业态旅游能力（生态、休闲渔业、工业旅游等）强

（2）生态类旅游资源（景点）规模扩展潜力，如表4.26所示。

表4.26 规模扩展潜力评价标准

规模扩展潜力	标准或特点
1	旅游资源规模小，规模扩展能力有限
2	旅游资源规模比较小或利用率高，进一步扩展规模能力较小
3	旅游资源规模、利用率一般，进一步扩展规模的能力一般
4	旅游资源规模较大、利用率较低，进一步扩展规模的能力较强
5	旅游资源规模大、利用率低，进一步扩展规模的能力强

（3）生态类旅游资源（景点）深度开发潜力，如表4.27所示。

表4.27 深度开发潜力评价标准

深度开发潜力	标准或特点
1	旅游开发成熟,深度开发潜力有限
2	旅游开发比较成熟,深度开发潜力相对有限
3	旅游开发成熟度一般,深度开发潜力中等
4	旅游开发较程度较低,深度开发潜力较大
5	旅游开发程度低,深度开发潜力大

（4）生态类旅游资源（景点）原生开发潜力,如表4.28所示。

表4.28 原生开发潜力评价标准

原生开发潜力	标准或特点
1	资源规模小、品位低,原生开发潜力小
2	资源规模较小、品位较低,原生开发潜力较小
3	资源规模一般、品位中等,原生开发潜力一般
4	资源规模较大、品位较高,原生开发潜力较强
5	资源规模大、品位高,原生开发潜力强

三、数据资料收集和外业调查

北部湾（广西）滨海生态类旅游资源（景点）开发评价数据收集：

（1）属性数据的收集。经相关资料的查询与调查小组的充分讨论后,确定具体调查内容,并制定了相关调查表格,即滨海旅游区信息调查表、滨海植被调查表（包括表头、乔木层、灌木层、草本层）、海草群落调查表以及访谈信息表。此外,根据对37个景点旅游现状与潜力的认识,对其的调查重点也有所不同,分别分为A类景点、B类景点、C类景点。

A类景点：此类景点以现场调查为主。除了收集历史资料以外,对变化明显或具有代表性的植物群落进行样方（$100m^2$、$5m^2$、$1m^2$）调查,并对该地百姓进行采访以及拍照和摄像等等。此类景点共14个,占所有调查景点数量的43%。植被调查内容如下：

北仑河口海洋自然保护区：红树林样方。巫头滨海自然景观旅游：共设置了三个典型的样方，红鳞蒲桃群落、打铁树群落、薄果草群落；

东兴江平万尾金滩旅游度假区：木麻黄群落样方；

防城港江山半岛大坪坡旅游区：木麻黄群落样方；

防城港企沙簕山村滨海植物：红鳞蒲桃群落样方；

钦州湾麻蓝岛滨海旅游区：湿地松群落样方；

茅尾海湿地公园：茳芏—芦苇群落样方、桐花树群落样方、滨海灌草丛样方、海草样方；

钦州龙门—七十二泾旅游度假区：马尾松群落样方；

合浦廉州湾河口湿地旅游区：白骨壤群落样方；

北海冠头岭旅游区：马尾松群落样方；

北海大冠沙城市红树林：白骨壤样方；

斜阳岛旅游区：臭根子草群落样方、仙人掌群落样方、台湾相思群落样方；

涠洲岛旅游区：台湾相思群落样方、露兜簕群落样方；

山口红树林保护区：红海榄，秋茄群落样方。

B类景点：采取资料收集、相片记录为主，辅以采访调查。有植物群落的景点作样方调查。此类景点3个，占所有调查景点数量的8%：

合浦沙田儒艮生态旅游：海草群落样方；

防城港渔洲坪城市红树林旅游区：白骨壤群落样方；

钦州湾犀牛脚月亮湾：木麻黄群落样方。

C类景点：采取资料收集、相片记录为主，辅以采访调查。如景区内保存有比较有代表性植物群落的景点需作样方调查。此类景点7个，占所有调查景点数量的19%：

企沙盐田港（火山岛、渔鹭园）：马尾松群落样方；

防城港光坡南亚松林：南亚松群落样方；

北海营盘青山头旅游度假区。

（2）各层因子权重数据收集。对各层次指标的权重，采用判断矩阵，按照相对重要程度，进行专家和业内人士各15名进行评分，建立判断矩阵，得出各层次因子权重。

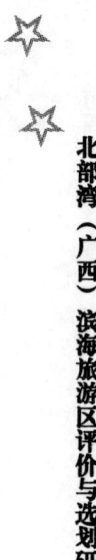

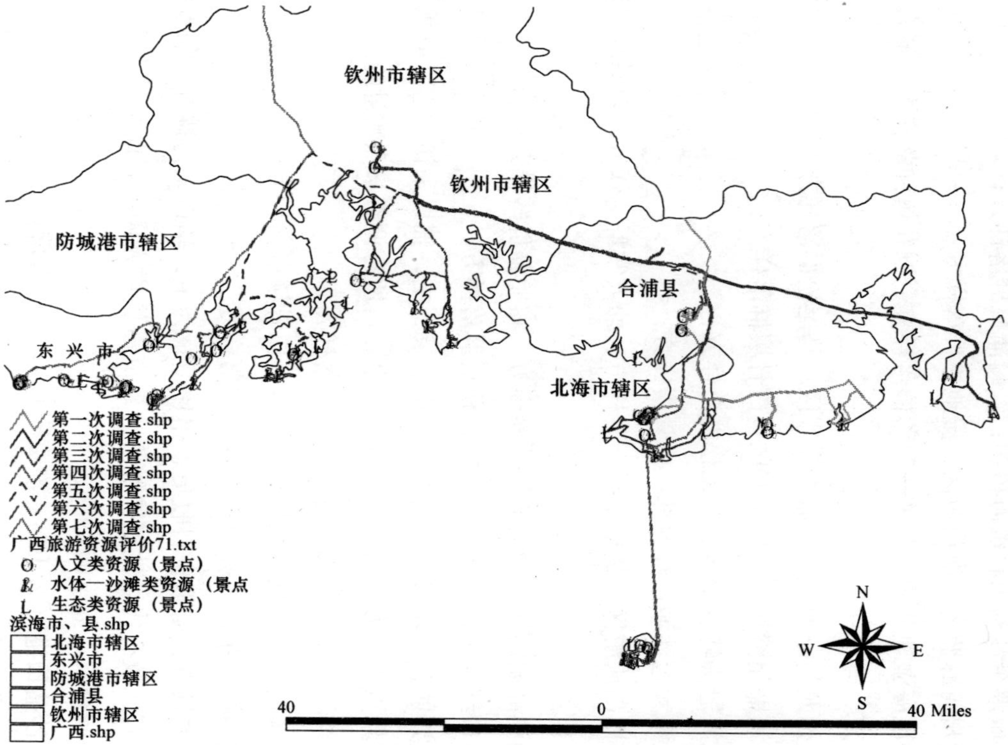

图 4.7 北部湾(广西)滨海旅游资源调查主要资源(景点)和调查线路

四、北部湾(广西)滨海生态旅游资源(景点)开发评价

1. 生态旅游资源(景点)开发评价 C 层判断矩阵(如表 4.29 所示)

表 4.29 生态旅游资源(景点)A-C 层判断矩阵

A-C	环境胁迫影响 C1	资源特点与价值 C2	保护开发 C3	区域条件 C4	权重 W
环境胁迫影响 C1	1	1/3	3	5	0.2959
资源特点与价值 C2	3	1	5	7	0.5072
保护开发 C3	1/3	1/5	1	3	0.1437
区域条件 C4	1/5	1/7	1/3	1	0.0531

2. 生态旅游资源(景点)开发评价 D 层判断矩阵(如表 4.30~4.33 所示)

表 4.30 环境胁迫与影响因素 C1-D1、D2 判断矩阵

C1-D1、D2	自然因素 D1	人为因素 D2	W
自然因素 D1	1	1/3	0.2500
人为因素 D2	3	1	0.7500

表 4.31 资源特点与价值 C2-D3、D4、D5 判断矩阵

C2-D3、D4、D5	资源整体状况 D3	资源特点 D4	生态旅游价值 D5	W
资源整体状况 D3	1	1/3	1/5	0.1031
资源特点 D4	3	1	1/3	0.2915
生态旅游价值 D5	5	3	1	0.6054

表 4.32 保护与开发 C3-D6、D7、D8 判断矩阵

C3-D6、D7、D8	保护现状 D6	保护措施 D7	开发情况 D8	W
保护现状 D6	1	1	3	0.4286
保护措施 D7	1	1	3	0.4286
开发情况 D8	1/3	1/3	1	0.1429

表4.33 区域条件 C5 – D15、D16 判断矩阵

C5 – D15、D16	可进入性 D15	市场远近 D16	W
可进入性 D15	1	1	0.5000
市场远近 D16	1	1	0.5000

3. E 层评价判断矩阵（如表4.34 ~ 表4.38 所示）

表4.34 自然因素 D1 – E1、E2、E3 判断矩阵

D1 – E1、E2、E3	风暴潮 E1	水动力 E2	水土流失 E3	W
风暴潮 E1	1	3	5	0.6054
水动力 E2	1/3	1	3	0.2915
水土流失 E3	1/5	1/3	1	0.1031

表4.35 人为因素 D2 – E4、E5、E6、E7 判断矩阵

D2 – E4、E5、E6、E7	环境污染 E4	外来引种 E5	围海养殖 E6	城市开发 E7	W
环境污染 E4	1	5	3	3	0.4891
外来引种 E5	1/5	1	1/3	1/3	0.0761
围海养殖 E6	1/3	3	1	1	0.2174
城市开发 E7	1/3	3	1	1	0.2174

表4.36 资源整体状况 D3 – E8、E9、E10 判断矩阵

D3 – E8、E9、E10	生物多样性 E8	完整性 E9	规模 E10	W
生物多样性 E8	1	5	3	0.6054
完整性 E9	1/5	1	1/3	0.1031
规模 E10	1/3	3	1	0.2915

表4.37 资源特点 D4 – E11、E12、E13、E14 判断矩阵

D4 – E11、E12、E13、E14	珍惜度 E11	奇特度 E12	组合特征 E13	集聚度 E14	W
珍惜度 E11	1	3	5	3	0.4891
奇特度 E12	1/3	1	3	1	0.2174

续表

D4 – E11、E12、E13、E14	珍惜度 E11	奇特度 E12	组合特征 E13	集聚度 E14	W
组合特征 E13	1/5	1/3	1	1/3	0.0761
集聚度 E14	1/3	1	3	1	0.2174

表 4.38　生态旅游价值 D5 – E15、E16、E17 判断矩阵

D5 – E15、E16、E17	生态保存价值 E15	观赏游憩价值 E16	科研与科普教育价值 E17	W
生态保存价值 E15	1	3	3	0.6000
观赏游憩价值 E16	1/3	1	1	0.2000
科研与科普教育价值 E17	1/3	1	1	0.2000

4. 评价结果（表 4.39 所示）

表 4.39　生态旅游资源（景点）开发评价结果排序

	环境胁迫与影响 c1	资源特点与价值 c2	保护与开发 c3	区域条件 c4	总分
涠洲岛—斜阳岛旅游区	3.47	4.15	3.57	3.50	14.69
北仑河口海洋自然保护区	3.58	4.16	3.86	3.00	14.60
山口红树林生态保护中心	3.76	4.29	3.86	2.50	14.40
茅尾海湿地公园	3.45	4.11	3.29	3.00	13.85
冠头岭国家森林公园	3.46	2.87	3.00	4.00	13.33
光坡南亚松林	4.13	3.78	3.29	2.00	13.19
竹山镇竹山村古榕树林	3.72	3.36	2.86	3.00	12.94
大冠沙城市红树林	2.89	2.93	2.86	4.00	12.67
合浦廉州湾湿地	3.50	3.26	2.86	3.00	12.62
合浦沙田儒艮自然保护区	2.69	3.64	3.71	2.50	12.54
渔洲坪城市红树林	2.46	3.04	2.86	4.00	12.35
龙门—七十二泾旅游度假区	2.80	3.77	2.57	3.00	12.14
麻蓝岛滨海旅游区	3.56	2.77	2.57	3.00	11.90
企沙簕山村红鳞蒲桃原始林	3.48	3.16	2.86	2.00	11.50
企沙六墩岛白鹭栖息地	2.93	2.52	3.00	3.00	11.45

续表

	环境胁迫与影响 c1	资源特点与价值 c2	保护与开发 c3	区域条件 c4	总分
巫头万鹤山野生动物保护区	3.20	2.75	3.29	2.00	11.24
营盘青山头旅游度假区	3.73	2.46	2.00	2.00	10.19

如果将旅游资源可以分为世界级、国家级、省区级和地方级，运用公式：

$$3 \times \frac{\text{评价结果值} - \text{最小评价值}}{\text{最大评价值} - \text{最小评价值}} + 1$$

将连续数据转换成并连续排序，得出旅游资源的评价结果排序如表4.40和图4.8所示：

表4.40 北部湾（广西）滨海生态旅游资源（景点）开发评价结构排序

名称	开发评价	结构性排序	备注
涠洲岛—斜阳岛旅游区	14.69	4	
北仑河口海洋自然保护区	14.60	4	
山口红树林生态保护中心	14.40	4	
茅尾海湿地公园	13.85	3	
冠头岭国家森林公园	13.33	3	
光坡南亚松林	13.19	3	结构性排序级别顺序代表的含义为： 4代表世界级资源 3代表国家级资源 2代表省区级资源 1代表地方级资源
竹山镇竹山村古榕树林	12.94	3	
大冠沙城市红树林	12.67	3	
合浦廉州湾湿地	12.62	3	
合浦沙田儒艮自然保护区	12.54	3	
渔洲坪城市红树林	12.35	2	
龙门—七十二泾旅游度假区	12.14	2	
麻蓝岛滨海旅游区	11.90	2	
企沙簕山村红鳞蒲桃原始林	11.50	2	
企沙六墩岛白鹭栖息地	11.45	2	
巫头万鹤山野生动物保护区	11.24	2	
营盘青山头旅游度假区	10.19	1	

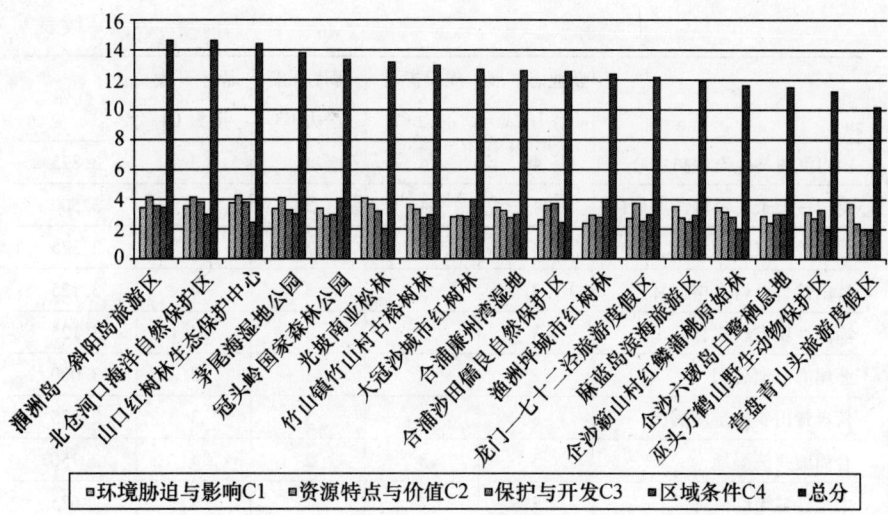

图 4.8 北部湾（广西）滨海生态类旅游资源（景点）评价结果排序

五、北部湾（广西）滨海生态类旅游资源（景点）潜在性评价

1. 评价矩阵（如表 4.41 所示）

表 4.41 生态类旅游资源（景点）潜在性评价矩阵

	新业态扩展潜力 C1	规模扩展潜力 C2	深度开发潜力 C3	原生开发潜力 C4	W
新业态扩展潜力 C1	1	3	1	3	0.375
规模扩展潜力 C2	1/3	1	1/3	1	0.125
深度开发潜力 C3	1	3	1	3	0.375
原生开发潜力 C4	1/3	1	1/3	1	0.125

2. 评价结果（如表 4.42 所示）

表 4.42 生态类旅游资源（景点）潜在性评价结果

	新业态扩展潜力 C1	规模扩展潜力 C2	深度开发潜力 C3	原生开发潜力 C4	总分
涠洲岛—斜阳岛旅游区	5	4	4	3	4.250
北仑河口海洋自然保护区	4	4	4	4	4.000

续表

	新业态扩展潜力 C1	规模扩展潜力 C2	深度开发潜力 C3	原生开发潜力 C4	总分
山口红树林生态保护中心	4	4	4	3	3.875
龙门—七十二泾旅游度假区	4	4	3	3	3.500
冠头岭国家森林公园	4	3	3	3	3.375
竹山镇竹山村古榕树林	3	3	3	4	3.125
渔洲坪城市红树林	3	3	3	4	3.125
茅尾海湿地公园	3	3	3	3	3.000
营盘青山头旅游度假区	3	2	3	3	2.875
合浦廉州湾湿地	3	3	2	3	2.750
大冠沙城市红树林	3	2	2	4	2.625
企沙簕山村红鳞蒲桃原始林	3	2	2	3	2.500
企沙六墩岛白鹭栖息地	2	2	3	3	2.500
巫头万鹤山野生动物保护区	2	2	3	3	2.500
光坡南亚松林	2	2	2	4	2.250
合浦沙田儒艮自然保护区	2	2	2	3	2.125
麻蓝岛滨海旅游区	2	2	2	3	2.125

第四节　滨海水体—沙滩类旅游资源开发评价

　　自然海滩是人们海洋旅游的首选目的地，特别是发达国家的海滩旅游已非常普遍。在世界上所有的资源类型中，海滩是吸纳游客最多、同时也是创造税收最多的旅游地。西欧、北美的大西洋沿岸、地中海沿岸等地，每年吸引游客量占世界游客量的40%。如向世界出售阳光、大海和沙滩的西班牙，每年国际旅游收入多达250亿美元。在英国，估计每年有超过2000万人利用海滩度假或进行其他活动。在美国，海滩旅游是排在第一位的旅游方式，据估计，美国2000～2001年，有1.29亿人光顾海滩或其他娱乐性水体。迈阿密海滩的旅游税收比黄石公园、大峡谷和约塞米蒂国家公园三者之和还多。

一、水体沙滩类旅游资源评价方法综述

国外对海水浴场适宜性评价做了许多研究。如美国土地管理局对海水浴场的技术评估选用7个资源因素实行分级评价。Chaverri以哥斯达黎加为例，选择了113个评价因子，分成水体、海滩、沙子、岩石、海滩环境、周围环境6组；Mogrna的评价体系有50个因子，有利于体现游客倾向，其中自然类18个，生物类10个，人类利用和影响类22个。

欧美等发达国家的各种非政府组织和管理机构采用各种评价系统对海滩进行评价与评奖，以求提高海滩管理质量，并对游客旅游地选择有所指导。如Letherman应用Morgna体系对美国65个、英国182个、土耳其28个海滩进行了评价，产生了一个用百分数表示的海滩质量评比排行榜。欧洲环境教育基金（Foundation for Enviornmental Education）实施的欧洲"蓝旗"（blue flag）评价体制，由英国海岸整洁组织（Tidy Britain Group）制定的英国"首要海滨奖"（Permier Seaside Award），英国海洋保护协会（Marine Conservation society）的"优良海滩指导"（Good Beach Guide），英国Hampshire地方政府和有关组织组成的Solent水质协会实施"Solent水质奖"，世界旅游理事会（World Travel and Tourism Council）实施的"绿色全球年奖"（Green Glob Annual AWards），美国非营利性组织——洁净海滩理事会（Clean Beaehes Council）推出的"蓝色波浪海滩评比"（Blue Wave Campaign）等。

我国学者对海水浴场的评价已有一些工作，大部分是以水质指标为依据的水质评价。如马灿云在秦皇岛海水浴场水质分析及污染防治研究中，选择了5个水质指标（马灿云，1997）作为评价指标；郑建瑜关于青岛市南部海水浴场的水质评价（郑建瑜，1998）；杨东宁对厦门市海水浴场泳季水质评价（杨东宁，1999）；陈春华对海口湾秀英浴场水质状况及其影响机制分析（陈春华，1996），韩峭青对厦门鼓浪屿疗养地海滨浴场水质状况的调查分析等（韩峭青，2003）；顾建清根据河北海滩的沉积粒度参数评价滨海旅游适宜性（顾建清，1996）。另有学者对海滨旅游度假区的生理环境及海滩的旅游适宜期进行了评价（赵宁羲，1996）。部分学者进行了综合评价的尝试，为我国海水浴场综合评价和分级奠定了良好的基础。如陈春华（1992）、范业正等（1995）、李悦铮（2000）、李占海（2000）等的工作。

二、北部湾（广西）滨海水体—沙滩类旅游资源（景点）评价体系和标准

1. 北部湾（广西）滨海水体—沙滩类旅游资源（景点）开发评价体系

（1）北部湾（广西）滨海水体—沙滩类旅游资源（景点）开发评价技术流程。在本研究中采用双向评价的方法，即一方面采用技术评价的方法，对水体—沙滩类旅游资源的自然要素进行测量、采样（如沙滩坡度、走向、面积、沙子的粒度、有机质含量等；气温、风速等气候环境；水温、流速、海水的透明度、污染物含量等海水理化性质等）和调研，同时对于影响沙滩—水体类旅游资源质量的要素进行游客敏感度调查，做到既有技术手段，同时又有游客体验调查，考虑到旅游是体验经济，充分尊重游客的感受，将显性吸引力评价和隐性吸引力评价结合起来。具体技术流程如图4.9所示：

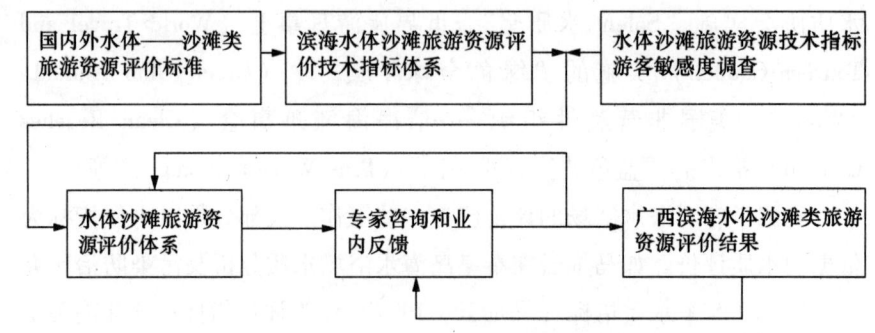

图4.9　北部湾（广西）滨海旅游资源（景点）评价流程

（2）北部湾（广西）滨海水体—沙滩旅游资源（景点）开发评价指标体系，具体如图4.10所示。

2. 北部湾（广西）滨海水体—沙滩类旅游资源（景点）开发评价标准

结合国际滨海沙滩类旅游资源的评价标准（如西欧，美国，加勒比

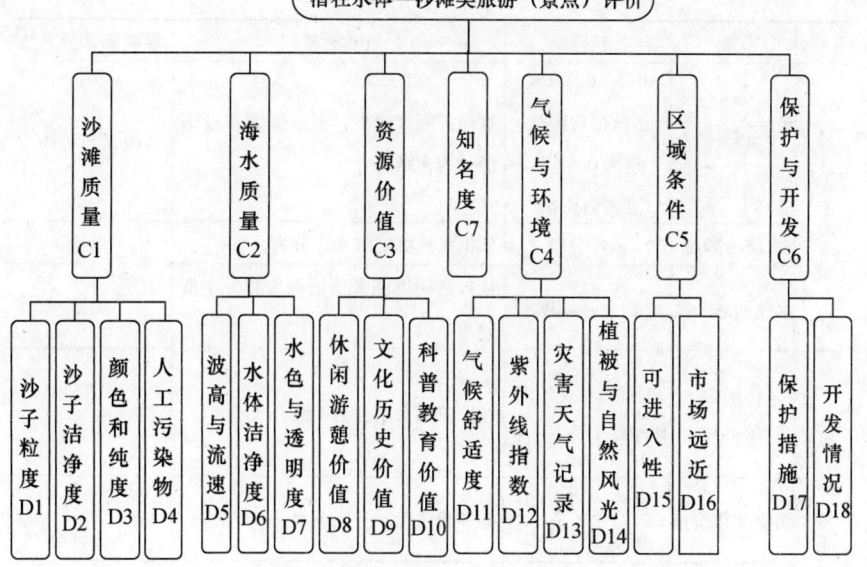

图 4.10 沙滩—水体类旅游资源开发评价指标体系

地区，亚洲的日本、泰国、我国的台湾地区等），建立北部湾（广西）滨海水体沙滩类旅游资源的评价标准。北部湾（广西）滨海水体沙滩类旅游资源评价指标分为四类：气候环境、后腹地条件、沙滩质量、水体质量和水下地况。具体评价标准，如表 4.43 所示。

表 4.43 滨海水体—沙滩类旅游资源（景点）开发评价标准

B 层	C 层	指标注释	评价标准	观测和评价方法
沙滩质量	沙滩粒度	采样	根据粒度测试结果分为 5 级，沙子越细越好，粘粒含量越少越好	沿岸线和垂直岸线布设样带
	沙子洁净度（有机质）	采样	根据有机质含量分为 5 级，有机质含量越少越好	沿岸线和垂直岸线布设样带
	沙子颜色纯度	随机观测点	按照杂质矿物含量的多少，将纯度设定为 5 级	测量
	沙滩人工污染物	20 个观测点人工污染物出现频率	按照 20 个随机观测点，污染物出现的频率分为 5 级	外业调查

续表

B层	C层	指标注释	评价标准	观测和评价方法
海水质量	流速与波高	0.2~0.3m/s 游泳的极限流速为0.5m/s 波高为0.6m	按照极限流速下，根据极大和极小值分为5级	测量与访谈
	水质洁净度	采样分析	依据水质测定结果，分为5级	测量
	水色和透明度	白色透明度	依据透明度测量值的极大和极小值分为5级	测量
资源价值	休闲游憩价值	包括游览、观光、康体疗养、运动等价值	按照价值大小分为5级	专家和业内人士评分
	历史文化价值	范围内资源的历史文化价值	按照价值大小分为5级	专家和业内人士评分
	科普教育价值	范围内资源的科普教育价值	按照价值大小分为5级	专家和业内人士评分
气候与环境	气候舒适性	气温、风速	气温在23℃以上，不超过30℃，越接近30℃越好，建立5级标准	气象资料与访问居民
	紫外线	紫外线指数	根据国家气象局指定的紫外线分级标准	气象资料
	灾害性天气记录	风暴等灾害天气频率	根据滨海风暴发生次数的极大和极小值制定5级标准	气象资料与访问居民
	植被与掩映	植被类型与盖度	根据滨海水体—沙滩植被调查，按照盖度的极大和极小值分为5级标准	植被调查
知名度	知名度	资源(景点)在国内外的知晓程度	按照世界、国家、省区和地方分为4级	专家和业内人士评分
区域条件	可进入性	反映交通、通信等基础设施状况	按照便利性分为5级（参看生态类标准）	专家和业内人士评分
	市场远近	距离重要市场的距离	按照远近分为5级（参看生态类标准）	专家和业内人士评分
保护与开发	基础设施及开发条件	已有设施和开发基础描述	按照基础设施现状，分为5级	外业调查
	保护措施	旅游开发规划和相关保护措施	旅游规划实施和相关保护措施，分为5级	外业调查

(1) 气候特征。

◆气候舒适性。

人体裸露在空气中虽然能够耐受较低的温度,但在风速较大的情况下,身体损失热量的速度也非常之快。人体裸露在气温20℃时,大于5m/s的风速就会使人感到寒冷;在气温10℃时,大于10m/s的风速会使人感到极度寒冷,并可能出现低温症状态。

◆紫外线。

紫外辐射位于太阳辐射光谱区100～400nm之间,其辐射能仅占太阳辐射能总量的8%。瞬时紫外辐射强度主要受太阳高度、纬度、云量、高度和地面辐射的影响。对人体来讲,少量的紫外辐射有利于人体的发育和健康。按照紫外线不同波长所起的生物作用,太阳紫外线辐射可分为:UV–A（315～400nm）、UV–B（280～315nm）和UV–C（100～280nm）三个部分。在这三个部分中,UV–C对机体细胞具有强烈的破坏作用,但它几乎完全被大气臭氧层、水汽、氧和CO_2吸收,很难到达地面。约有UV–B的90%和UV–A的30%被吸收。因此,与人类生存环境与健康直接相关的紫外线主要是UV–B和UV–A。尤其是UV–B对人体健康的负面影响最大。紫外辐射过强可以对身体产生许多负面影响:如杀伤细胞、损伤眼睛、破坏人体免疫系统、导致皮肤老化,并可能导致非黑素瘤和黑素瘤皮肤癌的发生。如果人的眼睛长期暴露在紫外线照射下,会形成光角膜炎和光结膜炎,并可能形成白内障。

◆灾害性天气。

主要是台风等灾害天气影响。

◆植被与自然。

浓密的森林不仅能够给游客的岸上休息和活动带来视觉上的美感,同时也能为游客提供躲避太阳的树荫。另外,好的植被有利于沙滩的稳定,同时能营造出舒适的游憩环境和场所。

(2) 开发与保护。

◆基础设施与开发条件。

进行沙滩水体类旅游资源的开发,必须有基本的设施条件,如宾馆饭店、交通站线、淡水冲淋、停车场、厕所、垃圾收集与处理场所以及为水体沙滩活动提供服务商品等。

◆保护措施。

旅游资源开发规划的制定、贯彻落实情况和相关保护措施。

(3) 沙滩质量。

◆沙滩沙子的粒度。

就一般沙滩来说,沙子越细越柔软,赤脚接触沙子的感觉越舒服,但是沙子中细于沙子粒径的黏粒含量不能太高,黏粒物质具有黏性,如果其含量太高,容易沾染和弄污人体,造成不适。另外,沙滩组成物质中砾石和贝壳残体的含量也不能太高,这些物质容易划破游客的身体造成伤害。

◆沙子的颜色纯度。

由于不同成因的沙子其矿物质含量不同,呈现不同的颜色,会形成不同的视觉感受。如银滩沙滩的沙子含二氧化硅高,锰等矿物质含量低,沙子洁白,以沙子细白而著称。而大坪坡沙滩,沙子含有较高的锰矿物,沙子颜色较暗。

◆沙子的有机质含量和洁净度。

沙子中有机质含量或者其他污染物含量高,会影响到沙滩的洁净度,对沙滩的质量产生影响。沙滩的有机质一般来源于周边水体有机质沉淀或者周边植物的残体腐烂后产生的腐殖质。沙子的有机质含量高会增加细菌等微生物滋生,影响旅游者的身体健康。另外沙子有机质含量高,也会影响沙子颜色的亮度。

◆沙滩人工污染物。

沙滩上人工污染物的多少,主要包括动植物残体、海洋漂浮物的沉积、人工垃圾等,它们不仅影响沙滩的景观效果,也会对人体健康构成危害。

(4) 海水质量。

◆流速与波高。

由于潮流和地形对水流的限制作用,加之海潮的作用,近岸水体会形成不同流速。近岸海流主要有冲向海滩的潮流、平行海岸的水流和离岸流，其中离岸流最为危险，能将游客带入深水，危及生命。

由于激浪流和裂流的强弱与波浪大小有关。我们可以用波浪高度代表波浪、激浪流以及裂流的强弱，评价其安全程度。在近岸带有三种类型的海浪：第一种为崩顶破浪，只是在波峰处出现白色浪花，危害相对较小。第二种为卷跃破浪，波峰前倾并以强大的力量反卷，把游泳者打向海底；有时会造成泳者脊椎损伤。第三种为没有发生破碎的涌浪，可以打击游泳者使其双脚离地，并拖向深水区，在这种意义上，涌浪对于初学者是危险的，尤其是在礁石附近。当浪高超过 1m 时，游泳是危险的，0.5m 以下的浪高在任何海滩地形下都是非常安全的，1m 的浪高具有中等安全性，2m 的浪高在绝大多数情况下都是不安全的。我国海洋预报中心把风力大于 6 级、浪高大于 1.8m 状况时为不适宜游泳。

◆水色和透明度。

其他水质指标如透明度、水色、溶解氧含量等。清澈的海水除了具有美学价值，给旅游者提供良好的娱乐、休憩水域环境外，还具有安全价值。清澈的水可以使游泳者能够估计水的深度，看到水面以下的危险，能够看到被困的游泳或潜水者，以便提供及时的帮助。水体透明度差也是造成溺水事故的原因之一。影响天然水体透明度的主要因素包括水中浮游动物和悬浮藻类含量，悬浮矿物颗粒含量，水体污染程度等。

水色是由水体的光学性质以及水中悬浮物质、浮游生物的颜色所决定的。水色和透明度都反映了水体的光学特性，二者关系密切。水色越高透明度越大，水色越低透明度越小。

溶解氧含量。水中溶解氧含量对于水体接触者并没有直接影响，但会影响微生物活性以及各种金属化学氧化的状态。溶解氧对防止硫化氢气体的产生是非常重要的。溶解氧含量虽然与人体健康关系不大，但影响水体的美学价值。

◆水质洁净度（有害微生物、漂浮物、藻类和浮游生物）。

有害微生物。娱乐水体中通常含有致病性和非致病性微生物。这些微生物可能由生活污水、工业废水、家畜和野生动物粪便等带来，游泳者本身带来，也有水体中原来存在的微生物。致病菌往往造成胃肠道疾病以及上呼吸道、耳、眼、鼻腔、皮肤等的感染。

已有的证据证明，如果水体被污染，肠道疾病是游泳者最为常见的疾病之一。主要是游泳者在呼吸时，吸入口中的水由于反射性吞咽动作而进入消化道内，如果水体被污染，则往往造成胃肠道感染，临床表现腹痛、腹泻、恶心、呕吐等症状。急性发热性呼吸道感染也是在污染水域游泳容易发生的疾病。中耳炎、外耳道炎是游泳者常见的耳道疾患。游泳会损害眼睛的免疫防护系统，增加患眼病的概率。根据美国1978~2002年与娱乐水体（包括淡水）有关的疾病发病情况，主要为肠胃炎和皮肤疾病，其次为脑膜脑炎和其他疾病（角膜炎、结膜炎、耳炎、支气管炎、脑膜炎、肝炎、勾端螺旋体病、庞提阿克热和急性呼吸系统疾病）。病原体是否致病取决于水中病原体数量和身体状况。

漂浮物、藻类和浮游生物在海水中，藻类多种多样，从单细胞的藻类到复杂的多细胞海藻，主要是由于全球范围内的近岸海水富营养化造成的结果。大量非毒性海藻的暴发会影响滨海旅游地的美学价值，如海水变色、透明度降低、泡沫浮渣增加以及海藻残体降解后产生的腐臭气味等。

有毒海藻的大量出现则可能对人体造成负面影响。在滨海游泳等活动中，主要是由于皮肤接触有毒藻类，摄入或吸入含有有毒藻类海水等而致病。如在蓝藻的某些种属如大林氏藻等暴发的海水中游泳后，往往出现"蓝藻皮炎"。

节球藻毒素是一种肝毒素，如果摄入该毒素，可以造成哺乳动物的肝脏出血，从而破坏肝脏组织。在海滨活动时，如果吸入有毒藻类残体或毒素的汽雾（往往由破浪产生），可能对人体有害。赤潮暴发时，如短裸甲藻、米氏凯伦藻等产生毒素等，使人产生毒性反应。在1998年曾有报道，赤潮暴发地区，有100多人因吸入海上汽雾而导致出现咳嗽、喷嚏，甚至部分病例出现发烧等症状。

（5）资源价值。资源价值是旅游资源评价的核心内容，由于本研究着重为资源的开发利用为目的所以在评价过程中，主要讨论资源的游憩价值、历史文化价值和科普教育价值，评价方法采用专家和业内人士综合评分法。

(6) 知名度。知名度是影响旅游资源开发的一大因素,是反映旅游资源的知晓程度,评价方法采用专家和业内人士综合评分法。

(7) 区域条件。分为可进入性和市场远近。可进入性主要是指资源的交通和通信等基础设施状况,影响到资源的开发和利用;市场的远近,是评价资源吸引力的一个因素主要是指资源与潜在或主要市场之间的距离。评价方法采用专家和业内人士综合评分法。

3. 北部湾(广西)滨海水体—沙滩类旅游资源(景点)评价体系(如图 4.11 所示)

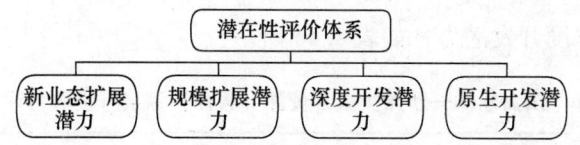

图 4.11　滨海水体—沙滩类旅游资源(景点)潜在性评价体系

4. 北部湾(广西)滨海水体—沙滩类旅游资源(景点)评价标准

有关新业态开发潜力、规模扩展潜力、深度开发潜力和原生开发潜力的界定在前面已经说明,这里不再赘述。

(1) 新业态扩展潜力,如表 4.44 所示:

表 4.44　滨海水体—沙滩类旅游资源(景点)新业态扩展潜力评价标准

新业态 扩展潜力	标准或特点
1	资源属性单一,开展新业态旅游(生态、休闲渔业、工业旅游等)的能力小
2	资源属性相对单一,开展新业态旅游(生态、休闲渔业、工业旅游等)的能力较小
3	资源属性一般,开展新业态旅游能力(生态、休闲渔业、工业旅游等)一般
4	资源属性相对多样,开展新业态旅游能力(生态、休闲渔业、工业旅游等)较强
5	资源属性多样,开展新业态旅游能力(生态、休闲渔业、工业旅游等)强

(2) 规模扩展潜力，如表4.45所示：

表4.45 滨海水体—沙滩类旅游资源（景点）规模扩展潜力评价标准

规模扩展潜力	标准或特点
1	旅游资源规模小，规模扩展能力有限
2	旅游资源规模比较小或利用率高，进一步扩展规模能力较小
3	旅游资源规模、利用率一般，进一步扩展规模的能力一般
4	旅游资源规模较大、利用率较低，进一步扩展规模的能力较强
5	旅游资源规模大、利用率低，进一步扩展规模的能力强

(3) 深度开发潜力，如表4.46所示：

表4.46 滨海水体—沙滩类旅游资源（景点）深度开发潜力评价标准

深度开发潜力	标准或特点
1	旅游开发成熟，深度开发潜力有限
2	旅游开发比较成熟，深度开发潜力相对有限
3	旅游开发成熟度一般，深度开发潜力中等
4	旅游开发较程度较低，深度开发潜力较大
5	旅游开发程度低，深度开发潜力大

(4) 原生开发潜力，如表4.47所示：

表4.47 滨海水体—沙滩类旅游资源（景点）原生开发潜力评价标准

原生开发潜力	标准或特点
1	资源规模小、品位低，原生开发潜力小
2	资源规模较小、品位较低，原生开发潜力较小
3	资源规模一般、品位中等，原生开发潜力一般
4	资源规模较大、品位较高，原生开发潜力较强
5	资源规模大、品位高，原生开发潜力强

三、数据资料收集和外业调查

1. 北部湾（广西）滨海水体—沙滩类旅游资源（景点）开发评价数据

(1) 评价的属性数据收集。为了获得开发评价的数据，需要对北部湾（广西）滨海水体沙滩类旅游资源有关评价指标进行详细的考察，特别是有关沙滩和水体的物理化学属性进行测量和采样，如沙滩的宽度、长度、坡度、面积；沙子的粒度、色度、洁净度（有机质含量、黏粒含量）；水体的水上风力、高低潮位、波浪、流速、温度、透明度、洁净度、漂浮物等；沙滩后缘腹地配景要素以及气候环境如气温、灾害天气、气候的适游期等。对于不随季节变化的要素采用现场测量和采样测量数据，如沙滩的坡度、粒度、有机质含量等等，而有些因素是随季节变化，对于这些因素，如气温、水温、风力、浪高等，可以通过对当地居民的访谈，结合有关气象气候资料的比对获得。通过考察，获得了上述7类近20个指标的量化结果。

（2）各层次因子权重数据的收集。对各层次指标的权重，采用判断矩阵，按照相对重要程度，进行专家和业内人士各15名进行评分，建立判断矩阵，得出各层次因子权重。在专家评分中采用灰方法，利用白化方程对专家评价结果进行统计。

然后针对游客对相关要素的敏感程度调查，建立可量化的评价表格，针对游客对各种要素的敏感程度进行调查，确定各要素权重，作为与专家评价权重的比较与参照。

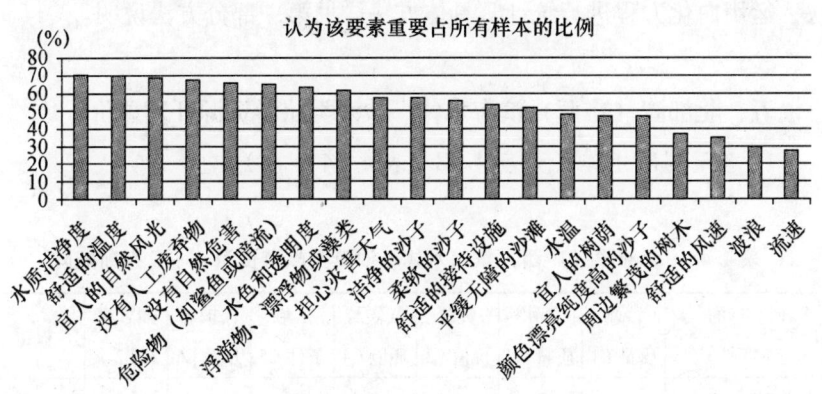

图 4.12　游客对滨海水体—沙滩类旅游资源（景点）
相关要素的敏感程度调查统计

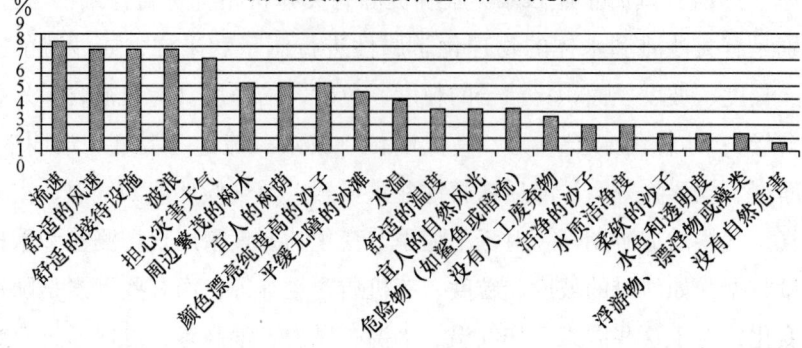

图4.13 游客对滨海水体—沙滩类旅游资源（景点）相关要素的敏感程度调查统计

2. 北部湾（广西）滨海水体—沙滩类资源（景点）评价数据

北部湾（广西）滨海生态类旅游资源评价，采用专家和业内人士打分法获得。在评分过程中，将前期调查资料，进行充分的讨论，由各专家和业内人士单独对每个资源（景点）给出评分。

四、数据前期处理

对收集来的资料，特别是专家评价表，进行统计整理，采用灰方法，运用白化方程进行统计，具体方法详见第一部分方法说明。

五、北部湾（广西）滨海水体—沙滩类旅游资源开发评价

1. 各层判断矩阵（如表4.48～表4.54所示）

表4.48 北部湾（广西）滨海水体—沙滩类旅游资源 A–C 判断矩阵

列对行的重要性	沙滩质量C1	海水质量C2	资源价值C3	气候与环境C4	区域条件C5	保护与开发C6	知名度C7	权重
沙滩质量C1	1	1	1	5	7	9	3	0.2350
海水质量C2	1	1	1	5	7	9	3	0.2350
资源价值C3	1	1	1	5	7	9	3	0.2350
气候与环境量C4	1/5	1/5	1/5	1	5	5	1/3	0.0864

续表

列对行的重要性	沙滩质量C1	海水质量C2	资源价值C3	气候与环境C4	区域条件C5	保护与开发C6	知名度C7	权重
区域条件C5	1/7	1/7	1/7	1/3	1	3	1/5	0.0432
保护与开发C6	1/9	1/9	1/9	1/5	1/3	1	1/7	0.0175
知名度C7	1/3	1/3	1/3	3	5	7	1	0.1479

表4.49 北部湾（广西）滨海水体—沙滩类旅游资源 C1 – D1、D2、D3、D4 判断矩阵

C1 – D1、D2、D3、D4	沙子粒度 D1	沙子洁净程度 D2	颜色和纯度 D3	人工污染物 D4	W
沙子粒度 D1	1	1	3	1/3	0.2174
沙子洁净程度 D2	1	1	3	1/3	0.2174
颜色和纯度 D3	1/3	1/3	1	1/5	0.0761
人工污染物 D4	3	3	5	1	0.4891

表4.50 北部湾（广西）滨海水体—沙滩类旅游资源 C2 – D5、D6、D7 判断矩阵

C2 – D5、D6、D7	波高流速 D5	水质洁净度 D6	水色透明度 D7	W
波高流速 D5	1	1/5	1/3	0.1031
水质洁净度 D6	5	1	3	0.6054
水色透明度 D7	3	1/3	1	0.2915

表4.51 北部湾（广西）滨海水体—沙滩类旅游资源 C3 – D8、D9、D10 判断矩阵

C3 – D8、D9、D10	休闲价值 D8	文化历史价值 D9	科普价值 D10	W
休闲价值 D8	1	3	5	0.6054
文化历史价值 D9	1/3	1	3	0.2915
科普价值 D10	1/5	1/3	1	0.1031

表 4.52　北部湾（广西）滨海水体—沙滩类旅游资源
C4 – D11、D12、D13、D14 判断矩阵

C4 – D11、D12、D13、D14	舒适的气候 D11	紫外线 D12	自然灾害 D13	植被与自然风光 D14	W
舒适的气候 D11	1	5	7	3	0.5072
紫外线 D12	1/5	1	3	1/3	0.1437
自然灾害 D13	1/7	1/3	1	1/5	0.0531
植被与自然风光 D14	1/3	3	5	1	0.2959

表 4.53　北部湾（广西）滨海水体—沙滩类旅游资源 C5 – D15、D16 判断矩阵

C5 – D15、D16	可进入性 D15	市场远近 D16	W
可进入性 D15	1	1	0.5000
市场远近 D16	1	1	0.5000

表 4.54　北部湾（广西）滨海水体—沙滩类旅游资源 C6 – D17、D18 判断矩阵

C6 – D17、D18	保护措施 D17	开发情况 D18	W
保护措施 D17	1	1/3	0.2500
开发情况 D18	3	1	0.7500

2. 评价结果排序（如表 4.55 所示）

表 4.55　北部湾（广西）滨海水体—沙滩类旅游资源（景点）开发评价排序

资源评价	沙滩质量 C1	海水质量 C2	资源价值 C3	气候与环境 C4	区域条件 C5	保护与开发 C6	知名度 C7	总分
北海银滩沙滩	1.01	0.94	1.08	0.33	0.13	0.07	0.74	4.30
金滩沙滩	0.96	0.94	1.08	0.33	0.12	0.08	0.59	4.11
三娘湾沙滩	0.89	0.92	0.96	0.31	0.12	0.07	0.59	3.86
天堂滩—蝴蝶岛沙滩	0.92	0.94	0.85	0.33	0.10	0.07	0.44	3.65
大平坡沙滩	0.92	0.94	0.85	0.31	0.10	0.07	0.44	3.63

续表

资源评价	沙滩质量C1	海水质量C2	资源价值C3	气候与环境C4	区域条件C5	保护与开发C6	知名度C7	总分
涠洲岛南湾沙滩	0.82	0.92	0.85	0.33	0.09	0.05	0.44	3.50
涠洲岛石螺口沙滩	0.76	0.92	0.85	0.33	0.09	0.05	0.44	3.43
涠洲岛五彩滩海滩	0.64	0.94	0.70	0.33	0.09	0.05	0.44	3.19
犀牛脚月亮湾沙滩	0.76	0.73	0.70	0.33	0.09	0.05	0.44	3.10
麻蓝岛沙滩	0.70	0.73	0.77	0.28	0.10	0.05	0.44	3.08
玉石滩沙滩	0.70	0.89	0.61	0.30	0.07	0.04	0.44	3.06
营盘青山头沙滩	0.59	0.70	0.61	0.26	0.09	0.04	0.30	2.59
怪石滩海滩	0.59	0.68	0.47	0.28	0.06	0.03	0.30	2.41

如果将旅游资源可以分为世界级、国家级、省区级和地方级，运用公式：

$$3 \times \frac{\text{评价结果值} - \text{最小评价值}}{\text{最大评价值} - \text{最小评价值}} + 1$$

将连续数据转换成并连续排序，得出旅游资源的评价结构排序如表4.56和图4.14所示。

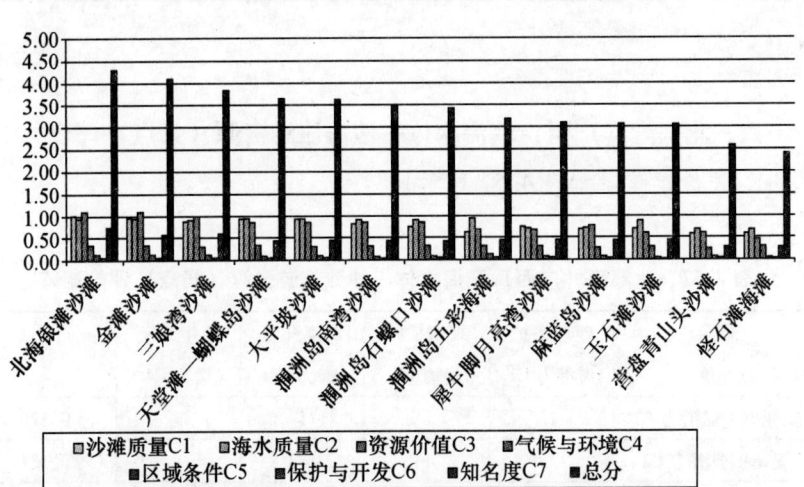

图4.14 北部湾（广西）滨海水体—沙滩类旅游资源（景点）评价排序

表 4.56 北部湾（广西）滨海水体—沙滩类旅游资源（景点）开发评价结构排序

资源评价	开发评价	结构性排序	备注
北海银滩沙滩	4.30	4	
金滩沙滩	4.11	4	
三娘湾沙滩	3.86	3	
天堂滩—蝴蝶岛沙滩	3.65	3	
大平坡沙滩	3.63	3	结构性排序级别顺序代表的含义为：
涠洲岛南湾沙滩	3.50	3	4 代表世界级资源；
涠洲岛石螺口沙滩	3.43	3	3 代表国家级资源；
涠洲岛五彩滩海滩	3.19	2	2 代表省区级资源；
犀牛脚月亮湾沙滩	3.10	2	1 代表地方级资源
麻蓝岛沙滩	3.08	2	
玉石滩沙滩	3.06	2	
营盘青山头沙滩	2.59	1	
怪石滩海滩	2.41	1	

六、北部湾（广西）滨海水体—沙滩旅游资源（景点）评价

1. 评价矩阵（如表 4.57 所示）

表 4.57 北部湾（广西）滨海水体—沙滩旅游资源（景点）评价矩阵

资源评价	新业态扩展潜力 C1	规模扩展潜力 C2	深度开发潜力 C3	原生开发潜力 C4	W
新业态扩展潜力 C1	1	3	1	3	0.375
规模扩展潜力 C2	1/3	1	1/3	1	0.125
深度开发潜力 C3	1	3	1	3	0.375
原生开发潜力 C4	1/3	1	1/3	1	0.125

2. 评价结果（如表 4.58 所示）

表 4.58　北部湾（广西）滨海水体—沙滩旅游资源（景点）潜在性评价结果

资源评价	新业态扩展潜力 C1	规模扩展潜力 C2	深度开发潜力 C3	原生态开发潜力 C4	总分
金滩沙滩	4	5	4	4	4.125
天堂滩—蝴蝶岛沙滩	4	4	4	4	4.000
大平坡沙滩	4	4	4	4	4.000
北海银滩沙滩	4	4	4	2	3.750
三娘湾沙滩	4	2	4	2	3.500
涠洲岛南湾沙滩	4	3	3	4	3.500
玉石滩沙滩	4	3	3	3	3.375
涠洲岛石螺口沙滩	4	3	3	3	3.375
涠洲岛五彩滩海滩	3	2	3	2	2.750
犀牛脚月亮湾沙滩	3	2	2	2	2.375
营盘青山头沙滩	3	2	2	2	2.375
麻蓝岛沙滩	2	1	2	1	1.750
怪石滩海滩	2	1	2	1	1.750

第五节　滨海人文类旅游资源（景点）开发评价

一、北部湾（广西）滨海人文类旅游资源（景点）主要类型

广西位于西南边陲，古代称为"百越之地"，其西南地区主要为西瓯、骆越人，少数民族主要是以壮侗语为主的民族，其中京族为广西独有的少数民族。本区很早就与中原有不可分割的关系，在交流发展中走向统一，构成多元一体的中华民族的重要组成部分，在交流和融合中形成了多元的文化。同时，瓯骆也保持了自己独特的文化特色，如铜鼓、羊角钮铜钟、铜桶、铜筒、越式鼎等，尤其以铜鼓为权力的标志和象征，不同于中原的鼎等。瓯骆之地铜鼓铸造精湛技艺，及其从春秋战国

传承至今仍然在使用的历程,表明了瓯骆文化的根深蒂固、枝繁叶茂和悠久传承。瓯骆地区作为桥梁,连接了东南亚乃至更远的地域。秦统一岭南以后,西瓯、骆越聚居的广西地区隶属桂林郡。秦末汉初,一度又曾纳入南海郡尉赵佗所建的南越国,直至公元前111年汉武帝灭南越,并在该地重设九郡,岭南的郡县制才最终稳定下来。瓯骆地区属于当时汉朝的苍梧、郁林与合浦三郡。此后,岭南与中原地区的经济、文化交流与融合迅速发展。

目前,广西境内登记在册的文物点有1万多处,其中全国重点文物保护单位42处,自治区文物保护单位276处。1997年,顶蛳山遗址发掘被评为"全国十大考古新发现"之一。百色革新桥遗址发掘成果获2002年"全国十大考古新发现"之一。2003年,在合浦县大浪汉城城址外通海河湾发现了汉代码头的遗迹,为海上"丝绸之路"始发港的研究提供了重要证据。

1. 文物古迹

北部湾沿海地区分布有较多的人文古迹,是很有吸引力的旅游资源。合浦古汉墓群、文昌塔、东坡亭、白龙珍珠城遗址、冯子材故居和墓、刘永福故居和墓、北海近代建筑群等都是具有重要开发价值的旅游资源。

2. 史前遗迹

"贝丘"是考古界的一个专用术语,简单来说,因史前人类生产力不发达,尚未进入农耕社会,靠山吃山、靠水吃水,在聚居地常常丢弃有食用过的贝类、蚌壳和其他生活物品,久而久之积少成堆,千万年后,这些古遗物被今人发现,便将之称为"贝丘"。贝丘遗址看似古人的"垃圾场",实则蕴藏着丰富的古人类生活信息,具有重大的考古研究价值。北部湾(广西)滨海贝丘遗址主要有:防城交东贝丘遗址和防城港亚菩山、马兰嘴山、杯较山等贝丘遗址,这些遗址主要是滨海型贝丘遗址。

3. 边疆要塞与地标

如白龙炮台、乌雷炮台、大清钦州界碑、中国海岸线零起点、中国公路零起点地标等。

4. 海洋文化与民俗风情

文化是旅游、休闲资源的灵魂,再美的自然风光如果缺乏了文化的统领都将失去其光华。北部湾（广西）滨海各民族在长期与大海抗争中形成了独特的民族文化、渔文化和珍珠文化，丰富了海洋文化的内涵，这为北部湾（广西）滨海休闲渔业的发展提供了宝贵的文化基础。

北部湾沿海各族人民，在长期耕牧大海的过程中，形成了各自独特的民族风情。这里有全国唯一的海洋民族京族，也有被称为"海上吉卜赛"的疍家人和散布于沿海的客家人。

合浦石湾港口，是西汉时期海上"丝绸之路"南方航道（又称"徐闻、合浦南海道"）的始发港。中原及岭南各地的货物多在此集散，许多外国人来华朝贡或通商过合浦经广西北上中原。合浦港的兴盛促进了合浦地区的经济、文化的繁荣，合浦大型汉墓数量之多、规模之大、出土文物之华美，全国罕见。

总之，北部湾（广西）海滨的文化特点是中原汉文化与本土民族文化、渔文化、海外文化的结合。珍珠文化、客家文化、疍家文化、京族文化和古今的海上渔文化和海洋贸易在北部湾沿海相互交织，形成了鲜明的地方文化风貌。

5. 滨海港口工业旅游与城市风光

现代城市旅游是旅游热点之一。北海、钦州、防城港都是中国起步较晚，但发展较快的滨海城市。这些城市主要体现在现代化的工业景观如大规模的工业园区、临海工业、港口码头，在建的钢铁厂、核能发电厂等，可以作为城市旅游资源进行开发。

6. 海洋公园与场馆

北部湾（广西）滨海以海洋为主题的公园和场馆有北海海洋公园、海洋之窗等。

二、北部湾（广西）滨海人文类旅游资源（景点）评价体系与标准

1. 北部湾（广西）滨海人文类旅游资源（景点）开发评价体系

北部湾（广西）滨海历史文化类旅游资源评价体系分为三层，其中C层为综合指标层，共8个指标，即整体状况、单体特质、规模与体量、资源价值、知名度、关联事物、区域条件与开发保护等。在D层中共有18个指标，分属不同的综合指标，具体如图4.15所示。

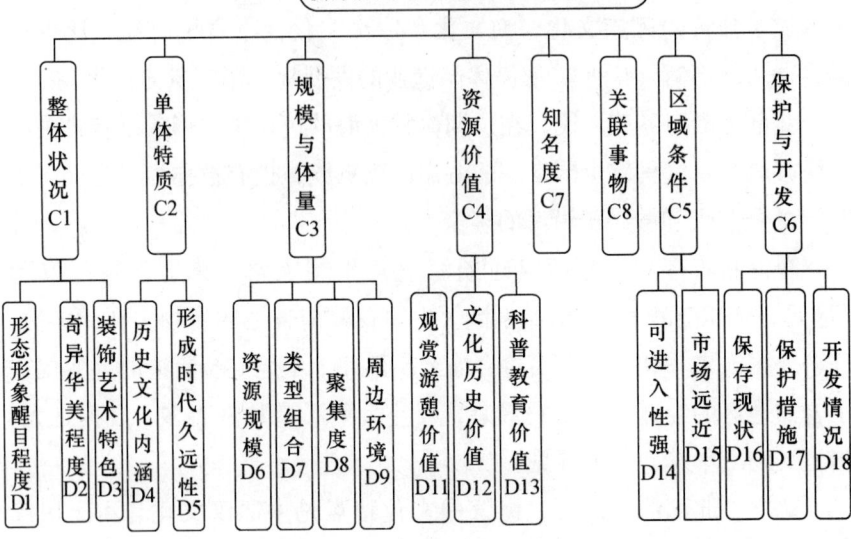

图 4.15 北部湾（广西）滨海人文类旅游资源评价体系

2. 北部湾（广西）滨海人文类旅游资源（景点）开发评价标准

（1）资源单体的整体状况，如表 4.59 所示。

表 4.59 滨海人文类旅游资源（景点）整体状况评价标准

评价项目	评价指标	评价等级描述	等级
资源单体的整体状况	形态和代表形象醒目程度	与同类相比形态别致，代表形象醒目；	5
		与同类相比形态较别致，代表形象比较醒目；	4
		与同类相比代表形象常见；	3
		与同类相比代表形象较差；	2
		与同类相比代表形象差	1
	奇异华美程度	与同类相比资源单体奇特、珍稀、华丽美观；	5
		与同类相比资源单体比较奇特、珍稀、华丽美观；	4
		与同类相比资源单体较常见；	3
		与同类相比资源单体较粗糙；	2
		与同类相比资源单体粗糙	1
	装饰艺术特色	资源单体装饰技艺高超，具有其时代代表性；	5
		资源单体装饰技艺高超，具有其时代代表性；	4
		资源单体装饰技艺高超，具有其时代代表性；	3
		资源单体装饰技艺高超，具有其时代代表性；	2
		资源单体装饰技艺高超，具有其时代代表性	1

（2）旅游资源单体特质，如表 4.60 所示。

表 4.60　滨海人文类旅游资源（景点）单体特质评价标准

评价项目	评价指标	评价等级描述	等级
旅游资源单体特质	历史文化内涵与格调高低	历史文化内涵高，具有很高的历史、文化代表性；	5
		历史文化内涵比较高，具有历史、文化代表性；	4
		历史文化内涵一般，为其时代历史、文化所常见；	3
		历史文化内涵较低，为其时代区域历史、文化现象；	2
		历史文化内涵低，为其时代地方历史、文化现象	1
旅游资源单体特质	形成时代久远性（限于历史文化或者地质现象等）	形成时代悠久，或为其时代存留所罕见；	5
		形成时代比较久远，或为其时代存留所不多见；	4
		形成时代中等，或为其时代存留较多；	3
		形成于历史晚期，常见；	2
		形成于近现代，常见	1

（3）规模、体量与丰度几率，如表 4.61 所示。

表 4.61　滨海人文类旅游资源（景点）规模、体量与丰度几率评价标准

评价项目	评价指标	评价等级描述	等级
规模与体量类丰度几率	资源规模	资源规模大，完整地反映历史或文化风貌；	5
		资源规模比较大，比较完整地反映历史或文化风貌；	4
		资源规模中等，基本完整地反映历史或文化风貌；	3
		资源规模一般，从某个侧面反映历史或文化风貌；	2
		资源规模较小，不能反映历史或文化风貌	1
	类型	类型组合多样，具有丰富的文化内涵；	5
		包含多个类型，文化内涵比较丰富；	4
		类型组合一般，有一定的文化内涵；	3
		类型组合比较单一，文化内涵一般；	2
		类型组合单调，文化内涵单一	1

续表

评价项目	评价指标	评价等级描述	等级
规模与体量类丰度几率	聚集度	同一区域有大量积聚或分布，从各个侧面反映其文化或历史内涵；	5
		同一区域数量较多，能从不同侧面反映其文化或历史内涵；	4
		同一区域有一定量分布，能从多个侧面反映其文化或历史内涵；	3
		同一区域有分布，从某一侧面反映其文化或历史内涵；	2
		同一区域较少分布，从某一侧面反映其文化或历史内涵	1
	周边环境	周边环境优美与资源单体搭配完美；	5
		周边环境适宜与资源单体有很好的搭配；	4
		周边环境一般，未能形成很好的搭配；	3
		周边环境较差，与资源单体不相协调；	2
		周边具有威胁因素，与资源单体格格不入	1

（4）资源价值，如表4.62所示。

表4.62 滨海人文类旅游资源（景点）资源价值评价标准

评价项目	评价指标	评价等级描述	等级
资源价值	观赏游憩价值	有很强的观赏价值，强烈的审美冲击或者能使人深度浸入，愉悦身心；	5
		有比较强的观赏审美价值和较强的参与性与愉悦身心功能；	4
		有一定的观赏审美价值，参与性和愉悦身心功能；	3
		具有一般观赏审美价值，具有参与性；	2
		观赏审美价值较差，参与性不强	1
	历史、文化价值	能全面地反映时代历史、文化特征，具有很高的保存价值；	5
		能比较全面地反映时代历史、文化特征，具有较高的保存价值；	4
		能反映一定的历史、文化风貌和具有一定的保存价值；	3
		历史、文化价值一般，保存价值较低；	2
		历史、文化价值不高，保存价值低	1
	科普教育价值	历史意义和文化价值高，具有很强的科普性；	5
		历史意义和文化价值较高，具有比较高的科普性；	4
		历史意义和文化价值一般，具有一定的科普性；	3
		历史和文化价值比较低，具有一般的科普性；	2
		历史文化价值低，科普价值较低	1

(5) 知名度与关联事物，如表 4.63 所示。

表 4.63 滨海人文类旅游资源（景点）知名度与关联事物评价标准

评价项目	评价指标或说明	评价等级描述	等级
知名度	知名度	世界级知名；	5
		全国级知名；	4
		省级知名；	3
		地区级知名；	2
		当地知名	1
关联事物	主要指典型的历史人物、历史事件；民族、文化、风俗、风情和节事；其他如天象、气象与特殊景象	关联事物典型或者具有重要意义，增加了资源单体的重要性；	5
		关联事物比较典型或者比较有意义，为资源单体增加了吸引力；	4
		关联事物具有一定典型性或者具有一定意义，能增添其吸引力；	3
		关联事物具有一般典型性或意义，但能与资源单体相互配合；	2
		关联事物不具有典型性或意义，但与资源单体有一定的关联性	1

(6) 区域条件，如表 4.64 所示。

表 4.64 滨海人文类旅游资源（景点）区域条件评价标准

评价项目	评价指标或说明	评价等级描述	等级
区域条件	可进入性	乡村小路可进入，交通很差，比较偏远；	5
		有石子路可进入，远离干道；	4
		有油路可进入，交通一般；	3
		有等级公路可进入，交通方便；	2
		有高速路或铁路连接，交通顺畅	1
	市场远近	地处偏远，远离市场；	5
		离市场较远，只有少数探险型游客；	4
		离市场较近，有固定游客市场；	3
		离市场很近，一般游客均能到达；	2
		位于市场中心，具有庞大的游客市场	1

(7) 保护与开发现状,如表4.65所示。

表 4.65 滨海人文类旅游资源(景点)保护与开发现状评价标准

评价项目	评价指标或说明	评价等级描述	等级
保护与开发现状	保护措施和保存现状	无保护措施和规划,出于无序状态,资源破坏严重;	5
		措施、规划不完善,保护不力,资源明显破坏;	4
		保护一般,未设立专门保护机构,资源有部分破坏;	3
		有保护措施和规划,保护比较好,资源未受明显破坏,设立了专门保护机构;	2
		有完善保护措施和规划,资源得到很好的保护,设立了专门保护机构和科研机构	1
	开发现状	基础设施和接待设施完善,能提供全方位服务;	5
		基础设施和接待设施比较完善,能提供很好的服务;	4
		基础设施和接待设施一般,能提供基本的服务;	3
		基础设施和接待设施缺乏,能提供有限服务;	2
		无基础设施和接待设施	1

3. 北部湾(广西)滨海人文旅游资源(景点)评价体系(如图4.16所示)

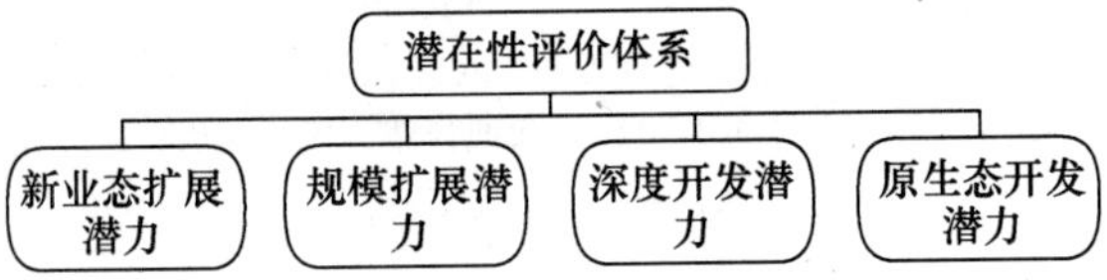

```
          潜在性评价体系
    ┌──────┬──────┬──────┐
 新业态扩展  规模扩展潜  深度开发潜  原生态开发
   潜力       力         力         潜力
```

图 4.16 北部湾(广西)滨海人文旅游资源(景点)潜在性评价体系

4. 北部湾(广西)滨海人文旅游资源(景点)评价标准

有关新业态开发潜力、规模扩展潜力、深度开发潜力和原生态开发潜力的界定参见前面说明。

(1) 新业态扩展潜力,如表4.66所示。

表4.66 滨海人文旅游资源（景点）新业态扩展潜力评价标准

新业态扩展潜力	标准或特点
1	资源属性单一，开展新业态旅游（生态、休闲渔业、工业旅游等）的能力小
2	资源属性相对单一，开展新业态旅游（生态、休闲渔业、工业旅游等）的能力较小
3	资源属性一般，开展新业态旅游能力（生态、休闲渔业、工业旅游等）一般
4	资源属性相对多样，开展新业态旅游能力（生态、休闲渔业、工业旅游等）较强
5	资源属性多样，开展新业态旅游能力（生态、休闲渔业、工业旅游等）强

（2）规模扩展潜力，如表4.67所示。

表4.67 滨海人文旅游资源（景点）规模扩展潜力评价标准

规模扩展潜力	标准或特点
1	旅游资源规模小，规模扩展能力有限
2	旅游资源规模比较小或利用率高，进一步扩展规模能力较小
3	旅游资源规模、利用率一般，进一步扩展规模的能力一般
4	旅游资源规模较大、利用率较低，进一步扩展规模的能力较强
5	旅游资源规模大、利用低，进一步扩展规模的能力强

（3）深度开发潜力，如表4.68所示。

表4.68 滨海人文旅游资源（景点）深度开发潜力评价标准

深度开发潜力	标准或特点
1	旅游开发成熟，深度开发潜力有限
2	旅游开发比较成熟，深度开发潜力相对有限
3	旅游开发成熟度一般，深度开发潜力中等
4	旅游开发程度较低，深度开发潜力较大
5	旅游开发程度低，深度开发潜力大

（4）原生态开发潜力，如表6.69所示。

表 4.69　滨海人文旅游资源（景点）原生态开发潜力评价标准

原生态开发潜力	标准或特点
1	资源规模小、品位低，原生态开发潜力小
2	资源规模较小、品位较低，原生态开发潜力较小
3	资源规模一般、品位中等，原生态开发潜力一般
4	资源规模较大、品位较高，原生态开发潜力较强
5	资源规模大、品位高，原生态开发潜力强

三、北部湾（广西）滨海人文类旅游资源（景点）开发评价

1. 各层判断矩阵（如表 4.70 所示）

表 4.70　滨海人文旅游资源（景点）A – C 判断矩阵

A – C	整体状况 C1	单体特质 C2	规模与体量 C3	资源价值 C4	区域条件 C5	保护与开发 C6	知名度 C7	关联事物 C8	W
整体状况 C1	1	1	5	1/3	9	7	3	11	0.2003
单体特质 C2	1	1	5	1/3	9	7	3	11	0.2003
规模与体量 C3	1/5	1/5	1	1/7	5	3	1/3	7	0.0905
资源价值 C4	3	3	7	1	11	9	5	13	0.2790
区域条件 C5	1/9	1/9	1/5	0	1	1/3	1/7	3	0.0268
保护与开发 C6	1/7	1/7	1/3	1/9	3	1	1/5	5	0.0533
知名度 C7	1/3	1/3	3	1/5	7	5	1	9	0.1388
关联事物 C8	0	0	1/7	0	1/3	1/5	1/9	1	0.0110

表 4.71　滨海人文旅游资源（景点）C1 – D1、D2、D3 判断矩阵

C1 – D1、D2、D3	形态形象醒目程度 D1	奇异华美程度 D2	装饰艺术特色 D3	W
形态形象醒目程度 D1	1	1/3	1	0.2000
奇异华美程度 D2	3	1	3	0.6000
装饰艺术特色 D3	1	1/3	1	0.2000

表 4.72 滨海人文旅游资源（景点）C2 – D4、D5 判断矩阵

C2 – D4、D5	历史文化内涵 D4	形成时代的久远 D5	W
历史文化内涵 D4	1	3	0.7500
形成时代的久远 D5	1/3	1	0.2500

表 4.73 滨海人文旅游资源（景点）C3 – D6、D7、D8、D9 判断矩阵

C3 – D6、D7、D8、D9	资源规模 D6	类型组合度 D7	集聚度 D8	周边环境 D9	W
资源规模 D6	1	5	3	7	0.5072
类型组合度 D7	1/5	1	1/3	3	0.1437
集聚度 D8	1/3	3	1	5	0.2959
周边环境 D9	1/7	1/3	1/5	1	0.0531

表 4.74 滨海人文旅游资源（景点）C4 – D11、D12、D13 判断矩阵

C4 – D11、D12、D13	观赏游憩价值 D11	文化历史价值 D12	科普教育价值 D13	W
观赏游憩价值 D11	1	1/5	1/3	0.1031
文化历史价值 D12	5	1	3	0.6054
科普教育价值 D13	3	1/3	1	0.2915

表 4.75 滨海人文旅游资源（景点）C5 – D14、D15 判断矩阵

C5 – D14、D15	可进入性 D14	市场远近 D15	W
可进入性 D14	1	1	0.5000
市场远近 D15	1	1	0.5000

表 4.76 滨海人文旅游资源（景点）C6 – D16、D17、D18 判断矩阵

C6 – D16、D17、D18	保存现状 D16	保护措施 D17	开发情况 D18	W
保存现状 D16	1	3	5	0.6054
保护措施 D17	1/3	1	3	0.2915
开发情况 D18	1/5	1/3	1	0.1031

2. 评价结果排序（如表 4.77、表 4.78 和图 4.17 所示）。

表 4.77 北部湾（广西）滨海人文旅游资源（景点）开发评价结果排序

	整体状况 C1	单体特质 C2	规模与体量 C3	资源价值 C4	区域条件 C5	保护与开发 C6	知名度 C7	关联事物 C8	总分
合浦汉墓	0.80	1.00	0.43	1.26	0.11	0.22	0.69	0.03	4.55
北海近代建筑群	0.88	0.75	0.43	1.14	0.13	0.21	0.56	0.02	4.13
海洋公园	0.84	0.60	0.45	1.23	0.13	0.22	0.56	0.02	4.05
刘永福故居	0.80	0.80	0.34	1.12	0.11	0.21	0.56	0.04	3.98
冯子材故居	0.80	0.80	0.35	1.09	0.12	0.21	0.56	0.04	3.97
企沙渔港	0.80	0.75	0.44	1.14	0.12	0.21	0.42	0.05	3.93
白龙珍珠城遗址	0.60	0.95	0.24	1.28	0.08	0.16	0.56	0.04	3.91
海洋之窗	0.84	0.60	0.40	1.23	0.13	0.22	0.42	0.02	3.86
大士阁	0.80	0.80	0.28	1.12	0.08	0.20	0.56	0.02	3.85
潭蓬古运河	0.60	0.80	0.31	1.01	0.08	0.15	0.56	0.03	3.54
防城贝丘遗址	0.40	1.00	0.19	1.23	0.08	0.15	0.42	0.03	3.50
珍珠港珍珠养殖观光	0.56	0.55	0.31	1.12	0.08	0.11	0.42	0.03	3.17
合浦永安古城	0.48	0.85	0.19	1.01	0.08	0.11	0.42	0.03	3.16
白龙炮台	0.60	0.75	0.28	0.84	0.09	0.13	0.42	0.04	3.15
陈公馆	0.60	0.60	0.27	1.01	0.09	0.11	0.42	0.03	3.13
东坡亭	0.60	0.75	0.26	0.84	0.08	0.15	0.42	0.02	3.12
东兴大清钦州界碑	0.44	0.75	0.19	1.01	0.09	0.11	0.28	0.02	2.88
钦州港临海工业旅游	0.60	0.40	0.31	0.70	0.11	0.11	0.42	0.02	2.66
防城港临海工业旅游	0.60	0.40	0.30	0.70	0.09	0.11	0.42	0.02	2.64
北仑河口大清钦州界碑	0.44	0.75	0.19	0.76	0.09	0.11	0.28	0.02	2.63
万尾哈亭	0.44	0.60	0.19	0.76	0.09	0.11	0.28	0.02	2.48
海角亭	0.48	0.60	0.15	0.73	0.09	0.11	0.28	0.02	2.46
巫头哈亭	0.40	0.60	0.19	0.76	0.09	0.11	0.28	0.02	2.44
文昌塔	0.48	0.60	0.15	0.73	0.07	0.11	0.28	0.01	2.42
东兴中越边贸街	0.60	0.40	0.26	0.62	0.09	0.11	0.28	0.02	2.38
东兴海关大楼	0.60	0.40	0.21	0.62	0.09	0.11	0.28	0.02	2.33

续表

	整体状况 C1	单体特质 C2	规模与体量 C3	资源价值 C4	区域条件 C5	保护与开发 C6	知名度 C7	关联事物 C8	总分
东兴观音寺	0.52	0.40	0.19	0.73	0.07	0.11	0.28	0.02	2.32
竹林盐场与海水养殖	0.40	0.40	0.23	0.64	0.05	0.11	0.28	0.01	2.12
中国公路零起点标志	0.40	0.25	0.18	0.73	0.07	0.11	0.28	0.02	2.03
钦州边陲明珠标志	0.48	0.20	0.14	0.31	0.07	0.11	0.28	0.01	1.59

如果将旅游资源可以分为世界级、国家级、省区级和地方级，运用公式：

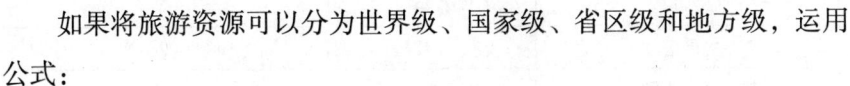

$$3 \times \frac{\text{评价结果值} - \text{最小评价值}}{\text{最大评价值} - \text{最小评价值}} + 1$$

将连续数据转换成并连续排序，得出旅游资源的评价结构排序。

表4.78 北部湾（广西）滨海人文旅游资源（景点）开发评价结构排序

名称	开发评价	结构性排序
合浦汉墓	4.55	4
北海近代建筑群	4.13	4
海洋公园	4.05	3
刘永福故居	3.98	3
冯子材故居	3.97	3
企沙渔港	3.93	3
白龙珍珠城遗址	3.91	3
海洋之窗	3.86	3
大士阁	3.85	3
潭蓬古运河	3.54	3
防城贝丘遗址	3.50	3
珍珠港珍珠养殖观光	3.17	3
合浦永安古城	3.16	3
白龙炮台	3.15	3
陈公馆	3.13	3

续表

名称	开发评价	结构性排序
东坡亭	3.12	3
东兴大清钦州界碑	2.88	2
钦州港临海工业旅游	2.66	2
防城港临海工业旅游	2.64	2
北仑河口大清钦州界碑	2.63	2
万尾哈亭	2.48	2
海角亭	2.46	2
巫头哈亭	2.44	2
文昌塔	2.42	2
东兴中越边贸街	2.38	2
东兴海关大楼	2.33	2
东兴观音寺	2.32	2
竹林盐场与海水养殖	2.12	2
中国公路零起点标志	2.03	1
钦州边陲明珠标志	1.59	1

注：结构性排序级别顺序代表的含义为：

4 代表世界级资源；

3 代表国家级资源；

2 代表省区级资源；

1 代表地方级资源。

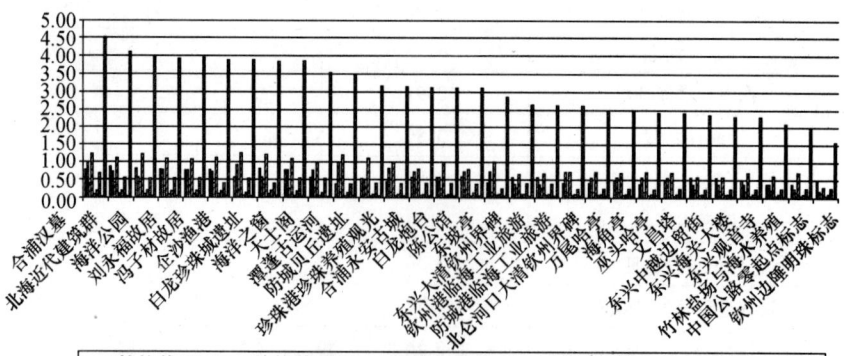

图 4.17 滨海人文旅游资源（景点）评价结果排序

四、北部湾（广西）滨海人文类旅游资源评价

1. 评价矩阵（如表4.79所示）

表4.79 滨海人文旅游资源（景点）评价矩阵

	新业态扩展潜力 C1	规模扩展潜力 C2	深度开发潜力 C3	原生态开发潜力 C4	W
新业态扩展潜力 C1	1	3	1	3	0.375
规模扩展潜力 C2	1/3	1	1/3	1	0.125
深度开发潜力 C3	1	3	1	3	0.375
原生态开发潜力 C4	1/3	1	1/3	1	0.125

2. 评价结果（如表4.80所示）

表4.80 滨海人文旅游资源（景点）评价结果

	新业态扩展潜力 C1	规模扩展潜力 C2	深度开发潜力 C3	原生态开发潜力 C4	总分
北海近代建筑群	4	5	4	4	4.125
企沙渔港	4	4	4	5	4.125
合浦汉墓	4	4	4	5	4.125
珍珠港珍珠养殖观光	4	4	4	4	4.000
白龙珍珠城遗址	3	4	4	4	3.625
钦州港临海工业旅游	4	3	3	3	3.375
防城港临海工业旅游	4	3	3	3	3.375
万尾哈亭	3	3	4	3	3.375
潭蓬古运河	3	3	3	4	3.125
合浦永安古城	3	3	3	4	3.125
竹林盐场与海水养殖	4	3	2	4	3.125
海洋公园	3	3	3	3	3.000
海洋之窗	3	2	3	3	2.875
巫头哈亭	3	2	3	3	2.875
东兴中越边贸街	3	3	2	3	2.625

续表

	新业态扩展潜力 C1	规模扩展潜力 C2	深度开发潜力 C3	原生态开发潜力 C4	总分
防城贝丘遗址	2	2	3	3	2.500
北仑河口大清钦州界碑	2	2	3	2	2.375
大士阁	1	2	3	4	2.250
白龙炮台	1	2	3	4	2.250
陈公馆	1	2	3	3	2.125
东兴大清钦州界碑	2	2	2	3	2.125
文昌塔	2	2	2	2	2.000
东兴海关大楼	2	2	2	2	2.000
东兴观音寺	2	2	2	2	2.000
中国公路零起点标志	2	2	2	2	2.000
钦州边陲明珠标志	2	2	2	2	2.000
东坡亭	1	1	2	2	1.500
刘永福故居	1	1	2	1	1.375
冯子材故居	1	1	2	1	1.375
海角亭	1	2	1	2	1.250

第六节 滨海旅游资源（景点）综合评价

北部湾（广西）滨海旅游资源丰富，无论从已开发的旅游资源的潜力挖掘，还是新发现或未利用旅游资源的开发上都具有很大的潜力。在前面评价的基础上得出一些基本结论。

一、北部湾（广西）滨海旅游资源（景点）开发的基本结论

1. 北部湾（广西）滨海生态类旅游资源评价基本结论

（1）滨海生态类旅游资源或景点一般开发评价基本结论。

◆世界级资源或景点有：涠洲岛海岛生态旅游区、北仑河口自然保

护区、山口红树林自然保护区；

◆国家级资源或景点有：茅尾海湿地公园、冠头岭国家森林公园、光坡南亚松林、竹山镇竹山村古榕树林、大冠沙城市红树林、合浦廉州湾湿地、合浦沙田儒艮自然保护区；

◆省级资源或景点有：渔洲坪城市红树林、龙门七十二泾、麻蓝岛旅游度假区、企沙簕山村红鳞蒲桃原始林、企沙六墩岛白鹭栖息地、巫头万鹤山野生动物保护区；

◆地方级资源或景点有：营盘青山头旅游度假区。

（2）生态类旅游资源或景点评价基本结论。

◆评价总分最高的资源或景点是：涠洲岛海岛生态旅游区、北仑河口自然保护区、山口红树林保护区；

◆新业态开发潜力最大的资源或景点是：涠洲岛海岛生态旅游区、北仑河口自然保护区、山口红树林自然保护区、龙门七十二泾、冠头岭国家森林公园；

◆规模扩展潜力最大资源和景点是：涠洲岛海岛生态旅游区、北仑河口自然保护区、山口红树林自然保护区、龙门七十二泾；

◆深度开发潜力最大的资源或景点是：涠洲岛海岛生态旅游区、北仑河口自然保护区、山口红树林保护区；

◆原生态开发潜力最大的资源或景点是：北仑河口自然保护区、竹山镇竹山村古榕树林、渔洲坪城市红树林、合浦廉州湾湿地、大冠沙城市红树林、光坡南亚松林。

2. 北部湾（广西）滨海水体—沙滩类旅游资源或景点评价基本结论

（1）滨海水体—沙滩类旅游资源或景点一般开发评价基本结论。

◆世界级资源或景点有：北海银滩、东兴金滩；

◆国家级资源或景点有：三娘湾、天堂滩—蝴蝶岛、大坪坡、涠洲岛南湾沙滩、涠洲岛石螺口沙滩；

◆省区级资源或景点有：涠洲岛五彩滩海滩、犀牛角月亮湾沙滩、麻蓝岛沙滩、玉石滩沙滩；

◆地方级资源或景点：营盘青山头沙滩、怪石滩海滩。

（2）滨海水体—沙滩类旅游资源或景点评价。

◆评价总分最高的资源或景点是：金滩沙滩、天堂滩—蝴蝶岛沙滩、大平坡沙滩；

◆新业态开发潜力最大的资源或景点是：金滩沙滩、天堂滩—蝴蝶岛沙滩、大平坡沙滩、北海银滩沙滩、三娘湾沙滩、涠洲岛南湾沙滩、玉石滩沙滩、涠洲岛石螺口沙滩；

◆规模扩展潜力最大资源和景点是：金滩沙滩、天堂滩—蝴蝶岛沙滩、大平坡沙滩、北海银滩沙滩；

◆深度开发潜力最大的资源或景点是：金滩沙滩、天堂滩—蝴蝶岛沙滩、大平坡沙滩、北海银滩沙滩、三娘湾沙滩；

◆原生态开发潜力最大的资源或景点是：金滩沙滩、天堂滩—蝴蝶岛沙滩、大平坡沙滩、涠洲岛南湾沙滩。

3. 北部湾（广西）滨海人文类旅游资源或景点评价基本结论

（1）滨海人文类旅游资源或景点一般开发评价基本结论。

◆世界级资源或景点有：合浦汉墓、北海近代建筑群；

◆国家级资源或景点有：海洋公园、刘永福故居、冯子材故居、企沙渔港、白龙珍珠城遗址、海洋之窗、大士阁、潭蓬古运河、防城贝丘遗址、珍珠港珍珠养殖观光、合浦永安古城、白龙炮台、陈公馆、东坡亭；

◆省级资源或景点有：东兴大清钦州界碑、钦州港临海工业旅游、防城港临海工业旅游、北仑河口大清钦州界碑、万尾哈亭、海角亭、巫头哈亭、文昌塔、东兴中越边贸街、东兴海关大楼、东兴观音寺、竹林盐场与海水养殖；

◆地方级资源或景点有：中国公路零起点标志、钦州边陲明珠标志。

（2）人文类旅游资源或景点评价基本结论。

◆评价总分最高的资源或景点是：北海近代建筑群、企沙渔港、合浦汉墓、珍珠港珍珠养殖观光；

◆新业态开发潜力最大的资源或景点是：北海近代建筑群、企沙渔港、合浦汉墓、珍珠港珍珠养殖观光、钦州港临海工业旅游、防城港临海工业旅游、竹林盐场与海水养殖；

◆规模扩展潜力最大资源和景点是：北海近代建筑群、企沙渔港、合浦汉墓、珍珠港珍珠养殖观光、白龙珍珠城遗址；

◆深度开发潜力最大的资源或景点是：北海近代建筑群、企沙渔港、合浦汉墓、珍珠港珍珠养殖观光、白龙珍珠城遗址、万尾哈亭；

◆原生态开发潜力最大的资源或景点是：合浦汉墓、企沙渔港、北海近代建筑群、珍珠港珍珠养殖观光、白龙珍珠城遗址、潭蓬古运河、合浦永安古城、竹林盐场与海水养殖、大士阁、白龙炮台。

二、北部湾（广西）滨海旅游资源（景点）综合评价

用开发评价分值的算术平均值、评价因子分值的算术平均值为坐标原点构建四象限图，四象限中的四个区域，分别表示不同资源的开发价值的专家评价。第一象限区域为高开发价值，高潜在价值。说明旅游资源或景点具有很高的开发价值，同时也具有很高的潜在性，也就是说在开发上或在新业态旅游扩展潜力，或者是在规模扩展潜力、深度开发潜力或者原生态开发潜力等具有很大的拓展空间。第二象限区域为低开发价值，高潜在价值。此类旅游资源或景点，其本身的开发价值不太高，为省区级或区域性乃至地方性旅游资源或景点，具有一定的开发价值，但没有被纳入到开发的视线内，或者开发程度非常小，所以具有很高的潜在开发价值。第三象限区域为低开发价值，低潜在性。这类资源或景点，具有不高的开发价值和潜在开发价值，但可以作为旅游区的补充资源或景点，用来丰富旅游区景点类型和内容。第四象限区域为高开发价值，低潜在价值。这类景点在北部湾（广西）滨海很少，以人文类为主。人文类旅游资源由于受到其规模、风格、文化类型以及保护限制，其开发方向较为固定，所以在新业态扩展、规模扩展等潜力方面受一定的限制。

1. 北部湾（广西）滨海生态类旅游资源（景点）综合评价

经过前期的滨海旅游资源调查，确定了具有开发价值的17个生态类旅游资源（景点），这17个生态类旅游资源（景点）为：涠洲岛—斜阳岛旅游区、北仑河口海洋自然保护区、山口红树林生态保护中心、

茅尾海湿地公园、冠头岭国家森林公园、光坡南亚松林、竹山镇竹山村古榕树林、大冠沙城市红树林、合浦廉州湾湿地、合浦沙田儒艮自然保护区、渔洲坪城市红树林、龙门—七十二泾旅游度假区、麻蓝岛滨海旅游区、企沙簕山村红鳞蒲桃原始林、企沙六墩岛白鹭栖息地、巫头万鹤山野生动物保护区、营盘青山头旅游度假区。依据评价与一般开发性评价的得分的算术均值为坐标原点，建立综合评价坐标系，这17个景点主要分布于第一与第三象限，如图4.18所示。

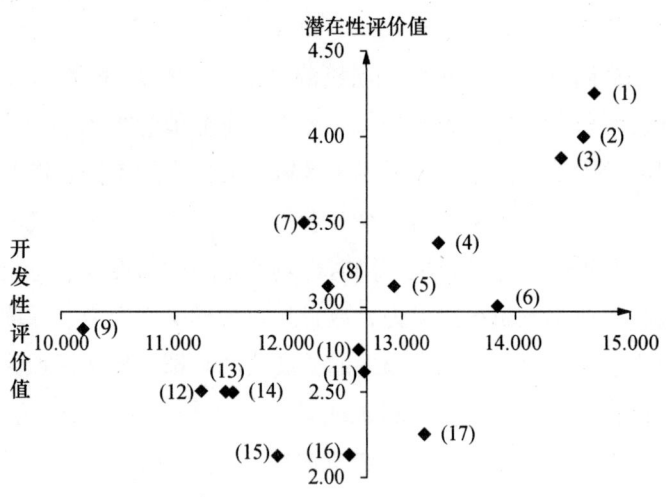

图4.18　北部湾（广西）滨海生态类旅游资源（景点）综合评价

（1）涠洲岛—斜阳岛旅游区；（2）北仑河口海洋自然保护区；（3）山口红树林生态保护中心；（4）冠头岭国家森林公园；（5）竹山镇竹山村古榕树林；（6）茅尾海湿地公园；（7）龙门—七十二泾旅游度假区；（8）渔洲坪城市红树林；（9）营盘青山头旅游度假区；（10）合浦廉州湾湿地；（11）大冠沙城市红树林；（12）巫头万鹤山野生动物保护区；（13）企沙六墩岛白鹭栖息地；（14）企沙簕山村红鳞蒲桃原始林；（15）麻蓝岛滨海旅游区；（16）合浦沙田儒艮自然保护区；（17）光坡南亚松林

位于第一象限的资源（景点）为：涠洲岛—斜阳岛旅游区、北仑河口海洋自然保护区、山口红树林生态保护中心、冠头岭国家森林公园、竹山镇竹山村古榕树林、茅尾海湿地公园。该象限为高开发价值和潜在价值，其中尤其以前三者更为突出，具有很高的开发价值和潜在开发价值。

位于第三象限的资源（景点）为：营盘青山头旅游度假区、合浦廉州湾湿地、大冠沙城市红树林、巫头万鹤山野生动物保护区、企沙六墩岛白鹭栖息地、企沙簕山村红鳞蒲桃原始林、麻蓝岛滨海旅游区、合浦沙田儒艮自然保护区。这一象限资源（景点）开发价值和潜在开发价值都低于平均值。其中合浦廉州湾湿地、大冠沙城市红树林、企沙六墩岛白鹭栖息地、企沙簕山村红鳞蒲桃原始林、麻蓝岛滨海旅游区、合浦沙田儒艮自然保护区开发价值中等，具有相对较高的开发价值，但在开发潜力上受到自然保护方面的限制，在开发上，要做到开发与保护并重，在开发过程中，制定出完善的自然保护措施，做到有序合理的旅游开发。

总的来说，第三象限的旅游资源（景点）与第一象限的相比，开发价值和潜在开发价值相对较低，但在区域旅游资源开发中，可以作为补充资源（景点），能够丰富区域旅游资源（景点）的类型和内容，也具有很好的开发前景。

位于第二象限的资源（景点）为：龙门—七十二泾旅游度假区、渔洲坪城市红树林。它们的开发价值中等，但具有较高的潜在开发价值，是今后旅游开发的重点。

位于第四象限的资源（景点）为：光坡南亚松林，开发价值比较高，但开发潜力相对较低，主要是南亚松，对自然条件要求较高，同时具有较高的保护要求，在开发中，要做好资源保护工作。

2. 北部湾（广西）滨海水体—沙滩类旅游资源（景点）综合评价

北部湾（广西）滨海岸线绵长，在水动力的综合作用下，形成了众多沙质好、水质优、环境美的水体—沙滩类旅游资源（景点）。通过滨海旅游资源调查，确定了13个具有开发价值的水体—沙滩（包括一些具有开发价值的石滩）类旅游资源和景点，它们是：北海银滩沙滩、金滩沙滩、三娘湾沙滩、天堂滩—蝴蝶岛沙滩、大平坡沙滩、涠洲岛南湾沙滩、涠洲岛石螺口沙滩、涠洲岛五彩滩海滩、犀牛脚月亮湾沙滩、麻蓝岛沙滩、玉石滩沙滩、营盘青山头沙滩、怪石滩海滩。以一般性开发评价得分和潜在性评价得分算术平均值建立综合评价坐标系，这13

个资源（景点）主要分布在第一和第三象限，只有一个分布在第二象限，没有资源（景点）在第四象限，如图4.19所示。

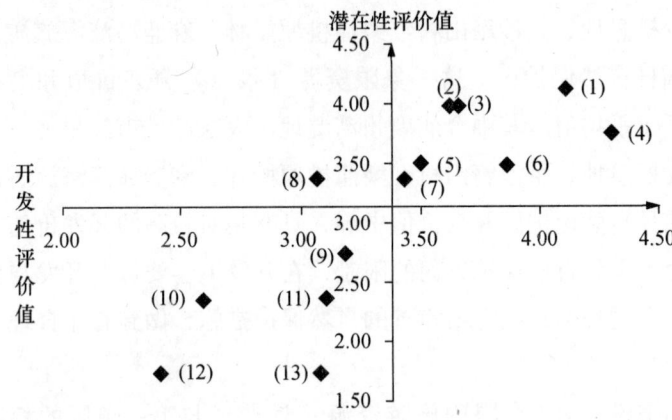

图4.19　潜在水体—沙滩类旅游资源（景点）综合评价

（1）金滩；（2）大平坡沙滩；（3）天堂滩—蝴蝶岛沙滩；（4）北海银滩；（5）涠洲岛南湾沙滩；（6）三娘湾沙滩；（7）涠洲岛石螺口沙滩；（8）玉石滩沙滩；（9）涠洲岛五彩滩海滩；（10）营盘青山头沙滩；（11）犀牛脚月亮湾沙滩；（12）怪石滩海滩；（13）麻蓝岛沙滩

在第一象限的资源（景点）有：金滩、大平坡沙滩、天堂滩—蝴蝶岛沙滩、北海银滩、涠洲岛南湾沙滩、三娘湾沙滩、涠洲岛石螺口沙滩7个水体—沙滩类资源（景点）。其中金滩和银滩分别具有最高的潜在开发价值和一般开发价值；除此之外，大平坡沙滩和天堂滩沙滩具有很高潜在开发价值，而三娘湾具有很高的一般开发价值，这一组的涠洲岛南湾沙滩和石螺口沙滩由于受规模限制，较前面几个的潜在开发价值和一般开发价值相对低一点。

位于第三象限的资源（景点）有：涠洲岛五彩滩海滩、营盘青山头沙滩、犀牛脚月亮湾沙滩、怪石滩海滩、麻蓝岛沙滩5个水体—沙滩（包括部分石滩）类旅游资源。这部分资源（景点）相对于第一象限的资源（景点）来说，潜在开发价值和一般开发价值相对较低，其主要原因是沙滩规模小于前者，所以在旅游资源开发中，要注意合理运用，发挥优势，有些资源（景点）由于规模小，可以开发相对高档的旅游产品，如怪石滩，其位置相对封闭，可以开发新业态旅游，建立海洋垂钓基地和高级度假中心。

位于第二象限的资源（景点）为玉石滩沙滩，此沙滩由于风浪较大，沙滩坡度较大，不适合建立海滨浴场，可以作为海上帆船等海上运动等旅游产品进行开发，由于海滩较长，开发建设规模较大。

3. 北部湾（广西）滨海人文类旅游资源（景点）综合评价

北部湾（广西）滨海人文类旅游资源较为丰富，根据调查结果，确定30个资源（景点）进行评价，它们是：合浦汉墓、北海近代建筑群、海洋公园、刘永福故居、冯子材故居、企沙渔港、白龙珍珠城遗址、海洋之窗、大士阁、潭蓬古运河、防城贝丘遗址、珍珠港珍珠养殖观光、合浦永安古城、白龙炮台、陈公馆、东坡亭、东兴大清钦州界碑、钦州港临海工业旅游、防城港临海工业旅游、北仑河口大清钦州界碑、万尾哈亭、海角亭、巫头哈亭、合浦文昌塔、东兴中越边贸街、东兴海关大楼、东兴观音寺、竹林盐场与海水养殖、中国公路零起点标志、钦州边陲明珠标志。

位于第一象限的资源（景点）有：合浦汉墓、北海近代建筑群、企沙渔港、珍珠港珍珠养殖观光、白龙珍珠城遗址、合浦永安古城、潭蓬古运河、海洋公园、海洋之窗等9个资源（景点）。合浦汉墓具有最高的开发价值，合浦汉墓、北海近代建筑群、企沙渔港具有最大的开发价值。合浦汉墓由于其悠久的历史、巨大的分布规模及其在历史文化研究中的重要作用具有极高的开发和潜在开发价值。北海近代建筑群比较典型地反映了近代北海市乃至整个中国的历史从列强入侵到被沦为半殖民地的过程，是中国近代历史的一个缩影，具有很高的历史价值。同时北海近代建筑群，合璧了中西方建筑文化，具有很高的文化价值。企沙渔港，是我国西南沿海的一大渔港，也是在越南排华时期安置越南华侨的一个重要安置点，其不仅具有浓郁的渔港、渔村风情，为渔文化的一个代表，而其众多越南华侨，仍保留着在越南的生活习惯和习俗，具有明显的异域情调。同时，本地华侨与越南亲友保持着密切的联系，具有沟通越南的显著优势，在发展旅游方面具有独特的优势。除此之外，珍珠港珍珠养殖观光、白龙珍珠城遗址具有很高的潜在开发价值，两者是历史和现代珍珠文化的代表,对于挖掘珍珠文化,具有很大的意义。海洋公园、海洋之窗为主体公园,是旅游现代形式的代表,具有很高的开发价值。合浦永安古城、潭蓬古运河由于保存不够完善,在本组中开发和潜在开发价值,相对较低。

位于第三象限的资源(景点)有:东兴中越边贸街、北仑河口大清钦州界碑、东兴大清钦州界碑、边陲明珠标志、中国公路零起点标志、东兴观音寺、东兴海关大楼、文昌塔、海角亭。这类景点由于受景点规模限制,开发价值和潜在开发价值相对较小,可以作为当地旅游区的补充景点用以补充和丰富旅游区的内容和类型,如图4.20所示。

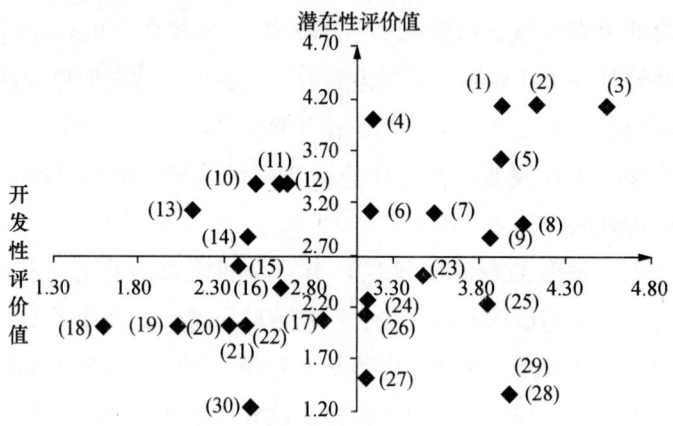

图4.20 潜在人文类旅游资源(景点)综合评价

(1)企沙渔港;(2)北海近代建筑群;(3)合浦汉墓;(4)珍珠港珍珠养殖观光;(5)白龙珍珠城遗址;(6)合浦永安古城;(7)潭蓬古运河;(8)海洋公园;(9)海洋之窗;(10)万尾哈亭;(11)防城港临海工业旅游;(12)钦州港临海工业旅游;(13)竹林盐场与海水养殖;(14)巫头哈亭;(15)东兴中越边贸街;(16)北仑河口大清钦州界碑;(17)东兴大清钦州界碑;(18)边陲明珠标志;(19)中国公路零起点标志;(20)东兴观音寺;(21)东兴海关大楼;(22)文昌塔;(23)防城贝丘遗址;(24)白龙炮台;(25)大士阁;(26)陈公馆;(27)东坡亭;(28)冯子材故居;(29)刘永福故居;(30)海角亭

位于第二象限的资源(景点)有:万尾哈亭、防城港临海工业旅游、钦州港临海工业旅游、竹林盐场与海水养殖、巫头哈亭。其中防城港临海工业旅游、钦州港临海工业旅游、竹林盐场与海水养殖为旅游业与工业和海洋渔业的交叉，代表了旅游业发展的方向，具有很好的前景，但北部湾（广西）滨海由于旅游发展水平相对较低，在这些方面还比较落后，开发潜力巨大。万尾哈亭和巫头哈亭，是京族文化的外在物化。京族是北部湾特有的少数民族，也是我国唯一的海洋民族，无论其生产、生活习俗，还是民族文化，都具有独特的开发价值，而目前对于京族文化的旅游开发挖掘工作十分有限，其进一步进行旅游开发的空间还相当大，具有很高的潜力。

位于第四象限的景点有：冯子材故居、刘永福故居、大士阁、防城贝丘遗址、白龙炮台、陈公馆、东坡亭。其中冯子材故居、刘永福故居、大士阁为国家文物保护单位，冯子材故居和刘永福故居为国家4A级景点，具有很高的开发价值，其他一些资源（景点）由于其悠久的历史或者文化内涵也具有一定的开发价值，由于受到文物保护的限制，其开发的扩展潜力相对要小一些。

三、北部湾（广西）滨海旅游资源空间分析

1. 滨海旅游资源（景点）开发价值空间分布

为了揭示北部湾（广西）滨海旅游资源开发价值的空间分布特征，将滨海旅游资源开发评价数值用公式，进行标准化：

$$V_X = \frac{P_X - MinX}{MaxX - MinX}$$

V_X——某一旅游资源（景点）开发评价标准化值；

P_X——某一旅游资源（景点）开发评价值；

$MinX$——同类旅游资源（景点）开发评价最小值；

$MaxX$——同类旅游资源（景点）开发评价最大值。

以各景点开发评价标准化值为依据，采用外业调查采集的旅游资源空间地理坐标，利用 ARC VIEW 软件对北部湾（广西）滨海三市旅游资源进行密度分析（参数设置为：cellsize：0.001394dg；Number of Rows：250；Number of Columns：449；Population Field：开发评价标准化值；Search radius：6.211032；Density type：Kernel；area units：square miles)得出北部湾(广西)滨海旅游资源开发价值的空间分布的总体特征,具体如图4.21所示。从图中可以看出北部湾(广西)滨海三市的旅游资源(景点)分布相对集中,其中北海市与防城港市的旅游资源(景点)密度要大于钦州市。

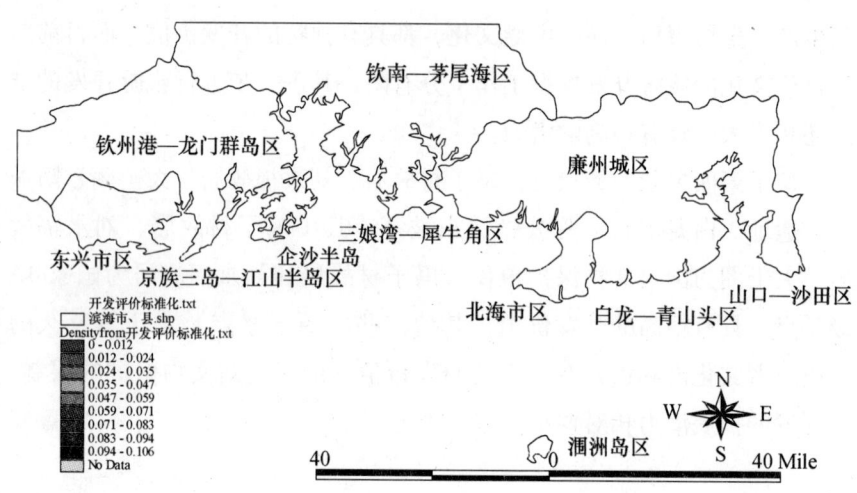

图4.21 北部湾(广西)滨海旅游资源(景点)开发价值空间密度分析

北海市主要分布有四个集中区:北海市区、涠洲岛区、廉州城区和山口—沙田区,此外白龙珍珠城—青山头旅游资源(景点)分布也比较集中。

防城港市有三个集中区:东兴市区(包括竹山镇)、京族三岛—江山半岛区(包括珍珠港湾)、企沙半岛区。

钦州市有三个集中区:钦南—茅尾海区、钦州港—龙门群岛区、三娘湾—犀牛角区。

密度由大到小为:北海市区、涠洲岛、京族三岛—江山半岛区、廉州城区、企沙半岛、东兴市区(包括竹山镇)、山口—沙田区、钦南—茅尾海区、三娘湾—犀牛角区、钦州—龙门群岛区。

2. 北部湾(广西)滨海旅游资源(景点)价值空间分布

为了进一步揭示北部湾(广西)滨海旅游资源开发价值空间分布

特征，将滨海旅游资源开发评价数值用公式进行标准化：

$$V_Y = \frac{P_X - MinY}{MaxY - MinY}$$

V_Y——某一旅游资源（景点）开发评价标准化值；
P_Y——某一旅游资源（景点）开发评价值；
MinY——同类旅游资源（景点）开发评价最小值；
MaxY——同类旅游资源（景点）开发评价最大值。

以各景点开发评价标准化值为依据，采用外业调查采集的旅游资源空间地理坐标，利用 ARC VIEW 软件对北部湾（广西）滨海三市旅游资源进行密度分析（参数设置与开发价值相同，参看上节内容）得出北部湾（广西）滨海旅游资源开发价值的空间分布的总体特征，具体如图4.22所示。从图中可以看出北部湾（广西）滨海三市的旅游资源（景点）开发价值分布相对集中，分布大势与开发价值的空间分布格局相似，但密度大小有很大差异，虽然其中北海市与防城港市的旅游资源（景点）开发价值密度同样大于钦州市，但各区的开发价值的密度有变化。

北海市旅游资源开发价值分布与开发价值分布基本相同，北海四个集中区、防城港3个集中区、钦州三个集中区。但各区开发价值的密度与开发价值密度有所不同。

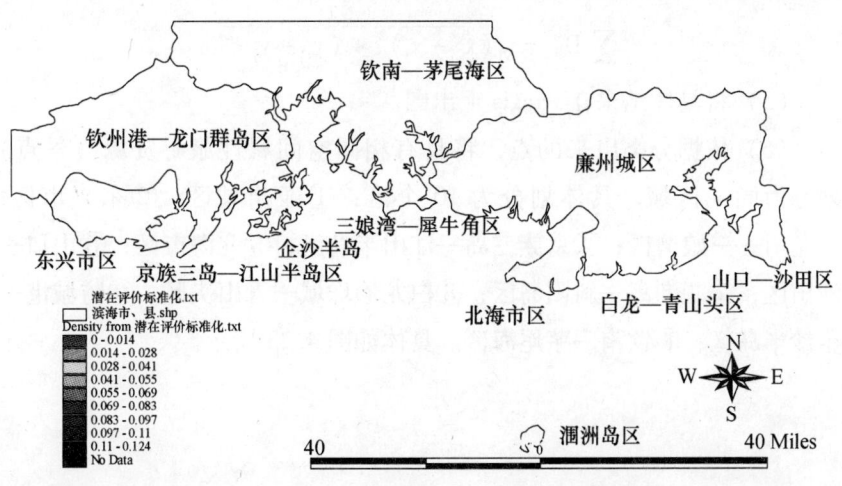

图4.22 北部湾（广西）滨海旅游资源（景点）价值空间密度分析

密度由大到小为：涠洲岛、京族三岛—江山半岛区、北海市区、企沙半岛、廉州城区、东兴市区（包括竹山镇）、山口—沙田区、三娘湾—犀牛角区、钦南—茅尾海区、钦州—龙门群岛区、白龙—青山头区、钦南—茅尾海区。

四、北部湾（广西）滨海旅游资源分区

为了进一步揭示北部湾（广西）滨海旅游资源空间分布特点，对旅游景点的空间分布进行聚类分析。依据旅游规划的最大福利原则：在最短的时间、最经济的旅途花费游玩旅游区的全部景点。我们将旅游距离抽象为空间距离，进行旅游景点的空间聚类分区。具体方法和流程为：

（1）将1:5万北部湾（广西）滨海地形图进行扫描，空间校正和数字化。

（2）对北部湾（广西）滨海旅游资源（景点），按照前期旅游资源（景点）调查数据，提取81个景区（点）。

（3）利用Arcgis，精确地定位上述旅游资源（景点）。

（4）结合SPSS软件，对上述81个旅游资源（景点）进行空间聚类分析。原理对空间上的点依据地理坐标，进行比较分类，使得一类中的点的直线距离的累加为最小。数学表达式为：

$$\sum D_{ij} = \sqrt{(x_i - x_j)^2 + (y_i - y_j)^2}$$

（5）将具体结果在Arcgis上出图。

（6）依据分类出来的点，将具有相同空间属性旅游资源（景点）划分为同一区域。具体划分为10个区：①廉州城区；②东兴市区；③龙门—三娘湾区；④京族三岛—江山半岛区；⑤北海市区；⑥山口—沙田区；⑦涠洲岛—斜阳岛区；⑧白龙珍珠城—青山头区；⑨防城港—企沙半岛区；⑩钦南—茅尾海区。具体如图4.23所示。

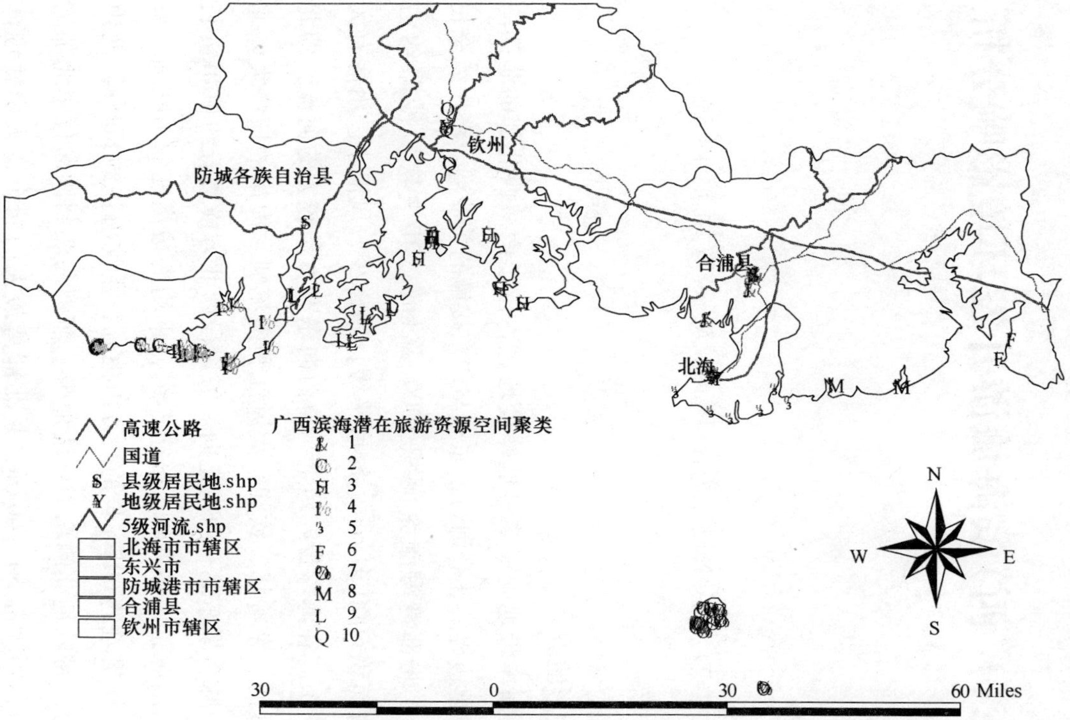

第四章 北部湾（广西）滨海旅游资源评价分析

图 4.23 北部湾（广西）滨海潜在旅游资源分区图

(1) 廉州城区；(2) 东兴市区；(3) 龙门—三娘湾区；(4) 京族三岛—江山半岛区；(5) 北海市区；(6) 山口—沙田区；(7) 涠洲岛—斜阳岛区；(8) 白龙珍珠港—青山头区；(9) 防城港—企沙半岛区；(10) 钦南—茅尾海区

213

第五章

北部湾(广西)滨海旅游开发环境影响分析

第一节 滨海旅游环境现状(背景)调查

一、地形地貌

北部湾海岸带地处亚热带低纬度地区,位于南海西北部的北部湾畔,南起中越边界的北仑河口,东至与广东接壤的英罗港,海岸线全长1083多km。北部湾海滩涂面积1000多km^2,其中软质沙滩约占90%。浅海面积6000多km^2,海底平缓,暗礁少,风浪小。沿海有大小岛屿624个。在海岸带陆地上,自西向东有六条较大的河流,即北仑河、防城河、茅岭江、钦江、大风江和南流河。海岸的地势大体北高南低,山脉多呈东北—西南走向。海岸段西北方横贯着约100km长的十万大山山脉,山势高峻,峰峦连绵,平均海拔高度约1000m。海岸段东北方横贯着约60km长的六万山山脉,平均海拔约800m。两山系之间及海岸带陆地北侧均为丘陵地带。涠洲岛和斜阳岛位于北部湾东北部海域,距大陆50~60km,是北部湾最大的两个古火山残堆体岛屿。

北海市地势从北向南倾斜,东北、西北为丘陵,南部为台地和平原。北部的合浦县地势自北向南倾斜,东北、西北部为丘陵,多系六万大山余脉;地势为台地和滨海小平原,南流江下游为冲积平原。北海市区分为海城区、银海区和铁山港，自西向东依次排开。

钦州市地势东北高、西南和南部低。北部灵山县地处桂南丘陵，地势东北高，南部低。东北部为罗阳山脉，呈东北—西南走向，西北部为丘陵，中部、南部为平原、台地。东北部的浦北县地势北高南低，北部为六万大山山地丘陵；西部为罗阳山脉；中部丘陵居多；南部为较广阔的低丘台地；境内台地面积最大，次为丘陵。钦州市区地势北高南低，北部和西北部为山地，中部为丘陵河谷冲积小平原，东部为丘陵。西北部的钦北区为钦江、茅岭江、大风江流域的河谷平原，南部的钦南区以台地和平原为主，南临北部湾，大陆海岸线长402.9km。

防城港市地势总体呈南、北低，中部高的态势。中部十万大山以近东西走向横穿区内，山脉南边是防城港市区、山脉北边是上思县。其中防城港市辖区地势西北高、东南低；西北部群峰挺拔，巍峨峥嵘；东南部为丘陵、平原，紧靠北部湾。上思县地势由东南向西北倾斜，东南北三面高山环抱，地形略呈槽形盆地。东南部是十万大山，为中山地；北部四方岭和中部的凤凰山脉，为低山地；东部、西部为丘陵地，其余为河谷平原和丘陵间谷地。位于防城港市西南部的东兴市地势平坦，西北部有少量山丘。中部是锅盖，西、南两面分别与越南和北部湾相邻。陆地边境线长27.3km，海岸线长50km。

二、气候特征

北部湾（广西）滨海地区地处南亚带季风区域，冬季常受北方干冷的大陆性气团控制，盛吹干燥而又寒冷的偏北风（称东北季风），带来寒潮、霜冻、低温阴雨、偏北大风等天气。夏季受暖湿的海洋气团控制，盛行高温的偏南风（称西南季风），常出现对流天气和台风。春秋两季为季风转换过渡季节，冷暖交替极为频繁。春季冷气团势力减弱北退，海洋暖气团加强北抬，岸段雨水渐多，气温渐升，天气多变；秋季则相反，海洋暖气团减弱南退，大陆冷气团加强南推，岸段气温渐降，雨水锐减，天气干燥。在季风环流的作用下，使本岸段形成于如上所述的具有季节性的寒风暑雨的气候特色。

由于北部湾海岸带地处北回归线以南的低纬地区，南临北部湾，东南方有南海及与之相连的太平洋，西南方有孟加拉湾，这些海洋不仅是河岸带上空成云致雨的水汽源地，而且对海岸带的温度、湿度、蒸发等起着重要的调节作用。因此，海岸带的湿度终年较大，冬天比内陆暖，夏天比内陆凉；四季温差较小，夏长冬短，气温的日较差比内陆小；海陆风现象明显，盛夏台风、暴雨等灾害性天气较多。

北部湾海岸带在太阳辐射、季风环流和地理因素的共同作用下，形成了一种高温多雨，干湿分明，夏长冬短，风情多变，灾害较频繁的气候特征，属我国南亚热带季风型海洋性气候。

三、生态环境特征

1. 生态环境质量

据广西环保部门依据《生态环境状况评价技术规范（试行）》（HJ/T192—2006）开展的北部湾生态遥感监测与评价工作研究报告，北部湾沿海三市2005年的生物丰度和植被覆盖指数差异较大，如表5.1所示，防城港市的两项指数均为北部湾地级市前列，反映了防城港市的生态环境状况极好。而北海市的两项指数都远低于广西的平均水平，为广西地级市最末，其原因在于北海市所辖区域小，林地和草地面积小所致。钦州市的两项指数均稍高于广西平均水平。

表5.1 北部湾沿海三市生物丰度指数和植被覆盖指数

区域名称	生物丰度指数	植被覆盖指数
北海	57	62
防城港	112	109
钦州	86	88
全区	81	84

北部湾沿海三市的生态环境状况指数，如表5.2所示。北部湾的植被覆盖度较高，生物多样性丰富，生态系统稳定，全区的生态环境状况

平均为优等水平。防城港市和钦州市的生态环境状况达到优等水平,北海市的生态环境状况为良等水平。

表 5.2　2005 年北部湾沿海三市生态环境状况指数

区域名称	生态环境状况指数（EI）	生态环境状况级别
北海	67	良
防城港	91	优
钦州	78	优
全区	75	优

如表 5.3 所示,北部湾沿海三市在 2000~2005 年间的生态环境状况无明显的变化,防城港市的生态环境状况指数仅下降了 1 个指数,钦州市的生态环境指数都为 78,两市的生态环境状况等级一直维持在优等水平;北海市的生态环境状况指数也仅下降了 1 个指数,也保持为良等水平。

表 5.3　2000 年和 2005 年北部湾沿海三市生态环境状况指数

区域名称	2000 年		2005 年		生态环境状况变幅
	生态环境状况指数	生态环境状况分级	生态环境状况指数	生态环境状况分级	
北海	68	良	67	良	无明显变化
防城港	92	优	91	优	无明显变化
钦州	78	优	78	优	无明显变化
全区	75	优	75	优	无明显变化

由以上分析可见,北部湾沿海三市的生态环境质量都达到了良好以上等级,为开发滨海旅游资源提供了适宜的生态环境质量。

2. 生态系统

北部湾不仅是中国著名的渔场,也是中国海洋生物物种资源的宝库,这里栖息着鱼类 500 多种,虾类 200 余种,头足类近 50 种,蟹类

190余种，还有种类众多的贝类、藻类和其他种类，其中有儒艮、中华白海豚、中国鲎、文昌鱼、海马、海蛇等珍稀或重要药用生物。举世闻名的合浦南珠也产自这一海域。分布于北部湾沿海滩涂、面积占全国40%左右的红树林，分布于涠洲岛周围浅海、处于中国成礁珊瑚分布带北部边缘的珊瑚礁，作为重要的热带海洋生态系，具有极大的科研和生态价值。红树林生态系统和珊瑚礁系统构成了北部湾沿海主要的生态系统。并都具有发展滨海旅游业的潜力。

红树林生态系统在沿海岸区域发挥着基本生态功能。一个突出作用是落叶向外输出进入潟湖和近岸环境（通常是以部分分解的碎屑形式），为各种重要的沿岸动物提供有价值的自然生境和为各营养级的许多海洋动物提供营养物质丰富的摄饵食物。规模较大的红树林湿地动物有水鸟、岸边鸟类，还有各种动物栖息。同样重要的动物（但证据较少）有蟹、虾和幼体期的重要经济鱼类和娱乐鱼类，以及大量饵料类的鱼、无脊椎动物和昆虫。红树林还是许多重要鱼类和甲壳类幼体阶段的特殊育成区。

另一个不可忽视的生态功能，是广阔的红树林群具有抵御自然灾害的价值。海岸红树林被公认为是抵御风暴潮的缓冲区；否则，风暴潮会对低洼的陆地区域造成更大的破坏影响，尤其是红树林能抵御随气旋（飓风）而来的巨大风暴潮，从而保护了人类的生命和财产。此外，红树林能够稳定海岸线免遭侵蚀与损失。

四、环境质量指数状况

近年来，北部湾沿海三市的区域环境污染物排放情况和环境质量指数如表5.4和表5.5所示。2005年全区环境质量指数与2000年相比略有升高，升高值为2。从两年段环境污染物的排放情况看，2005年二氧化硫排放量比2000年增加了21.7%，除此之外，COD和固体废物排放量分别降低了12.3%、12.67%。COD排放量和固体废物排放量两项指标值降低是全自治区环境质量指数升高的主要原因。2005年环境质量指数值比2000年降低的城市分别是北海、钦州、梧州、防城港。其中北海市指数降低最多，指数降低值为5。

表 5.4　2005 年北部湾沿海三市环境污染物排放情况环境质量指数

区域名称	二氧化硫年排放量（t）	COD 年排放量（t）	固体废物年排放量（t）	环境质量指数
北海	44085.74	21866.31	9300	89
防城港	13893.05	16429.11	11500	97
钦州	31124.32	68288.09	60100	94
全区	974651.14	664378.3400	1104900	85

沿海三市，尤其是北海市的环境质量指数降低较多的主要原因在于，近年来随着该市工业项目的招商引资力度的加大，工业尤其是第二产业发展迅速。5 年间，在成品糖、水产加工、原油加工等行业继续稳步发展同时，电力行业和人造板制造业发展迅速。在这个情况下，能源的消耗量增加幅度较大，因此 2005 年的二氧化硫、COD 和固体废物排放量比 2000 年都有不同程度的增加，是该市环境质量指数降低的主要原因。

表 5.5　北部湾沿海三市环境质量指数

区域名称	2000 年	2005 年	2005 年指数变化值
北海	94	89	-5
防城港	98	97	-1
钦州	96	94	-2
全区	83	85	2

第二节　滨海环境容量及资源承载力

一、海洋环境承载力

1. 沿海海洋环境承载力

沿海三市水环境承载力（环境容量）如表 5.6 所示。

表 5.6　北部湾近岸海域城市主要污染物允许排放量

排污区域	污染物允许排放量（t/a）			
	化学需氧量	无机氮	无机磷	石油类
北海市	56957	3320	205	822
钦州市	32190	1625.4	164	818
防城港市	51583	2681	259	285

注：大风江入海区的总量控制目标按各 50% 划分给北海市和钦州市。

2. 北海市铁山港海域环境承载力分析

工业区集中废水排放中石油类、COD 和无机氮的最大允许排放量（实际控制排放量）分别为 1.31t/d（478.5t/a）、37.0t/d（13505t/a）和 4.7t/d（1715t/a），混合区（最大浓度包络线范围）控制在 $1.0km^2$。

3. 钦州湾海域环境影响与承载力

各污染物与本底叠加后的超三类水体作为混合区的影响范围不大于 1.6km×0.32km，在规定超三类水质作为混合区面积不大于 1.6km×0.32km 的情况下，污染物 COD、SS、无机氮、氨氮、铅、镉、汞、砷、石油类的排放总量控制指标分别不应该大于 8000、250000、1008、1008、24、20、0.4、2.5、600t/a。

二、内陆地表水环境容量

对于水环境承载力的分析，北部湾沿海地区水资源较丰富，水环境容量仍有一定空间，但是区域分布不均，且有些目前尚未能利用，重要城市河段的污染已日趋严重，有些已超过其容量。根据《广西壮族自治区地表水环境容量核定技术报告》（2004）华南沿海诸河 COD 水环境容量为 9.66 万 t/a，氨氮水环境容量为 0.31 万 t/a。沿海江河的水环境承载力已有限，大型的排污工业不能安排在江河边布设。

内陆地表水环境容量，沿海区域主要河流、流域以及行政区水环境汇总结果如表 5.7 和表 5.8 所示。

表5.7　河流水环境容量汇总表

河流	理想水环境容量（t/a）		水环境容量（t/a）		最大允许排放量（t/a）	
	COD	氨氮	COD	氨氮	COD	氨氮
南流江	48027.9	1815.7	44661.7	1295.5	75680.9	2202.8
独流入海	54960.0	2321.6	49235.7	1752.2	70178.9	2423.6
总计	102987.9	4137.3	93897.4	3047.7	145859.8	4626.4

表5.8　各行政区水环境容量汇总表

城市	理想水环境容量（t/a）		水环境容量（t/a）		最大允许排放量（t/a）	
	COD	氨氮	COD	氨氮	COD	氨氮
北海市	20755.5	831.8	19195.3	570.9	30434.6	908.3
防港市	29087.3	1301.2	27793.8	1237.4	32916.8	1489.2
钦州市	32221.0	1286.0	27574.7	835.0	46223.8	1397.7
总计	82063.8	3419	74563.8	2643.3	109575.2	3795.2

三、空气环境容量

区域理想容量结果见表5.9。

表5.9　二氧化硫、总悬浮颗粒物环境容量　　　单位：万t/a

城市	北海			钦州			防城港			总计
污染物名称	合计总量	市辖区	农村	合计总量	市辖区	农村	合计总量	市辖区	农村	
总悬浮颗粒物	48.41	7.45	40.96	82.76	6.93	75.8	62.59	5.37	57.22	387.52
二氧化硫	19.79	3.95	15.84	33.06	3.74	29.3	24.71	2.58	22.13	155.11

四、环境质量评价标准和方法

1. 水体环境质量

（1）海水水质监测项目分析方法。海水水质监测项目的分析方法依据《海洋调查规范》（GB12763.1—GB12763.7—1999）和《海洋监测规范》（GB 17378.1—GB17378.7—1998）。水质监测项目的分析方法见表5.10。

表 5.10　水质监测项目与分析方法

项目	方法
pH 值	酸度计法
溶解氧	碘量法
化学需氧量	碱性高锰酸钾法
硝酸盐	锌—镉还原法
亚硝酸盐	萘乙二胺分光光度法
氨氮	次溴酸盐氧化法
活性磷酸盐	磷钼蓝分光光度法
悬浮有机碳	硫酸亚铁—重铬酸钾法
悬浮物	重量法
透明度	透明度板法
盐度	盐度计

（2）海水水质分类。通常按照海域的用途和保护目标，将海水水质分为以下四类：

第一类：适用于海洋渔业水域，一级水产养殖场，珍稀濒危海洋生物资源保护区。

第二类：适用于二级水产养殖场，海水浴场，人体直接接触海水的海上娱乐场和运动场，供食用的海盐盐场。

第三类：适用于一般工业用水区，滨海风景旅游区。

第四类：适用于港口水域，避风坞，海上及沿岸作业区。

本书主要针对滨海旅游区域的水体环境质量状况调查和评价，由于滨海旅游类型较多，对水体环境质量有不同的要求，因此，本研究采用上述的四类分类方法，在各种滨海旅游景区的水质分析中采用相应的标准见表 5.11。

表 5.11　海水水体环境质量标准

项目	一类水质	二类水质	三类水质	四类水质
pH 值	7.5~8.4	7.3~8.3	6.5~9.0	6.8~8.8
COD（mg/L）	2	3	4	5

续表

项目	一类水质	二类水质	三类水质	四类水质
DO（mg/L）	6	5	4	3
无机氮（mg/L）	0.2	0.3	0.4	0.5
活性磷酸盐（mg/L）	0.015	0.03	0.03	0.045

（3）水质评价方法。

◆标准指数法

某项水质项目 i 的标准指数（S_i）：

$$S_i = C_i / C_{s_i}$$

C_i——水质项目 i 的监测平均值；

C_{s_i}——水质项目 i 的各类海水水质评价标准（GB3907—1997）（表5.6）。

S_i 值越大，表明该评价项目的环境质量越差，单项水质项目的标准指数值大于 1 以上，表明该水质项目超过了水质评价标准，已经不能满足相应功能适用的要求。

◆水质综合评价指数

水质综合评价是以海域为评价单元，水质综合评价指数（S_j）为：

$$S_j = 1/m \sum S_{ij}$$

S_j——j 海域的水质综合评价指数；

S_{ij}——水质项目 i 在 j 海域的标准指数；

m——参加评价的水质项目的数目。

S_j 值越大，表明 j 海域的水质越差。

2. 土壤环境质量

由于目前还没有发布的旅游景区（沙滩）的相关环境质量标准，本研究以《土壤环境质量》（GB15618—1995）为基本依据，采用土壤环境质量一级标准作为划分旅游景区（沙滩）的判断标准，即适用于国家规定的自然保护区、集中式生活饮用水源地、茶园、牧场和其他保护地区的土壤，土壤质量基本保持自然背景水平。土壤环境质量一级标准见表 5.12 所示。

表 5.12 土壤环境质量标准

项目	pH值	镉	汞	铅	铜	砷	锌	666	DDT
一级	6.5~7.5	<0.2	<0.15	<35	<35	<15	<100	0.05	0.05

注：除 pH 值外，其他测试项目单位均为 mg/kg。

土壤（沙滩）环境因子评价方法及综合评价指数法参照水体环境因子。

3. 声环境质量

由于目前还没有发布的旅游景区（沙滩）的相关环境噪声质量标准，本研究以 GB3096—2008《声环境质量标准》为基本依据，采用城市区域环境噪声质量1类标准作为划分旅游景区噪声的最大可承受程度见表5.13，即适用于居住、文教机关为主和乡村居住环境的区域。

表 5.13 环境噪声标准　　　　　等效声级 LAeq：dB

类别	昼间	夜间
1	55	45

分别在调查区域的昼间和夜间进行测量。在规定的测量时间内，每次每个测点测量10min的连续等效A声级（LAeq）。将全部网格中心测点测得的10min的连续等效A声级做算术平均运算，所得到的平均值代表某一旅游景区的噪声水平。

4. 大气环境质量

本研究以《环境空气质量标准》（GB3095—1996）为基本依据，采用环境空气质量一级标准作为划分旅游景区（沙滩）的判断标准，即适用于国家规定的自然保护区、风景名胜区和其他需要特殊保护的地区。环境空气质量一级标准见表5.14所示。

表 5.14 大气环境质量标准

污染物	取值时间	一级标准
二氧化硫 SO_2（mg/m³）	年平均	0.02
	日平均	0.05
	1小时平均	0.15
总悬浮颗粒物 TSP（mg/m³）	年平均	0.08
	日平均	0.12

续表

污染物	取值时间	一级标准
可吸入颗粒物 PM_{10}（mg/m^3）	年平均	0.04
	日平均	0.05
氮氧化物 NO_x（mg/m^3）	年平均	0.05
	日平均	0.10
	1小时平均	0.15
二氧化氮 NO_2（mg/m^3）	年平均	0.04
	日平均	0.08
	1小时平均	0.12

第三节 滨海旅游区域环境质量评价

编者组织成立综合考察组于2008年10月即国庆期间，对北部湾（广西）滨海地区所有的旅游景区和具有潜在开发价值的旅游资源进行了为期一周的实地踏勘，通过对这些旅游资源的旅客流量、开发程度、服务水平以及道路通达度等状况的评估和论证，初步筛选了70个景点作为随后研究对象，其中防城港市有33个景点、北海市有30个景点以及钦州市有7个景点。针对上述景区开展了包括水体环境、土壤环境、大气环境和声环境在内的相关环境因子的数据和资料的收集、采样补测等研究工作。

一、调查范围

1. 防城港市调查范围

通过第一阶段的调研，确定了防城港市的33个滨海旅游资源作为研究对象，其分布状况见图5.1。

该市旅游资源属于海岸沙滩水体类有：玉石滩、天堂滩、大平坡、怪石滩、金滩、蝴蝶岛等，主要用于海滩休闲娱乐和滨海浴场；属于生态旅游类有：勒山屯车辕树林、鱼洲坪城市红树林、万鹤山、榕树头、

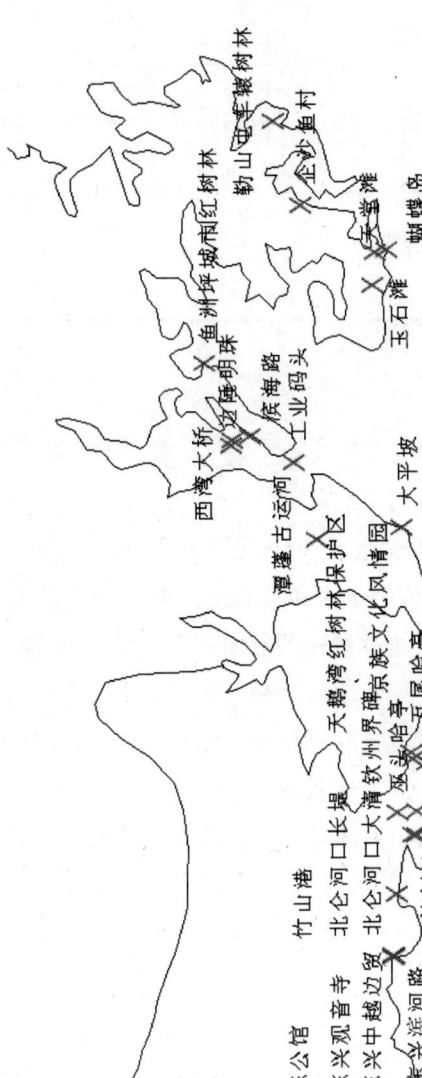

图 5.1 防城港市主要旅游景点分布

天鹅湾红树林保护区、企沙鱼村和北仑河口自然保护区等；属于历史文化类较多，主要有：边陲明珠、京族文化风情园、大清钦州界碑、巫头哈亭、万尾哈亭、白龙炮台、滨海长堤—虾邓长堤、北仑河口长堤、东兴大清钦州界碑、东兴滨河路、陈公馆、东兴观音寺、潭蓬古运河、东兴海关大楼等。

2. 北海市调查范围

通过第一阶段的调研，确定了北海市的30个滨海旅游资源作为研究对象，其分布状况见图5.2。

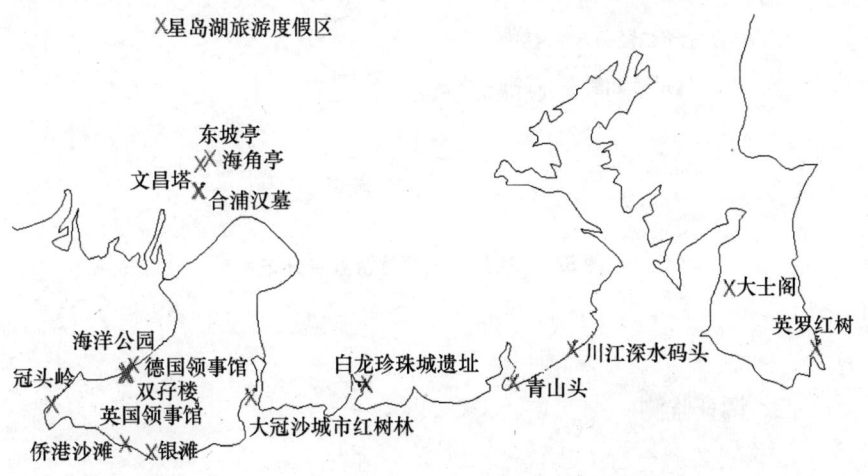

图5.2 北海市主要旅游景点分布

该市旅游资源中划属海岸沙滩水体类的主要有：银滩、侨港沙滩和涠洲岛的石螺口海滩和西海岸浴场；属于生态旅游类有：山口红树林、大冠沙城市红树林、青山头、冠头岭国家森林公园以及内陆水域的星岛湖旅游度假村等；属于工业旅游类有：川江深水码头等；其余的都属于历史文化类，包括大士阁、东坡亭、海角亭、文昌塔、合浦汉墓、德国领事馆、英国领事馆、法国领事馆、白龙珍珠城遗址等。

3. 钦州市调查范围

通过第一阶段的调研，确定了钦州市的7个滨海旅游资源作为研究对象，其分布状况见图5.3。该市旅游资源中划属海岸沙滩水体类的主要有：三娘湾、七十二泾；属于生态旅游类有：仙岛公园；属于工业旅游类有：钦州港、钦州港工业码头等；属于历史文化类有：刘永福故居和冯子材故居。

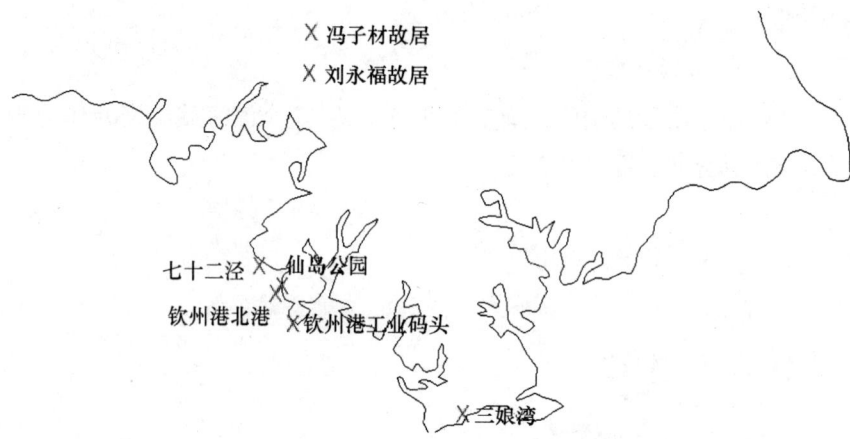

图 5.3　钦州市主要旅游景点分布

二、调查监测

1. 调查监测分析方法

滨海旅游景区的环境质量调查，主要针对环境质量对旅游者身心健康、感官感觉程度以及旅游者对旅游景点环境状况的影响等，参考各种相关的环境因子质量标准，主要调查和监测内容如表 5.15 所示。

表 5.15　旅游景区环境质量调查范围及项目

地域范围	北部湾（广西）滨海区域（海域、海岛和部分陆域）
气象因子	气温、气压、风力、风向、潮位、潮差、能见度
海水物理	水温、透明度（可见深度）、浪高、涌高、水深、流速、海面漂浮物、浮游生物
海水化学	色嗅、石油类、pH 值、溶解氧（DO）、化学需氧量（COD）、生化需氧量（BOD_5）、硝酸盐氮、亚硝酸盐氮、氨氮、离子氮（NH_4^+）、粪大肠菌群、磷酸盐、总铬、砷、镉、汞、铅、666、DDT

续表

地域范围	北部湾（广西）滨海区域（海域、海岛和部分陆域）
滨海沙滩	镉、汞、铅、砷、铜、666、DDT
滨海大气	总悬浮颗粒物（TSP）、SO_2、NO_2 和 PM_{10}
滨海噪声	昼间和夜间的等效声级 LAeq

2. 调查数据的质量保证和质量控制

（1）样品采集和处理。水样的采集层次为滨海近岸水域的海水表层（水面下30cm深度）。海水浴场的监测站位总数不得少于3个站位，采样站位应包括浴者密度最大的点位，以及易受外部粪便污染的外围点位。采样器材为有机玻璃采水器，水样依据测试项目所需量分别放置于各种容积规格的塑料瓶子。

土壤样品的采集为划分滨海滩涂的土壤表层（0~10cm）、底层（10~30cm）两个层次。采用木铲挖掘，取样，土样放置于塑料密封袋中，带回实验室摊开风干处理。

采用声级计分别昼间和夜间两部分进行测量，测量在无雨、风速小于5.5m/s的天气条件下进行。将要测量的滨海区域划分成多个等大的正方格，测点分布在每一个网格的中心。分别在调查区域的昼间和夜间进行测量。在规定的测量时间内，每次每个测点测量10min的连续等效A声级（LAeq）。

采用空气采样仪器24h连续采样空气环境中的二氧化硫、二氧化氮、可吸入颗粒物（PM_{10}）、总悬浮颗粒物（TSP）等。将装有吸收液的吸收瓶（内装50.0ml吸收液）连接到采样系统中。启动采样器，进行采样。记录采样流量、开始采样时间、温度和压力等参数。采样结束后，取下样品，并将吸收瓶进、出口密封，记录采样结束时间、采样流量、温度和压力等参数。

（2）样品的保存和运输。测试溶解氧（DO）、化学需氧量（COD）的水样采集时按照规程要求加入保存剂，立即委托当地环境监测站在24h内完成DO、COD、pH值和营养盐类的分析测试工作。

（3）实验过程中的质量保证和质量控制。实验分析过程中进行空白实验、校准曲线核查、仪器设备定期效验、平行样分析、加标准样自检等项措施，保证调查结果的准确性。

三、防城港市旅游区环境质量特征

1. 滨海浴场水体环境质量特征

近年来环境质量监测显示，防城港市近岸海域的海水水体环境质量总体保持优良状态。除了部分陆源入海排污口附近海域外，大部分近海海域水体质量符合一类海水水质标准。防城湾海水中的无机氮平均含量为0.22mg/L，北仑河口海水中的无机氮平均含量为0.26mg/L，均符合二类海水水质标准；珍珠湾海水中的无机氮平均含量为0.066mg/L，符合一类海水水质标准（≤0.30mg/L）。

排污口邻近海域水质的主要污染物为油类、氨氮、无机磷，靠排污口较近的三个测站水质超四类海水水质，其余属二类水质。除靠近排污口的个别站位石油类含量劣于海洋沉积物质量的三类标准外，邻近海域沉积物环境质量状况总体良好。

该市划属海岸沙滩水体类的旅游资源主要有：玉石滩、天堂滩、大平坡、怪石滩、金滩、北仑河口自然保护区等，主要用于海滩休闲娱乐和滨海浴场。这些景区的周边没有大型工业、排污口和入海河流，沙滩洁净，水质清澈。考察组于2008年10月对上述海岸沙滩水体类旅游资源的滨海浴场水体采样监测，结果如表5.16所示，该市的滨海景区海水浴场均达到《海水水质标准》（GB3097—1997）规定的海水水质第一类标准。

表5.16　滨海浴场水质特征

断面名称分析项目	金滩海水浴场风景区	北仑河口海洋自然保护区	天堂滩风景旅游区
样品状态	透明、无气味	微混浊、无气味	透明、无气味
水温（℃）	32.5	26.0	31.5
pH值（无量纲）	8.19	6.70	8.18
悬浮物（mg/L）	49	40	52

续表

断面名称分析项目	金滩海水浴场风景区	北仑河口海洋自然保护区	天堂滩风景旅游区
溶解氧（mg/L）	7.4	6.1	6.1
化学需氧量（mg/L）	2.01	2.16	1.14
五日生化需氧量（mg/L）	2L	2L	—
无机氮 氨氮（mg/L）	0.051	0.116	0.053
无机氮 硝酸盐氮（mg/L）	0.014	0.206	0.084
无机氮 亚硝酸盐氮（mg/L）	0.022	0.029	0.016
活性磷酸盐（mg/L）	0.030	0.025	0.026
铜（mg/L）	0.0008	0.0013	0.0006
铅（mg/L）	0.00013	0.00047	0.00009
镉（mg/L）	0.0007	0.00010	0.00005
汞（mg/L）	0.00005L	0.00005L	0.00005L
砷（mg/L）	0.007L	0.007L	0.007L
石油类（mg/L）	0.02	0.02L	0.02L
粪大肠菌群（个/L）	1100	—	—

2. 滨海旅游区生态环境质量特征

该市处于北回归线附近，为南亚热带和北亚热带的过渡交错区，同时又具有典型海洋性气候特征，区域内植被繁茂，生态环境本底条件良好，生物多样性丰富，具有独特的生态旅游资源。该市的滨海生态旅游资源类主要有：勒山屯车辕树林、鱼洲坪城市红树林、万鹤山、榕树头、天鹅湾红树林保护区和北仑河口自然保护区等。主要影响滨海区域生态环境是入海河流和陆源入海排污口造成的各种污染物排放。该市独流入海的主要河流有北仑河和防城江。

考察组 2008 年 10 月对北仑河狗尾濑断面的监测表明，北仑河枯水期平均综合污染指数为 0.46，为轻度污染；丰水期和平水期的平均综合污染指数均达到良；超出《地表水环境质量标准》（GB3838—2002）地表水水质Ⅱ类标准的主要污染物为氨氮、溶解氧、生化需氧量、石油类和粪大肠菌群等，但都达到了Ⅲ类标准。北仑河口自然保护区红树林生境良好,除部分近岸海域水体无机氮和汞均超二类海水水质标准,其余监测项目符合二类海水水质标准。河口沉积物符合一类海洋沉积物质量标准。保护区现有红树林15种,已查明的本地种生物数量未发现有灭绝现象,也没有发现明显的退失、消亡现象,红树林底栖生物种类丰富。北仑河口区域生态环境优良,生态系统复杂,具有较高的生物多样性,海水水质质量优良,可以开发海上运动区或娱乐区,是具有鲜明特色和较高开发潜力的滨海旅游区。

防城江流经防城港市中部,是该市各类生产企业的主要排污场所。据监测部门于2005年对防城江的污染物入海总量监测,防城江年携带入海的主要污染物总量约4.26万t,其中COD3.92万t,约占总量的92%;无机氮0.091万t;无机磷0.12万t;油类0.058万t;重金属0.074万t。近年来,防城江沿岸企业环境治理较好,本考察组于2008年11月对防城江三滩断面水质监测,结果显示各项常规测试指标均达到《地表水环境质量标准》(GB3838—2002)的地表水水质Ⅱ类标准,表明防城江入海河口对周围滨海生态环境影响较小。

鱼洲坪城市红树林是防城港市红树林生态养殖示范基地,靠近市区,交通便利,是具有开发潜力的红树林生态旅游景区。考察组于2008年10月对鱼洲坪近岸海域海水水质检测如表5.17所示,除了无机氮含量达到《海水水质标准》(GB3097—1997)规定的海水水质第Ⅱ类标准,其余检测项目均达到第Ⅰ类标准。滨海生态环境状态良好。

表5.17 鱼洲坪近岸海域海水水质特征

监测点位	港口区鱼洲坪近岸海域
样品编号	h-413
水温(℃)	31.0
pH值(无量纲)	7.92
悬浮物(mg/L)	4
溶解氧(mg/L)	6.4
化学需氧量(mg/L)	0.91

续表

监测点位		港口区渔洲坪近岸海域
无机氮	氨氮（mg/L）	0.007
	硝酸盐氮（mg/L）	0.029
	亚硝酸盐氮（mg/L）	0.008
无机磷（mg/L）		0.014
石油类（mg/L）		0.04
硫化物（mg/L）		0.02L
氰化物（mg/L）		0.002
挥发酚（mg/L）		0.002L
总铬（mg/L）		0.008
砷（mg/L）		0.007L
铜（mg/L）		0.0011
锌（mg/L）		0.0040
铅（mg/L）		0.0014
镉（mg/L）		0.0007
汞（mg/L）		0.00005L

注："L"表示分析结果低于方法最低检出限。

企沙镇附近滨海区域，具有浓郁的渔村文化气息，是新兴的滨海休闲垂钓区域，据环境监测部门于2008年对企沙镇西沥至东头村海域的6个监测点位，共72个样品的检测结果（见表5.18），表明该区域海水水质状况良好，都达到《海水水质标准》（GB3097—1997）规定的海水水质第Ⅱ类标准，适用于水产养殖、海水浴场、休闲垂钓以及海上娱乐运动等。

3. 滨海旅游区空气环境质量特征

近年来，防城港市的整体空气环境质量均达到《环境空气质量标准》（GB3095—1996）的二级标准，其中SO_2、NO_2和PM_{10}的多年平均浓度分别为$0.02mg/m^3$、$0.02mg/m^3$和$0.04mg/m^3$，都远高于二级标准水平，与一级标准水平相当，表明防城港市区的空气整体质量较好。防

北部湾（广西）滨海旅游区评价与选划研究

表 5.18 企沙近岸海域海水水质特征

3月28日

潮位	低潮期							高潮期				
监测时间	7.6	7.4	7.4	7.2	7.5	7.4	7.4	7.4	7.2	7.8	7.4	7.4
溶解氧（mg/L）	0.48	0.30	0.28	0.40	0.81	0.38	0.48	0.41	0.46	0.40	0.81	0.49
化学需氧量（mg/L）	18648	18590	18629	16555	18629	18737	18688	18541	18531	18707	18649	18688
氯化物（mg/L）	0.001	0.001	0.001	0.001	0.001	0.001	0.001	0.001	0.001	0.001	0.001	0.001
氰化物（mg/L）	0.034	0.016	0.018	0.022	0.037	0.026	0.018	0.032	0.040	0.025	0.021	0.053
无机氮 氨氮	0.005	0.002	0.002	0.004	0.005	0.002	0.003	0.004	0.003	0.004	0.002	0.004
无机氮 亚硝酸盐氮	0.092	0.106	0.083	0.083	0.126	0.083	0.080	0.081	0.152	0.116	0.094	0.092
无机氮 硝酸盐氮	0.002	0.002	0.002	0.002	0.002	0.002	0.002	0.002	0.002	0.002	0.002	0.002
挥发酚（mg/L）	0.008	0.011	0.009	0.010	0.014	0.008	0.011	0.010	0.010	0.010	0.011	0.015
活性磷酸盐（mg/L）	0.004	0.004	0.008	0.008	0.007	0.005	0.004	0.008	0.004	0.004	0.004	0.004
六价铬（mg/L）	0.007	0.007	0.007	0.007	0.007	0.007	0.007	0.007	0.007	0.007	0.007	0.007
砷（mg/L）	0.0010	0.0011	0.0007	0.0011	0.0009	0.0008	0.0012	0.0012	0.0008	0.0011	0.0012	0.0011
铜（mg/L）	0.00023	0.00033	0.00007	0.00023	0.00003	0.00033	0.00082	0.00072	0.00033	0.00003	0.00039	0.00017
铅（mg/L）	0.00007	0.00009	0.00008	0.00007	0.00010	0.00008	0.00006	0.00009	0.00010	0.00008	0.00010	0.00007
镉（mg/L）	0.00005	0.00005	0.00005	0.00005	0.00005	0.00005	0.00005	0.00005	0.00005	0.00005	0.00005	0.00005
汞（mg/L）	0.02	0.02	0.02	0.02	0.02	0.02	0.02	0.02	0.02	0.02	0.02	0.02
硫化物（mg/L）	0.02	0.02	0.02	0.02	0.02	0.02	0.02	0.02	0.02	0.02	0.02	0.02
石油类（mg/L）	0.02	0.02	0.02	0.02	0.02	0.02	0.02	0.02	0.02	0.02	0.02	0.02

城港市的滨海旅游景区空气流动较快，空气清新，空气整体质量好。据环境监测部门于2008年对防城港西湾港口空气质量现状监测（见表5.19），主要监测项目均达到国家标准。

表 5.19　防城港西湾港口空气质量特征

监测日期	SO_2（mg/m^3）	NO_2（mg/m^3）	TSP（mg/m^3）	PM_{10}（mg/m^3）
3月12日	0.005	0.028	0.286	0.177
3月13日	0.005	0.018	0.030	0.234
3月14日	0.002	0.016	0.527	0.243
3月15日	0.002	0.015	0.781	0.353
3月16日	0.002	0.017	0.805	0.347

4. 滨海旅游区土壤环境质量特征

据环境监测部门对鱼洲坪红树林生态养殖示范项目海洋沉积物质量监测（见表5.20），各种重金属元素、有机物等检测含量极低。表明防城港市由于对工业、生活等污染源控制较好，滨海旅游区域的土壤环境状况较好，达到国家《土壤环境质量标准》（GB15618—1995）规定的一级标准。

表 5.20　渔洲坪近岸海洋沉积物质量特征

项目	硫化物（$\times 10^{-6}$）	油类（$\times 10^{-6}$）	铜（$\times 10^{-6}$）	铅（$\times 10^{-6}$）	锌（$\times 10^{-6}$）	镉（$\times 10^{-6}$）	砷（$\times 10^{-6}$）	总汞（$\times 10^{-9}$）	总铬（$\times 10^{-6}$）
结果	未检出	3	未检出	10	19	0.06	13	14	13

5. 滨海旅游区声环境质量特征

防城港市的滨海旅游区远离城市中心区和工业区，旅游区内的声环境质量状况较好，据考察组于2009年3月对防城港大平坡景区的噪声质量现状监测（见表5.21），主要监测项目均达到国家GB3096—2008《声环境质量标准》的Ⅱ类标准，略低于Ⅰ类标准，适用于滨海旅游区域。

表 5.21　防城港大平坡景区噪声质量特征

监测日期	昼间 [dB (A)]					夜间 [dB (A)]				
	L_{eq}	L_{10}	L_{50}	L_{90}	SD	L_{eq}	L_{10}	L_{50}	L_{90}	SD
3月1日	54.9	58.3	52.5	57.8	4.1	54.3	58.4	50.1	42.3	6.1
3月2日	56.6	58.3	54.7	52.5	2.7	53.5	55.2	53.1	50.8	1.8
3月3日	59.1	61.5	57.6	55.8	2.4	49.2	53.0	45.3	40.0	5.0
3月4日	53.6	56.2	52.0	45.9	4.3	47.1	50.0	46.1	41.5	3.3

6. 环境质量综合评价

综上所述，防城港市滨海旅游区域的各种环境因子（水环境、空气环境、生态环境和声环境）都达到了国家相关标准规定的Ⅰ类或Ⅱ类、一级或二级标准，整体环境质量优良，满足于各种旅游景区对环境质量的要求。

近年来环境质量监测显示，北海市近岸绝大部分海域为清洁海域和较清洁海域，总体保持优良状态。近岸海域海水中营养盐类含量较低，其中无机氮平均含量为0.13mg/L，无机磷含量为0.008mg/L，两种均达到《海水水质标准》（GB3097—1997）规定的海水水质第Ⅰ类标准。石油类含量除码头作业区石油类超标外，其余近岸海域石油类平均含量为0.03mg/L，达到了《海水水质标准》（GB3097—1997）规定的海水水质第Ⅰ类标准。

四、北海市旅游区环境质量特征

1. 滨海水体环境质量特征

北海市北面海域的海水水质中的总铬和六价铬含量未达到《海水水质标准》（GB3097—1997）中的海水水质Ⅰ类标准，但均达到海水水质Ⅱ类标准要求。夏季的海水水质中的生化需氧量和活性磷酸盐的平均含量均达到《海水水质标准》（GB3097—1997）规定的海水水质Ⅱ类标准。其他指标达到海水水质Ⅰ类标准。北海市南面银滩海域的水质明显优于北面海域，其中北海市银滩公园海水浴场为全国重点水质周报的海水浴场之一，海水浴场水质类别均为优，潜在污染物主要是粪大肠菌群。银滩近岸海水水质各项指标均达到《海水水质标准》（GB3097—1997）的Ⅰ类标准。

2. 滨海生态环境质量特征

通过对监控区各项环境指标的监测，北海市海洋生态监控区内典型生态系统处于健康状态。监控区内绝大部分海域为清洁海域和较清洁海域；海域的海洋沉积物、海洋生物质量基本保持良好状态；红树林、海草、珊瑚礁等重要生态系统基本稳定，未出现大的退化和破坏现象。

3. 滨海空气环境质量特征

近年来，北海市的整体空气环境质量均达到《环境空气质量标准》（GB3095—1996）的二级标准，全年空气优良天数达到365天，占100%，其中空气质量为优的有284天，良的有81天，没有出现轻污染现象，主要污染物为可吸入颗粒物，全年API（空气污染指数）最小值为12；API最大值为84；年平均API值为36。2007年的北海市环境空气自动监测统计结果见表5.22。其中，二氧化硫的年平均浓度为0.013mg/m^3，符合国家GB3095—1996《环境空气质量标准》二级标准。全年日均浓度值在0.001~0.032mg/m^{3}之间，超标率为零。二氧化氮的年平均浓度为0.003mg/m^3，符合国家GB3095—1996《环境空气质量标准》二级标准。全年日均浓度值在0.001~0.033mg/m^{3}之间，超标率为零。可吸入颗粒物的年平均浓度为0.038mg/m^3，符合国家GB3095—1996《环境空气质量标准》二级标准。全年日均浓度值在0.001~0.133mg/m^{3}之间，超标率为零。降尘的年月均值5.96t/km^2·月，优于自治区推荐标准值（7.00t/km^2·月）。降水的降水酸度（pH值）年均值为5.56，酸雨频率为3.8%，与上年度相比pH值年均值降低1.2，酸雨减少1.1个百分点，全年降水pH值范围为4.50~8.20。由此可见，北海市整体空气质量优良。

表5.22　2007年北海市环境空气质量监测结果　单位：mg/m^3

	二氧化硫（SO_2）	二氧化氮（NO_2）	可吸入颗粒物（PM_{10}）	降尘
平均值	0.013	0.003	0.038	5.96

4. 滨海土壤环境质量特征

近年来，北海市近海海域的海洋沉积物基本保持良好状态。据考察组对银滩砂样的质量监测（见表5.23），各种重金属元素、有机物等检测含量极低。表明北海市由于对工业、生活等污染源控制较好，加强了滨海旅游区域的环境污染控制，滨海旅游区域的土壤环境状况较好，达到国家《土壤环境质量标准》（GB15618—1995）规定的一级标准。

表5.23 银滩砂样质量特征

项目	硫化物 ($\times 10^{-6}$)	油类 ($\times 10^{-6}$)	铜 ($\times 10^{-6}$)	铅 ($\times 10^{-6}$)	锌 ($\times 10^{-6}$)	镉 ($\times 10^{-6}$)	砷 ($\times 10^{-6}$)	总汞 ($\times 10^{-9}$)	总铬 ($\times 10^{-6}$)
结果	未检出	1	未检出	9	10	未检出	10	11	12

5. 滨海声环境质量特征

近年来，北海市功能区噪声总体特征是昼间好于夜间。噪声声源以道路交通噪声为主。道路交通噪声等效声级符合国家标准。滨海旅游区声环境质量状况较好。2007年，北海市区域环境噪声平均值为57.7dB，比上年升高1.6dB，北海市区域噪声质量属轻度污染。北海市道路交通噪声平均值为66.2dB，低于城市环境综合整治定量考核规定值0.8dB，与上年比较上升0.7dB，噪声环境质量较好。监测路段超标率较上年上升0.7%，北海市道路交通噪声质量属于好的质量等级。

北海市的滨海旅游区远离城市中心区和工业区，旅游区内的声环境质量状况较好，据考察组于2008年11月对北海市银滩景区的噪声质量现状监测（见表5.24），主要监测项目均达到国家GB3096—2008《声环境质量标准》的Ⅰ类标准，适用于滨海旅游区域。

表5.24 北海市银滩景区噪声质量特征

监测日期	昼间 [dB (A)]					夜间 [dB (A)]				
	Leq	L_{10}	L_{50}	L_{90}	SD	Leq	L_{10}	L_{50}	L_{90}	SD
11月1日	49.7	51.4	49.0	47.1	2.0	47.1	49.7	46.3	43.7	2.3

6. 环境质量综合评价

综上所述，北海市滨海旅游区域的各种环境因子（水环境、空气环境、生态环境和声环境）都达到了国家相关标准规定的Ⅰ类或Ⅱ类、一级或二级标准，整体环境质量优良，满足于各种旅游景区对环境质量的要求。

五、钦州市旅游区环境质量特征

1. 滨海水体环境质量特征

钦江和钦州市市政的6条入海排污口是造成钦州市近岸海域环境污染和生态损害的重要原因之一。环保部门对钦江进行了江河入海污染物总量监测，主要监测项目为油类、化学需氧量（COD）、铵氮、磷酸盐、重金属、砷等，监测结果表明，钦江主要污染物为化学需氧量（COD），其余监测因子对附近海域影响较小，具体情况见表5.25。

表5.25 2005年钦江排放入海的污染物量（t）

河流	油类	COD	铵氮	磷酸盐	重金属	砷	污染物总量
钦江	189	45570	5226	40	131	4	51160

环保部门对所辖沿海的6条排污口进行的监测结果显示，6条入海排污口均超标排放污染物，主要超标污染物（或指标）为营养盐、粪大肠菌群及COD等。排污口邻近海域有一部分海域的水质属四类标准，较大部分属三类标准。全部监测区域的沉积物质量劣于三类海洋沉积物标准，主要超标污染物为无机氮、石油类等。

近年来的环境质量监测显示，钦州市近岸绝大部分海域为清洁海域和较清洁海域，总体保持优良状态。大钦州港近岸海域以及茅尾海等局部海域为轻度污染海域；海域的海洋沉积物、海洋生物质量基本保持良好状态；但随着沿海经济的快速发展，特别是港口业的快速发展，海洋环境质量受到了一定程度的影响。但在钦州港近岸及茅尾海等局部海域内存在超标现象，属较清洁和轻度污染海域。

2. 滨海土壤环境质量特征

近年来,钦州市近海海域的海洋沉积物基本保持良好状态。据考察组对三娘湾砂样的质量监测(见表5.26),各种重金属元素、有机物等检测含量极低。表明钦州市由于对工业、生活等污染源控制较好,加强了滨海旅游区域的环境污染控制,滨海旅游区域的土壤环境状况较好,达到国家《土壤环境质量标准》(GB15618—1995)规定的一级标准。

表5.26 三娘湾砂样质量特征

项目	硫化物 ($\times 10^{-6}$)	油类 ($\times 10^{-6}$)	铜 ($\times 10^{-6}$)	铅 ($\times 10^{-6}$)	锌 ($\times 10^{-6}$)	镉 ($\times 10^{-6}$)	砷 ($\times 10^{-6}$)	总汞 ($\times 10^{-9}$)	总铬 ($\times 10^{-6}$)
结果	未检出	3	未检出	11	12	未检出	12	14	17

3. 滨海声环境质量特征

近年来,钦州市功能区噪声总体特征是昼间好于夜间。噪声声源以道路交通噪声为主。道路交通噪声等效声级符合国家标准。滨海旅游区声环境质量状况较好。2007年,钦州市区域环境噪声平均值为57.7dB,比上年升高1.6dB,钦州市区域噪声质量属轻度污染。钦州市道路交通噪声平均值为66.2dB,低于城市环境综合整治定量考核规定值0.8dB,与上年比较上升0.7dB,噪声环境质量较好。监测路段超标率较上年上升0.7%,北海市道路交通噪声质量属于好的质量等级。

钦州市的滨海旅游区远离城市中心区和工业区,旅游区内的声环境质量状况较好,据考察组于2009年3月对三娘湾景区的噪声质量现状监测(见表5.27),主要监测项目均达到国家GB3096—2008《声环境质量标准》的Ⅱ类标准,略低于Ⅰ类标准,适用于滨海旅游区域。

表5.27 三娘湾景区噪声质量特征

监测日期	昼间 [dB (A)]					夜间 [dB (A)]				
	L_{eq}	L_{10}	L_{50}	L_{90}	SD	L_{eq}	L_{10}	L_{50}	L_{90}	SD
3月15日	47.3	48.9	45.5	44.0	2.5	60.1	63.6	58.3	53.9	3.6

4. 环境质量综合评价

综上所述，钦州市滨海旅游区域的各种环境因子（水环境、空气环境、生态环境和声环境）都达到了国家相关标准规定的Ⅰ类或Ⅱ类、一级或二级标准，整体环境质量优良，满足于各种旅游景区对环境质量的要求。

第四节 滨海旅游资源开发环境问题评价

一、环境现状及主要环境问题

1. 生物多样性丰富，生态破坏得到基本遏制

沿海区域生物多样性丰富，沿海海洋生态系统从类型上分，主要有红树林生态系统、珊瑚礁生态系统、海草生态系统。

沿海区域天然植被分区属桂南热带雨林和亚热带季雨林区，植被类型和植物群落多种多样，大致分为季雨林、常绿阔叶林、针叶林、针阔混交林和稀树矮草等5大类植被类，植物种类丰富。其中北海市现有森林面积7.87万hm^2，其中速生桉树3.5万hm^2，森林覆盖率35.9%；防城港港口区森林面积为12493.7hm^2（含灌木林面积1892.9hm^2），森林覆盖率29.3%。

北部湾沿海有滩涂1005km^2；岛屿众多，除防城港、龙门岛、京族三岛因经济开发而与大陆相连成为半岛外，有面积500m^2以上的岛屿651个，岛屿面积66.90km^2，岛屿岸线460.9km；北部湾沿海0~20m等深线浅海面积6488km^2。有铁山港（湾）、廉州湾、钦州湾、防城港（湾）、珍珠港（湾）、大风江口等10多个大小港湾和河口，可开发建港的港湾、岸段有10多处。

据广西生态功能区划，沿海区域陆域无重要生态功能区分布，生态环境敏感性综合评价结论为轻度敏感和不敏感区域。

由于长期过度捕捞，渔业资源已明显衰退，捕捞量下降，捕捞的低值鱼和小型鱼比重上升，入海河口与一些海湾本来是生物生产较高的地方，由于沿岸工业污水大量超标排入，致使滩面变黑。此外，由于受沿

岸排放废水的污染影响，近岸海域水体的水质已经对海域生物构成一定的压力。

2. 海洋环境质量良好，局部的环境污染仍然存在

据环境质量监测年报，枯水期，属一、二类水质的站位占83.72%；丰水期，属一、二类水质的站位占88.37%；平水期，属一、二类水质的站位占95.35%。说明区域水质良好。2004年度北部湾近岸海域水环境主要污染物是石油类、活性磷酸盐和无机氮。污染区域为港口排污区和海水养殖区等，北部湾近岸海域水环境污染比上年度有所减轻。

由于钦州及防城均未建成城市污水处理厂，北部湾近岸海域排污区等区域水环境局部受无机氮和石油类的污染，局部海域受活性磷酸污染。受污染的海域主要是海水养殖区和港口排污区，污染规律表现为枯水期比丰水期污染重，丰水期比平水期污染重，近岸污染比远岸污染重。受无机氮污染的海域为北海市的党江至西场海水养殖区、钦州市的茅尾海海水养殖区、龙门港口区、水井坑红树林保护区和防城港市的北仑河入海口海区；受石油类污染的海域为北海市的沙田海水养殖区、钦州市的茅尾海海水养殖区和防城港市的天堂滩旅游区、北风脑海水养殖区；受活性磷酸盐污染的海区为北海港口区和侨港港口区。受无机氮污染的水期主要是枯水期和丰水期，受活性磷酸盐污染的水期主要是枯水期。

3. 地表河流环境质量良好，局部受污染

北部湾沿海城市有4条独流入海河流分别为南流江（4个断面）、九洲江（1个断面）、北仑河（1个断面）、钦江（2个断面）。其中北仑河为国际河流，沿与越南的边界线入海。

各河流水质评价结果表明，南流江、北仑河各水期水质达到良好以上，而钦江水质轻污染，主要污染物因子为溶解氧、氨氮、高锰酸盐指数。

北部湾沿海城市除北海市有污水处理厂，钦州及防城均未建成城市污水处理厂，工业污水大量排放、生活污水未经处理直排导致沿海城市局部河段及小河流的受污染影响。钦江因径流量小，受2004年旱情影

响，上游来水减少，局部河段出现了污染，以有机污染为主，钦江、南流江水质中溶解氧、高锰酸盐指数、氨氮、石油类等因子均超标情况较突出。此外，由于自然资源的不合理开发对流域生态环境造成破坏导致水土流失加重、农业生产中使用的化肥、农药以及农村养殖业的发展使大量农业面源污染物进入水体已成为水环境污染的因素之一，也是较难控制的环节。

局部河流出现事故污染，如南流江沿岸纸厂等事故污染情况时有出现，对局部河流影响较大。

4. 北部湾沿海城市环境空气质量良好，防城港市酸雨频率居高

北部湾沿海城市即北海市、钦州市、防城港市 2004 年度城市空气主要污染物年均值与上年比持平。北部湾沿海各城市环境空气质量均达国家环境空气质量二级标准，空气质量良好。

广西有 33 个市县被列入国家酸雨控制区范围，面积达 10 万 km^2，占全广西总面积的 42.3%，近年酸雨有向西部地区和沿海地区发展的趋势，部分地区酸雨频率呈逐年上升的趋势，如防城港市虽然大型的工业企业不多，但近年却出现酸雨污染现象，酸雨频率居全广西之首。

5. 声环境质量总体良好，交通噪声污染问题仍然存在

沿海区域声环境质量总体良好，各城市道路交通噪声除钦州市高于 4 类区域昼间标准即 70dB 外，其余城市均低于区域昼夜标准，声环境质量整体基本良好。

6. 环保监管能力薄弱、环保科研投入严重不足

沿海区域整体经济实力强弱不齐，环保投入不足。监察支队、环境监测站标准化建设差距大，特别是对环境安全隐患监管能力不足，尚处于空白的空气自动监测系统、乡镇空气、生态环境等方面的监测，使现有的环境监测能力难以全面反映全市环境质量状况。环境信息系统的建设刚刚起步，信息化水平很低。环境管理机构设置不合理，环保管理人员严重不足，环境管理和执法能力不足，环境管理和执法手段落后，不适应环保监督、监察的需要，严重影响环境监督管理工作的全面开展和提高。

沿海在环保科研的投入较少，特别在沿海资源的普查、环境要素的

研究、海洋环境容量研究、环境信息系统建设、生态建设、生物多样性保护、污染源治理、清洁生产循环经济等方面的基础研究工作投入严重不足，影响环境管理的支撑能力。

二、滨海旅游带来的环境影响

滨海旅游在旅游业中得到了迅猛的发展，海洋产业将成为国际竞争和开发的重点领域。海洋旅游业作为海洋产业中的重要一支，已越来越受到世界各国的重视。早在20世纪80年代，以西班牙为首的地中海沿岸旅游大国就提出了"三S"工程，开创了海洋旅游的新纪元。从此，海洋旅游在世界各地迅猛发展。从旅游业的分布区域来看，沿海地区，主要是滨海地区是最吸引游客的地区。滨海旅游业已成为沿海国家竞相发展的重点产业，与海洋石油、海洋工程并列为海洋经济的三大新兴产业。

我国的环渤海海湾海滨旅游带、长三角海滨带、海峡西岸海滨旅游带、珠三角海滨旅游带、海南海滨旅游带、环北部湾（广西）滨海跨国旅游区为我国的旅游业发展起到了推动作用。现在滨海旅游区已开设的旅游项目有海滨度假、都市观光、商业旅游、民俗旅游、宗教旅游、文化旅游、休闲度假、疗养避寒，等等。

但是随着滨海旅游业的快速发展，环境污染的情况也越来越严重，因为沿海地区的区域特性滨海旅游带来的环境影响从一定意义上将比内陆旅游带来的环境影响更严重。不仅存在旅游带来的基本问题，还将对海水造成一定程度的影响和危害。

1. 滨海旅游区带来的环境问题

旅游对环境的消极影响主要表现在：对大气的影响、对水体环境的影响、噪声污染、对动植物的破坏和干扰、对景观环境的破坏等方面。大量事实表明，旅游已成为环境污染源之一。

现在越来越多的人选择海滨度假，海滨度假区越来越受到广大旅游者的欢迎，海滨胜地每年吸引着最大比例的旅游者。大众旅游最大的生态威胁是对基础设施和交通安排的影响，尤其是在旅游者数量几乎没有任何控制的情况下，这种生态威胁更甚；旅游区的扩张、建筑物、飞机、火车、公共汽车、出租车和小汽车的燃油消费，水源的过度使用，交通工具排放的尾气、污水和垃圾所造成的污染等，都会导致严重的、通常是不可恢复的环境退化。

荷顿提出的"旅游的自我毁灭理论"（Self-Destruct of Tourism）指出，一个有吸引力的自然区域会得到大力开发，以迎合期望低密度人口并愿意支付高昂价格的高端旅游市场消费者，在高额利润的诱惑下，其他开发商也很快加入了开发并带来激烈的竞争，为了保证接待量和入住率，价格不得不降低，从而标准也相应降低，该旅游地则演变成为一个大众旅游的目的地，精英们则转往其他未被破坏的区域。

威斯研究了墨西哥坎昆岛的案例，印证了该理论。坎昆是一个美丽的堰洲岛，整个岛呈蛇形，南北长约17km，东西宽100～400m。坎昆岛西侧有一个潟湖，水深3～4m，有4个缺口与加勒比海相通，北面的2个缺口为入水口，南面的2个为出水口。开发之前，潟湖里有丰富的水草，周围长满了红树林，拥有丰富的海洋生物。坎昆岛面向加勒比海，是多种海鸟和五种海龟的重要栖息地。为了开发，数千名非技术工人涌入坎昆，而在1972年之前，这里仅是一座只有300多人的僻静渔村。投资者开掘采石场，修建连接坎昆与大陆的堤道，堤道限制了潟湖与大海之间的水体交换；投资者还填平了潟湖的部分区域，在上面修建高尔夫球场、林荫步道和游乐园。污水与其他废物的处理成为严重的问题，最终，废弃的采石场成了垃圾堆放场，从而污染了地下水，导致环境的严重破坏。

旅游的产生和发展，时刻都离不开环境的影响，同时旅游文化也在时刻影响环境。旅游文化的发展对环境的负面作用和消极影响，日益显现出来，已引起了人们的普遍关注。滨海旅游区带来的环境问题主要有以下几个方面。

（1）对地表和土壤的影响。随着各自然区域内旅游活动的开展，旅游设施开发与日俱增，已使很多完整的生态地区被逐渐分割，形成岛屿化，使生态环境面临前所未有的人工化改造，如地表铺面、植被更新、外来物种引入等。无论是陆地还是水域表面都可能受到旅游活动的影响，岩岸、沙滩、湿地、泥沼地、天然洞穴、土壤等不同的地表覆盖都可能承受不同类型的旅游冲击，尤其是地表植物所赖以生存的土壤有机层往往受到最严重的冲击。

(2) 对水体环境的影响。水体环境在旅游文化中占有重要地位，因而旅游活动对水体环境的影响也是相当广泛而严重。

滨海旅游区中沿海水域的污水污染主要来自两个方面：工业废水和生活污水。旅游活动中产生的生活污水，特别是在沿海地带修建的宾馆、饭店、度假村等建筑物，其生活污水直接或间接地进入海里，造成有机物污染和富营养化等问题。

旅游水体污染的重要原因之一是旅游船只所排放的垃圾、油污的污染。

油类污染一方面来自石油溢出，另一方面则是旅游活动直接带来的，如游艇及沿岸生活污水。以燃油为能源的游艇，其废气和漏油将会使海水的油类增加。

海水污染物类型有氨氮类，石油类，重金属类，有机污染物，无机污染物，氮、磷污染。污染类型有氮磷形成的水体富营养化，无机氮和活性磷酸盐形成的赤潮，等等。

(3) 对大气环境的影响。随着游客进入旅游区以及供游客乘坐的交通工具蜂拥而至，汽车排放的大量有毒尾气、扬起的尘埃和众多游人呼出的二氧化碳，以及旅游区内的宾馆、饭店等生活锅炉排放的废气，都会对旅游区的大气环境造成严重的污染。

交通工具污染，数以万计的游客使用的私人交通工具，是最没有效率的运输方式，它不但会消耗更多的资源，也会排放出更多的大气污染物。交通工具所排放的废气还可能含有有毒物质，威胁地球生态的健康。从全球气候变化的角度来看，废气排放可能导致酸雨，也可能排放使地球增温的温室气体，或是排放诱发臭氧层空洞的物质。

旅游宾馆饭店是任何一类旅游形式都必需的生活服务设施，对大气的污染源主要是供水、供热、供能的锅炉烟囱和煤灶的排气以及旅游地域小吃摊排放的废气等，释放出来的主要是燃烧煤、煤气和液化气产生的二氧化硫、二氧化氮、一氧化碳和烟尘等，总量虽较工业小，但排放源分散、高度低、距景点近，且多无除尘设施，对旅游地大气质量影响大。

大气污染造成的污染类型有光化学烟雾、硫酸烟雾、酸雨、臭氧空洞，等等。

（4）固体废弃物。固体废弃物的产生主要是生活垃圾，主要来源是当地居民平时产生的生活垃圾和游客的到来产生的生活垃圾，游客的环保意识不强，随手乱扔废弃物，使得固体废弃物污染成为滨海旅游区的普遍问题。

（5）过度使用和过度采集资源。一些沿海景观不顾其本身环境容量的限制，超规模接待游客，游客超载造成资源的过度使用和景区污染加重，旅游气氛丧失。

为满足游客对海产品和海洋生物的需求，有些地区已出现过度捕捞和过度采集现象，致使某些水产资源遭到破坏，滨海生态平衡已受到严重干扰。此外海滨旅游发展还造成沿海地区饮用水紧张、能源浪费等问题。

2. 滨海旅游产生的环境影响

滨海旅游资源通常是指那些其本身可能具有某种令人感兴趣的特色，但由于不具备交通条件和其他接待条件，加之可能尚不为外人所知，目前还无法吸引大量游客前来观赏的滨海资源。它们必须经过开发，才能造就出吸引旅游者前来的旅游环境，才能成为供游客观赏并且可供旅游业利用的现实旅游资源。而且其本身具有一定的旅游价值。

滨海旅游带来的环境影响，就是旅游资源被开发出来后产生的滨海旅游的环境影响。

滨海旅游开发过程中一些度假村土地资源利用，自然保护区的划定，滨海岛屿的建设，古遗址的重建，临海工业建立，港口码头的建立，工业基地游览区的建设带来的环境影响。

旅游的发展离不开环境，两者相辅相成。旅游的不合理开发和发展会给环境带来破坏，而环境的破坏又会导致旅游的衰退，这是恶性循环的。沿海地区的生态系统是一个相对脆弱的生态系统，其对旅游业和经济的发展造成的压力以及气候的变化十分敏感。在滨海旅游的发展过程中，我们必须用可持续发展理论作指导，使生态环境保持良性循环发展。

在建设过程中滨海旅游区的规划和建设应紧紧围绕"海"来展开，其周围的建筑、景观都应与海融为一体，才能增加游客的美感。

第五节 滨海旅游地区环境保护对策与措施

北部湾（广西）滨海旅游区域的环境保护是一个长期和持续的过程，应当尽量做到预防为主，减少污染，合理治理。因此，在未来的旅游开发过程中，还需要从以下这些方面去改进，以保护好整个北部湾（广西）滨海区域的环境。

（1）设施建设的合理性：尽量保证游客产生的生活垃圾能够得到合理地处理；如各宾馆产生的废弃物采取一定设备处理后再进行排放；度假村建设设施要环保，固体废弃物及时合理地处理，建设后可通过一定的宣传途径宣传环保、提倡节约等。

（2）运用科技手段：沿海旅游区进行旅游环境现状的调查、旅游环境质量标准的建立、旅游环境影响评价方法体系的确定、旅游环境规划、污染监测、污水、垃圾处理都需要运用科技手段，科学地开展工作。应加大科技投入，调动广大科研人员的积极性，使其科研成果尽快付诸实施。

（3）立法严控：控制污染源，减少排放量，从源头上做好环保工作，严禁将污染物直接排入海水，处理旅游垃圾及污染物时，采用卫生填埋法、堆肥法、焚烧法等，尽可能保证海水洁净。严格规定各临海工业的污染排放量。

可以借鉴西班牙《海岸法》1994年规定的"距离海水100m内不准新建任何建筑物，原有的建筑物不能转让，只能自生自灭"。西班牙2004年《旅馆法》规定"在海边建旅游一定要距离海水最少500m，每间客房占地面积少于110km^2，以此来控制海滨饭店设施的建设密度，让游客有足够的空间"的方法。

海洋法、环境法等相关法律，针对海水污染、生物退化、景观破坏等，加强滨海旅游开发的立法工作，用法律来杜绝只注意近期经济效益而忽视长远的环境效益的行为,以维持海滨生态系统中各要素协调和有序的发展,做到海滨旅游开发的经济、社会、生态效益的统一,保持其可持续发展。

(4)管理控制:应规定保护具有特别敏感性的风景区如红树林风景区或特殊生态环境如各珍稀野生动物的栖息地。对于那些特别脆弱或特别有价值的环境,必须禁止游人的进入,至少对于那些面积足够大并具有生物学意义和可持续发展的禁猎区来说,必须禁止游人的进入。对于一些古遗址我们应禁止游客乱涂乱刻。各风景区应进行严格的管理规定,对破坏环境的行为予以制止和教育。

(5)技术修复:由于发展要大力借鉴国际上的生态环境规划、整治与修复技术,以防止和治理北部湾(广西)滨海的生态破坏,要开展红树林工程恢复工程技术、沼泽地等湿地保护和修复技术、海草植物带的生物工程技术、珊瑚礁保护和修复技术、垃圾分类与污染处理和等专项技术的科研能力培养与建设,力保在旅游开发过程中能够运用生态技术进行预防和修补。

(6)生态行为倡导:从经营者和游客两个角度做好宣传教育工作,倡导生态行为。经营者要多使用电船或者摇橹船等,增建相应的附属设施,改善生态旅游条件,生活废水进行处理后排放,尽可能地减少污染,建筑物风格与周围的自然和人文环境相协调。做好宣传教育,普及旅游者生态教育,通过寓教于游,寓教于乐等多种形式让游人自觉以生态意识贯穿整个旅游活动,并且能够自觉地保护旅游资源。游客在生态区要以观赏为主、自觉地爱护动植物、禁止乱丢垃圾等。

(7)借鉴参考:也可以借鉴其他环境影响比较小的滨海旅游区域的经验,使滨海旅游发展的同时环境污染处于最优的状况。同时还应注重经济效益、社会效益、环境效益的有机统一,使环境、经济、社会能够和谐发展。

第六节 结论

北部湾(广西)经济区已经作为国家的重点开发区,在今后相当长的一段时间内，将不可避免地要接受由国内其他优化开发区转移来的加工工业等传统产业，对生态环境、空气环境、水体环境和土壤环境等环境状况将产生严重的影响。海洋旅游业也是北部湾（广西）经济区的重要产业之一，滨海旅游业对环境质量的要求等级极高。因而，制定严格的环境污染排放限制政策，对滨海旅游景区的深度开发和提高环境容量至关重要。

大力加强水环境综合整治。即加强滨海旅游景区生活污水集中处理、达标排放监控和后期净化工程建设；尽可能通过采用人工净化系统等途径处理污水和公厕粪便等排放出路问题，尽量减少污水和粪便排入和污染滨海水体途径；在水污染整治规划中要加强各入海河流和市政入海排污口的污染物治理，提高污水处理率。加强雨污分流管理，扩大分流制范围。严格限制个别旅游景点的排污和各工业区排污情况。

加强滨海空气环境综合整治。加强机动车船的排污达标检测和维护管理，严格限制滨海浴场摩托艇等的迅猛发展，减少废气、油污等对海水的直接污染；大力整治滨海餐饮业油烟气污染，规范"大排档"之类的流动食摊的管理，营建以体现地方饮食文化特色的、物美价廉的大型海滩夜间美食城，实施废气集中处理、集中达标排放的管理。临海工业废水排放必须达到国家标准，严禁任何类型的污水未经处理向海洋直接排放。强化对沿海重化工业的环境风险防范，加强对主要入海河流流域、河口及陆源排污口的监控管理，实施入海污染物总量控制制度。提高大中型港口、停港船舶和海上石油平台、海洋工程的废水、废油、垃圾回收与处理装置的配备率，实现达标排放。建立溢油、赤潮应急反应预案。加强海洋环境监测，实施海洋环境预警预报工程。

加强固体废弃物综合整治。即在滨海旅游景区建立健全的固体废物识别、分类、收集和运输系统，加强旅客环保意识，减少随意抛弃生活废弃物。在严格控制环境污染的同时，也要大力加强城镇社区的生态环境保护工作。

滨海地区旅游带来的环境问题也是滨海城市很大一部分的污染。

对于旅游我们需要制定具有科学性、严谨性和预见性的旅游环境规划，用于组织、管理经济、旅游及其他破坏旅游环境的活动，来解决发展生产、扩大旅游规模与景点环境保护之间的矛盾，使其协调一致，以保证经济发展和旅游活动持续稳定地进行、防止旅游区环境的破坏。环境保护是一个长期和持续的过程，应当尽量做到预防为主，减少污染，合理治理。

根据对北部湾（广西）滨海旅游的市场分析、资源分布调查、开发环境影响分析，我们大胆地尝试在下一章对北部湾（广西）滨海旅游区进行选划以及评价。

第六章

北部湾(广西)滨海旅游区选划与评价

第一节 滨海旅游区选划依据与条件

一、理论依据

"选划"与旅游学领域研究的"旅游区划"、"旅游空间布局"等在"划定功能区以利于保护、开发、利用以及管理"的本质意义是一致的。对滨海旅游区而言,选划的意义在于对滨海资源及其潜在经济价值的深度挖掘。因此,滨海旅游区选划必须在资源属性与特色的基础上,着重从区域经济发展的视角出发,研究滨海旅游资源的潜在保护价值与开发价值。滨海旅游区选划的基本理论依据主要是基于"增长极理论"、"点—轴系统理论"以及"网络开发模式理论"等理论展开。

1. 增长极理论

增长极的概念最早是由法国著名经济学家佩鲁(F. Perroux,1950)提出,布代维尔赋予其空间内涵后,增长极理论逐渐演变为一种区域经济不平衡发展战略理论。"经济增长并不是同时在任何地方出现,它以不同强度首先出现在增长点或增长极上,然后通过不同的渠道向外扩散,并对整个经济产生不同的终极影响"。增长极具有极化效应和扩散效应。增长极理论在旅游开发布局中具有理论指导意义和应用价值。旅游活动首先在一些先天资源优势突出,交通条件相对便利的景点产生,在初期阶段旅游活动基本处于自发状态。随着游客数量的增加和旅游开发意识的增强，开始向游客提供一些吃、住、行等基本生活的服务，从而形成了旅游业的萌芽。在空间结构上，表现为中心地系统特征，交通系统比较脆弱，吸引范围有限，旅游流呈单向性。这一阶段区域旅游开发的重点是加强旅游中心地的吸引力和相关配套设施的建设，使其成为带动区域旅游业发展的增长极。随着旅游业的进一步发展，会逐渐形成旅游点为中心向四周辐射而成的节点状旅游区域。

2. 点—轴系统理论

根据区位论及"空间结构"理论的基本原理，陆大道于1984年提出"点—轴系统"理论。他认为在国家和区域发展过程中，大部分社会经济要素在居民点和中心城市即"点"上聚集，并由交通、通信干线和能源、水源通道连接起来的线状基础设施联系在一起而成"轴"。"轴"对附近区域有很强的经济吸引力、凝聚力和扩散力，从而与区域生产力要素相结合，形成新的生产力，推动社会经济的发展。

随着中心地旅游的发展，旅游业规模进一步扩大，为了更好地发展旅游业或振兴地方经济，道路交通干线、通信等基础设施逐步兴建，大大改善了旅游地的可进入性，同时随着旅游服务水平的提高也吸引了大量的游客进入，增强了旅游中心地对周边地区旅游流的扩散作用，逐步形成了次一级（或二级）旅游中心地，旅游流动呈现出双向性，旅游域系统开始形成。主要交通通道成为连接中心地之间以及中心地与二级中心地的重要轴线，空间结构呈现出以中心地为核心、以主要交通通道为轴线的互动体系。中心地以集聚效应为主，交通轴线则加强其扩散效应，从而形成以中心地为核心，交通轴线为纽带的带状旅游区域。

3. 网络开发模式理论

在点轴系统理论的基础上，吸收增长极理论中的某些有益思想，魏后凯提出网络开发模式理论。他认为，任何一个地区的开发总是最先从一些点开始，点与点之间的经济联系及其相互作用，导致在空间沿交通线连接成轴线，轴线的经纬交织形成经济网络。

旅游业的发展也是如此,随着轴线系统逐步完善,使区域内更多的景区(点)得到开发,并依托各级旅游轴线与上一级中心地建立联系。区域内出现多个一级中心地体系,旅游域范围逐步延伸,不同中心地的旅游域相互渗透,各级旅游地之间的联系也更加紧密,使各级旅游中心地对旅游流的集聚和扩散效应得到了最大限度的发挥。旅游景点(区)通过四通八达的交通形成合理的旅游网络系统,从而使整个区域旅游业得到有效开发和较高水平的发展。旅游业的发展将融入区域经济发展的大系统中,成为区域经济发展的强劲推动力。

二、技术依据

1. 一般条件

广西滨海旅游区选划应符合《广西旅游业发展"十一五"规划》、《广西旅游业实现千亿元目标发展规划》、《广西旅游资源整合开发概念性规划》、《北部湾旅游发展规划》、《广西海洋环境保护规划》、《南宁市旅游发展总体规划》、《北海市旅游业发展总体规划》、《钦州市旅游产业发展规划》、《防城港市旅游产业发展总体规划》、《北海市"十一五"海洋经济发展规划》等相关规划的基本要求。

2. 特殊条件

根据滨海旅游区选划的相关技术标准,广西滨海旅游区选划严格按照生态滨海旅游区、休闲渔业滨海旅游区、观光滨海旅游区、度假滨海旅游区、游艇旅游区、海岛综合旅游区的选划条件要求,严格筛选。具体选划条件参见表6.1。

表6.1 滨海旅游区选划技术条件

选划区域类型		选划条件
1	生态滨海旅游区	(1) 具有生态功能与价值的旅游资源,且开发潜力大的自然生态区和人工模拟生态区; (2) 毗邻海域的海水水质不劣于Ⅱ类,海洋生物质量不劣于Ⅱ类; (3) 适宜发展旅游的气候环境。

续表

选划区域类型		选划条件
2	休闲渔业滨海旅游区	(1) 海域渔业资源较丰富； (2) 毗邻陆域有渔村渔舍、渔业公共设施分布，或具有地方特色的渔业生产器具、渔产品等； (3) 近岸及毗邻海域风光优美，具有地方特色的渔业人文环境； (4) 海水水质不劣于Ⅱ类，海洋生物质量不劣于Ⅰ类； (5) 适宜户外旅游的气候环境。
3	观光滨海旅游区	(1) 海域及毗邻陆域旅游资源比较丰富，且开发潜力较大； (2) 海水水质不劣于Ⅲ类，海洋生物质量不劣于Ⅱ类； (3) 适宜户外活动的气候环境。
4	度假滨海旅游区	(1) 面积适宜，有供千人以上观光、休息、度假的娱乐场所； (2) 海水水质不劣于Ⅱ类，海洋生物质量不劣于Ⅰ类； (3) 适宜的气候环境。
5	游艇旅游区	(1) 港址天然水深适宜，地质条件较好的区域； (2) 港区有足够的水域面积，有天然掩护，浪、流作用小； (3) 海水水质不劣于Ⅲ类，海洋生物质量不劣于Ⅲ类； (4) 近岸及毗邻海域风物景观、海洋景观、历史遗迹、人文古迹较多，能够吸引国内外游客； (5) 适宜的气候环境。
6	海岛综合旅游区	(1) 岛、礁、滩的旅游资源比较丰富，能够吸引国内外游客； (2) 周围海域海水水质不劣于Ⅱ类，海洋生物质量不劣于Ⅱ类； (3) 适宜的气候环境； (4) 距离邻近大陆（或大岛）较近，或海上航线条件较好。

第二节 北部湾（广西）滨海旅游区选划布局

  旅游功能选划是利用系统的整体性与综合性原理，把一定地域空间范围内与区域内与旅游业相关的各项要素如旅游景点、旅游服务设施、交通设施等联系起来，形成有机整体，使不同特色和不同类型旅游要素相互联合与协作，形成独具特色的区域旅游网络，实现资源信息共享、优势互补、突出特色与个性、增强竞争与对外旅游吸引力，避免重复建设、恶性竞争、环境破坏等不和谐行为。通过战略性布局，有利于发挥各地的资源优势,提升整体形象,发挥产品整体优势,开展主题鲜明的旅游专项活动,发挥区域整体效应,降低游客单位出游成本及缓解旅游交通的紧张局面。

依据这一思路,将广西滨海旅游区划分为"一轴一线一中心四组团十分区"空间结构进行选划。

(1)一轴:合浦星岛湖——北海银滩——涠洲岛生态休闲度假旅游黄金轴。

该轴主要依托北海银滩、星岛湖和涠洲岛、斜阳岛等滨海亲水生态资源,发展生态型休闲度假旅游。

(2)一线:合浦——北海——钦州——防城港——东兴海岸线生态林滨海旅游岸线。

该线包括山口红树林、大冠沙城市红树林、冠头岭森林公园、渔洲坪城市红树林、车猿树生态林、天鹅湾红树林、榕树头生态林等岸线生态林区。主要功能是生态保护与开发生态旅游。

(3)一中心:北海旅游中心城市和区域性国际旅游集散中心。

北海在北部湾(广西)滨海旅游区中具有优越的区位优势,北接湖南——桂林——柳州——南宁——北海旅游黄金带,南与东盟各个旅游航海线相通,东与广东——合浦——北海旅游线连接,西与钦州、防城港、东兴、越南下龙湾等旅游线路对接。因此,规划将北海作为旅游中心城市和区域性国际旅游集散中心。

(4)四组团:合浦北海组团、钦州组团、防城港组团、东兴组团。

合浦北海组团。主要包括合浦、北海两市县,主要包括北海市区、合浦县城区及周边重点开发区,发挥亚热带滨海旅游资源优势,开发滨海旅游和跨国旅游业,主要旅游景区景点包括合浦的星湖岛、东坡亭、古汉墓、文昌塔、大士阁、白龙珍珠城遗址、英罗红树林保护区、北海朴园以及北海的涠洲岛、银滩、海底世界、北海老城、海洋之窗、北海海滩公园、北海近代建筑等,重点发展滨海度假、生态休闲旅游。

钦州组团。主要包括钦州市,包括三娘湾、大芦村古宅、八寨沟、龙门群岛、刘子材故居、刘永福故居以及麻蓝岛、七十二泾等,重点发展滨海旅游、生态旅游和乡村旅游。

防城港组团。主要包括防城港和上思县，包括十万大山、火山岛、红沙白鹭自然保护区、江山半岛、金花茶自然保护区等，重点发展生态旅游和滨海旅游，山地休闲度假旅游。

东兴组团。主要包括东兴市和边境经济合作区及周边重点开发区，可发挥通向东盟陆海大通道的门户作用，发展边境旅游，主要景区景点包括峒中温泉、京岛旅游度假区和北仑河。

（5）十分区：三个生态滨海旅游区、一个休闲渔业滨海旅游区、一个观光滨海旅游区、两个度假滨海旅游区、两个游艇旅游区和一个海岛综合旅游区。

本功能区划充分考虑了滨海旅游区的交通、社会、经济、品牌带动、城市、海洋保护、旅游、环境保护等因素，而不是单纯从旅游的角度来区划。传统的旅游区区划一般是根据资源禀赋、地理空间和旅游产品开发方向等来划分，若按照传统的旅游区区划则广西滨海旅游区可划分为滨海休闲度假区、海上观光娱乐区、民俗风情体验区、生态观光区等以资源或产品为主要功能进行划分。这种单纯的旅游功能区划虽然能鲜明地反映了旅游资源特色和旅游开发的主题定位，但对旅游的带动功能以及旅游附加功能、辐射功能没能更好地表达。同时，也无法将旅游融入到其他产业当中，与其他产业形成互动、联动发展。而本选划方案的"一轴一线一中心四组团十分区"则综合从旅游品牌带动（北海——合浦生态休闲度假品牌带动）、生态保护岸线和通过北海这一旅游集散中心和旅游城市中心辐射功能，带动十分区旅游与生态环境保护互动协调发展和四个组团的旅游发展，有效地实现了旅游经济、社会、生态环境等各方协调发展。因此，本方案具有创新价值，突破了传统的旅游功能区划局限，较之单纯的旅游功能区划是最优方案。

第三节 北部湾（广西）滨海旅游区选划与评价

一、生态滨海旅游区

主要的生态滨海旅游区包括北仑河口海洋自然保护区、山口红树林保护区、合浦儒艮自然保护区、党江红树林湿地自然保护区等。

1. 基础条件与开发现状

（1）北仑河口海洋自然保护区。北仑河口国家级自然保护区位于中国大陆海岸的最西南端，在防城港市境内。由西到东保护区跨越北仑河口（河口）、氵万尾岛（开阔海岸）和珍珠港（港湾），海岸线总长 105km。沿岸 6% 为沙质海岸，15% 为淤泥质海岸，19% 为基岩海岸，60% 为人工海岸。整个保护区背靠十万大山，南濒北部湾；北面以低山丘陵为主。保护区以红树林生态系统为保护对象，岸线长 105km，面积约 11927hm^2。其中，红树林有林面积 1131hm^2，宜林光滩面积 1487hm^2。保护区内的各种生物类群众多。红树林生态系统是生物多样性最为丰富的生态系统之一，其发育良好，结构独特，连片较大，是保存较完整的天然红树林，共有红树植物 6 科 8 种。大型底栖生物共有 155 种，其中多毛类 37 种，软体动物种类 62 种，甲壳动物 41 种，底栖鱼类 27 种。一些海洋动物为古老的孑遗种类，如被称为活化石的鲎是二类保护海洋动物，鸭嘴海豆芽是我国优先保护的一类海洋动物。鸟类有 187 种，其中黄嘴白鹭、白琵鹭、凤头鹰、雀鹰、松雀鹰、灰脸鵟鹰等种类属于国家二级保护动物，黑脸琵鹭被列为世界上最濒危的 30 种鸟类之一。

北仑河口海洋自然保护区跨越三个典型的特殊区域，一是西端的北仑河口，这是我国大陆海岸最西南端的入海河口，又是中越两国的界河河口，历史上因不合理的开发利用使本区的原生红树林损失 66% 左右，导致北仑河主航道偏移和我国国土的流失，因此，保护区的建立不仅在保护生物多样性方面具有重要意义，而且对防止国土流失和海岸侵蚀、维护领土和领海权益也具有非常重要的战略意义。二是中部的氵万尾岛，这里是我国京族唯一的聚居地，保护区对当地少数民族经济的可持续发展具有重要的意义。三是东端的珍珠港湾，这里现存的典型的海湾红树林是该保护区的主要分布区域。

保护区于 1983 年开始建立，属县级，1990 年晋升为省级海洋自然保护区，2000 年 4 月经国务院批准晋升为国家级自然保护区。2001 年 7 月，加入中国人与生物圈（MAB）组织，2004 年 7 月加入中国生物多样性保护基金会自然保护区委员会。2004 年防城港红树林被 UNE 批准为中国首个、全球三大 GEF 红树林国际示范区之一。北仑河口是中国海岸线的最南端，边海特色鲜明，旅游开发程度低。

（2）山口红树林保护区、合浦儒艮自然保护区。山口国家级红树林生态自然保护区（中心位置地理坐标 21°28′N，109°43′E）由广西合浦县东南部沙田半岛的东西两侧海岸及海域组成，东与广东省湛江红树林保护区接壤，地域跨越合浦县的山口、沙田和白沙三镇。距保护区公路里程最近的地级市分别是广西北海市 105km，广东省湛江市 93km。保护区总部（管理处）设于广西合浦县城，距红树林保护地 77km。保护区下设英罗和沙田两个保护站。保护区海岸线总长 50km，总面积 8000hm²，其中海域、陆域各为 4000hm²，有林面积 806hm²。

红树林是热带、亚热带海岸潮间带特有的木本植物群落，多分布于泥滩上，其生长发育依赖于海水的周期性涨落。红树林形态各异，盘根错节的根系和"胎生现象"具有很高的观赏价值。该保护区内的红树林是中国大陆海岸红树林典型代表，发育良好，结构独特，连片较大，是保存较完整的天然红树林。区内有红树植物 10 种，主要伴生植物 22 种，浮游植物 96 种，底栖硅藻 158 种，鱼类 82 种，贝类 90 种，虾蟹 61 种，昆虫 258 种，其他动物 26 种。该区是亚洲大陆东北部与半岛、南洋群岛及澳大利亚之间的候鸟迁飞的一条重要通道，鸟类较丰富，共 132 种，其中有国家二级保护动物黑脸琵鹭、白琵鹭、凤头鹰等 13 种。红树林水域也是国家一级保护动物美人鱼（儒艮）栖息的好场所。

山口国家级红树林生态自然保护区呈现出以下几个方面的特点：①保护区内分布有我国发育最好，连片面积最大，保留最完整的天然红海榄林，也是我国大陆海岸最重要的红海榄种源地；②保护区周边还分布有盐沼草和海草，在有限的海域内同时出现三类海洋高等植物生态系统，在我国是十分罕见的；③附近海域是国家一级保护动物"美人鱼"儒艮、中华白海豚、文昌鱼和中华鲎等珍稀海洋动物出没之处，也是"南珠"合浦珠母贝的繁殖区。

山口国家级红树林生态自然保护区是 1990 年 8 月国务院批准建立的我国首批（5 个）国家级海洋类型保护区之一，1993 年加入中国人与生物圈，1994 年列为中国重要保护湿地，1997 年与美国鲁克利湾国家河口研究保护区建立姐妹保护区关系，2000年1月加入联合国教科文组织人与生物圈（MAB）保护区网络，2002年1月列入国际重要湿地，是全国海洋系统目前唯一的荣获世界双桂冠的自然保护区。山口红树林的旅游始于1992年，起于当地群众自发性行动。1992年10月保护区管理处成立后，才开始下意识地进行适应性的旅游开发。但由于种种原因，目前基本仍处于原发状态，必要的设施如道路、服务管理、食宿等尚未配套建设。主要旅游活动为陆岸漫游和游船林中游，基本还处于观光旅游阶段，观光对象亦仅限于红树林的形态特征和自然景色，旅游资源的优势及其潜在效益没有得到充分的发掘和利用。

（3）党江红树林湿地自然保护区。合浦是广西南疆的滨海县。在330km的海岸线沿海滩涂、海岸河口区上，分布有大片的红树林群落，共有3.68万公顷，约占广西红树林面积的50%，占全国红树林面积20%，是全国最多红树林的县市之一。其中山口、沙田两处的红树林，经国务院批准，已于1990年建立了"山口国家级红树林生态自然保护区"，并于2000年1月加入了联合国教科文组织世界生物圈。但该区仅是合浦县红树林的一部分，占全县红树林面积的35%，山口保护区外的红树林由于没有纳入保护范围，未得到有效的保护，破坏红树林、乱开垦海滩涂的现象时有发生。合浦党江一带的红树林是广西河口红树林类型中连片面积最大的红树林区，创建该自然保护区意义重大。

党江红树林湿地生态保护区包括党江、西场、沙岗等3个乡镇，总面积1684hm^2，占该区沿海滩涂面积的30%。党江红树林主要为桐花树群落，平均高约2m，覆盖度40%~90%，伴生秋茄、茳芏。此外还有大片的老鼠簕纯林和人工种植的秋茄林，秋茄林平均高约0.5m，覆盖度约25%。

2. 开发方向与前景宏观评价

生态滨海旅游区依托自然保护区，应坚持"养护为主，适度开发，持续发展"的保护方针，与国内外科研所，大专院校紧密合作，开展生态科学研究，探索生态资源合理的综合开发和持续利用途径，努力把基地建成为生态滨海资源保护、研究、教学、国际交流、开发、旅游的基地。

（1）选划范围。北仑河口海洋自然保护区选划区域位于竹山村沿岸海域至沙尾防护海堤附近海域；山口红树林自然保护区（合浦儒艮自然保护区）选划区域位于沙田半岛东西两侧海岸及附近海域；党江红树林湿地自然保护区选划区域位于三墩屯至墓屋屯附近的红树林分布海域。

（2）发展定位。生态滨海旅游区。

（3）主要旅游功能。科普教育、生态旅游。

（4）客源定位。生态旅游基地的客源市场总体上不求量但求质，发展生态旅游市场、科研市场，主要针对国内市场。国内大众市场定位如下：

——核心市场：大西南市场（含广西）和珠江三角洲市场；

——基本市场：华北地区、华东地区、东北市场、中南地区；

——机会市场：西北地区。

（5）规划布局。根据基地的旅游资源特征及分布情况、保护区保护要求等因素，将山口旅游区划分为两个主题特色突出的景区，即北仑河口、山口、党江红树林景区和儒艮观赏区。

（6）景区开发方向。

◆红树林景区：依托北仑河口、山口、党江三地红树林国家自然保护区，坚持保护优先的原则，在保护区的实验区配套旅游服务设施、科普宣教设施，以"海上森林"为主题建设以游览观光、生态休闲、科普教育为主要功能，集知识性、休闲性、观赏性、娱乐性于一体，内涵丰富、布局多变、景观迷人的北仑河口、山口、党江三地红树林生态旅游景区。

◆儒艮观赏区：儒艮俗称"美人鱼"，东起合浦县山口镇，西至沙田镇海域的儒艮自然保护区是我国唯一的儒艮国家级自然保护区。依托儒艮自然保护区，建设儒艮科普馆、儒艮表演馆，完善配套服务设施，配套船只，开展海上儒艮观赏航线，建设集观赏性、游乐性、趣味性、知识性于一体的儒艮观赏区。

3. 环境影响预测分析

北仑河口海洋自然保护区、山口红树林保护区、合浦儒艮自然保护区、党江红树林湿地自然保护区区域的各种环境因子（水环境、空气环境、生态环境和声环境）都达到了国家相关标准规定的Ⅰ类或Ⅱ类、一级或二级标准，整体环境质量优良，满足于各种旅游景区对环境质量的要求。

（1）北仑河口海洋自然保护区环境影响预测分析。主要影响北仑河口海洋自然保护区环境是入海河流和陆源入海排污口造成的各种污染物排放。该地区独流入海的主要河流有北仑河和防城江。

北仑河口自然保护区红树林生境良好，除部分近岸海域水体无机氮和汞均超Ⅱ类海水水质标准，其余监测项目符合Ⅱ类海水水质标准。河口沉积物符合Ⅰ类海洋沉积物质量标准。保护区现有红树林15种，已查明的本地种生物数量未发现有灭绝现象，也没有发现明显的退失、消亡现象。红树林底栖生物种类丰富。北仑河口区域生态环境优良，生态系统复杂，具有较高的生物多样性，海水水质质量优良，可以开发海上运动区或娱乐区，是具有鲜明特色和较高的开发潜力的滨海旅游区。

防城江流经防城港市中部，是该市各类生产企业的主要排污场所。据监测部门于2005年对防城江的污染物入海总量监测，防城江年携带入海的主要污染物总量约4.26万吨，其中COD3.92万吨，约占总量的92%；无机氮0.091万吨；无机磷0.12万吨；油类0.058万吨；重金属0.074万吨。近年来，防城江沿岸企业环境治理较好，考察组于2008年11月对防城江三滩断面水质监测，结果显示各项常规测试指标均达到《地表水环境质量标准》（GB3838—2002）的地表水水质Ⅱ类标准，表明防城江入海河口对周围滨海生态环境影响较小。

（2）山口红树林、合浦儒艮、党江红树林自然保护区环境影响预测分析。通过对监控区各项环境指标的监测，北海市海洋生态监控区内典型生态系统处于健康状态。监控区内绝大部分海域为清洁海域和较清洁海域；海域的海洋沉积物、海洋生物质量基本保持良好状态；红树林、海草、珊瑚礁等重要生态系统基本稳定，未出现大的退化和破坏现象。

4. 开发对策与建议

（1）主要建设项目。

◆红树林旅游服务中心：在景区建设红树林旅游服务中心，建设游客服务中心，餐饮、购物、娱乐、管理等旅游接待设施，为游客提供旅游咨询、导游、休息、购物、医疗等服务，成为景区的旅游综合服务、管理中心。

◆中国红树林博物馆：红树林品种丰富，依托保护区，建设独具特色的中国红树林博物馆，采用陈列展示、影视介绍、图片展出、实物参观等方式充分展示红树林的品种、特性、作用，介绍中国及世界红树林生长、分布和开发利用情况等。建设红树林科教馆，为保护区开展科普、科研提供场所。尽可能地收集种植和展示世界各种红树林品种，建设红树植物基因库，将其建成中国红树林科研、教学基地。

◆红树林迷宫：在不破坏红树林生态的前提下，搭建栈道，开挖潮沟，建红树林迷宫。红树枝繁叶茂，树林里栖息着各类珍稀鸟类，树下气根盘根错节，虾蟹及小鱼成群，构成了一片神奇的海上森林景观，荡舟于红树林中，捞取鱼虾，现场开蚝，心旷神怡，其乐无穷。

◆拓展训练区：开辟场地拓展训练区，建设完善各种训练设施，如飞跃断桥、速降、天梯、云梯、电网、越障、雷阵、盲阵、同舟共济、信任之旅、袋鼠跳、鳄鱼潭、空中单杠、空中绳网、空中钢丝绳、带球赛跑、孤岛求生、有轨电车、相依为命、风火轮、同心结、胜利墙等等，针对各类群体，开展各种团队组合课程，进行体能训练、生存训练、心理训练、人格训练、管理训练。

◆养生园：红树林保护区环境良好、景色宜人，是开展生态养生休闲的良好去处，在保护区外或保护区的实验区建设养生休闲木屋，加强环境绿化美化，配套相应的管理服务设施，建设生态养生园。

◆儒艮观赏区：建设儒艮科普馆、儒艮表演馆，完善配套服务设施，配套船只，开辟海上儒艮观赏航线，建设集观赏性、游乐性、趣味性、知识性于一体的儒艮观赏区。

（2）开发建议。

◆严格遵守保护区条例，所有旅游设施项目建设和旅游活动仅限于保护区范围之外或保护区的实验区内。

◆根据保护区的环境容量，加强保护区游客容量控制，发展品质旅游,打造红树林精品旅游品牌。

◆坚持保护第一原则,加强红树林资源与环境保护,协调保护管理与旅游开发的关系,促进保护区可持续发展。

◆召开红树林保护开发研讨会。

二、休闲渔业滨海旅游区

1. 基础条件与开发现状

休闲渔业滨海旅游区依托的资源主要是广西第二大渔港——企沙港和企沙镇。企沙港海洋渔业资源十分丰富,是防城港市最重要的渔业生产基地。海洋捕捞、海水养殖、海产品加工业比较发达。企沙镇被列为全国重点镇、广西小康示范镇,具有悠久的历史。该旅游区在资源方面属中等偏高水平,有较高旅游开发价值。海洋水产基地、渔港风情浓郁,尚未进行旅游开发。

(1)渔港风情浓郁丰富。具有200多年历史的企沙港是广西第二大渔港,是防城港市最重要的渔业生产基地。海洋捕捞、海水养殖、海产品加工业比较发达,渔港有大小渔船2000多艘,年捕捞总量达10万t。由于长期的捕鱼生涯,形成了沿海独特的渔家风情。表现在饮食上以鱼类为主却忌煎鱼和翻食鱼,生活上以船为家,以甲板为床,"捆养"小孩,抽水烟筒,部分岸居的则习惯居于竹木结构,服饰以宽脚宽袖为特点,以及长期的船上生活和沙滩行走所形成的特有步姿等,构成区域文化差异和独特的旅游吸引力。

(2)海洋生态资源丰富。企沙镇渔业资源丰富,盛产鱿鱼、墨鱼、红鱼、石斑鱼、鲨鱼、沙虫、海蜇、泥丁、沙剑鱼等。水产养殖有对虾、青蟹、文蛤、大蚝、珍珠等。这里依山傍海,气候宜人,海洋生态资源十分丰富。

(3)文明企沙镇。企沙镇经济基础好,城市化超过50%,是国家对外开放一类边贸口岸之一,是全国重点镇、广西小康示范镇,社会文明程度高。

2. 开发方向与前景宏观评价

企沙具有丰富的海滨旅游资源,区位优势明显,海岸线曲折漫长,环境优美，渔业发达，发展渔港旅游得天独厚。游客在此地可以享受渔捞乐趣，领略渔村风俗民情以及海滨风情。凭借独特的自然地理资源、渔家文化和较好的经济基础，企沙半岛的旅游具备资源优势和开发机遇。它既可依托海滨、海洋、岛屿风光等自然资源，又可依托当地特色渔港风俗和历史人文景观等文化资源，还有港口贸易和传统渔业生产的产业资源，形成独具特色的"渔港风情"旅游品牌。因此，企沙港旅游开发用"渔港风情"包装、策划，让旅游者一想到"渔港"，就联想到企沙，企沙就是处处充满渔港风情的地方。将企沙建设成以渔港风情特色突出，以渔家风情体验为主，海滨休闲娱乐游、海滨体育健身游、民俗风情游等配套发展的旅游产品体系。

（1）选划范围。主要是企沙镇区及企沙港。

（2）发展定位。以渔港风情为特色的北部湾渔港风情体验旅游地。

（3）主要旅游功能。渔家风情体验、海滨休闲娱乐游、海滨体育健身游、民俗风情游。

（4）旅游发展目标。国家AAAA级旅游景区。

（5）客源定位。企沙旅游基地的客源市场总体定位为：依托广西各大城市，立足广西，拓展广东，面向全国，外联越南及东盟各国。

国内客源市场定位：

核心市场：广西、广东；

基本市场：湖南、四川、贵州、重庆、云南等省份；

机会市场：国内其他省份。

入境客源市场定位：

核心市场：越南为主的东盟国家；

基本市场：港澳台地区；

机会市场：日本、韩国及欧美等国家。

（6）规划布局。根据基地的旅游资源特征及分布情况、道路交通条件等因素，将企沙休闲渔业旅游区划分为两个主题特色突出、互为补充的景区，即渔港风情区、企沙城区和海洋文化园。

（7）景区开发方向。

◆渔港风情区：以企沙渔港为中心，依托渔港码头、渔船等资源，建设渔港风情旅游区,展示渔港风情、体验渔民生活,开辟渔船茶室、渔船餐厅、渔船旅馆、渔船酒吧等渔港风情旅游设施,让游客参与出海捕鱼,充分领略渔港风情。

◆企沙城区:依托企沙镇区,进行环境整治、街道改造、环境景观改造,建设以渔港风情主题为特色的港口休闲娱乐区,成为游览、住宿、餐饮、休闲、娱乐的风情镇。

◆海洋文化园:依托渔港和滨海资源,以海洋文化为主题,建设主题性海洋文化园,设置船上乐园、亲水家园、临海渔村、疍家文化馆等项目,成为集游乐性、观赏性、知识性于一体的主题文化园区。

3. 环境影响预测分析

企沙镇附近滨海区域,具有浓郁的渔村文化气息,是新兴的滨海休闲垂钓区域,据环境监测部门于2008年对企沙镇西沥至东头村海域的6个监测点位,共72个样品的检测结果,表明该区域海水水质状况良好,都达到《海水水质标准》(GB3097—1997)规定的海水水质第二类标准,适用于水产养殖、海水浴场、休闲垂钓以及海上娱乐运动等。休闲渔业滨海旅游区受胁迫影响相对较低。

4. 开发对策与建议

(1)广泛开展企沙旅游宣传促销。充分利用企沙独特的渔港、渔船、海鲜等旅游资源,精心策划企沙旅游整体形象,整合和包装企沙渔港、企沙镇、华侨村等旅游景点,统一包装、统一宣传,联合促销,突出重点,着力打响企沙海洋旅游品牌,进一步扩大企沙旅游的知名度。充分利用各种媒体,积极推介企沙渔港旅游项目,绘好企沙旅游导游图、撰写解说词、导游词,并物色导游加强业务培训,适应景点开放。

◆建设旅游信息化平台。

推进信息化在旅游行业的广泛应用,把信息技术的应用渗透到市场宣传、咨询服务、项目开发、企业管理、营销方式、支付结算等现代旅游业的各个环节,以信息化促进技术进步,实现旅游产业跨越式发展。建立广西滨海旅游网,依托滨海旅游网信息平台,联合其他旅游区,极力营销广西滨海旅游产品,为游客提供广西滨海旅游的在线服务。

◆规范完善旅游指示导向系统。

在火车站、汽车站、高速公路入口、交通主干线等地建立完善旅游导引系统。增强旅游景点解说系统的服务功能，在旅游景点内建立全景牌示、指路牌示、景点牌示、忠告牌示、服务牌示各类解说体系。

◆增设旅游咨询服务中心。

增设旅游咨询服务中心，向来企沙旅游的游客提供旅游咨询、酒店预订、票务服务、旅行社推介、旅游投诉等服务。

◆发放旅游指南和宣传资料。

在机场、车站、港口、星级酒店、旅游景点、旅游咨询服务中心、旅游集散中心，摆放供游客免费取阅的旅游指南和旅游景点、酒店、餐饮、购物、交通等旅游信息资料。

（2）大力招商引资。按照"政府主导、企业参与、市场化运作"的运行机制。积极引进社会资金参与企沙渔港的整体开发。并认真策划包装海上夜游、渔港、企沙街区、华侨村等一批旅游和城市建设项目，积极开展对外招商，通过招商引资，加助外力，加快企沙的开发和建设。

（3）发展休闲渔业。以"渔民上岸、游客下海"为目标。引导渔民转产转业，调整产业结构，投资开发休闲渔业，积极开展参与性、游乐性的海洋特色旅游，适度发展海上垂钓、海上餐饮、海上游乐等项目。实现渔业捕捞业的负增长，实现渔业的可持续发展。

（4）优化完善旅游环境。加强卫生整治、积极开展"万人整容、万人创卫、万人保洁、万人宣传"活动，努力提高企沙旅游基地居民的卫生意识、形象意识。旅游意识和责任意识，为发展旅游创造良好环境。改善交通条件，统筹规划，合理布局，充分利用路边闲置空地，设立简易停车场，进一步规范营运市场秩序，加大对无牌无证，假牌假证三轮车、电瓶车的整治力度，遏制车辆乱停乱放现象，保证道路畅通和交通安全。

对企沙餐饮宾服务业开展一次行业作风整顿，着力整治无视职业道德向游客乱收费、乱宰客行为，规范提高服务质量。强化安全管理，充分发挥有关部门的职能作风，加大检查力度，杜绝三无船只接送游客，加强对街区的消防安全检查和社会治安管理，切实维护旅游秩序。

（5）注重社区参与。企沙旅游开发要贴近群众，体现大多数群众的根本利益。旅游开发的最终目的是为发展企沙经济服务，富一方百姓。街区开发在不影响居民正常生产生活的情况下，实施街面房屋的立面装修。拆迁地块房屋，居民老弱病残较多，特别是下岗职工低收入家庭较多，我们妥善处理好群众的利益关系。

（6）加强旅游交通道路建设。完善进入企沙休闲渔业旅游区各景点的交通设施，依托高速公路、一级公路、通乡、通村公路的建设，加快通往景区道路的规划建设，使重点景区都能够解决交通通达问题；开辟景区间旅游环线，修建无障碍旅游线路，建设景区内部游览专线。

三、观光滨海旅游区

1. 基础条件与开发现状

观光旅游产品是目前环北部湾旅游区中的主要产品，主要的观光滨海旅游区为钦州三娘湾景区/钦州三娘湾中华白海豚自然保护区等等。这类旅游产品有的以前开发但现在基本停滞，有的正在调整改造，由于开发力度不够，各项旅游配套设施不完善，只能停留在简单的游览观光层次。

（1）概述。三娘湾位于钦州市犀牛脚镇东面约5km处海湾边，距离钦州市区约38km，南临北部湾，背倚乌雷山，掩映在枝繁叶茂的红树林里的海滩洁白柔软，站在如天外流星坠落海滩的三婆石上，朝可观旭日东升，晚可赏夕阳斜照；还可拜乌雷伏波庙、游威德寺、观东汉大将风采；更妙的是登上渔船出海观光，品海鲜、沐海风，观赏珍奇的中华白海豚，尽享蓝天碧海、人欢鱼跃的情趣。在每年的农历五月和十月，还可观赏三娘湾的大海潮，每次海潮持续数天时间，潮来如万马奔腾，排山倒海，远看如一条绵延不绝、横贯海面并迅速前移的白练，滚滚而来，蔚为壮观。

（2）生物多样性现状。三娘湾的植被变化不是太大，原生植被主要为农作物群落、木麻黄林和小片坡地上含稀疏马尾松以岗松、铁芒萁为主的灌丛。现在三娘湾沿岸最外缘的植被主要为木麻黄群落，混生有少量黄槿，经过人工护理后，林下几乎没有植物；往内走，主要为绿化地，种植榕树、青皮木棉、盆架子、台湾相思、三角梅、红绒球、大红花、加拿利海藻、蒲葵等，几乎没有原生植被的影子了。旅游区周围为红薯、木薯和甘蔗等农作物群落。

钦州近岸海域是北部湾中华白海豚的重要分布区之一，是国家一级重点保护动物，是我国濒危的珍稀物种，有着极其重要的研究保护价值。

2. 开发方向与前景宏观评价

钦州三娘湾观光滨海旅游区按照合理开发、高度利用和科学保护并举并重的原则，以培育布局合理、功能齐全、设施配套、技术先进的海滨旅游、海上娱乐、海滨度假、海上观潮、海上田园观光以及岸上水产珍品养殖观光之类的滨海观光组合体系为目标，加快开发海上、海岸、海岛的旅游景观资源，使之与钦州市山水风光、人文景观相配套，充分利用海滨"阳光、沙滩、海水、空气、绿色"五大旅游要素，建立一批具有科学性、知识性、趣味性的滨海旅游景区。

（1）选划范围，钦州三娘湾旅游景区内。

（2）发展定位，以滨海风光、海洋生物观赏为主要功能的旅游胜地。

（3）主要旅游功能，观光游览。

（4）旅游发展目标，国家旅游示范点、国家AAAA级旅游景区

（5）客源定位。钦州旅游基地游客主要面向的是国内市场，包括观光客、科普教育游客、商务考察游客等，入境游客主要由专业游客构成。国内客源市场总体定位为：立足广西，拓展华南、西南，面向全国。

国内客源市场定位：

核心市场：广西

基本市场：西南、华南

机会市场：国内其他省份

（6）规划布局。

根据基地的旅游资源特征，将观光滨海旅游区划分为两个主题特色突出的景区，即钦州三娘湾景区和钦州三娘湾中华白海豚景区。

(7) 开发方向。

根据三娘湾滨海旅游资源的特点和滨海旅游业的发展思路，我们可以从以下六个方面划分滨海景区的功能，确定开发建设的重点方向：

◆海湾游弋观光：在水秀、浪小、"海上田园"风景亮丽、富有渔乡风情的海湾，利用适宜的港口和滩涂，建设旅游码头和休闲观光渔业园区，配置游船与钓船和其他娱乐设备，开辟游览线、钓鱼区和休闲娱乐渔业园区，发展海上和田园渔业观光旅游。

◆观看白海豚：钦州三娘湾海域，除了碧波的海水，最吸引人的就是能目睹生活在这一区域的白海豚。

◆三娘湾观潮：在每年的农历五月和十月，三娘湾的大潮如期而至，可根据每年的潮水变化情况选择一两处观潮点，让游客在广西滨海体验到"观海潮"的乐趣与震撼。

◆海滨沐浴健身：在沙滩绵长、宽阔、坡度平缓、沙质洁净均细、海水澄碧、水深适宜、风浪较小、无污染的海岸段，兴建海滨沐浴配套设施，开发海滨浴场，发展"海水浴与沙滩日光浴"等健身旅游。

◆海上竞技游乐：可在海域开阔、水深浪缓、无暗礁的港湾，添置赛艇、舢板和风帆等配套设施，开展海上体育竞技游乐旅游。

◆海贝壳品开发：充分利用贝、螺、蚌和蛤等贝类动物兴办贝壳雕塑企业，开发富有地方特色的旅游工艺品和纪念品。

◆海珍展览宣传：充分利用海珍品种丰富的优势，开辟水旅馆、海洋生物标本馆、海珍品陈列馆等进行展览、宣传、科普教育或传播保护珍稀水生野生动物的知识。

3. 环境影响预测分析

钦州市近岸绝大部分海域为清洁海域和较清洁海域，总体保持优良状态。大钦州港近岸海域以及茅尾海等局部海域为轻度污染海域；海域的海洋沉积物、海洋生物质量基本保持良好状态；但随着沿海经济的快速发展，特别是港口业的快速发展，海洋环境质量受到了一定程度的影响。但在钦州港近岸及茅尾海等局部海域内存在超标现象，属较清洁和轻度污染海域。

近年来，钦州市近海海域的海洋沉积物基本保持良好状态。据考察组对三娘湾砂样的质量监测，各种重金属元素、有机物等检测含量极低。表明钦州市由于对工业、生活等污染源控制较好，加强了滨海旅游区域的环境污染控制，滨海旅游区域的土壤环境状况较好，达到国家《土壤环境质量标准》（GB15618—1995）规定的一级标准。

钦州市的滨海旅游区远离城市中心区和工业区，旅游区内的声环境质量状况较好，据考察组于2009年3月对三娘湾景区的噪声质量现状监测主要监测项目均达到国家GB3096—2008《声环境质量标准》的Ⅱ类标准，略低于Ⅰ类标准，适用于滨海旅游区域。

综上所述，钦州市滨海旅游区域的各种环境因子（水环境、土壤环境和声环境）都达到了国家相关标准规定的Ⅰ类或Ⅱ类、一级或二级标准，整体环境质量优良，满足于各种旅游景区对环境质量的要求。

4. 开发对策与建议

（1）不断完善滨海旅游业的基础设施建设。①逐步完善通往各旅游景区（点）的道路，把各个旅游景区（点）的线路有机地连接起来。加快旅游景区（点）供水、供电、通信等基础设施建设。②设置多种类型和级别的住宿设施，为国内外观光客提供各种档次的宾馆、商业旅馆、度假村、野营帐篷区。同时布置一部分吸引房地产的度假别墅，以增加经济效益。③商业餐饮服务设施坚持多样化原则。钦州的滨海游客多来自广东、港澳，广东人在饮食方面有着特殊的文化，俗语"食在广东"。因此应该在坚持不污染环境的前提下，丰富各种饮食文化内涵。④做好安全工作，整顿旅游景区交通运输秩序，为滨海旅游业发展创造一个安全的氛围。

（2）现在旅游区主要是开快艇进入海区观看白海豚，调查时，曾见到"飞艇观豚"的广告词，这样对白海豚影响非常大。科学考察表明，广西沿海水域均有中华白海豚分布，三娘湾的生态环境比较适合其生活。中华白海豚是长距离洄游动物，一旦生态环境不合适，它们便会"不辞而别"。投饵引诱海豚以及游客遇到海豚时大声喧哗的行为会导致海豚改变自主觅食的习性和造成海豚的恐慌，以致影响到海豚的正常生息繁衍。

（3）建议在三娘湾沿岸设置望远镜观豚点，不要乘船进入海区观看,如果要到海上观豚的话,必须按指定的航线行驶。不要投饵引诱海豚,游客遇到海豚时不能大声喧哗。要培养高水平的导游,导游应能够使游人在观豚活动中得到知识的陶冶,从对海豚习性、活动规律的了解中规范自己的行为,避免观豚活动对海豚的生息造成严重的影响。

四、度假滨海旅游区

海滨度假旅游的主要吸引物是3S(阳光、海水、沙滩),以及海滩和与其相连的海域组成的滨海景观。根据选划条件,度假滨海旅游区一般要求:①面积适宜,有供千人以上观光、休息、度假的娱乐场所(如滨海温泉度假村等);②海水水质不劣于Ⅱ类,海洋生物质量不劣于Ⅰ类;③适宜的气候环境。

由以上的旅游区选划总体布局,结合滨海旅游区的资源禀赋,我们将北海银滩、防城港的江山半岛和金滩(京族三岛)划分为度假滨海旅游区。

1. 基础条件与开发现状

(1)北海银滩。旅游资源独特,属地文景观类的海滨沙滩,地貌单元为沙坝—潟湖型海岸,银滩东西延绵约24km,沙滩平均宽度0.8km,最大宽度达3km,银滩具有滩长平、沙细白、水温净、浪柔软、无鲨鱼、少污染、气清新等特点。沙滩洁白如银,石英矿含量高达98%,是天然海滨度假胜地。这里浴场宽阔,坡度平缓,坡度下降比为5‰,游泳安全系数高,海水透明度大于2m,年平均水温23.7℃,常年可游海玩滩,宜泳季节长达9个月以上,游泳区内空气负氧离子含量高达5000个/cm³以上,是我国内陆城市的50~100倍,特别清新的空气可以治疗多类慢性及老年性疾病。许多专家一致认为这里是中国最大、最理想的海滨浴场和休闲度假胜地。

北海银滩国家旅游度假区是国务院1992年10月4日批准建立的12个国家级旅游度假区之一,位于北海市南部海滨,距北海市区8km,由西区、东区和海域沙滩区组成,实际控制面积22km²。目前已形成银滩公园、海滩公园和陆岸住宅别墅、酒店群、海水浴、水上摩托、沙滩卡丁车、大型音乐喷泉观赏是北海银滩旅游度假区的主要内容。据统计,

2006年，银滩度假区接待游客量超180万人次，2007年接待游客突破191万人次，年平均游客增长率超过6%。目前银滩的开发建设面积并不到规划面积的1/4，银滩周边的综合环境较差，在银滩景区的核心区域仍是杂乱无章的村庄，影响了银滩景观的总体效果，也制约了银滩的长远发展。银滩中区改造一期工程已开始了银滩改造的第一步，作为北海市重点工程项目之一，北海银滩中区二期改造和建设工程也于2007年启动。工程主要通过对银滩中区范围内的地上建筑物实施整体拆迁（规划保留的除外），进行统一开发建设，全面提升北海银滩的开发水平，真正把银滩打造成为具有世界知名度的旅游品牌。所有工程竣工后，银滩将成为国际滨海休闲旅游度假胜地，成为名副其实的"天下第一滩"。

（2）江山半岛。地处北部湾畔，面积208km^2，是广西最大的半岛。旅游度假区位于半岛东南岸，面积63km^2，海岸线总长32km，是滨海旅游度假的理想场所。1994年被评为自治区级旅游度假区，主要包括月亮湾、大平坡、怪石滩、红树林、古运河、万鹤山、白龙古炮台。

江山半岛旅游度假区工作委员会、江山半岛旅游度假区管理委员会已正式挂牌。随着《防城港市建设国际滨海旅游胜地行动方案》的出台，江山半岛又迎来一件具有重大意义的事件——2009年9月25日，防城港市正式启动全市旅游及文化基础设施和景区景点建设大会战，作为十大景区之一的江山半岛景区，开发建设推进的动力更强了，并真正将江山半岛打造成"美丽半岛、动力沙滩、运动天堂、休闲乐园"。

（3）金滩（京族三岛）。京岛旅游度假区位于防城港市东兴京族三岛：沥尾、山心、巫头，面积13.7km^2，居民以京族为主体，属亚热带气候，冬暖夏凉，海风清爽宜人。岛上绿树成荫，海边林带约266.7hm^2，京族文化气息浓厚，民俗风情纯朴奇特，基础设施配套齐全，现已成为广西旅游热点之一。其中，金滩位于京岛旅游度假区内的沥尾岛上，日照充足，宜于海水洗浴的季节长达8个月之久，金滩全长7km，宽阔坦荡，集沙细、浪平、坡缓、水暖于一身，无污染，海水清澈，可同时容纳5万人进行海浴和沙滩运动。绿岛、长滩、碧海、阳光，构成京岛如画景色，是天然的滨海旅游度假胜地，已被列为自治区级风景名胜。京岛旅游度假区2005年编制完成风景区总体规划，2006年京岛获得国家3级景区称号。先后投入大量资金进行建设，旅游基础设施和服务配套设施不断完善，先后完成了进港大道、民族大道、中心大道、环岛路、京岛港等设施建设，给排水、供电、通信电视等设施基本配套，建成了大自然度假村、京岛酒店、金滩大酒店、停车场、金滩收费门楼、海上安全瞭望塔等旅游服务配套设施。具备了一定的旅游接待能力，2003年以来每年接待游客都有50多万。

2. 开发方向与前景宏观评价

（1）选划范围。主要包括北海银滩旅游度假区、江山半岛陆域和岸线附近海域以及京族三岛陆域和岸线附近海域。

（2）北海银滩开发方向。结合北海"发挥亚热带滨海旅游资源优势，开发滨海旅游和跨国旅游业"的定位，依托银滩最具优势的海滩资源和已形成的良好基础，以休闲度假、观光游览、运动娱乐、商务会展为主要功能，整合康体养生、旅游地产等功能。面对多层次市场，大力发展以滨海自然风光为主体的滨海休闲度假旅游产品，面向国际的要求，"按照国际一流标准规划和开发24km的银滩旅游经济带"，把银滩建设成为北海市乃至广西滨海高档休闲度假旅游的名片，成为北海市旅游的龙头，打造成广西北部湾建设滨海旅游度假胜地和区域性国际旅游目的地的引擎。

（3）江山半岛开发方向。依托江山半岛优良的滨海度假环境和丰富的历史文化遗存，以休闲度假、运动娱乐、体育训练、观光游览为主要功能，综合商务会议、康体健身等功能，面向中高端、专业市场。大力发展以滨海自然风光为主体的滨海休闲度假旅游和滨海运动健身旅游，把江山半岛建设成为防城港市滨海高档休闲度假旅游的主打品牌，成为防城港市旅游的品牌景区。

（4）金滩开发方向。在有效保护风景资源和自然生态环境的前提下，依托京族三岛优良的滨海度假环境和独特的京族风情，以京族民俗风情为特色，以滨海休闲度假、京族民俗风情体验为主要功能，以"金色海滩、欢乐海滩"为主题，重点发展大众化的休闲度假旅游和京族风情体验旅游，带动发展观光旅游和生态旅游，把京族三岛打造成为北部湾具有浓郁京族风情的滨海休闲度假胜地。

滨海度假是极富国际和区域竞争力的旅游产品。经过近一个世纪的发展，滨海度假在全球已形成较成熟的产品体系，代表着一个国家或地区旅游产品的形象和声誉，也已形成全球认知的旅游目的地类型。随着经济社会的发展，滨海度假逐渐形成人们专项旅游需求的重要组成部分。据有关民间旅游研究机构分析，西欧国家和日本、韩国等游客选择海滨度假的，约占度假类游客总量的40%。中国较高收入群体已达一定规模并呈良好增势。旅游发达国家的发展实践表明，一个国家人均GDP达到3000~5000美元，将进入旅游消费的爆发性增长期。这也常被作为海滨度假旅游快速发展的重要指标。2006年中国人均GDP已达2000美元，预计2010年中国人均GDP将达3000美元。同时，我国滨海度假旅游具有明显的国际价格比较优势。中国长期实行货真价实的低价格政策，使滨海度假与国际市场相比具有明显的价格优势，这样在国际度假市场更具竞争力。有理由相信，广西度假滨海旅游区的建设必将为"把北部湾发展成为世界顶级滨海旅游目的地，成为我国旅游国际化发展的桥头堡和国际区域旅游合作的典范，成为我国旅游产业转型升级与创新发展的引擎"带来强大助力。

3. 环境影响预测分析

根据监测的结果，北海市和防城港市滨海旅游区域的各种环境因子（水环境、空气环境、生态环境和声环境）都达到了国家相关标准规定的Ⅰ类或Ⅱ类、一级或二级标准，整体环境质量优良，满足于各种旅游景区对环境质量的要求。

（1）北海银滩环境影响预测。北海市银滩公园海水浴场为全国重点水质周报的海水浴场之一，海水浴场水质类别均为优，潜在污染物主要是粪大肠菌群。银滩近岸海水水质各项指标均达到《海水水质标准》（GB3097—1997）的Ⅰ类标准。近年来，北海市的整体空气环境质量均达到《环境空气质量标准》（GB3095—1996）的二级标准，全年空气优良天数达到365天，占100%。其中空气质量为优的有284天，良的有81天，没有出现轻污染现象。主要污染物为可吸入颗粒物，全年API（空气污染指数）最小值12，API最大值84，年平均API值为36。由于对工业、生活等污染源控制较好,加强了滨海旅游区域的环境污染控制,滨海旅游区域的土壤环境状况较好,达到国家《土壤环境质量标准》(GB15618—1995)规定的一级标准。由于远离城市中心区和工业区,旅游区内的声环境质量状况较好。

(2)江山半岛和金滩环境影响预测。由于江山半岛和金滩相距较近,同属防城港市,环境影响相似。这些景区的周边没有大型工业、排污口和入海河流,沙滩洁净,水质清澈。根据水体采样监测,结果显示景区海水浴场均达到《海水水质标准》(GB3097—1997)规定的海水水质第一类标准。近年来,防城港市的整体空气环境质量均达到《环境空气质量标准》(GB3095—1996)的二级标准,其中SO_2、NO_2和PM_{10}的多年平均浓度分别为$0.02mg/m^3$、$0.02mg/m^3$和$0.04mg/m^3$,都远高于二级标准水平,与一级标准水平相当,表明防城港市区的空气整体质量较好。防城港市的滨海旅游景区空气流动较快,空气清新,空气整体质量好。此外,旅游区远离城市中心区和工业区,旅游区内的声环境质量状况较好。

4. 开发对策与建议

(1)科学规划,严格执行。对于银滩板块,严格按照编制的最新《银滩旅游区总体规划》实施开发建设。根据此规划,银滩旅游区共分为西、中、东三个区。西区从冠头岭到侨港,主要功能为休闲度假;中区从侨港的港池到冯家江,相对比其他两个区开发比较早,定位为娱乐型区域;东区将建成文化、体育、教育的综合区域,包括大学园区及其相关科研单位、新行政中心、体育中心等。在前期的改造、提升建设中,中区是重点。对于江山半岛和金滩板块,根据最新编制的《防城港旅游发展总体规划》所提及的规划思路,当前应抓好江山半岛旅游度假区的总体规划和京族三岛(金滩)旅游度假区的总体规划以及相应的控制性详规,尤其要重视白浪滩景区$3km^2$核心区控制性详细规划和度假区旅游规划(景区规划)的修编工作;继续跟踪做好怪石滩项目、白龙古炮台保护性规划、市体育公园等13个项目的规划和设计工作。

(2)遵循"市场决定产品"原理,开发具有市场竞争力的滨海度假产品。特别在银滩改造的过程中,提出"还滩于海、还滩于自然、还滩于民"的理念，虽然可以面向大众，但是度假作为提高和专项旅游产品，本身是体现高档和精品性的诉求。举目全球，滨海度假旅游发达的地区，高档休闲度假是重要的形象。因此，根据市场结构的层次性，滨海度假旅游产品开发的结构也须有层次性，形成高档、中档和大众化的产品相协调的格局，从而提高度假区的整体竞争力。

（3）加强大环境建设。北海、防城港市建设要突出强调绿化、净化、美化、静化，实施屋顶工程、亮灯工程、标志工程（路标、路牌、重点建筑物的标志）等，强化市民公德意识、旅游意识和热情好客意识，提倡人性化、细微化、规范化服务，创建良好的城市人文环境。科学调整城市的土地利用规划和城市总体规划，禁止建设污染性和生态破坏性项目，对沿海城市的历史文化进行深入挖掘和整理，打造城市旅游品牌，构建优越的发展环境。

五、游艇旅游区

游艇旅游是一项集运动、航海、娱乐、休闲、社交于一体的新型旅游形式。游艇旅游主要在于享受快感、高速运动、环球旅游（帆船）、驶帆、赛艇、滑水、拽曳圈/伞及相关的游乐、休闲活动。最常见的游艇休闲娱乐活动主要表现在潜水、冲浪、垂钓、游泳、巡航游弋、海岛探险、观光赏景、聚餐烤肉、公关联谊、社交商务、旅游探亲、家庭聚会、海上居住，等等。根据选划条件，游艇旅游区一般要求：①港址天然水深适宜，地质条件较好的区域；②港区有足够的水域面积，有天然掩护，浪、流作用小；③海水水质不劣于Ⅲ类，海洋生物质量不劣于三类；④近岸及毗邻海域购物景观、海洋景观、历史遗迹、人文古迹较多，能够吸引国内外游客；⑤适宜的气候环境。

由以上的旅游区选划布局，我们将钦州茅尾海、北海合浦县星岛湖选划为游艇旅游区。当然像北海银滩、防城港的江山半岛和金滩，包括涠洲岛也可以开发配套的游艇旅游，而且在北海银滩已经开始了游艇旅游的尝试，但是在本研究中，要强调的是游艇旅游区的选划，而且要与广西滨海各市的旅游规划以及北部湾旅游规划相衔接，故把钦州的茅尾海和北海合浦县星岛湖作为游艇旅游区来选划。

1. 基础条件与开发现状

（1）钦州茅尾海。位于钦州市南边，是个富饶美丽的半封闭内海，同时也是钦州四大海产品大蚝、对虾、青蟹、石斑鱼的主要产区。茅尾海的美在"海阔，浪静，泾幽"。茅尾海由于是半封闭的内海，所以境内风平浪静，平均风力仅1～3级，宛如一面巨大的镜子镶嵌在北部湾的北端。在这片一望无际，风平如镜的海面上，你可以忘却烦恼与忧愁，尽情享受这块属于你自己的天地。遨游在这片茅尾海上就像荡漾在巨大的湖中，壮观的海景，秀丽的小岛，旖旎的水泾交融在一处，风光无限美。

（2）北海合浦县星岛湖。位于合浦县西北部，距县城23km，距北海市区47km，东北接灵山县，西北邻钦州市。湖面面积66km²，旅游区总面积为92.7km²。因成于丘陵山区，故地形起伏、岛屿丛生，湖内大小岛屿1026个，宛如一颗颗璀璨的星星撒落在绿水碧波上，星岛湖因此得名。1996年建成大型电视连续剧《水浒传》拍摄基地后，忠义堂、文殊院、梁山水寨和苏杭水街，掩映于湖光山色中。主要景点有水浒城东景点含梁山水寨一二三关、瞭望塔、忠义堂、聚金亭、梁山后寨、文殊院等；水浒城西景点含涌金门、苏杭水街仿宋景观等。

2. 开发方向与前景宏观评价

（1）选划范围。主要包括钦州茅尾海内海海域和沿海岸线、合浦星岛湖旅游区。

（2）开发方向。根据茅尾海海阔浪静，又与外海相通的特点，可在茅尾海打造国际游艇基地。计划在茅尾海东岸的滨海新城建设游艇码头、游艇俱乐部、游艇培训基地、游艇度假酒店等设施，建设面向商务、婚庆、休闲度假、体验等目标群体的豪华游艇业，发展外海巡游、海岛考察、远海垂钓等游艇旅游产品，积极鼓励发展私人游艇，打造中北部海湾国际游艇基地。

根据北海合浦星岛湖作为一个内湖的特点，初期需投资策划打造东盟国际游艇保税展览中心，在未来的发展中从东盟地区最有影响力的游艇展览销售中心逐步打造成为国际著名游艇基地。

（3）前景宏观评价。我国游艇业刚刚处于起步阶段，但发展潜力很大，尤其是随着收入提高，舒适型、健康型、参与型、时尚型休闲度假旅游加速发展，白领阶层规模扩大，具有亲水、休闲、时尚、运动、健身等特点的游艇产业已经逐渐升温，其蕴涵的商机越来越引起各方面的重视。目前，一些滨海城市都在积极行动，争抢商机，上海、深圳、广州、青岛、天津等经济发达地区已建立了游艇俱乐部，厦门、苏州、珠海等地区正在筹建游艇俱乐部，广西北海银滩游艇俱乐部也投入运营。国内一些成功人士逐渐把游艇作为财富的象征和开展商务洽谈的场合，客观上也推动了游艇业的发展。中国船舶工业行业协会船舶分会副秘书长钟震德认为，中国已经进入消费游艇业的启动期，经济的迅猛发展催生了一大批高端消费群体，尤其随着广西北部湾经济区开发的和中国—东盟自由贸易区建设的推进，这为广西游艇行业带来了巨大的市场。这也为茅尾海和星岛湖的游艇旅游开发指明了广阔的前景。

3. 环境影响预测分析

钦州市滨海旅游区域的各种环境因子（水环境、空气环境、生态环境和声环境）都达到了国家相关标准规定的Ⅰ类或Ⅱ类、一级或二级标准，整体环境质量优良，满足于各种旅游景区对环境质量的要求。而北海合浦县星岛湖由于远离城市环境保持得好，完全满足景区对环境质量的要求。

（1）钦州茅尾海环境影响预测。近年来的环境质量监测显示，钦州市近岸绝大部分海域为清洁海域和较清洁海域，总体保持优良状态。大钦州港近岸海域以及茅尾海等局部海域为轻度污染海域；海域的海洋沉积物、海洋生物质量基本保持良好状态；但随着沿海经济的快速发展，特别是港口业的快速发展，海洋环境质量受到了一定程度的影响。在钦州港近岸及茅尾海等局部海域内存在超标现象，属较清洁和轻度污染海域。由于对工业、生活等污染源控制较好，加强了滨海旅游区域的环境污染控制，滨海旅游区域的土壤环境状况较好，达到国家《土壤环境质量标准》（GB15618—1995）规定的一级标准。钦州市的滨海旅游区远离城市中心区和工业区，旅游区内的声环境质量状况较好。

（2）北海合浦县星岛湖环境影响预测。主要影响在于区域内当地居民（主要是农民）的生产生活活动对水体的污染和山体植被的破坏。

工业污染基本上没有，大气、土壤、声等环境质量胁迫小。

4. 开发对策与建议

（1）游艇与地产的整合。游轮游艇业作为一个前瞻性的新兴产业，同时又是一个极具产业带动性的行业，被称为"漂浮在水面的黄金商机"。发展游艇经济，应该是"修了码头好停船"。当然，这个码头绝不是一般的码头，而是游艇地产。游艇地产指的是山地湖湾、游艇码头、扇形坡地、会所别墅、酒店、度假村、球场等一系列与游艇运动配套产生的地产项目。良好开发的游艇地产是游艇业发展的"底气"。通过发展游艇运动和开发游艇地产，带动相关服务业的发展；通过游艇消费、投资、服务贸易出口的综合产业，带动整个游艇旅游区水陆地产的资源增值，从而形成广西滨海游艇旅游区对外开放型的经济产业链，最终形成广西滨海地区新的经济增长点。

（2）抓好游艇旅游相关人才的培养。广西游艇旅游要发展，旅游人才的培养非常关键。由于游艇旅游是一项新兴的旅游形式，相关人才相对匮乏，因此，需要建立游艇旅游的高素质的专业队伍。游艇旅游，首先是一项相对高层次消费的旅游形式，对人才的要求就更为高标准。而且由于游艇旅游的特殊性，也需要相关服务人员具有较好的环保意识和较强的水上技能。针对游艇旅游需要人才的标准，相关的航海、海运学校可以根据市场的需求，设立相关的专业培养高素质人才，也可建立培训基地，培养一些专业化、规范化的从业人员，以满足日益发展的游艇旅游的需要。

（3）根据实际情况，确定游艇旅游发展方向。游艇种类繁多，从几万元一艘到上亿元一艘，价格差别很大，档次很多。从更大范围讲，大中型的游轮（邮轮）在性质上和游艇同属于水上观光休闲度假平台这一大范畴。从广西发挥游艇旅游的实际出发，特别是区域资源条件，结合国内外游艇旅游发展趋势，发展主攻方向为：①私人游艇。指产权为私人拥有，主要用于私人、家庭消费，不对外进行商业性运营。作为一种面向个人的时尚高端消费品，目前国内现实消费人群规模还比较小，主要是一些企业主、高级白领和成功人士。近期应以发展低档私人游艇为主，适当发展高档私人游艇；中长期逐渐向低、中、高档齐全，以中、高档为主的方向发展。从组织运行角度看，其手段主要是通过组建具有市场法人地位的游艇俱乐部、游艇会、游艇社区等，主要负责投资建设游艇泊位及基础配套设施，泊位通过公开竞投方式向社会开放，以会员制形式吸纳私人游艇拥有者加入，竞投成功者自动成为俱乐部会员，俱乐部同时提供活动组织、维修、供给、游艇保管等综合服务。②公众游艇。产权为企业所有，通过整体租赁、售客位等形式实行商业性运营，向社会公众开放。公众游艇是整合资源，串点成线的一个有效平台，其最大优点是可以使目前占主导地位的海上纯观光型旅游走向参与型、体验型、休闲型旅游，刺激旅游消费，丰富旅游品种。从目前消费能力分析，私人游艇消费人群相对有限，而公众游艇这一方式消费人群比较大，可以作为游艇业近期发展重点。

（4）制定好游艇旅游未来发展的规划。广西发展游艇旅游有其独特的优势，未来游艇旅游的发展对广西旅游业的发展也将有很大的促进作用。然而，从当前的各种条件来看，游艇旅游的发展还处于摸索和起步阶段，各种相关的法规不健全，发展规划尚未出台。因此，在近期内，北海、钦州相关政府部门，应为发展游艇旅游做好相关的准备工作，其中最为重要的是，在注重可持续发展的基础上，制定切实可行的游艇旅游发展规划。首先，应做好短期、中期以及长期的一个发展规划，在各自的时期内制定好发展的重点和方向；其次，根据资源条件、配套设施、发展潜力等，在辖区内规划好各有侧重点的游艇基地和游艇功能区；最后，还要注重环保和可持续发展，坚持自然保护的原则，遵循生态规律，在规划中要充分注意旅游资源的可承载能力，避免近距离重复性开发，合理配置资源。

六、海岛综合旅游区

海岛旅游指的是以特定的海岛地域空间为范围，凭借岛上特有的生态景观和人文面貌，以满足游客需要、同时促进海岛社会经济全面健康发展为目标而开展的旅游活动。根据选划条件，海岛综合旅游区一般要求：①岛、礁、滩的旅游资源比较丰富，能够吸引国内外游客；②周围海域海水水质不劣于Ⅱ类，海洋生物质量不劣于Ⅱ类；③适宜的气候环境；④距离邻近大陆（或大岛）较近，或海上航线条件较好。

根据广西滨海的旅游资源，课题组将涠洲岛—斜阳岛划分为海岛综合旅游区。

1. 基础条件与开发现状

（1）涠洲岛。位于北部湾海域，距离北海市区 21 海里的涠洲岛是我国最大最年轻的火山岛，面积约 24.99km^2。岛上地质为第四系构成，主要为玄武岩。地貌主要是火山口海蚀、海崖堆积，土壤为火山灰质土。涠洲岛属南亚热带海洋性气候，岛上气候温暖，阳光充足。长年平均气温23℃，冬暖夏凉。岛上常年绿树环抱，空气清晰。在长达 36.6km 的海岸线上，还有大片洁净开阔的银白色沙滩。以 2004 年 1 月国土资源部批准建立涠洲岛地质公园为开发的标志，经过近 4 年的旅游开发，岛上已初步建成了国家地质公园标志碑主题广场、火山地质博物馆、火山公园、滴水丹屏景区、石螺口景区、五彩滩（也叫芝麻滩——笔者注）景区、天主教堂景区等。上岛的游客也逐年增多，仅 2008 年前 10 个月，上岛游客累计近 17 万人次，门票收入就近 650 万元。

北海市涠洲岛在 1995 年 12 月被广西区政府批准为自治区旅游度假区，2002 年 10 月被广西国土资源厅定为自治区地质公园，2004 年 1 月被国土资源厅批准建立国家地质公园。2005 年 10 月，涠洲岛从中国 6500 多个海岛中脱颖而出，被《中国国家地理》杂志评为"中国最美十大海岛"之一并排列第二位，有"大蓬莱"仙岛之美誉。经过多年的开发，旅游业发展取得了很大成绩，同时也带来了一系列问题。

（2）斜阳岛。位于涠洲岛东南海面上，亦由火山喷发堆积形成，距涠洲岛 9 海里，距北海市区 44 海里，面积 1.89km^2，是广西纬度最低的地方。因从涠洲岛可观太阳斜照此岛全景，又因该岛横亘于涠洲岛东南面，南面为阳，故称斜阳岛。状似一朵盛开的莲花，中部凹陷，四周凸出。沿岸陵岩壁立下临深渊，飞鲨怪鱼，贝类珊瑚清晰可见。岛上冬暖夏凉，野花繁多，森林原始，山径迷离，海蚀、海景及溶岩景观奇特，是寻幽探险的乐园。

2. 选划范围

主要包括涠洲岛和斜阳岛全岛陆域以及岛屿附近海域。

3. 开发方向与前景宏观评价

以休闲度假、运动娱乐、避寒养生为功能特色，建设海岛主题特色突出的世界一流国际旅游特区。由于涠洲岛的地理位置特殊，资源丰富，气候适宜，越来越多的游客倾向于去涠洲岛休闲度假，因此在未来的开发中要特别强化休闲度假功能。

涠洲岛是中国最大最年轻的火山岛，是我国极具开发价值和市场潜力、不可多得的海岛旅游资源。涠洲岛不但是北海的涠洲岛，广西的涠洲岛，也是中国的涠洲岛，世界的涠洲岛，北海市必须认识到涠洲岛在旅游产业中的独特作用和重要地位，需要高起点规划、高标准建设好涠洲岛，高水平管理、高效益发展好涠洲岛。

具体开发上，根据涠洲岛的旅游资源特征及分布情况、道路交通条件等因素，通过海洋、沙滩、山体、水面、植被、田园、建筑、地质、地貌等景观元素的有机结合和相互交融，突出海岛、生态、度假等主题，将涠洲岛海岛旅游区划分为"一环、八区"。一环即环岛海域，就是将环涠洲岛近海地带划分为不同的海洋功能区域，并视不同性质进行相应的保护和开发，以充分体现涠洲岛作为亚热带海岛的旅游特色，将涠洲岛北部和西部近海辟为珊瑚礁生态系统自然保护区，将东部近海辟为浅海养殖区，南部近海区域为港口、休闲娱乐区。八区即南湾火山地质景观区、龟岭海滨公园、涠洲新城、东部渔民风情区、北港度假区、中部休闲运动区、竹蔗寮海滩度假区以及涠洲岛附近的斜阳岛特种旅游区。

而对于斜阳岛，目标定位于建设斜阳岛特种旅游区。斜阳岛不仅原始自然生态环境保存良好，而且岛悬海中，封闭性良好，适宜发展特种旅游。同时斜阳岛有大量人迹罕见的海蚀洞穴，大海孤舟式的地理位置形成固有的神秘性，十分发育的海蚀地貌增强了这种神秘，为斜阳岛发展探险旅游提供了绝好的条件。建设斜阳岛天体浴场、斜阳岛民俗风情村、国际娱乐中心、探险者之家等项目。

目前，海岛已经成为最富旅游魅力的旅游目的地之一。从历史的角度来看,海岛旅游的兴起是与海滨旅游的发展紧密相连的。海岛凭借其特有的神秘和静寂,为众多身处喧嚣都市、工作和生活节奏比较快的游客所神往。相比于大陆,海岛是独立存在于一定区域的地域空间综合体,其完整的生态景观系统和独具特色的人文面貌为海岛旅游开发提供了物质基础,其特有的狭小空间地域更是给游客以完整、鲜明、深刻的感知形象。源于此,以特定的海岛地域空间为范围,凭借岛上特有的生态景观和人文面貌,以满足游客需要为目的而开展的海岛旅游炙手可热。众多海岛业已成为世界上著名的旅游热点地区。例如,加勒比海群岛、太平洋上的夏威夷群岛,等等。有理由相信,在广西大力建设北部湾经济区的进程中,涠洲岛—斜阳岛的旅游开发前景广阔。

4. 环境影响预测分析

涠洲岛—斜阳岛旅游环境和资源的负面影响不容小视,特别是涠洲岛,由于人工影响显著,如火山、珊瑚质沙滩受到破坏,红树林被砍伐,海底珊瑚遭受破坏,海水被污染,景区设施不配套,环境卫生日益恶化,严重影响涠洲岛乃至北海市的旅游形象。

5. 开发对策与建议

(1) 理顺管理体制,明确职能部门的管理权力和职责。整合现有行政资源,理顺和加强旅游管理体制,改变目前多头管辖的状况,把涠洲岛旅游度假区管理委员合并到北海市旅游产业发展委员会,再由北海市旅游产业发展委员会统一对涠洲岛—斜阳岛的旅游进行管理,同时接受市环保局和海洋监测站的业务指导,协调与涠洲镇政府的关系,消除交叉重复和推诿扯皮现象,发挥各方面的积极性和职能作用,进而建立"高效运行、权责清晰、执行顺畅、监督有力"的管理体系。

(2) 做好岛屿旅游开发的总体规划以及进行功能分区。以《广西北部湾经济区旅游发展总体规划》为指导,高起点、高标准、高质量编制《涠洲岛—斜阳岛旅游开发总体规划》和各分功能区控制性详细规划。总体规划要强化现代旅游理念,体现滨海岛屿特色,确保涠洲岛的建设朝生态化的方向发展。

(3) 加大资金投入力度,完善岛上旅游配套基础设施。完善涠洲岛的旅游基础设施,光靠地方财政的投入是不够的,应当积极申请和争取利用旅游国债资金、广西壮族自治区旅游发展基金、西部开发基金、广西北部湾经济区发展银行贷款、国家开发银行贷款，以及通过理顺产权关系，把土地等资源推向资本市场进行融资等方式来加大投入，完善岛上道路、供水供电、污水处理及垃圾处理等基础设施建设。一是完善码头配套设施，在西角码头，修建售票亭、游客服务中心、停车场等，解决遇风浪时船只没法靠岸的问题；将南湾码头改建成邮轮码头，以供旅游专用。同时要完善、更新岛上的道路网络。二是设法引进有实力的企业投资开辟北海至涠洲岛、涠洲岛至斜阳岛的旅游专门航线；在条件成熟的情况下，建设涠洲岛小型飞机场，开辟北海至涠洲岛空中航线，改变北海至涠洲岛海上交通受气候制约的现状；岛内交通可鼓励企业和个人投资经营旅游车队，同时加强交通管制，创建良好的交通秩序。三是要加快星级宾馆特别是五星级酒店建设，切实提高岛上接待水平和能力。

（4）高标准打造特色高端旅游精品。采取政府主导、企业投资的方式积极引进资金，精心打造岛上的旅游景点和旅游产品，力争把涠洲岛火山地质公园建成5A景区，五彩滩建成4A景区，天主教堂建成3A景区等。着力在岛上开展科考旅游、探险旅游、邮轮游艇、海洋旅游等，逐步把涠洲岛建设成为世界一流的休闲旅游度假胜地。

（5）吸引并引导村民参与涠洲岛的旅游开发。涠洲岛—斜阳岛的岛上村民对旅游开发所持的态度和对旅游开发成功与否有着重要的影响，有时甚至是决定性的影响。因此，旅游开发必须考虑到岛上村民的利益。这可以通过多种方式来进行：一是在旅游开发和经营过程中需要招工时，要优先招聘当地人；二是需从可持续发展的角度，把旅游经营收入与岛上村民的利益连接在一起，村民可以通过土地或其他资本的投入参与到旅游项目的开发经营中来，并从经营利润中获得收益；三是通过加强宣传教育力度，吸引和引导村民参与到旅游开发中来，比如岛上有手艺的居民，可以制作工艺品，销售给游客，从中获得收入，进而支持岛上旅游的开发。

（6）设立涠洲岛—斜阳岛生态资源保护专项基金，切实加强生态保护。建立涠洲岛—斜阳岛生态资源保护专项资金，不断加大涠洲岛的环境治理与生态保护投入，在旅游资源开发的同时，切实加强生态保护，使涠洲岛能够永远保持"碧蓝的天空、湛蓝的海水、银色的沙滩"以及其他旅游资源的生态本真，进而实现涠洲岛旅游的可持续发展。

(7) 涠洲岛—斜阳岛减灾系统的建立。旅游安全是海岛旅游开发非常重要的课题。涠洲岛—斜阳岛减灾系统具体由监测预警系统、防灾系统、抗灾系统，救灾系统和灾后恢复系统等子系统组成。其中，监测预警系统可以完全依托大陆地区现有气象和海洋部门完成。而负责灾害防御工程设计、灾害教育和培训等内容的防灾系统，负责抗灾工程建设和维修的抗灾系统，负责信息传输、警报、救灾方案设计的救灾系统，具体实施设施修复和援建的灾后恢复系统应该是海岛减灾系统建立的主要内容。建立海岛灾害管理中心，由其全面负责和组织海岛的防灾、抗灾和救灾工作，使其具有统一协调分配救灾力量、灾情评估、信息媒介、组织善后工作以及总结经验教训改进应急方案等各项功能。另外，还要制定科学的海岛安全减灾规划。在成立海岛灾害管理中心的基础上，制定涵及防灾、抗灾、救助一体化的海岛安全减灾综合规划，并使之纳入海岛旅游开发总体规划中。海岛减灾系统的建立和实施涉及技术环节和管理体制，需要各个子系统的协调合作。减灾工作贯穿于灾前、灾期、灾后全过程，贯穿于海岛旅游的各个环节。认真落实海岛减灾的各项工作，是海岛旅游开发的根本保障。

第七章

北部湾（广西）滨海旅游与旅游产业发展战略规划

第一节 滨海旅游与旅游产业发展的战略目标与原则

一、滨海旅游与旅游产业发展的战略目标

根据中国滨海旅游发展的空间结构，认真贯彻国家旅游局《关于进一步促进旅游业发展的意见》，准确把握我国旅游业面临的新形势新任务，制定广西滨海旅游业发展的战略目标。

1. 构建产品质量高、特色鲜明的中国滨海旅游新景区

立足旅游需求、市场和特色资源优势，科学分析旅游产业发展前景，全面提升产业要素配套水平，尽快形成滨海自然旅游资源、人文旅游资源全面配套、相互衔接、协调发展的产业要素体系。

在巩固滨海观光产品基础性地位的同时，切实提升滨海渔业文化、京族等民族文化内涵和科技含量，积极发展参与性、趣味性、娱乐性强的休闲度假旅游产品，发挥科考、会议旅游、海洋旅游等需求潜力大、附加值较高的专项旅游产品。

以北海旅游城市为龙头、以钦州和防城港为依托，增强旅游功能，突出滨海特色，建设一批配套完善、吸引力强的区域旅游目的地，打造一批具有国家级影响的旅游目的地，构建区域性国际旅游目的地和旅游促进中心。

2. 构筑高效、安全、开放的滨海旅游产业体系

着力提升滨海旅游企业素质，推动旅游企业市场化、品牌化、国际化发展，促进企业经营活力和市场竞争力不断提高。提高旅游行业服务水平，提高旅游标准化工作水平，鼓励旅游企业和行业协会参与旅游行业标准的制定和修订，提高旅游标准化应用效能，增强市场开发的针对性和实效性，构建高效的滨海旅游产业体系。

完善滨海旅游交通、通信、金融、卫生等相关公共配套服务设施建设，尤其是要加强旅游集散中心及其信息系统建设，例如旅游咨询服务、旅游信息提示、旅游紧急救援等公共服务，完善旅游公共信息服务。

强化旅游安全和危机管理，完善各类滨海观光、海水浴场、海上项目等旅游应急预案，建立覆盖全行业并与相关部门、行业联动的安全预警机制，建立健全旅游保险制度，完善旅行社责任险、旅游意外险等旅游险种。

发挥滨海旅游在区域经济中的带动作用，支持其他行业、领域的企业参与旅游企业的改组、改造，强化旅游产业与其他产业的关联和带动作用，推动旅游城市公共休闲设施的建设，培育健康向上的休闲文化，增加休闲产品，丰富人们的休闲生活内容。

3. 实现旅游自然和社会发展环境的可持续发展

强化滨海旅游自然环境保护，积极开展滨海旅游环境治理和修复，实现海洋生物多样性、维护水体洁净、避免地质灾害，为滨海旅游产业持续发展提供优美的环境。

完善滨海旅游发展政策，优化旅游政务环境，建立健全合作机制，借助各方面的力量，大力营造有益于旅游业发展的舆论环境，在全社会形成关注旅游、支持旅游、参与旅游的浓厚氛围，促进旅游业持续健康、又好又快发展。

二、滨海旅游与旅游产业发展的基本原则

1. 生态原则

海滨旅游需要采取生态原则。一方面源自旅游者对良好生态环境的

追求，摆脱城市生活的负效应，回归自然、放松身心是海滨度假旅游者的主要动机之一；另一方面则源自度假区生态环境的退化导致旅游质量下降。20世纪80年代中后期，越来越多的人开始意识到生态环境是海滨度假旅游乃至整个旅游业发展的重要根基，环境、设施、服务将被视为海滨度假旅游产品整体框架的一部分。因此，广西滨海旅游产业发展要严格遵守生态原则，保护环境并增加产品的生态含量。

2. 多元化发展原则

海滨度假旅游产业发展需要适应市场的多元化需求，实现滨海观光、休闲与度假、康体、娱乐、疗养等功能的有机结合。一方面，从海滨旅游的自身发展看，其经历了三个阶段，即治病疗养阶段、疗养游乐阶段、游乐度假阶段，康体、娱乐等功能越来越成为现代旅游消费者的需求；另一方面，海滨度假旅游产品不能忽视观光休闲功能，度假与观光的深度结合依然是一大特色。市场需求的多元化需要旅游产品类型的多样化，广西滨海旅游发展应该由传统的阳光、沙滩、海水等单一产品逐步扩展出高尔夫、滑水、摩托艇、海底观光等项目，形成滨海、海面、空中、海底立体式的滨海多元旅游产品系列。

3. 创新原则

创新是发展的原动力，海滨度假旅游本身就是为适应不断变化的旅游市场需求而在持续创新的作用下出现的高级旅游形式。随着市场的成熟化程度逐渐提高，必将出现一系列新的需求特征，海滨度假旅游为求得持续稳定的发展，就必须根据市场变化做出及时的创新与调整，以实现综合竞争力的提升。近年来，我国海滨度假旅游发展中的一些新特点，如从无主题旅游向主题性旅游转化等充分表明了这一趋势，对海滨度假旅游的创新主要表现在规划开发、经营模式、产品设计、营销管理等方面。

4. 整体性原则

滨海旅游产业发展需要从全国滨海旅游发展的基本格局出发，采取产品差异化发展战略。滨海旅游产业是北部湾新区建设的重要组成部分，需要与北部湾总体规划和广西旅游产业总体规划的要求相符，实现与区域经济协调发展。

第二节 滨海旅游与旅游产业发展空间战略布局

空间战略就是以上的战略在区域空间的布局和落实。根据广西滨海旅游区划的"一轴一线一中心四区四组团"空间结构,广西滨海旅游业发展的空间战略是以城市旅游为核心、组团布局、圈层扩散,即广西滨海旅游业发展要紧密围绕北海、钦州、防城港的城市旅游功能完善为核心,以北海为龙头、以钦州和防城港为纽带,以三大城市为核心组团布局并向滨海方向分别开展滨海城市旅游、滨海旅游和海上旅游的空间发展战略。

一、北海—合浦组团做强战略

北海—合浦组团的功能定位其中之一就是要强化龙头优势,发挥亚热带滨海旅游资源优势,突出发展北海的休闲度假旅游产业。广西滨海三城市中,北海旅游发展历史长、基础厚、产品在国内具有影响力,产业关联能力较强,是滨海旅游空间布局的重点。

1. 北海市城市旅游做强战略

北海城市旅游的未来发展需要高起点、高要求、高标准来进行规划设计,要科学合理地开发利用好旅游资源,丰富旅游产品,引进产业合作伙伴,做强旅游产业,努力把北海打造成为国家级的休闲旅游度假基地,朝着现代化生态滨海休闲城市方向发展。

在城市自然观光休闲产品方面,北海要科学合理地开发好滩、海、岛、林等特色资源,创新旅游景区,并以多样性旅游项目吸引和满足社会各个阶层的旅游需求,促使旅游产业真正成为北海的一大支柱产业,营造出适宜人居的休闲度假滨海城市。

在城市文化休闲方面,北海市要充分发挥老街及其周边的近代历史文物的作用,打造老街文化街,建设购物、休闲(酒吧、茶馆、咖啡馆等)、旅馆、小型博物馆等,启动和培育旅游商业文化业态,补充北海休闲旅游业单元。北海侨港一带的疍家居民,日常生活还保持着很有特色的渔民生活方式,疍家文化要与渔业观光与休闲结合,构建原生态疍家文化村，融入北海旅游产品体系中，让游客体验传统、原汁原味的疍家风情。

在城市旅游购物方面，北海市应尽快开发具有地方特色的旅游纪念品。

2. 北海市滨海旅游

北海市城市滨海旅游要以项目为载体，丰富现有的银滩、海景大道与城市休闲产品，以改变单一的观光和滨海浴场的现状。例如，举办若干旅游与文化、体育紧密结合的大型活动，构建大型综艺演出场馆，充实摩天轮、激流勇进、过山车等水陆一体化娱乐项目，开展沙滩运动、海上滑水、帆板、空中滑翔和彩伞等内容，并配以旅游购物、休闲步行的商业街区等经济休闲一体化项目。此外，北海要积极推进滨海运动休闲品牌建设，积极争取集体育、休闲、经贸、文化于一体的钓鱼赛事落户北海，提高北海市的知名度并丰富产品体系。

北海市还拥有冠头岭森林公园、城市设计规划馆以及竹林盐场等景区景点，需要夯实景区基础设施建设、民居接待工作等基础性经济活动，并进行旅游产品开发，作为城市旅游的补充，让游客体验挖螺、抓沙蟹或者与渔民出海体验渔家乐等。

3. 北海市海岛旅游与海上旅游

涠洲岛、金海湾红树林生态旅游度假区要作为重点开发对象，加强项目改造及综合配套项目规划，推进四星级以上酒店建设和组建旅游车队及游客服务中心工作，开发成为海岛高端休闲度假项目。

北海市海上项目要加强邮轮项目建设，在北海建设邮轮母港，开通北部湾与中国其他沿海港口和东盟、东亚的海上邮轮航线，建立完善的海上运输体系，构建广西（北海、钦州、防城港）—越南（海防、下龙湾）—海南（海口、三亚）—广西（北海、钦州、防城港）北部湾旅游圈内的海上金三角旅游廊道和泛北部湾地区国家间的海上邮轮旅游廊道。

4. 合浦旅游资源充分开发

合浦县是著名的还珠故郡，也是海上"丝绸之路"的始发港，历史十分悠久，现有国家级重点文物保护单位大士阁，省级重点文物保护单位古墓群，以及文昌塔、东坡亭、海角亭、惠爱桥等70多个文物古迹，合浦博物馆内收藏出土、传世文物5000余件。合浦县作为北海组团的主要构成部分，需要大力挖掘珍珠文化和边陲文化，加快白龙珍珠城、大士阁、东坡亭等文化开发。此外，合浦县还有国家级山口红树林生态自然保护区，目前已经初具旅游规模，要加强生态旅游和环保科普旅游产品的更新和宣传，从而使北海旅游呈现出多样化。

二、钦州组团转型战略

钦州已经确立了大港口、大工业、大旅游的三大发展目标，需要进一步围绕提高钦州城市综合竞争力，对旅游业的产业地位和具体发展方向进行定位，突出钦州滨海海洋生物的优势，大力发展海洋生物类旅游，同时进一步加快滨海旅游休闲设施建设，全面提高滨海城市休闲、旅游观光的吸引力。

1. 钦州城市旅游打造滨海旅游夜生活中心

在广西滨海旅游发展的战略布局中，钦州与北海和防城港的时间距离都在1h左右，功能应该向滨海旅游的二传手方面转型，是缓解和延伸北海旅游的后备力量，也是带动防城港旅游的引导力量，是推动广西滨海旅游发展的枢纽位置。近年来，全市建造了一批星级宾馆和涉外酒店，成立了一批旅行社，制作了许多旅游工艺品，初步形成了食、住、娱、购配套体系。但是，钦州市本身旅游资源和景点相对较少，需要在旅游服务方面进行创新，需要大力打造广西滨海夜生活中心，成为游客餐饮、住宿和文化休闲中心，形成白天游玩在北海或者防城港，夜晚住宿与休闲在钦州的专业化分工与合作。

2. 钦州滨海旅游的休闲转型

钦州旅游产业的发展已经具有初步规模，但是知名度和美誉度有待提升。旅游景点三娘湾、六峰山、麻蓝岛目前开发的层次较低，休闲成分不够，此外，民族英雄刘永福、冯子材故居、坭兴陶瓷等旅游资源的开发也处于开发初期，以观光旅游为主。钦州市旅游的休闲转型需要强化的是旅游产品体系，加大参与性项目的开发和设计，在强化三娘湾、刘永福故居开发的同时，启动龙门七十二径的开发。

在海上旅游方面,要强调龙门七十二径海上景区的建设,尤其是要加强海上夜景的设计,此外,钦州市要与北海市观光油轮衔接,将钦州工业港口旅游资源激活。

三、防城港组团加速战略

在广西滨海三城市中,防城港组团旅游资源丰富,但是处于开发初期,基础设施欠完善,资源利用不充分,产品开发层次较低,产业尚未形成系统,管理也欠规范,防城港的发展战略是加速战略。要重点突出防城港滨海运动休闲旅游产业的发展,促进防城港旅游产业的升级。

1. 资源开发加速战略

防城港有金滩、玉石滩、怪石滩、大平坡、哈亭、大板瑶、阿波节这些富有特色的旅游资源,但多年来,开发速度较慢,需要加强规划、布局工作和招商引资工作,进行必要的基础设施建设。例如,企沙半岛公路的建设、天堂滩污水、住宿的基础设施等,先将观光型产品开发出来,再进行资源特色挖掘与整合、旅游产品升级,特色旅游商品建设,夯实基础实现加速发展是防城港旅游战略的重要组成部分。

防城港加速发展战略的重点地区是防城港城市滨海旅游资源的开发和东兴市的河海汇合与边疆资源的开发是重中之重。防城港可以由现在的观光型旅游产品向休闲型转变,加大城市购物的比例,江山半岛要强化休闲性质。东兴市的边境购物旅游要继续做大做强,在特色方面要突出京族文化特色和东盟特色。

2. 产业扶植战略

防城港目前的旅游产业发展的六大要素"行、游、住、吃、购、娱"中,由于"游"的环节比较薄弱,导致其他产业要素的整合不好,虽然,产业都有所发展,但是部门相互之间的整合较差。防城港的旅游产业需要强化市场观念,扶持旅行社的发展,加强区域旅游产品的营销和客源市场的开拓,尤其是要加强与北海、钦州旅行社的对接,通过市场扩大来实现旅游产业其他部门的发展,政府要出台扶持政策,吸引人才、加强宣传、吸引民间资本进入,规范市场,引导旅游产业做强做大。

3. 环境保护战略

目前，防城港滨海生态质量比较高，怪石滩、天堂滩等资源的环境条件相当好，是防城港旅游发展的巨大优势。在加速发展的过程中，防城港需要强化环境保护战略，尤其是企沙半岛的钢铁工业与旅游业之间的环境协调问题，必须加以重视，促进旅游资源的可持续发展。

第三节　滨海旅游发展重点任务

在对广西滨海的外部环境和内部条件进行了分析，搞清了广西滨海旅游业发展的机会和威胁后，根据区域环境、区域功能而制定的总体战略是：

依据SWOT战略矩阵，提出双重约束下（环境和市场）的广西滨海旅游区发展宏观战略为：以产品升级为核心，以差异化和服务创新为目标，整合区域有利要素和条件，以环境友好为基线，提高旅游产业竞争力，夯实广西滨海旅游可持续发展能力，实现资源、经济、社会和环境的和谐发展。

总体战略的重点如下：

一、滨海旅游产品升级

广西滨海旅游业发展优势在于自然和人文旅游资源丰富，为了解决目前"重自然旅游资源，轻人文旅游资源"的局面，要牢固树立旅游产品的转型战略，必须建立多元的海滨旅游产品开发体系，充分利用多种海滨旅游资源，积极应对国内外激烈的旅游市场竞争，实现度假区经济和文化在高品位、高起点、低消耗上的多元化协调发展。

1. 滨海产品全方位开发

构建海岸旅游产品、海上旅游产品和腹地旅游产品的三大海滨旅游产品系列。

（1）海岸旅游产品主要集中在海岸休闲、海洋捕捞生产方式的展示和体验，针对现时旅游流行参与式体验的做法，可设置不同的海域、不同的捕捞对象和使用不同的捕捞工具，让游客参与捕捞，亲身体验海洋捕鱼的乐趣与艰辛，丰富旅游的内容，增加旅游收入。

（2）海上旅游产品主要集中在多功能、高档次的游船观光休闲系列。北海旅游开发具有较强的基础，而且海域面积开阔，要强化海上旅游产品的开拓和创新，尤其是海上游船、游艇、帆船、帆板、出海钓鱼、航上飞行等。其中涠洲岛是开发的重点，要成为海上旅游产品创新的突破点，实现海陆空立体开发战略。

（3）腹地旅游产品主要集中在经典民族文化村的开发。在北海、防城、钦州等民族聚居典型地开辟民族文化村，荟萃传统文化，让游客了解和观赏相关民族的文化风情。

（4）开辟现代农业示范村旅游点。在滨海一带选择若干不同类别的现代农业示范村，开辟为旅游点，既可增加滨海地区旅游点，丰富旅游的内容，又可使当地农民参与到旅游产业之中，增加其经济收入，促进地方经济的全面发展。

2. 突出民族文化

居住着壮、汉、瑶、苗、侗、仫佬、毛南、回、彝、京、水和仡佬12个民族的自治区，加快民俗旅游与滨海旅游是当务之急，是拓展度假区吸引物、丰富旅游产品体系的重要途径，也是解决自然旅游资源过度消耗的一个重要战略。

（1）建立京族文化村及其文化生态保护区，重建京族传统建筑群落，对民族文化及其生活环境等生态系统进行全面保护，将经过整合、提炼和提升的京族文化打造成广西独有的民族文化旅游品牌。

（2）加强汉族渔业传统文化开发，例如，钦州市灵山县的大芦村古建筑群、疍家棚群落的开发等，加快传统饮食和特色风味食品的开发，丰富旅游餐饮产品系列。

（3）突出珍珠文化，开发传统工艺产品，丰富旅游商品体系。例如，建立一座珍珠博物馆，将企沙珍珠养殖场、白龙珍珠城采珠场、加工场开辟为旅游点，做大做强做足珍珠产业，促进珍珠产业又好又快地发展。

3. 拓展新的滨海旅游产品

滨海型会展旅游是一个重要的突破口，并与民族传统节日的开发相结合，在会展旅游中突出民族歌舞文化的开发，如京族的唱哈、独弦琴，汉族的采茶舞、鹿儿舞、竹马舞，壮族的岭头舞、师公戏，瑶族的盘王舞等，突出广西滨海民族文化特色，会展旅游与文化结合。

4. 观光旅游向休闲度假旅游稳步转变战略

滨海观光是滨海旅游的基础层次，广西滨海要突出海水可利用时间长的优势，结合中国休闲市场前景广阔的机会，要夯实观光型旅游产品。鉴于目前大众游客的度假消费意识刚刚苏醒，对度假旅游的理解和认识还大多停留在西方游客的行为示范层面，度假市场尚未成型，与度假相关的各类旅游产品开发也正处于探索和试错阶段，广西滨海旅游在向度假休闲型旅游目的地转变时，可以考虑发展"观光＋专项"、"观光＋度假"、"度假＋专项"、"观光＋度假＋专项"等组合产品。

5. 实施品牌战略

突出特色，着力打造"天下第一滩"、"中华白海豚之乡"等旅游品牌，提升广西滨海旅游地的国际知名度。

6. 实行新产品开发战略

恢复防城港市海上旅游航线，突出边境旅游特色，增加国内游客前往市场规模相对较小的防城港滨海旅游地。

二、多方出击、借船出海区域整合

在北部湾新区建设和"4＋2"旅游联盟的机遇下，广西滨海旅游发展要强化区域整合战略，借外部的机遇来弥补滨海旅游发展的劣势，促进滨海旅游的快速发展。

1. 整体规划、全面协调

区域滨海旅游要整体规划、建立滨海旅游协调机构，制定出符合广西滨海特色的旅游发展规划，突出不同地区的发展重点与特色，进行合理的功能分区与产品项目策划，突出各个阶段的发展目标和先导项目、重点项目以及储备项目，以项目带动战略促进海滨旅游的发展。为了规划能够得到有效的实施和监督，有必要成立滨海旅游协调组织开展各项事务，制定规范化、统一化的服务标准，以改变现在各自为政的局面。大力倡导由企业来开发生态旅游，采取旅行社（旅游开发公司）＋社区(农户)的模式来运作,便于资金的筹措,企业的经营、管理。

2. 区域联动、产品整合

通过区域联动、产品互补,做大市场,改变现在的市场劣势。依靠桂林旅游品牌、借助南宁枢纽便利,共享国际市场,北海、钦州和防城港要强化滨海观光、滨海休闲、滨海文化、京族风情等特色,打造一批市场竞争力强、规模大、档次高的旅游产品,使桂林、南宁、北海、钦州、防城港旅游产品结构日趋合理,逐步由单一观光型向多元化综合型转变。

3. 要素国际化战略

大量的资金投入是世界上许多海滨旅游发达地区的经验。广西海滨旅游开发必须建立完善的投融资体系和良好的投融资环境。广西滨海旅游业发展资金要素需要具备国际化战略:经济投资可以采用开放式战略,大力引进国外企业来滨海投资。环境、生物保护则需要加强国际专项基金的获取。

积极争取北部湾新区建设的相关经费,与区域发展基础设施建设相联系,加强滨海旅游设施的建设。例如,道路、水电等基础设施建设,为景区开发奠定基础条件,降低经济运行的成本。

构建外向型人力资源战略。广西滨海旅游应通过区外培训或引进等方式,建立一批从保护区到社区的规划专家、经营团队和导游队伍。

4. 主攻网络、传统为辅的营销战略

利用网络技术的机遇,增强海滨度假旅游的科技含量。利用现在旅游者自主性、个性化越来越强的机遇,广西滨海旅游在未来发展中应加强信息基础设施建设,逐步推行网络化管理和旅游地营销系统,不仅强化内部信息沟通能力,而且要主攻网络营销,从方便潜在旅游者角度出发,提供丰富的旅游资讯,降低潜在旅游者购买风险,促成潜在旅游者决策,实现营销滨海旅游的目标。在利用网络营销的同时,还应针对潜在旅游者的特点,采用其他信息传播渠道,以加深旅游信息在潜在旅游者中的影响,扩大广西滨海旅游的知名度。

三、质量为核心的服务创新

虽然目前广西滨海的资源条件、服务质量都具有一定的优势，但是在我国海滨度假旅游区自然环境背景大体相似、各地积极发展旅游的情况下，明确主题是形成差异、营造特色、增强竞争优势的有效途径，而围绕以质量为核心的服务战略创新则是广西滨海外在威胁条件下的首要选择。

1. 质量为本

"以游客为本"、"游客至上"的主动服务意识，相关部门抓好旅游服务质量工作，提高服务质量。旅游局、景区经营者都要树立提高旅游服务质量的意识和观念，理解游客当前和未来的需求，满足游客需求并争取超过游客的期望，分析其消费偏好，有针对性地设计和提供游客喜欢的旅游产品及服务，采取有效的促销手段，把景区的特色旅游产品推向市场，从旅游产品方面入手，让游客对其产品满意，从而对其服务满意。加强滨海旅游服务质量管理，尤其是保障"黄金周"的旅游服务质量，对潜在客源市场开拓意义重大。

2. 差异认知

树立旅游地的整体旅游形象是海滨度假地提高市场认知、扩大营销效果的有效手段，也是应对挑战的重要措施。广西滨海需要根据海滨度假旅游需求的日益多样化的趋势，制定具有特定主题和专门内容的旅游主题展，要确立边陲文化、珍珠文化、京族文化旅游等主题，将文化与滨海旅游有机结合，进行差异化营销，来规避其他旅游地发展带来的挑战。

广西滨海在市场认知方面：国内方面要稳住西南市场，积极开拓东部市场；国际方面要强化亚洲市场，尤其是东南亚市场的开拓。

3. 服务创新

广西滨海需要进行旅游服务创新，包括丰富的旅游线路设计、多元化的产品选择、个性化的信息服务，从体验角度让游客体验海滩文化、海岛文化、渔家文化等，将极大地提升广西海滨度假产品的服务质量，增强游客的体验感。

四、滨海旅游环境保护

广西滨海旅游业基础薄弱，基本上集中在资源型产品开发阶段，创新能力弱小，而滨海生态环境正在面临着质量下降和衰退以及沿海桉树等经济林的挑战，应该采取一种"充分考虑本地区环境、经济和社会文化的平衡发展，严谨规划、认真实施"的综合开发模式，在战略上高度重视生态环境保护，引入生态开发管理模式，建立健全完善的生态保护机制，克服在旅游业开发中忽视环保与生态的短视行为，实现海滨度假旅游业的可持续发展。

1. 立法约束战略

加强海滨旅游开发立法，要推行立法建设，促进海滨旅游开发管理，实现环境友好。可以借鉴西班牙《海岸法》1994年规定的"距离海水100m内不准新建任何建筑物，原有的建筑物不能转让，只能自生自灭"，2004年《旅馆法》规定"在海边建旅游一定要距离海水最少500m，每间客房占地面积少于110km^2，以此来控制海滨饭店设施的建设密度，让游客有足够的空间"的方法。应该结合海洋法、环境法等相关法律，针对海水污染、生物退化、景观破坏等，加强滨海旅游开发的立法工作，用法律来杜绝只注意近期经济效益而忽视长远的环境效益的行为，以维持海滨生态系统中各要素协调和有序的发展，做到海滨旅游开发的经济、社会、生态效益的统一，保持其可持续发展。

立法严格控制污染源，减少排放量，从源头上做好环保工作，严禁将污染物直接排入海水，处理旅游垃圾及污染物时，采用卫生填埋法、堆肥法、焚烧法等，尽可能保证海水洁净。

2. 生态分区战略

鉴于大规模游客进入将影响到滨海旅游的生态安全，需要按照生态脆弱度进行滨海旅游分区，滩涂、沼泽等脆弱度高的生态地区设立为禁止开发区，脆弱度中等的生态区域为限制性开发区，脆弱度低的生态地区为积极开发区。在旅游开发区也要区分中心活动区和生态缓冲区两部分，在生态缓冲区内只能进行生态旅游，要严禁破坏植被或其他资源。

3. 技术修复战略

由于发展要大力借鉴国际上的生态环境规划、整治与修复技术，以防止和治理广西滨海的生态破坏，要开展红树林工程恢复工程技术、沼泽地等湿地保护和修复技术、海草植物带的生物工程技术、珊瑚礁保护和修复技术、垃圾分类与污染处理等专项技术的科研能力培养与建设，力保在旅游开发过程中能够运用生态技术进行预防和修补。

4. 生态行为倡导战略

从经营者和游客两个角度做好宣传教育工作，倡导生态行为。

经营者要多使用电船或者摇橹船等，增建相应的附属设施，改善生态旅游条件，生活废水进行处理后排放，尽可能地减少污染，建筑物风格与周围的自然和文化环境相协调。

做好宣传教育，普及旅游者生态教育，通过寓教于游、寓教于乐等多种形式让游人自觉以生态意识贯穿整个旅游活动，并且能够自觉保护旅游资源。游客在生态区要以观赏为主、自觉地爱护动植物、禁止乱丢垃圾等。

第四节　滨海旅游开发示范基地概念性规划

一、涠洲岛旅游示范基地

1. 基地范围

北海涠洲镇及附近海域。

2. 资源依托

涠洲岛是中国最大的也是地质年龄最轻的火山岛，涠洲岛在距市区66.7km处，面积24.7km²。该岛呈螃蟹状，南部有东西两拱手，呈环抱状，犹如蟹卧于海中，地势南高北低，主要风景集中于南面海港。1994年被辟为省级旅游度假区，2004年建立涠洲岛火山国家地质公园。环境资源舒适宜人，景观资源丰富多彩。涠洲岛气候宜人，资源丰富，风光秀丽，景色迷人，四季如春，气候温暖湿润，富含负氧离子的空气清新宜人。涠洲岛海水湛蓝、阳光充足、沙滩宽而平坦，有海蚀、海积及熔岩等火山景观及珊瑚景观，珊瑚保存完好，丰富多样，瑰丽多彩。岛上绿荫掩映，陡壁幽洞，怪礁奇岩，黄沙碧浪，景物奇美。主要景点有滴水观屏、龟豕拱碧、仙人洞、贼佬洞、羊咩洞、珊瑚滩等自然景观，有三婆庙、圣母庙、天主教堂、渔港等人文景观。

3. 特色资源评价

（1）涠洲岛是火山喷发堆凝而成的岛屿，是中国最大的也是地质年龄最年轻的火山岛，地质遗迹以火山景观、海岸景观、古地震遗迹景观、古海洋风暴遗迹景观为特色。典型的火山构造、火山岩石记录了第四纪古地震、古海洋风暴灾害的震积岩、风暴岩和丰富的海蚀、海积地貌，2004年被评为国家地质公园。

（2）中国最美丽的海岛。涠洲岛气候宜人，资源丰富，风光秀丽，空气清新宜人，旅游资源十分丰富，故素有"大蓬莱"仙岛之称，从高空鸟瞰，面积为 $25km^2$ 的涠洲岛犹如一枚翡翠漂浮于湛蓝的大海上。涠洲岛是2005年《中国国家地理杂志》评选"中国最美丽的海岛"第二名（第一名是西沙永兴岛），是可登临的海岛的第一名。

（3）广西最大的海岛。涠洲岛位于广西北海半岛东南面36海里处，由南至北长65km，由东至西宽6km，最高海拔79m，总面积约 $25km^2$，是广西最大的海岛，也是我国最大最年轻的火山岛。

（4）舒适的避寒气候环境。涠洲岛为我国大陆避寒疗养的佳地之一，有清新的空气、高浓度的负氧离子、和煦的阳光、苍翠的环境，是发展避寒疗养旅游的优越气候环境，是人工气候调控所难企及的。

（5）旅游资源环境质量高，受污染程度低。涠洲岛沿岸几乎没有污染性工业企业，大气质量和海水水质都可达到国家一级标准，大气中负氧离子丰富，冬季气温温和。海水、阳光、沙滩、营养丰富的海珍产品加上优良的气候条件，使涠洲岛具备了发展康复、避寒、疗养旅游的优良条件。

4. 旅游发展概况

涠洲岛目前开发的主要项目有地质公园标志广场、滴水丹屏、地质博物馆、天主教堂、三婆庙、环岛公路等，开展地质公园观光游、科普教育游、海底探秘（潜水）游、渔家体验游、休闲度假游等活动。

涠洲岛游客遍布全国各地，其中以广西、四川、重庆、贵州以及华东地区的居多，入境游客主要为港澳游客，约一半上岛游客在岛上过夜。岛上有从事旅游客运的微型面包车 70 多辆，还有约 30 辆 30 座以上的巴士，涠洲岛已有 60 多户岛民办起了"渔家乐"家庭旅馆。发展了潜水、海钓等特色旅游项目。

5. 主要存在问题

（1）城市知名度不高。涠洲岛所在的北海市虽为全国 14 个沿海开放城市之一，因发展历史短，城市规模小，经济基础薄弱，加之对外交流不多，对外宣传力度不够，因而在全国的知名度不高。而北海在世界上更鲜为人知。

（2）旅游对外交通"瓶颈"突出。涠洲岛旅游发展的交通"瓶颈"问题非常突出。外部交通上，北海市虽有海、铁、公、空立体的运输网络，但铁路缺少始发站的枢纽功能；航空线少，航班密度低。北海至涠洲岛的航线成为涠洲岛旅游发展的最大"瓶颈"，制约了游客上岛旅游。

（3）旅游景区与资源保护不力。旅游环境和资源遭到破坏的问题亟待引起重视。如火山弹、珊瑚质沙滩受到破坏，红树林被砍伐，海底珊瑚遭受破坏，海水被污染，景区设施不配套，环境卫生日益恶化，严重影响涠洲岛乃至北海市的旅游形象。

（4）投资乏力，管理体制不顺。由于大环境制约，又无独特的效益高的项目创意与设计，国家资金投入有限，社会招商乏力，目前尚无拳头旅游产品进入开发进程，影响发展后劲。同时涠洲岛旅游涉及多部门，兹因管理体制不顺，机构重叠，互相制约，也影响涠洲岛旅游业的发展。

6. 开发思路

（1）发展定位。海岛主题特色突出的世界一流国际旅游特区。

（2）主要旅游功能。休闲度假、运动娱乐、避寒养生。

（3）旅游发展目标。世界级旅游度假区、国家 5A 级旅游景区、世界地质公园。

（4）客源定位。涠洲岛旅游基地的客源市场总体定位为：依托西南、华南，拓展华北、东北、华东市场，外联港澳台地区及东盟各国。

国内客源市场定位：

核心市场：大西南市场（含广西）和珠江三角洲市场。

基本市场：华北地区、华东地区、东北市场、中南地区。

机会市场：西北地区。

入境客源市场定位：

核心市场：港澳台地区。

基本市场：东南亚国家、东北亚国家、俄罗斯。

机会市场：欧美国家。

（5）规划布局。涠洲岛是一个潜力大、独具特色的旅游度假区，它将成为21世纪中国海岛旅游景点系列中的一个精品产品。应对争取国家特别的优惠政策和建设旅游试验区。根据基地的旅游资源特征及分布情况、道路交通条件等因素，通过海洋、沙滩、山体、水面、植被、田园、建筑、地质、地貌等景观元素的有机结合和相互交融，突出海岛、生态、度假等主题，将涠洲岛旅游示范基地划分为"一环、八区"。

一环即环岛海域，就是将环涠洲岛近海地带划分为不同的海洋功能区域，并视不同性质进行相应的保护和开发，以充分体现涠洲岛作为亚热带海岛的旅游特色，将涠洲岛北部和西部近海辟为珊瑚礁生态系统自然保护区，将东部近海辟为浅海养殖区，南部近海区域为港口、休闲娱乐区。

八区即南湾火山地质景观区、龟岭海滨公园、涠洲新城、东部渔民风情区、北港度假区、中部休闲运动区、竹蔗寮海滩度假区以及涠洲岛附近的斜阳岛特种旅游区。

（6）景观营造。在涠洲岛全长 24.6km 的海岸线上，根据地形条件和各分区的要求，在南岸建设滨海娱乐度假的海滨景观带，东岸建设以渔村风情为主题的休闲景观带，西岸建设旅游度假观光的滨海景观带，北岸建设具有热带风光的自然景观带，包括由海水、沙滩、树林、悬崖峭壁和滨海建筑所组成的海岸景观带，以此形成人与自然和谐统一、海洋与陆地整体有序的生态景观系统。

（7）景区开发方向。

◆南湾火山地质景观区：种植热带树种，采取保护性开发，增强热带海岛特色，严禁开山炸石、滥伐林木、捕杀鸟类，展现海岛火山口天然景色。完善鳄鱼岭火山公园的观海平台、海岸栈道等游览设施、服务设施，改造提升地质博物馆。将鳄鱼岭建成火山景观游览、科研修学景区。

◆龟岭海滨公园：位于南湾东侧，景区内长达十余 km 的海岸几乎都发育有高达 20～50m 的海蚀崖，崖面耸立，蔚为壮观；海蚀平台在海蚀崖前展布，平坦而宽阔，退潮时可见宽达几十米至上百米的海蚀平台，令人感叹；在海蚀崖与海蚀平台的交界处有形态各异的海蚀洞随处

可见，这种海蚀崖、海蚀洞、海蚀平台"三位一体"的海蚀地貌景观在我国沿海及岛屿沿岸实属罕见，其规模之大，典型而完整的集中令人叹为观止。进一步丰富龟岭海滨公园的游览娱乐内容，开展游览观光、海边垂钓、攀岩等丰富多彩的旅游活动。完善游览服务设施，加强环境管理，将公园建设成滨海特色突出，游览观光、科普教育、休闲娱乐为主要功能的海滨公园。

◆涠洲新城：南湾镇是涠洲岛的中心，应建成涠洲岛旅游接待中心。加强建筑风貌的引导与控制，改造不协调建筑。整修南湾沙滩，净化近海海水，开辟南湾公共海水浴场；整修龟豚拱碧景区（猪仔岭、龟洞），加强猪仔岭岩岸的保护；配套完善旅游接待服务设施，将涠洲新城建设成涠洲岛旅游接待、信息咨询、购物、餐饮等综合服务区。

◆东部渔民风情区：位于涠洲岛东部地区，依托村屯，进行环境整治，适当改造岛上民居，发展家庭旅馆、渔家餐馆，针对中低端市场和自助游客，建设渔民风情旅游区，以渔家风情体验、美食休闲、海岛度假为主要功能的旅游区。

◆北港度假区：位于涠洲岛北部海滨带，岸线长约3km，该岸段滩缓、沙细、水清，沙滩后有宽阔的木麻黄防风林带。近海分布着涠洲岛生长最好、面积最大的珊瑚礁。保护北港近海海域珊瑚礁的生长环境是

本区旅游开发的基本前提,所以该岸段不宜布局大型生活设施,主要开发潜水艇或潜水旅游海底珊瑚观赏旅游项目,设置少量住宿设施。

◆中部休闲运动区:依托中部较多的未利用地,建设高尔夫球场、特种运动场地,开展高尔夫运动、山地自行车、小轮车等特色休闲运动。

◆竹蔗寮海滩度假区:位于涠洲岛西岸,南接鳄鱼岭公园,北至石螺背,东至环岛公路,为白色珊瑚碎屑沙质海岸。沙滩长约2km,沙滩坡度、沙粒度适宜,是优良的沙滩之一,在全国也具有垄断性,要作为特种旅游资源严格保护,高品质开发。建设低密度、低层高档海滨度假村,控制客房数量和永久性建筑距岸的距离,建设高级白色珊瑚质海滩游泳场。

◆斜阳岛特种旅游区:斜阳岛不仅原始自然生态环境保存良好,而且岛悬海中,封闭性良好,适宜发展特种旅游。同时斜阳岛有大量人迹罕至的海蚀洞穴,大海孤舟式的地理位置形成固有的神秘性,十分发育的海蚀地貌增强了这种神秘,为斜阳岛发展探险旅游提供了绝好的条件。建设斜阳岛天体浴场、斜阳岛民俗风情村、国际娱乐中心、探险者之家等项目。

(8)主要项目建设。

◆西角仙人掌世界观赏园。涠洲岛气候、土壤条件非常适宜仙人掌类植被生长,规划在西角水库附近建设西角仙人掌植世界,引种、培植世界各地的多种仙人掌类植物,建成中国首家仙人掌植物园。

◆海岛游艇俱乐部。主要引导建设项目包括俱乐部会所、游艇码头、海滨浴场、水上运动中心等,为游客提供滨海休闲度假的旅游服务。

◆完善火山地质公园的配套设施建设。主要配套建设内容包括火山博物馆、鳄鱼灯塔、海岸栈道、观景平台等,并为游客提供海岛观光游览、科学考察、科普教育等相关的配套服务。

◆涠洲岛海底公园。增设潜水训练基地、海底潜水观光设施,利用全潜式或半潜式观赏海底花园;或者开展潜水运动,潜入海底欣赏五彩缤纷的海底世界。

◆滴水丹屏公园。以滨海沙滩、海蚀景观为特征,开展滨海观光旅游活动。

◆建设相思湖候鸟园。对现有西角水库进行改造,营造一种贴近自然的热带亚热带湿地景观,以招引鸟类。引导性建设内容主要包括水体改造、湿地营建、植物培育、动物放养等。

◆斜阳岛天体浴场。以崇尚自然、回归自然为基本理念,利用天然港湾建成天然泳池。

◆斜阳岛民俗风情村。改造现有村庄成为太平洋海岛民族风情街、印度洋海岛民族风情街、大西洋海岛民族风情街、北冰洋海岛民族风情街等微缩街区。

◆斜阳岛生态娱乐中心。引导性建设内容包括:设置海洋资源展厅及海洋监测中心,同时让游客参观并亲身体验海上捕鱼等原始的渔民生活。

◆历史文化古迹的修缮与恢复。主要包括改造普度震宫、修缮法国天主圣母教堂、修缮或恢复三婆庙、圣母庙等。

◆芝麻滩度假村。建设芝麻滩旅游度假村,开发页岩、海岸攀岩,发展海滩浴场。

◆竹蔗寮度假区。突出运动休闲主题,建设竹蔗寮旅游度假区,发展沙滩休闲运动、海滨浴场,开辟海底观光。

◆北港度假区。依托平缓、沙细、水清的海滨沙滩,建设北港旅游度假区。开发潜水艇或潜水旅游海底珊瑚观赏旅游项目,设置适量住宿设施。

(9)旅游产品开发。根据国内外旅游市场发展势态和涠洲岛旅游资源类型特点、组合结构、空间分布、自然环境背景以及历史社会经济条件,涠洲岛旅游产品开发方向定位为:度假旅游、疗养与康复旅游、观光旅游、体育和娱乐旅游、生态旅游、探险旅游、会议旅游、美食和购物旅游、跨国旅游。

◆度假旅游。

涠洲岛发展度假旅游条件得天独厚,海洋旅游资源类型多、品位高、环境优良;适宜度假的季节长,是全国可进行海水浴季节最长的度假胜地之一，海水浴时间达9个月（北方海滨仅为2~3个月）；空气洁净、负氧离子含量高，温湿组合优，风速小，是较理想的避寒度假胜地。

◆疗养、康复旅游。

涠洲岛冬季温湿条件和空气质量对缓解和治疗北方冬季的多发病和常见病具有显著疗效，具有发展以北方市场为主的康复、疗养旅游的极佳条件。

◆观光旅游。

涠洲岛自然旅游资源不仅为发展度假旅游，而且也为发展观光旅游提供了良好的物质基础。涠洲岛是火山岛，是火山国家地质公园，火山遗迹、海蚀景观丰富，附近海域生长着大量珊瑚，可发展火山地质公园游览、海岛观光、珊瑚观赏等观光旅游活动。

◆体育和娱乐旅游。

涠洲岛冬季气候温和，适宜开展各种北方不宜进行的户外体育旅游，包括各种体育训练和比赛运动。春、夏、秋三季适宜开展各种海上运动、沙滩运动及各种水上娱乐活动，是发展体育旅游和水上娱乐旅游的理想地区。斜阳岛四周悬崖陡立，具有开展悬崖跳水、攀岩和洞穴探险运动的良好条件。

◆生态旅游。

北海市具有独特的自然生态环境，涠洲岛是开展生态旅游的极佳场所。

◆探险旅游。

涠洲岛具有独特的探险旅游资源，如斜阳岛神秘洞穴探险和涠洲岛周围海底珊瑚探险、探奇旅游，火山探秘游等。

◆会议旅游。

依托北海市，利用涠洲岛优越的海滨休闲度假条件和独特的火山遗迹、海岛景观，针对企事业团体，发展多层次的会议旅游，如各种年会、总结会、培训会、研讨会、交流会等。

◆美食和购物旅游。

涠洲岛海产品丰富，适宜发展海鲜美食旅游，海产品与珍珠制品等购物旅游。

◆跨国旅游。

北海市面向东南亚,是大西南的出海通道口。通往越南的海上航线已经开通,快捷方便的跨国与边境旅游将成为极富吸引力的旅游项目。积极发展香港—北海(涠洲岛)—越南下龙跨国邮轮航线,发展北海—涠洲岛—防城港—越南跨国旅游线。

7. 开发建议

加强涠洲岛资源与环境保护,协调工业发展与旅游开发的关系,促进涠洲岛可持续发展。

加强基础设施建设。改善北海银滩至涠洲岛的海上交通条件,增加具有旅游功能的交通工具;完善涠洲岛环岛公路和岛内主要交通干道的建设;建设涠洲岛直升机场,开辟北海至涠洲岛的空中运输航线;完善涠洲岛、新建斜阳岛的旅游港口码头。

召开系列旅游活动,扩大影响。召开火山地质研讨会,开展火山地质文化旅游节、依托天主教堂举办一年一度的复活节。

根据涠洲岛的环境容量、设施容量,加强涠洲岛游客容量控制,发展精品旅游,打造涠洲岛精品旅游品牌。

二、山口海洋生态旅游基地

1. 基地范围

包括合浦沙田半岛及附近海域。

2. 资源依托

主要资源是大士阁古建筑、山口国家红树林自然保护区、儒艮自然保护区。

3. 特色资源评价

(1)国际海滨湿地。山口海洋生态旅游基地分布有大量滨海滩涂,生长着大量的红树林,1990年9月经国务院批准建立山口国家红树林生态自然保护区,1993年加入中国人与生物圈,1994年被列为中国重要湿地,2000年1月加入联合国教科文组织世界生物圈,2002年被列入国际重要湿地。

（2）海上森林——红树林之最。红树林是热带、亚热带海岸潮间带特有的胎生木本植物群落，美丽的红树林素有"海岸卫士"和"天然牧场"、"海上森林"的美称。山口红树林是中国第二个国家级的红树林自然保护区，是我国大陆海岸红树林典型代表，发育良好、连片较大、结构典型、保存较完整的天然红树林分布区，有红树植物15种，浮游植物96种，底栖硅藻158种，鱼82种，贝90种，虾蟹61种，鸟类132种，昆虫258种，其他动物26种。

（3）生态旅游胜地。红树林生态系是世界上最富多样性、生产力最高的海洋生态系之一，素有"海中森林"之称，为热带海岸独有的地理景观，与其他海岸风光比较自有一种截然不同的别致风情，是我国稀有的旅游资源。山口红树林连片宽阔，高低错落，特别是不多见的红海榄纯林、木榄群，年久树高，盘根错节，千姿百态，枝繁叶茂，碧绿滴翠。树下蟹爬鱼跃，树上鹭翔鸥飞，蜂鸣蝶舞，潮涨潮落，风景迷人，是发展海滨生态旅游的胜地。

4. 旅游发展概况

山口红树林的旅游始于1992年，起于当地群众自发性行动。1992年10月保护区管理处成立后，才开始下意识地进行适应性的旅游开发。但由于种种原因，目前基本仍处于原发状态，必要的设施如道路、服务管理、食宿等尚未配套建设。主要旅游活动为陆岸漫游和游船林中游，基本还处于观光旅游阶段，观光对象亦仅限于红树林的形态特征和自然景色，旅游资源的优势及其潜在效益没有得到充分的发掘和利用。

5. 开发思路

基地依托自然保护区，坚持"养护为主，适度开发，持续发展"的保护方针，与国内外科研所，大专院校紧密合作，开展红树林科学研究，探索红树林资源合理的综合开发和持续利用途径，努力把基地建成红树林资源保护、研究、教学、国际交流、开发、旅游的基地。

（1）发展定位。以红树林为特色，以"海上森林"为主题的生态旅游区。

（2）主要旅游功能。观光游览、科普教育、生态旅游。

（3）客源定位。山口旅游基地的客源市场总体上不求量但求质，在保护红树林生态环境的基础上发展生态旅游市场、科研市场，主要针对国内市场。国内大众市场定位如下：

①核心市场：大西南市场（含广西）和珠江三角洲市场。

②基本市场：华北地区、华东地区、东北市场、中南地区。

③机会市场：西北地区。

（4）规划布局。根据基地的旅游资源特征及分布情况、保护区保护要求等因素，将山口旅游示范基地划分为三个主题特色突出、互为补充的景区，即山口景区、大士阁景区和儒艮观赏区。

（5）景区开发方向。

◆山口景区：依托山口红树林国家自然保护区，坚持保护优先的原则，在保护区的实验区配套旅游服务设施、科普宣教设施，以"海上森林"为主题建设以游览观光、生态休闲、科普教育为主要功能，集知识性、休闲性、观赏性、娱乐性于一体，内涵丰富、布局多变、景观迷人的山口红树林生态旅游景区。

◆大士阁景区：大士阁又名四牌楼，为中国距海最近的古建筑之一，在建筑学上有很大的历史文化研究价值，被列为国家级重点文物保护单位。以大士阁为重点，整合发展明代永安古城遗址，加强文物的保护和历史文化内涵的挖掘，建设明代风格的旅游购物、餐饮街，成为游览观光、休闲娱乐的文化旅游景区。

◆儒艮观赏区：儒艮俗称"美人鱼"，东起合浦县山口镇，西至沙田镇海域的儒艮自然保护区是我国唯一的儒艮国家级自然保护区。依托儒艮自然保护区，建设儒艮科普馆、儒艮表演馆，完善配套服务设施，配套船只，开展海上儒艮观赏航线，建设集观赏性、游乐性、趣味性、知识性于一体的儒艮观赏区。

（6）主要建设项目。

◆山口红树林旅游服务中心：在山口景区建设山口红树林旅游服务中心，建设游客服务中心，餐饮、购物、娱乐、管理等旅游接待设施，为游客提供旅游咨询、导游、休息、购物、医疗等服务，成为山口景区的旅游综合服务、管理中心。

◆中国红树林博物馆：山口红树林品种丰富，依托保护区，建设独具特色的中国红树林博物馆，采用陈列展示、影视介绍、图片展出、实物参观等方式充分展示红树林的品种、特性、作用，介绍中国及世界红树林生长、分布和开发利用情况等。建设红树林科教馆，为保护区开展科普、科研提供场所。尽可能地收集种植和展示世界各种红树林品种，建设红树植物基因库，将其建成中国红树林科研、教学基地。

◆红树林迷宫：在不破坏红树林生态的前提下，搭建栈道，开挖潮沟，建红树林迷宫，占地约50公顷。红树枝繁叶茂，树林里栖息着各类珍稀鸟类，树下气根盘根错节，虾蟹及小鱼成群，构成了一片神奇的海上森林景观，荡舟于红树林中，捞取鱼虾，现场开蚝，心旷神怡，其乐无穷。

◆垂钓区。修建垂钓区服务管理中心，设钓鱼俱乐部、小卖茶室及码头等设施。小卖茶室修建在海边优美环境处，为钓鱼爱好者休息、互相交流、传授心得、洽谈业务提供场所。钓鱼俱乐部出租渔具、小凳、阳伞、出售鱼饵等。

◆红林茶庄：在旅游服务中心修建一座茶庄，建筑造型单层大棚屋，房顶用木板盖树皮或稻草，房屋有一部分伸进水中，用混凝土土桩或木柱支撑，茶庄的风格为古朴自然，最好全部采用木质材料修建，游客品茶的同时可以欣赏海景、观赏红树林，让游客进入茶庄顿时产生一种回归自然的感觉，使之流连忘返。

◆拓展训练区：开辟场地拓展训练区，建设完善各种训练设施，如飞跃断桥、速降、天梯、云梯、电网、越障、雷阵、盲阵、同舟共济、信任之旅、袋鼠跳、鳄鱼潭、空中单杠、空中绳网、空中钢丝绳、带球赛跑、孤岛求生、有轨电车、相依为命、风火轮、同心结、胜利墙等，针对各类群体，开展各种团队组合课程，进行体能训练、生存训练、心理训练、人格训练、管理训练。

◆生态养殖区：利用保护区附近海域的基塘进行鱼、虾、蟹养殖，让游客参与了解鱼、虾、蟹的养殖，参与喂养、捕捞等活动，充分体验养殖生活。

◆合浦珍珠基地：建设合浦珍珠生产及加工基地，挖掘南珠历史文化，让游客了解南珠的历史、养殖、生产及加工过程，购买南珠产品。

◆养生园：红树林保护区环境良好、景色宜人，是开展生态养生休闲的良好去处，在保护区外或保护区的实验区建设养生休闲木屋，加强环境绿化美化，配套相应的管理服务设施，建设生态养生园。

◆儒艮观赏区：建设儒艮科普馆、儒艮表演馆，完善配套服务设施，配套船只，开辟海上儒艮观赏航线，建设集观赏性、游乐性、趣味性、知识性于一体的儒艮观赏区。

◆大士阁：加强大士阁的保护，挖掘大士阁的历史文化内涵，展示其建筑研究价值和历史文化价值，清理整治大士阁、箭毒木周围环境，建成以大士阁、箭毒木为中心的园林式观光区。

◆明代仿古街：依托明代永安古城遗址，建设具有明代风格的旅游购物、餐饮娱乐街，成为具有浓郁历史文化内涵、特色突出的明代仿古旅游街。

(7) 旅游产品开发。

◆生态旅游。山口景区生态旅游资源丰富、特色突出，依托山口红树林保护区和儒艮保护区，开发生态观光、生态休闲、生态养生、生态科普等旅游产品。

◆科普教育游。山口红树林是中国第二个国家级的红树林自然保护区，儒艮保护区则是我国唯一的儒艮保护区。针对广大青少年市场、中小学生，开展海洋生物、地球保护、地球环境知识的科普教育，针对大学生专业团体，建立红树林、海洋生物实习基地，发展教育旅游。

◆观光旅游。山口红树林连片宽阔，高低错落，盘根错节，千姿百态，枝繁叶茂，碧绿滴翠。树下蟹爬鱼跃，树上鹭翔鸥飞，蜂鸣蝶舞，潮涨潮落，风景迷人，是游览观光的胜地。基地可发展红树林观光游、大士阁古建筑观赏游、儒艮观赏游。

◆体育娱乐旅游。依托拓展训练设施，针对青少年市场、企事业团队市场，开发体育娱乐旅游产品。

◆疗养休闲旅游。利用基地独特的海滨气候条件和红树林绿色生态环境，针对中高端市场和银发市场，发展疗养、康体休闲旅游产品。

6. 开发建议

(1) 严格遵守保护区条例，所有旅游设施项目建设和旅游活动仅限于保护区范围之外或保护区的实验区内。

（2）根据保护区的环境容量，加强保护区游客容量控制，发展品质旅游，打造红树林精品旅游品牌。

（3）坚持保护第一原则，加强红树林资源与环境保护，协调保护管理与旅游开发的关系，促进保护区可持续发展。

（4）召开红树林保护开发研讨会。

三、京岛旅游示范基地

1. 基地范围

包括江平镇的万尾和巫头两村。

2. 资源依托

主要资源是沙细金黄的海滩——金滩，具有热带滨海风情的椰林景观，独具特色的京族风情，红树林景观，车沿木、木麻黄等植物景观，白鹭，一号界碑等。

3. 特色资源评价

（1）京族风情独具特色。京岛是我国唯一京族聚居地，是具有国内垄断性的资源。拉大网、抓沙虫、捞海蜇等传统劳作具有浓郁的滨海特色，京族的婚嫁习俗、着衣打扮、建筑形式和餐饮习俗等具有浓郁的民族特色，还有被列为国家非物质文化遗产的"哈节"。

（2）滨海风情浪漫迷人。金滩东西绵延约10km，沙滩宽阔平坦、沙粒适中，沙质细软而金黄，海水湛蓝洁净，水质优良，辽阔的海域、优质的海水、金色的沙滩、摇曳的椰林等景观构成了金滩浪漫迷人的滨海风光。

（3）生物景观资源丰富。巫头一带分布有大片的红树林，保护着我们的疆土；万鹤山是候鸟迁徙的一个落脚点，经常有上万只鹭鸟在此栖息，有白鹭、牛背鹭、夜鹭、苍鹭、池鹭等；基地内还有马尾松、木麻黄、车沿木等植物景观；还有具有滨海特色的沙虫、贝壳、沙马等动物。

（4）滨海气候舒适宜人。京岛属于亚热带海洋性气候，阳光充足，雨量充沛，年平均气温22.3℃，长夏无冬，春秋相连，气候舒适宜人，

是夏季避暑、冬季避寒的休闲度假理想胜地。

4. 旅游发展概况

1995年京岛风景区成为广西第二批自治区级风景名胜区，2005年编制完成风景区总体规划，2006年京岛获得国家3A级景区称号。先后投入大量资金进行建设，旅游基础设施和服务配套设施不断完善，先后完成了进港大道、民族大道、中心大道、环岛路、京岛港等设施建设，给排水、供电、通讯电视等设施基本配套，建成了大自然度假村、京岛酒店、金滩大酒店、停车场、金滩收费门楼、海上安全瞭望塔等旅游服务配套设施。具备了一定的旅游接待能力，2003年以来每年接待游客都有50多万人次。

5. 主要存在问题

（1）开发层次低，旅游产品较单一。京岛旅游尚处于滨海旅游的初始开发阶段，缺乏更深层面更高层次的滨海娱乐项目，京族风情也没有得到有效开发，整个京岛处于浅层次开发、粗放经营的状态。

（2）缺乏统一规划管理。京岛旅游开发早，但由于缺乏统一的规划管理，导致金滩的旅游开发偏向城市化，大量土地被出让，村屯建设也没有得到有效引导和控制，在京岛注册、投资建设的单位达100多家。由于土地的零碎出让导致后期规划难以实施，金滩的旅游开发处于较混乱的无序状态，旅游开发难以上档次、上规模。

(3) 环境条件需要进一步改善。京岛旅游基地内存在居民生产生活垃圾乱堆放、生活污水乱排放等现象，京族民居风格不统一，旅游商品销售设置杂乱，部分滨海区域垃圾没有得到及时清理等。为旅游发展带来了极大的负面影响，不利于旅游的开发。

6. 开发思路

(1) 发展定位。以京族民俗风情为特色、以欢乐海滩为主题的北部湾（广西）滨海休闲度假胜地。

(2) 主要旅游功能。休闲度假、民俗体验、观光游览。

(3) 旅游发展目标。国家级旅游度假区、国家5A级旅游景区。

(4) 客源定位。京岛旅游基地的客源市场总体定位为：依托广西各大城市，立足广西，拓展广东，面向全国，外联越南及东盟各国。

国内客源市场定位：

核心市场：广西、广东。

基本市场：湖南、四川、贵州、重庆、云南等省份。

机会市场：国内其他省份。

入境客源市场定位：

核心市场：越南为主的东盟国家。

基本市场：港澳台地区。

机会市场：日本、韩国及欧美等国家。

(5) 规划布局。根据基地的旅游资源特征及分布情况、道路交通条件等因素，将京岛旅游示范基地划分为三个主题特色突出、互为补充的景区，即金滩景区、万鹤山景区和京族风情区。

(6) 景区开发方向。

◆金滩景区：金滩地处江平镇万尾岛南端，珍珠港西侧。沿海岸呈长条形分布，长7000m，宽700m。沙滩平缓，沙滩上没有基岩出露。沙粒呈浅黄色，沙质柔细洁净。海水清澈见底，深度不大，水下坡度平缓，海浪和潮流都不太强烈。位于北回归线以南终年气温较高，没有真正的冬季，常年海水温度在20~25℃之间。附近海产丰富，常可见一队队拉网捕鱼的渔民和刚捕获的生猛海鲜。目前，沙滩已得到初步开发，建成了金滩海滨浴场滨海旅游初级产品。规划对目前的海滩进行整治，引进国际连锁酒店，规范海滩开发经营模式，开发海滩休闲运动产品和近海水上娱乐项目，并与京族的哈节进行创新结合，开展海滩夜游项目，丰富海滩游憩内容，构建一个金色海滩、欢乐海滩的旅游产品。

主要建设项目有：入口服务设施、渔民新村、海鲜美食街、滨海度假酒店、度假社区、滨海康疗保健中心、欢乐金滩等。

◆万鹤山景区：位于东兴市江平镇巫头万鹤山及其附近海滩涂，是我国最南端的亚洲两条候鸟迁徙通道上的节点。景区内树木郁郁葱葱，环境优雅，鹭鸟成群，目前栖息有白鹭、中白鹭、牛背鹭、夜鹭、池鹭、苍鹭等六万多只鸟类动物。规划将万鹤山周边5000公顷范围作为湿地保护区，修复一些水沟、水塘，还原湿地风貌；建设一个小规模的鸟类科技馆、观光道路主要把原有小路拓宽为白沙步道或铺设木栈道；建设观鹤亭、旅游停车场，将景区建设成为一个以观鸟为主题的生态旅游景区、滨海湿地公园。

主要建设项目有：海上栈道、观鸟台、赏鹤亭、红树林补植、巡护道路、鸟类救护中心、鸟类科技馆、红树林生态湿地科教宣传片等。

◆京族风情区：依托京岛浓郁的京族民俗文化，加强对京族非物质文化遗产和生活方式的保护，建设京族生态博物馆。保护性开发建京族风情，开发京族服饰、京族饮食文化、京族渔村、京族节日庆典、京族歌舞、京族体育游戏项目、风尚礼仪民俗、特色旅游商品等，打造全国唯一的京族风情旅游景区。

主要建设项目：京族文化风情园、京族生态博物馆、京族广场、哈亭、风情金滩艺术剧场、京族民俗村等。

（7）旅游产品开发。以京族民俗风情为特色，以"金色海滩、欢乐海滩"为主题，重点发展京族风情旅游产品、滨海休闲度假旅游产品、滨海湿地生态旅游产品，带动观光旅游、商务会议和科普旅游等专项旅游产品开发。京岛是我国京族唯一的聚居地，京族风情浓郁。京族风情旅游产品开发不完善，开发力度有待加强，京族风情有待进一步挖掘，开发档次和服务水平都还有待提高，旅游综合效益不明显。依托京岛平缓的海滩、优美的滨海风光、良好的海滨生态环境、浓郁的京族风情，面向全国市场，深度开发京族风情旅游产品，建设全国唯一的京族风情旅游景区。

◆京族服饰开发。京族服饰民俗是京族三岛的自然环境、经济条件、文化修养和审美观念的综合反映,京族不同的历史时期服饰也有较大变化。京族服饰美丽大方。京族服饰民俗的开发,不仅可以展示京族的文化、审美风貌,而且能反映京族的历史,给游客以美和历史知识的享受。包括京族服饰陈列、京族服饰装扮、京族服饰体验、京族服饰商品。

◆京族饮食文化开发。京族饮食文化丰富多彩,如糯米糖糕、"金汁"、风吹忆、沙虫巴、酸甜鱿鱼卷、贝肉焖酸笋等都非常有特色。京族饮食同其他民族相比,有不同的风味、不同的时尚,而且讲究饮食与审美、艺术、礼仪、禁忌的结合。品尝京族饮食既是物质享受,又是美的熏陶。

◆京族渔村景观开发。京族渔村民居是京族人民的主要生活空间,是京族艺术、文化、科技的综合体现,是京族文化进步的纪念碑。京族民居的艺术性和直观性,最能显示京族三岛风情,它的景观效果也特别好,应为京族民俗旅游资源开发的重点之一。

京族三岛渔村的布局和民居特点同其他乡村有较大差异,京族三岛渔村的布局自然,同环境结合得很好,绿树成荫,每户门前屋后都有小院,种植有当地特色的树种,渔民在小院休憩、织渔网、修理渔具、接待来客。京族的民居多是栏栅屋、石条瓦房。京族三岛渔村有着其特色风情，是有吸引力的乡村景观。

◆京族节日庆典开发。节日庆典系综合性的民俗，是民族或区域民俗生活的集中大展示。京族节日庆典活动丰富多彩。京族节庆活动有近20个，几乎每年每月都有节日。如哈节、春节、清明节、端午节、中元、食新米节等。节日中丰富多彩的活动，丰盛的饮食，热闹、愉悦的氛围，不仅可以使游人在观赏和参与中获得愉悦和知识，得到休息和享受，而且可以交流情感，增进友谊。节日庆典构成民俗旅游资源中最绚丽多彩的一道风景线，是民俗旅游资源开发的重中之重。结合旅游发展需求，进一步做大"哈节"，在保持京族文化特色的基础上，按旅游需要进行重新组合和编排，要强化游客的参与性，让游客在观看京族歌舞、体育竞技活动的同时，也亲身参加京族节庆活动，融入到欢乐气氛当中。

◆京族歌舞开发。京族民间音乐、舞蹈、戏剧是当地人们喜闻乐见的艺术形式，种类多，源远流长，特色鲜明，具有独特的韵味和特殊的感染力，在其他地方见不到。如京族民间的花棒舞、跳天灯等很有代表性，它那古朴、优美的曲调，热情奔放、精湛、诙谐的表演，使人得到莫大的艺术熏陶和文化享受。

◆京族体育游戏项目的开发。充分利用京族民间体育游戏的竞技性与娱乐性特点开发旅游项目（节目），以满足现代旅游者的参与、康乐、刺激需求。体育游戏旅游项目的开发投资少、见效快，应列为开发重点。结合海洋文化旅游、渔家文化旅游、京族风情旅游举行各种比赛吸引游客，以增加趣味性和竞争性，吸引游客特别是青少年游客的兴趣。如捉活鱼、摸鸭蛋、跳竹竿、舞花棒、顶头、顶棒、顶杆等。

◆京族特色旅游商品开发。京族民俗商品既是旅游购物的主要对象，同时又因其所特有的实用性、艺术性、观赏性，具备景观构成的基本要素，是一重要的民俗景观资源。

◆京族良好风尚礼仪民俗开发。京族人礼仪习俗，无论是寿庆、婚嫁，还是丧葬，都具有鲜明的民族特点和地方特色，对国内外游客来说，都有极大的吸引力。礼仪贯穿于人生的全过程，既是中华民族物质生活的反映，也是伦理道德、宗教信仰、民族心理和社会价值观念的体现。如京族特有的踢沙、掷木叶、"带中"活动等。

◆京族民居旅馆、餐馆。对京岛原有建筑按当地民居风貌进行改造，房前屋后种植果树和绿化树种，并对部分原有家庭进行设备补助，安排作为调节性民族家庭接待床位。新建的民居要考虑为游客提供住宿和餐饮服务功能，建筑风格为一层至二层的民居村落式。同时，根据四季不同，开展具有京族特色的民俗活动，满足游客参与、求知、猎奇、祈福的心理需求。供游客参观、休闲、度假、住宿，与主人同住、同吃、同劳作，亲身体验原汁原味的渔村生活，品尝渔村传统美食，购买传统海产品和工艺品，深入了解京族少数民族的民风民俗。

（8）滨海休闲度假旅游产品。随着人们生活水平的不断提高，人们对旅游的需求也在发生着巨大的变化，我国旅游发展的阶段已由单一的观光旅游逐渐向休闲度假阶段转变，休闲度假旅游将成为今后较长一个时期内人们的主要选择。而滨海休闲度假旅游是休闲度假旅游中最经典的产品，也是目前市场需求较为强烈的产品，它和观光旅游一样已经成为当前国际旅游市场发展最为稳定的、最为普遍的一项旅游产品。

◆周末休闲度假：针对本地和周边市场，开发周末休闲度假产品，重点做好接待设施的完善和升级，丰富康疗娱乐项目，如沙滩浴、水疗SPA、日光浴等，满足游乐放松、休息和快乐的需要。

◆滨海湿地生态休闲观光：保护好滨海红树林湿地，完善观光步道、观景平台以及解说系统的建设。未来可以面向高端生态休闲观光市场，发展观鸟旅游。

◆滨海休闲运动：发展面向各级市场的休闲运动产品，并依托休闲运动的发展，形成以休闲运动为主题的专项滨海休闲度假产品。

◆商务会议度假：结合城市商务经济的发展，依托滨海条件，面向北部湾、中国—东盟客商，促进商贸物流业发展，发展商务会议度假产品，重点是要完善接待设施特别是会议、会展场地，高档住宿、餐饮、娱乐等接待设施的建设。

◆海洋文化体验：面向中高端市场，设计满足游客探索和了解海洋文化的心理，增加参与性的海洋文化体验活动，如海洋渔猎文化体验、京族渔家生活体验等，展示海洋丰富的文化内涵，提高滨海休闲度假的效益，提升京岛滨海休闲度假产品的档次。

◆休闲娱乐：丰富滨海休闲度假的配套娱乐项目，把京岛建设成一个娱乐天堂、休闲胜地。

◆海滩游憩：利用良好的海滩，开发海滩体育运动、娱乐游憩、近海游艇、摩托艇等项目，丰富滨海旅游项目。

◆民俗节庆：结合京族民俗风情这一特色，深入开发哈节，并与商务度假、会议度假相结合，把民俗节庆旅游发展成为促进滨海度假产品发展和提高京岛滨海度假旅游知名度的重要项目。

（9）生态旅游产品。生态旅游是当今世界上颇为流行的旅游形式，是一种生态效益与社会效益并重、以自然生态环境为基础、以认识自然和保护自然为目的的新型旅游形式。生态旅游、绿色消费作为一种高层次的精神文化消费，其返璞归真的高尚境界和爱护地球的环保意识已越来越受到旅游者的重视，是旅游产品市场发展的必然方向。生态旅游作为人们物质文化生活水平提高后的一种高级精神享受，是人们旅游需求结构不断变化后的具体表现，是当前国际旅游市场发展最为迅速、适应性最广泛的一项旅游活动。京岛的万鹤山集滨海湿地、红树林、鸟类等资源于一体，具有良好的生态旅游发展基础，规划将其建成独具特色的滨海湿地生态公园。

◆生态观光：与其他生态旅游产品组合，在万鹤山景区开展生态观光，如红树林观光游、湿地观光游、鹭鸟观赏游等。

◆候鸟观赏：防城港市是我国最南端的亚洲两条候鸟迁徙通道上的节点，每年冬天都有成千上万的鸟类迁徙经过防城港，并在京岛万鹤山一带停留和过冬，建立滨海湿地保护区，完善相关设施，以不干扰候鸟的生活与生存环境为前提，在冬季候鸟迁徙的季节，开展观赏活动。

◆科学考察：万鹤山属于自然保护区和特殊自然景观，可以设计开发专业科学考察旅游，建立科考基地，如南亚热带常绿阔叶林考察、鹭鸟考察、滨海红树林湿地考察，这种旅游项目需要较为成熟的前期科学研究基础，较为齐全的研究资料。主要游客对象是专业人员。

◆科普教育：设计满足人们探索大自然奥秘的好奇心，增加自然知识的科学普及旅游项目。游客与大自然接触交流，通过现场参观考察、导游讲解、多媒体展示等方式获得鸟类保护、红树林保护知识，认识自然价值，从而提高保护自然环境的意识，可以作为青少年夏令营等活动的主要场所。

◆渔家休闲：依托巫头的当地村屯，通过环境管理、景观营造、项目设计，吸引城市居民前来进行周末休闲、娱乐、度假等，体验滨海渔家生活。

◆野营：野营是户外游憩的一种，是暂时性地离开都市或人口密集的地方，利用帐篷、睡袋、汽车旅馆、小木屋等在郊外过夜，享受大自然的野趣和优美的自然景观，并参与其他保健、休憩、娱乐活动。

四、钦州临海工业旅游示范基地

1. 基地范围

包括钦州港工业区，总面积 $138km^2$。

2. 资源依托

钦州港及蓬勃发展的临港产业集群。

3. 特色资源评价

（1）现代化临海工业集群。钦州临海工业区将成为具有鲜明的产业特色和"一区多园"体系，构建起石化、造纸、冶金、能源、粮油加工"五大产业集群"的现代化临海工业区。

(2) 现代港口。钦州港是孙中山先生 90 年前在《建国方略》中规划的中国南方第二大港。钦州港拥有深水岸线 54km 长，可建 1 万～30 万 t 级码头泊位 200 多个，建成后将形成 3 亿 t 以上的吞吐能力。钦州港将成为西南出海的重要港口，也是新兴的现代化港口。

(3) 保税港区。2008 年 5 月，中国国务院批准设立钦州保税港区，使钦州成为中国最具开放优势的城市之一，也是中国中西部地区唯一的沿海保税港区。

4. 开发思路

(1) 总体思路。发展政府主导型工业旅游。市政府应转变观念，明确工业旅游与城市发展的关系，对工业旅游资源统一进行规划，将其作为城市旅游经济新的增长点，分期进行开发，促进城市的整体发展；同时加强对外宣传，为工业旅游的发展创造更为有利的环境条件。在宏观上做好工业旅游企业的选择工作，既要考虑那些行业中具有较高知名度或极具特色的企业，又要考虑该旅游项目的市场需求状况。在此基础上，政府应对相应企业在其工业旅游项目上给予资金、政策方面的引导和扶持，协调各部门的工作，实现对旅游业的全行业领导，利用中国—东盟自由贸易区、广西北部湾经济区、保税港区的政策，高效率发展政府主导型工业旅游。

开发有特色的工业旅游产品,增加工业旅游活动的参与性、娱乐性、科教性。根据不同企业的特点突出旅游产品的主题,以增强吸引力和竞争力。寓"游"于参观之中、寓"教"于游中、寓"学"于游中,让游客亲密接触实际,加大游客的参与程度,提高整个过程的"游"味,达到"参与其中,乐趣无穷"的效果。同时突出体现教育功能,通过展览馆、陈列馆等进行系统的科学教育和知识传播,增加游客的知识,增强其民族优越感。

加强旅游纪念品的生产与开发。旅游纪念品的生产和销售是旅游业的重要组成部分,从旅游业发达国家的历史看,旅游商品的销售收入在旅游业整体收入占有极高的比重。工业旅游的企业有着生产成本上的优势,在此基础上,应突出旅游商品的可携带性、纪念性、地域特色性。

工业旅游与常规旅游相结合,实现"双赢"效应。工业旅游的产生,是工业和旅游业互相结合、互相渗透的必然产物。钦州的旅游借工业的优势则可以扩大自己的市场,继续登攀新的高峰。工业旅游的发展也成为旅游环境容量分流及挖掘旅游资源内涵的重要措施,又能使工业旅游的发展与城市发展遥相呼应,并为工业旅游创造更为有利的环境条件,实现旅游资源新的整合。将两种产业互相结合、相得益彰,符合现代产业发展的新趋势。

发展工业旅游要与加强企业市场营销相结合。要在巩固科教等传统工业旅游市场的基础上,加大旅游促销力度,深度挖掘科普教育等方面的市场潜力,发展多层次、复合型的工业旅游市场体系;要将企业市场营销网络建设与工业旅游市场体系结合,将招商引资、客户市场营销与做大工业旅游市场结合,延伸企业市场营销战略触角,拓展新的市场营销和合作交流渠道;要通过发展工业旅游,进一步塑造和提升企业和产品的品牌形象,宣传企业、产品的文化和理念,提高社会认同度。

(2)发展定位。以临海工业为特色,以观光游览、科普教育为主要功能的北部湾工业旅游胜地。

(3)主要旅游功能。观光游览、科普教育。

(4)旅游发展目标。国家工业旅游示范点、国家4A级旅游景区。

(5)客源定位。钦州旅游基地游客主要面向的是国内市场,包括观光游客、科普教育游客、商务考察游客等，入境游客主要由专业游客构成。国内客源市场总体定位为：立足广西，拓展华南、西南，面向全国。

国内客源市场定位：

核心市场：广西。

基本市场：西南、华南。

机会市场：国内其他省份。

(6) 规划布局。根据基地的旅游资源特征及工业园分布情况、道路交通条件等因素，将钦州旅游示范基地划分为三个主题特色突出、互为补充的景区，即接待服务区、金谷工业园区、金光工业园区和保税港区。

(7) 景区开发方向。

◆接待服务区：在工业园靠近钦州市区的北侧建设基地旅游接待服务区，成为基地工业旅游的综合服务中心，提供游客休息、停留、咨询、信息、购物、讲解、交通、餐饮等服务，为基地的旅游综合服务中心。

◆金谷工业园区：位于基地的西侧，总面积 $50km^2$，主要为石化、能源、粮油加工等工业游览区。重点发展中石油千万吨炼油项目、国投钦州电厂、大洋粮油等项目。

◆金光工业园区：位于基地的东侧，总面积 $78km^2$，主要为纸加工、冶金工业旅游区。重点发展金桂浆纸、东方资源、恒星等项目。

◆保税港区：位于基地的南侧，总面积约 $10km^2$，全国第6个保税港区，也是我国中西部地区唯一的保税港区，是保税游览区，主要包括码头作业区、保税物流区、保税加工区三个区域。

(8) 旅游产品开发。

基地主要依托工业园区发展工业旅游，主要产品包括观光旅游产品、科普教育旅游产品。

①观光旅游产品。

◆工业区风貌游：钦州临海工业区是新兴的工业区，现代化的工业厂房，优美的工业区环境，繁忙的作业码头，都构成工业区独特的景观，针对广大普通游客形成集趣味性、猎奇性、知识性于一体的工业风貌观光游产品。

◆港口参观：钦州港是北部湾国际组合港的重要组成港口，码头、集装箱、船只、吊车等构成港口繁忙的景象，钦州港同时也是全国六大保税港区之一，物流业发达，针对广大内地游客、中小学生市场，开展港口参观游。

◆工业生产参观：钦州临海工业区集中了大量的大型企业，石化、能源、冶金、林化、粮油等企业大量集中在工业区，可针对不同的游客市场开展不同产业的工业生产参观，参观绿色厂房、现代化的工业设备、先进的工业生产工艺和流程，发展工业生产观光游。

◆考察观光游：针对政府机关单位、专业团体，开展工业区考察游、行业考察游等针对性强，面对专门市场的考察观光游。

◆专项观光旅游产品：针对不同的市场细分和不同的游客市场需求，依托基地的工业企业，发展石化工业考察之旅、食品工业体验之旅、绿色工业感受之旅、现代港口观光之旅、保税港体验之旅等特色专项观光旅游产品。

②科普教育旅游产品。

工业产品是一种创造性活动，人们对其的旅游消费活动，更着重于学习其生产过程的知识，掌握其中不断发展变化的科技信息，从而达到普及科技，增长知识的目的。根据不同产品生产过程的工艺特点，在厂区现场组织旅游者参观，为旅游者提供系统的讲解，产品制作演示，举办产品展览会，让旅游者看到产品的生产过程，最后看到成品，或品尝或购买产品。使旅游者不知不觉地学到了有关生产技术、环境保护、消费等方面的知识。包括石化科普、环境保护教育、能源科普、粮食教育、现代科技、流水线协作教育等。

(9) 主要建设项目。

◆工业旅游中心。为基地工业旅游的综合服务中心，作为整个基地工业旅游的统一接待服务处，为整个基地工业旅游提供游客休息、停留、咨询、信息、购物、讲解、交通、餐饮等服务。宣传和介绍基地旅游产品和服务。

◆工业博览中心。在基地内建设钦州临海工业博览中心，集产品展示、陈列、历史回顾于一体，用历史资料、图片、工业产品等展现钦州临海工的发展历程、发展概况，展示工业区建设成就和工业产品。博览中心内设置影视厅，通过影视的形式向游客特别是青少年游客介绍基地的建设历史和概况，介绍工业知识，进行科普教育。设置旅游商品中心，出售基地各工业企业的产品，让游客购买以做纪念。

◆基地旅游解说系统。旅游解说系统包括人和非人两类要素。非人要素就是宣传材料、音像材料、指示牌、解说牌等。编写基地导游词，突出临海工业和港口特色，同时在旅游接待处、广场、路口及各主要工业旅游点放置专门设计的各种导游解说牌、指示牌等。人的要素也就是导游人员和向游客提供咨询服务的旅游服务人员，向游客提供的关于基地的信息量非常大，但信息的准确性与人员的素质有很大关系，因此要加强基地导游人员的专业培训，以及各种旅游人才的培训。

◆游览线路组织。基地范围大，涉及工业企业较多，为了方便统一管理，成立基地工业旅游服务公司，统一经营基地的工业旅游，设计安全、便利、高效的游览线路，配备统一的观光游览车，负责基地的工业旅游。

五、企沙渔港风情旅游示范基地

1. 基地范围

主要是企沙镇区及企沙港。

2. 资源依托

企沙渔港风情旅游示范基地依托的资源主要是广西第二大渔港——企沙港和企沙镇。企沙港海洋渔业资源十分丰富，海产品主要有石斑鱼、鱿鱼、马鲛鱼及虾、青蟹、沙虫等，是防城港市最重要的渔业生产基地。海洋捕捞、海水养殖、海产品加工业比较发达，渔港有大小渔船2000多艘，年捕捞总量达10万t。企沙镇被列为全国重点镇、广西小康示范镇，具有悠久的历史，于清朝成圩，1986年撤乡建镇，镇内有抗击日寇登陆的历史遗迹古炮台，有知名人士"渡海英雄"伦世祥，还有具有浓郁地方特色的华侨村。

3. 特色资源评价

(1) 渔港风情浓郁丰富。具有200多年历史的企沙港是广西第二大渔港，是防城港市最重要的渔业生产基地。海洋捕捞、海水养殖、海产品加工业比较发达，渔港有大小渔船2000多艘，年捕捞总量达10万t。由于长期的捕鱼生涯，形成了沿海独特的渔家风情，表现在饮食上以鱼类为主却忌煎鱼和翻食鱼，生活上以船为家，以甲板为床，"捆养"小孩，抽水烟筒，部分岸居的则习惯居于竹木结构，服饰以宽脚宽袖为特点，以及长期的船上生活和沙滩行走所形成的特有步姿等，构成区域文化差异和独特的旅游吸引。

(2) 海洋生态资源丰富。企沙镇渔业资源丰富，盛产鱿鱼、墨鱼、红鱼、石斑鱼、鲨鱼、沙虫、海蜇、泥丁、沙剑鱼等。水产养殖有对虾、青蟹、文蛤、大蚝、珍珠等。这里依山傍水，气候宜人，海洋生态资源十分丰富。

(3) 文明企沙镇。企沙镇经济基础好，城市化超过50%，是国家对外开放一类边贸口岸之一，是全国重点镇、广西小康示范镇，社会文明程度高。

4. 主要存在问题

(1) 需要大量资金投入。企沙旅游尚处于原始自发阶段，基础设施建设、宣传促销、项目建设需要大量资金投入，资金的投入直接影响企沙旅游的发展。

（2）环境条件需要进一步改善。企沙旅游基地内存在一定程度的摊点乱摆、车辆乱放、垃圾乱扔、广告乱贴等现象，环境条件需要进一步改善，渔港秩序需要进一步理顺，港容港貌需要进一步整治优化。

5. 开发思路

企沙具有丰富的海滨旅游资源，区位优势明显，海岸线曲折漫长，环境幽美，渔业发达，发展渔港旅游得天独厚。游客在此地可以享受捞渔乐趣，领略渔村风俗民情以及海滨风情。凭借独特的自然地理资源、渔家文化和较好的经济基础，企沙半岛的旅游具备资源优势和开发机遇。它既可依托海滨、海洋、岛屿风光等自然资源，又可依托当地特色渔港风俗和历史人文景观等文化资源，还有港口贸易和传统渔业生产的产业资源，形成独具特色的"渔港风情"旅游品牌。因此，企沙港旅游开发用"渔港风情"包装、策划，让旅游者一想到"渔港"，就联想到企沙，企沙就是处处充满渔港风情的地方。将企沙建设成以渔港风情特色突出，以渔家风情体验为主，海滨休闲娱乐游、海滨体育健身游、民俗风情游等配套发展的旅游产品体系。

（1）发展定位。以渔港风情为特色的北部湾渔港风情体验旅游地。

（2）主要旅游功能。渔家风情体验、海滨休闲娱乐游、海滨体育健身游、民俗风情游。

（3）旅游发展目标。国家4A级旅游景区。

（4）客源定位。企沙旅游基地的客源市场总体定位为：依托广西各大城市，立足广西，拓展广东，面向全国，外连越南及东盟各国。

国内客源市场定位：

——核心市场：广西、广东；

——基本市场：湖南、四川、贵州、重庆、云南；

——机会市场：国内其他省份。

入境客源市场定位：

——核心市场：以越南为主的东盟国家；

——基本市场：港澳台地区；

——机会市场：日本、韩国及欧美等国家。

(5) 规划布局。根据基地的旅游资源特征及分布情况、道路交通条件等因素，将企沙旅游示范基地划分为两个主题特色突出、互为补充的景区，即渔港风情区、企沙城区和海洋文化园。

(6) 景区开发方向。

◆渔港风情区：以企沙渔港为中心，依托渔港码头、渔船等资源，建设渔港风情旅游区，展示渔港风情、体验渔民生活，开辟渔船茶室、渔船餐厅、渔船旅馆、渔船酒吧等渔港风情旅游设施，让游客参与出海捕鱼，充分领略渔港风情。

◆企沙城区：依托企沙镇区，进行环境整治、街道改造、环境景观改造，建设以渔港风情主题为特色的港口休闲娱乐区，成为游览、住宿、餐饮、休闲、娱乐的风情镇区。

◆海洋文化园：依托渔港和滨海资源，以海洋文化为主题，建设主题性海洋文化园，设置船上乐园、亲水家园、临海渔村、疍家文化馆等项目，成为集游乐性、观赏性、知识性于一体的主题文化园区。

(7) 主要建设项目。

◆企沙海鲜市场：在企沙港附近建设海鲜市场，占地约700m^2，两层建筑，一楼专卖新鲜海鲜，贩售新鲜鱼、贝、虾、藻等水产品及加工腌渍物，可让游客满载而归。二楼为熟食区，可代客烹饪。成为针对游客、散客的海鲜市场。

◆渔港广场：根据企沙镇总体规划，休闲突出渔港文化主题的城市休闲广场，成为企沙镇的标志性景观节点、居民和游客的休闲娱乐广场。

◆船文化园：以船为主题，收集各种形式、不同时代的渔船、给养船，开辟船上书屋、船餐厅、船旅馆、咖啡船、棋牌船等休闲娱乐场所，形成集餐饮、娱乐、住宿、观赏等功能于一体的娱乐性、知识性、休闲性船文化主题园区。

◆企沙街区：整治改造企沙镇城区，加强环境景观改造，进行街道建筑立面改造，体现和展示渔港生活、文化的多要素、综合性、多功能、休闲性，成为中外游客必游之处，也是当地居民自身生活休闲的主要区域。实施管线（包括电力线、通讯线、广电线、自来水管及雨污水管等）地埋工程。

◆港口完善：将修建渔民码头，建设补网场地及港区道路及附属工程。集中渔船销售、停泊、给养将集中在这一区域。建设旅游专用码头，发展游船、游艇、开通海上旅游专线。

◆海鲜大排档：在渔港滨海区域建设全天候的海鲜大排档，向食客提供新鲜美味的海鲜食品，成为极具企沙渔港特色的美食街区。

◆环港观光游：完善道路系统，配备观光电瓶车，开辟环港观光游线，开展环港观光游活动。

◆渔家乐：依托渔港的渔船，宣传鼓励渔家开发渔家乐，让游客与渔家同吃同住，跟随渔家出海打鱼，充分体验渔家生活，感受疍家文化。

◆渔港文化建设。推出展示企沙历史文化特色的渔俗馆、渔具馆、海洋馆等具有浓郁渔文化特色的场馆，充分反映和全面介绍有"海"、"渔"特色的当地文化。

（8）旅游产品开发。

◆渔港风情体验。企沙港是广西第二大渔港，游客可乘坐渔船出海，参与体验海上捕鱼、垂钓、潜水等活动，由经过专业训练的教练讲解注意事项和潜水、海钓的知识，在教练的带领下畅游海底世界、与小鱼亲密接触、捉鲍鱼、抓海胆、拾海参。同时还可以做客海上人家，体验渔家生活，品尝美味海鲜。

◆观光旅游产品。大力发掘文化旅游资源，将文物古迹、民俗风情、人文景观等纳入企沙镇渔港风情示范基地产品体系，从而以异域风情、异域文化吸引旅游者。此外，增加"民间建筑之旅"、"民间节日活动"等主题鲜明的产品。

◆休闲度假旅游产品。企沙渔港依山傍水、气候宜人，空气清新，负氧离子含量丰富，可依据其资源优势，开发参与性、体验性休闲度假项目，推出健康疗养旅游产品，让游客获得放松心情、身心愉悦、释放压力的享受，建设集娱乐、运动、休闲、度假为一体的旅游度假区。

◆渔港生态旅游产品。主要为参观水产养殖基地、自捡海鸭蛋等活动。进行水产养殖科普教育基地，让游客在游玩的同时学习海洋水产知识。

◆特色海味餐饮产品。开发特色海味餐饮产品，可以针对不同的消费档次设置高中低档海味餐馆，在高档餐厅席间还可辅以各种表演，介绍企沙海食特色和传统趣闻，丰富游客的旅游内容。

6. 开发建议

（1）广泛开展企沙旅游宣传促销。充分利用企沙独特的渔港、渔船、海鲜等旅游资源，精心策划企沙旅游整体形象，整合和包装企沙渔港、企沙镇、华侨村等旅游景点，统一包装、统一宣传，联合促销，突出重点，着力打响企沙海洋旅游品牌，进一步扩大企沙旅游的知名度。充分利用各种媒体，积极推介企沙渔港旅游项目，绘好企沙旅游导游图、撰写解说词、导游词，并物色导游加强业务培训，适应景点开放。

◆建设旅游信息化平台。推进信息化在旅游行业的广泛应用，把信息技术的应用渗透到市场宣传、咨询服务、项目开发、企业管理、营销方式、支付结算等现代旅游业的各个环节，以信息化促进技术进步，实现旅游产业跨越式发展。建立广西滨海旅游网，依托滨海旅游网信息平台，联合其他四个旅游示范基地，极力营销广西滨海旅游产品，为游客提供广西滨海旅游的在线服务。

◆规范完善旅游指示导向系统。在火车站、汽车站、高速公路入口、交通主干线等地建立、完善旅游导引系统。增强示范基地（点）

解说系统的服务功能。在旅游景点内建立全景牌示、指路牌示、景点牌示、忠告牌示、服务牌示各类解说体系。

◆增设旅游咨询服务中心。增设旅游咨询服务中心，向来企沙旅游的游客提供旅游咨询、酒店预订、票务服务、旅行社推介、旅游投诉等服务。

◆发放旅游指南和宣传资料在机场、车站、港口、星级酒店、旅游景点、旅游咨询服务中心、旅游集散中心，摆放供游客免费取阅的旅游指南和旅游景点、酒店、餐饮、购物、交通等旅游信息资料。

（2）大力招商引资。按照"政府主导、企业参与、市场化运作"的运行机制。积极引进社会资金参与企沙渔港的整体开发。并认真策划包装海上夜游、渔港、企沙街区、华侨村等一批旅游和城市建设项目，积极开展对外招商，通过招商引资，借助外力，加快企沙的开发和建设。

（3）发展休闲渔业。以"渔民上岸、游客下海"为目标。引导渔民转产转业，调整产业结构，投资开发休闲渔业，积极开展参与性、游乐性的海洋特色旅游，适度发展海上垂钓、海上餐饮、海上游乐等项目。实现渔业捕捞业的负增长，实现渔业的可持续发展。

（4）优化完善旅游环境。加强卫生整治、积极开展"万人整容、万人创卫、万人保洁、万人宣传"活动，努力提高企沙旅游基地居民的卫生意识、形象意识、旅游意识和责任意识，为发展旅游创造良好环境。改善交通条件，统筹规划，合理布局，充分利用路边闲置空地，设立简易停车场，进一步规范营运市场秩序，加大对无牌无证，假牌假证三轮车、电瓶车的整治力度，遏制车辆乱停乱放现象，保证道路畅通和交通安全。

对企沙餐饮宾服务业开展一次行业作风整顿，着力整治无视职业道德向游客乱收费、乱斩客行为，规范提高服务质量。强化安全管理，充分发挥有关部门的职能作风，加大检查力度，杜绝三无船只接送游客，加强对街区的消防安全检查和社会治安管理，切实维护旅游秩序。

（5）注重社区参与。企沙旅游开发要贴近群众，体现大多数群众的根本利益。旅游开发的最终目的是为发展企沙经济服务，富一方百姓。街区开发在不影响居民正常生产生活的情况下，实施街面房屋的立面装修。拆迁地块房屋，居民老弱病残较多，特别是下岗职工低收入家庭较多，妥善处理好群众的利益关系。

（6）加强旅游交通道路建设。完善进入企沙旅游示范基地各景点的交通设施，依托高速公路、一级公路、通乡、通村公路的建设，加快通往景区道路的规划建设，使重点景区都能够解决交通通达问题；开辟景区间旅游环线，修建无障碍旅游线路，建设景区内部游览专线。

六、茅尾海旅游示范基地

1. 基地范围

钦州市茅尾海海域。

2. 资源依托

平静的内海、茅尾海湿地、茅尾海红树林自然保护区。

3. 特色资源评价

（1）海阔、浪静、泾幽的内海——茅尾海。茅尾海是个富饶美丽的半封闭的内海，面积约136平方公里，相当于20个西湖那么大，是一个微型的"地中海"。由于是半封闭的内海，所以境内风平浪静，平均风力仅1~3级。这为发展游艇旅游提供了绝佳的条件。

（2）丰富的湿地生态群落。该区在非常有限的区域内出现红树林生态系统、海草生态系统、滨海植物生态系统、盐沼植物生态系统等多种生态系统类型，在广西区非常少见，保护价值也非常高。

4. 开发思路

（1）发展定位。以游艇旅游为特色，打造国际海上运动休闲基地。

（2）主要旅游功能。休闲度假、海上运动、科普教育。

（3）旅游发展目标。国际海上运动休闲胜地、国家AAAA级旅游景区。

（4）客源定位。茅尾海旅游基地的客源市场总体定位为：依托两广市场，拓展华南、西南市场，面向全国市场，外联港澳台及东盟各国。

国内客源市场定位：

核心市场：广东、广西；

基本市场：华南、西南；

机会市场：华北、华东、东北地区。

入境客源市场定位：

——核心市场：港澳台地区；

——基本市场：东南亚国家、东北亚国家、俄罗斯；

——机会市场：欧美国家。

（5）规划布局。根据基地的旅游资源特征及分布情况、旅游基地周边环境等因素，将茅尾海旅游示范基地划分为三个主题特色突出、互为补充的景区，即游艇基地区、海上运动休闲区和茅尾海湿地生态旅游区。

（6）景区开发方向。

◆游艇基地区：依托内海平静的海湾，大力发展游艇旅游业，结合游艇地产的开发，打造国际游艇基地。

◆海上运动休闲区：依托中国最平静的内海——茅尾海，大力发展海上休闲运动，突出海洋生态、体育运动和休闲度假旅游功能特色，打造钦州特色海上运动休闲区。

◆茅尾海湿地生态旅游区：依托茅尾海红树林保护区，加强红树林保护，在保护的基础上进行环境整治、美化，配套休闲服务设施，建设茅尾海湿地生态旅游区。

（7）旅游产品开发。

◆游艇旅游：茅尾海是中国最平静的内海，具有"海阔，浪静，泾幽"的特点，为开展游艇旅游创造了良好条件。还可以利用茅尾海与外海相连的特点，积极开展国际游艇旅游，打造国际游艇旅游基地。

◆观光旅游产品：茅尾海由于是半封闭的内海，所以境内风平浪静，平均风力仅1～3级，宛如一面巨大的镜子镶嵌在北部湾的北端。在这片一望无际、风平如镜的海面上，你可忘却烦恼与忧愁，尽情享受这块属于你自己的天地！遨游在这片茅尾海上就像荡漾在巨大的湖中，壮观的海景，秀丽的小岛，旖旎的水泾交融在一处，风光无限美。游客可以乘坐游艇或海船尽情地游弋在海湾，享受海天一色的胜景。

◆休闲度假旅游产品：茅尾海海湾气候宜人，空气清新，负氧离子含量丰富，可依据其资源优势，开发参与性、体验性休闲度假项目，让游客获得放松心情、身心愉悦、释放压力的享受，建设集娱乐、运动、休闲、度假为一体的休闲度假旅游区。

◆科普生态旅游产品：主要为参观茅尾海的湿地生态群落，建设湿地生态群落科普教育基地，让游客在游玩的同时学习海洋生态知识，增强保护环境的意识。

（8）主要建设项目。

◆国际游艇基地。在茅尾海东岸的滨海新城建设游艇码头、游艇俱乐部、游艇培训基地、游艇度假酒店等设施，建设面向商务、婚庆、休闲度假、体验等目标群体的豪华游艇业，发展外海巡游、海岛考察、远海垂钓等游艇旅游产品，积极鼓励发展私人游艇，打造中北部湾国际游艇基地。

◆康熙岭海滨浴场。建设标准游泳池、儿童游泳池、多级跳水台、休息室、更衣室、淋浴室、饭店、旅馆、小卖部、停车场、冷饮等服务设施，建设服务广西北部湾经济区的海滨浴场。

◆海洋体育公园。以滨海为特色，突出健身、休闲、亲水、运动等主题，健身集体育、休闲、旅游等功能于一体的体育公园，在为市民提供体育健身休闲场所的同时，也为外地来客营造一处独海洋特色的体育文化旅游胜地。健身设施包括：健身广场、球场、儿童活动中心、室内健身房、陆地健身点等体育设施，可以开展湖上泛舟、水上表演、游泳、沙滩排球等健身活动；亲水设施包括：海面水晶长廊、沙滩戏水、泛舟湖面、水上运动、漫步长桥等；运动休闲设施：以体育休闲为主题，做到体育、休闲与旅游的有机融合，主要有沙滩运动和海上运动项目。依托茅尾海宽阔的水面，划分不同功能区域，购置设施、配套相应的管理服务设施，开展水上飞机、滑水、半潜观光船、拖伞、快艇、海钓、摩托艇、豪华喷射快艇、香蕉船、帆船、帆板、独木舟等项目海上运动。

◆滨海生态湿地公园。依托茅尾海红树林保护区，加强红树林保护，在保护的基础上进行环境整治、美化，配套休闲服务设施，建设滨海生态湿地公园。

第五节 滨海旅游产业发展的保障措施

一、坚持广西滨海旅游资源可持续发展

由于滨海沿岸生态环境复杂且脆弱，容易受到来自海洋和陆地及人与自然的多方面污染和破坏，因此必须树立可持续发展的资源观，坚持以保护为主，旅游服从保护的开发原则，旅游开发建设绝不能以牺牲生态环境为代价。

1. 牢固树立滨海旅游资源可持续利用的发展理念

海滨是海洋与陆地之间的过渡区，它是世界上最具吸引力的地方之一，也是一个敏感的生态系统。对海滨地区的开发必须注重可持续发展，广西滨海旅游资源的合理利用必须突出创造性和吸引力，应制定适合的、具体的方针来实行保护性开发，要有统一规划，并要根据需求的增长情况循序渐进地进行开发建设。避免盲目建设、过度开发，保护滨海地区的生态环境，防止它们遭到破坏。

2. 制定滨海旅游业可持续发展规划

在旅游业发展中，没有规划或规划不善都必然导致对环境、资源和文化的破坏。按照可持续发展的思想对滨海旅游业进行科学规划，可有效利用土地、资金等资源，使滨海旅游业获得最大的经济利益和环境效益，使可能发生的环境或文化破坏降低到最小限度。广西在制定滨海旅游规划时，应多从环境适应性来考虑，努力实现滨海旅游发展与环境保护的永久和谐。在新建滨海旅游景点（区）时，应首先规划生活污水、废弃物的处理方案，注意保护好区域内的地形、地貌和自然植被。对于滨海旅游资源，要强调适度开发的原则，防止掠夺性开发。

3. 切实推行"区内旅游，区外服务"的开发模式

"区内旅游，区外服务"即在保护区内开展自然景观旅游活动，而将大型商业性服务设施（如宾馆、饭店和商贸市场等）规划建于保护

区外围，同时对"区内旅游"和"区外服务"进行中长期发展合理规划和科学管理。所有必要的海滩服务设施必须后撤至距海岸100m以外的地方。加强对浅海养殖业的管理和污染治理，增设污染物处理设施。委派专人清理旅游垃圾和义务发放废弃物专用袋等，维护良好的滨海旅游环境。注重加强环境监测，尤其应加强对沙丘自然动态变化的监测，并注重生态环境特别是林地的保护工作，对随时出现的环境问题及时治理和解决。

4. 坚持社区共建的原则

社区参与滨海旅游发展是指在旅游的决策、开发、规划、管理、监督等旅游发展过程中充分考虑社区的意见和需要，并将其作为开发主体和参与主体，以保证滨海旅游可持续发展和社区发展。吸引社区居民参与导游、保卫、环卫和手工业等行业，引导他们自觉投入到保护区建设事业当中。加强对游客宣传教育，增强游客生态环境保护意识，减少旅游对资源和环境的污染与破坏，有利于实现滨海旅游资源的可持续利用。

二、强化滨海旅游产业发展中政府主导地位

1. 加强滨海旅游资源的规划管理

加强滨海旅游资源的规划管理对于实现滨海旅游业的可持续发展具有重要意义。应在对广西滨海旅游资源动态变化的调查、评价和开发利用规划进行研究的基础上，建立和健全滨海旅游资源的管理条例，以指导和协调滨海旅游资源开发。根据广西各地滨海旅游资源的特点，从因地制宜的原则出发，统一制定发展战略和规划，合理布局滨海旅游设施和设置景点，避免盲目开发和短期行为，以防止不当的滨海海滨开发项目建设影响，适应未来国际国内市场所需的高档设施的建设。对于旅游开发价值高但目前尚无力进行开发的滨海地区和海岛，可将其确定为滨海旅游资源保护区，切实将滨海旅游资源保护落到实处。各旅游目的地在接待游客时，不能超过旅游景区、景点的承载能力。要对游客流向及旅游景点客流分布做认真的规划和管理，通过控制售票量，开发增设新的景点、卖点，限制和分流生态环境敏感地点的游客数量，使旅游资源

在其所能承受的限度内接待参观游客。

另外，还要完善规范广西滨海旅游企业经营和滨海旅游资源管理的法律法规，约束滨海旅游开发中的不良行为，并加大执法力度，控制游客的不当行为，从而减少和避免滨海旅游开发对旅游资源环境造成的破坏。

2. 依法对旅游市场严格管理

完善海洋环境保护法规建设，加强执法力度，做到有法必依，执法必严，违法必究。

立法的重点应当是海岸带管理规定、海洋功能区划标准、海洋生态环境保护管理规定、海洋资源开发利用与保护规定、海洋自然保护区管理规定、海岛开发管理规定、贝类生产环境卫生质量监督管理规定、水产养殖管理规定、污染事故处理程序、滨海采矿管理规定、陆源污染管理规定、入海污染物排放标准、溢油防治管理规定等，使海岸带综合管理工作真正做到有法可依、有章可循。

广西有关政府部门应按照滨海旅游可持续发展的思想，制定有关政策、法规，或对现行的政策、法规进行重新评估和修订，并依法对旅游市场严格管理。要根据"谁污染，谁付费"的原则，对排放有害物质的部门和企业实施预防性和惩罚性管理。要防止以"人治"代替"法治"，否则再好的政策、法规和规划都会变成一纸空文。对于那些以次充好、强买强卖、坑骗游客等败坏广西滨海旅游形象的行为，要从严处理，绝不手软。

3. 加强滨海旅游资源保护工程建设

滨海城市岸段往往需要承载大多数游客的旅游活动，环境问题也最为突出。随着全球海平面的不断上升以及人类海洋开发活动的频繁发生，海岸侵蚀有加剧发展的可能。因此，积极采取措施进行滨海旅游岸段的保护和改造工程建设，对于滨海旅游业的发展具有重要意义。如对遭受侵蚀的旅游海滩可采取人工移砂补滩（人工养滩）的办法，从陆地或深海取砂在滨海旅游海滩投放，达到保护海滩的目的，这方面国外已有很多成功的经验。加速城市污水处理厂建设和工业污染治理，实施城市污水处理和远海深水排污工程，减轻对滨海旅游环境的污染。

4. 政府主导必须尊重市场基本规则

在具体的产品开发方面，政府需要尊重市场规律，鼓励企业创新，促进滨海旅游特色、精品的旅游项目开发。在投资方面，政府要加强软环境建设，采取多元化投资模式，培育市场，积极鼓励民间资本进入滨海旅游开发。

三、大力推行海岸带综合管理模式

1. 海岸带综合管理（ICZM）的必要性

海岸带综合管理（ICZM）是为解决目前和长期海岸带管理问题，包括生态环境的丧失、水质的下降、水文循环中的变化、沿岸资源的枯竭、海平面上升的对策及全球气候变化影响等问题的一种管理体制，也是确定和预见未来机会的一种方法。它的目标是最大限度地获取海岸带所提供的利益，并尽可能减少各项活动之间的冲突和有害影响。

ICZM 是一个用综合观点、综合方法对海岸带的资源、生态、环境的开发和保护进行管理的过程。对于退化海岸带生态系统，在生态恢复的基础上，根据不同类型海岸带，按照其不同特点，制定全面、长远的规划来实现海岸带的综合管理，实现海岸带的可持续发展。

2. 构建社区参与的 ICZM 四方管理模式

原来的国家海洋局（现已并入国土资源部）虽然是管理海岸带事务的职能部门，但实际能管理的内容有限，主要以协调为主，权威性不大。对海岸带资源的管理基本上是根据自然资源属性及其开发产业，按行业部门划分管理权限，是陆地各种资源开发部门管理职能向海岸带地区的延伸，各部门从自身利益出发考虑资源开发与规划。由于这些部门在管理范围、权限、职能分工上不明确，且相互之间缺乏协调和配合，极易造成这些部门之间管理权限的重叠，从而给海岸带管理造成了不利的影响。

积极促进地方政府、国家海洋局、专家组和当地社区参与的四方共同参与到海岸带综合管理模式。地方政府和国家海洋局在与海岸带综合管理相关的问题上要达成共识，以避免不必要的矛盾和冲突；专家组的主要作用则是提供咨询服务，社区参与进行监督并反馈有用的信息。

由于我国长期以来一直实行"自上而下"的管理方法，海滨旅游城市的管理部门、相关机构和普通公众对公众参与还比较陌生。管理部门可能对公众参与的实施感到不习惯，而公众对真正参与海岸带综合管理的决策和实施过程，往往期望较低。这样就导致了海岸带管理的整个过程往往只包括像政府官员和科研专家这样的特殊集团，当地居民很少有机会参与管理，在环境影响评价过程中也是如此，虽然大部分环境影响评价中规定应该包括公众的参与，但仅有少数环境影响评价真正实现了公众参与，从而严重影响到了环境影响评价这一环境管理措施的有效性。公众参与的不足阻碍了管理部门与公众之间的沟通，从而影响了海岸带综合管理计划和决策的实施效果。

3. 加强海域使用管理示范区建设和管理

切实加强对海域使用管理示范区的建设，制定海域使用管理专项规划，配套落实好人力、物力、财力，保证示范区建设方案和海域使用规划的全面实施；继续完善海域开发利用制度，建立近海资源开发审批制度和海洋资源有偿使用制度，逐步实现海洋资源资产化管理；利用多种方式和途径对海洋管理人员进行培训教育、考察及交流研讨活动，不断改善管理手段，提高管理水平和专业技术能力。

加强基础设施建设，完善执法交通工具、海域定位设备、取证设施、监测仪器和海岸带综合管理的地理信息系统，提高管理和执法的快速反应能力，建立健全数据库，实现信息资源共享，为海岸带综合管理的科学决策服务。建立海洋生态保护体系，保护海洋自然生态环境。保护海岸带生态系统，摸清资源和环境状况，制订保护规划，开展保护管理和生态试验，使之成为生态保护示范区。建设和保护滨海防护林带，保护岸线生态系，防止水土流失，减少强风影响。根据功能区划和生态环境条件，充分考虑主要养殖区的合理布局，控制水产养殖规模和密度，加强对水产养殖的管理，大力推行间养、轮养、多品种混养。立体养殖等生态养殖模式，维护养殖区的持续利用。对海岛等脆弱生态系、滩涂湿地等具特殊功能的自然生态系和特殊物种加强保护。以便更好地保护胶州湾及临近海岸带的生态环境。

推进海陆一体化管理，全面实施海岸带综合管理。海岸带生态系由于极易受到人为活动的影响，具有很大的脆弱性，在海洋管理中，应将海陆交汇区作为一个整体来考虑。进一步规范海洋开发活动，提高执法效能。对邻近海岸带污染严重区域开展海洋环境综合治理，逐步使近岸海域生态系统达到良性循环。加强与周边地区的协调与合作，才能推进海岸带综合管理的顺利实施，进而促进海滨旅游城市的可持续发展。

四、加强与相关规划的衔接

1. 加强与《北部湾旅游发展规划》的衔接

《北部湾旅游发展规划》是第一个由国家编制的严格意义上的国际旅游区规划，对广西滨海三市的旅游发展做出了科学的规划，同时也对滨海三市在北部湾区域内的国内联动发展和国际联动发展做出了前瞻性的指导。因此，在践行滨海旅游产业战略规划过程中，要密切注意与《北部湾旅游发展规划》的衔接工作，做好相关资源的整合，保障滨海旅游产业发展规划的顺利实施。

2. 加强与滨海三市相关规划的衔接

滨海三市在国民经济各领域都有相关的规划，对各个领域的发展方向都做出了战略性指导。滨海旅游产业的发展，涉及国民经济领域的多个方面，因此要做好与滨海三市其他相关规划的衔接工作，加强与国民经济各部门的协调与配合，促进滨海旅游产业的健康、快速发展。

附录

北部湾（广西）滨海旅游资源与环境数据集

附表1 滨海旅游资源评价信息汇总

序号	海洋旅游资源单体名称	类型	行政位置	等级	y	x	开发评价	潜在性评价	开发评价标准化	潜在评价标准化	综合评价
1	珍珠港珍珠养殖观光	人文类	东兴市	世界级	21.516806	108.219520	3.17	4.00	2.60	3.75	4.00
2	白龙炮台	人文类	防城港市辖区	省区级	21.510195	108.211936	3.15	2.25	2.58	2.00	2.00
3	白龙珍珠城遗址	人文类	合浦县	世界级	21.469889	109.341861	3.91	3.63	3.35	3.38	4.00
4	北海近代建筑群（包括以下6项）	人文类	北海市辖区	世界级	21.484576	109.106770	4.13	4.13	3.57	3.88	4.00
5	珠海路老街	人文类	北海市辖区	世界级	21.484567	109.106583	3.85	4.00	3.33	3.75	4.00
6	德国领事馆	人文类	北海市辖区	省区级	21.479917	109.114618	3.45	2.05	3.21	2.91	2.00
7	法国领事馆	人文类	北海市辖区	省区级	21.482879	109.116403	3.45	2.05	2.21	1.91	2.00
8	普渡震宫	人文类	北海市辖区	省区级	21.489817	109.127150	3.45	2.05	2.21	1.91	2.00
9	双孖楼	人文类	北海市辖区	省区级	21.479256	109.118150	3.45	2.05	2.01	1.91	2.00
10	天主教堂	人文类	北海市辖区	省区级	21.049781	109.126308	3.45	2.05	3.21	2.91	2.00
11	地质博物馆	人文类	北海市辖区	省区级	21.025183	109.089961	3.45	2.05	3.31	3.08	2.00

续表

序号	海洋旅游资源单体名称	类型	行政位置	等级	y	x	开发评价	潜在性评价	开发评价标准化	潜在评价标准化	综合评价
12	圣母堂	人文类	北海市辖区	省区级	21.052738	109.112366	3.45	2.05	3.21	2.91	2.00
13	英国领事馆	人文类	北海市辖区	省区级	21.479774	109.115960	3.45	2.05	3.21	2.91	2.00
14	北海银滩沙滩	水体沙滩类	北海市辖区	世界级	21.409326	109.140415	4.30	3.75	4.00	3.50	4.00
15	北仑河口大清钦州界碑	人文类	东兴市	地方级	21.544792	108.051191	2.63	2.38	2.05	2.13	1.00
16	北仑河口海洋自然保护区	生态类	东兴市	世界级	21.617650	108.227850	14.60	4.00	3.94	3.75	4.00
17	边陲明珠标志	人文类	防城港市辖区	地方级	21.636102	108.336476	1.59	2.00	1.00	1.75	1.00
18	陈公馆	人文类	东兴市	省区级	21.542615	107.972633	3.13	2.13	2.56	1.88	2.00
19	大冠沙城市红树林	生态类	北海市辖区	地方级	21.458174	109.232932	12.67	2.63	2.65	2.38	1.00
20	大平坡沙滩	水体沙滩类	防城港市辖区	世界级	21.539933	108.290567	3.63	4.00	2.94	3.75	4.00
21	大士阁	人文类	合浦县	省区级	21.555833	109.673417	3.85	2.25	3.29	2.00	2.00
22	东坡亭	人文类	合浦县	省区级	21.676500	109.198867	3.12	1.50	2.55	1.25	2.00
23	东兴大清钦州界碑	人文类	东兴市	地方级	21.537747	107.968118	2.88	2.13	2.31	1.88	1.00
24	东兴观音寺	人文类	东兴市	地方级	21.541583	107.972917	2.32	2.00	1.74	1.75	1.00
25	东兴海关大楼	人文类	东兴市	地方级	21.538606	107.968202	2.33	2.00	1.75	1.75	1.00
26	东兴中越边贸街	人文类	东兴市	地方级	21.538064	107.967203	2.38	2.63	1.80	2.38	1.00
27	防城贝丘遗址	人文类	防城港市辖区	省区级	21.610194	108.205679	3.50	2.50	2.94	2.25	2.00
28	防城港临海工业旅游	人文类	防城港市辖区	国家级	21.601733	108.328450	2.64	3.38	2.06	3.13	3.00

续表

序号	海洋旅游资源单体名称	类型	行政位置	等级	y	x	开发评价	潜在性评价	开发评价标准化	潜在评价标准化	综合评价
29	冯子材故居	人文类	钦州市辖区	省区级	21.986222	108.621083	3.97	1.38	3.41	1.13	2.00
30	怪石滩海滩	水体沙滩类	防城港市辖区	地方级	21.501339	108.216848	2.41	1.75	1.00	1.50	1.00
31	冠头岭国家森林公园	生态类	北海市辖区	世界级	21.453600	109.050450	13.33	3.38	3.09	3.13	4.00
32	光坡南亚松林	生态类	防城港市辖区	省区级	21.604000	108.471967	13.19	2.25	3.00	2.00	2.00
33	海角亭	人文类	合浦县	地方级	21.669667	109.186722	2.46	1.25	1.88	1.00	1.00
34	海洋公园	人文类	北海市辖区	世界级	21.488667	109.123306	4.05	3.00	3.49	2.75	4.00
35	海洋之窗	人文类	北海市辖区	世界级	21.447253	109.118143	3.86	2.88	3.30	2.63	4.00
36	合浦汉墓	人文类	合浦县	世界级	21.645750	109.185433	4.55	4.13	4.00	3.88	4.00
37	合浦廉州湾湿地	生态类	合浦县	地方级	21.589867	109.105100	12.62	2.75	2.62	2.50	1.00
38	合浦沙田儒艮自然保护区	生态类	合浦县	地方级	21.521233	109.651933	12.54	2.13	2.57	1.88	4.00
39	合浦永安古城	人文类	合浦县	世界级	21.555833	109.673417	3.16	3.13	2.59	2.88	4.00
40	金滩沙滩	水体沙滩类	东兴市	世界级	21.525250	108.159129	4.11	4.13	3.70	3.88	4.00
41	刘永福故居	人文类	防城港市辖区	省区级	21.947667	108.618611	3.98	1.38	3.42	1.13	2.00
42	龙门七十二泾旅游度假区	生态类	钦州市辖区	国家级	21.741396	108.544713	12.14	3.50	2.30	3.25	3.00
43	麻蓝岛沙滩		钦州市辖区	地方级	21.683470	108.697440	3.08	1.75	2.06	1.50	1.00
44	茅尾海湿地公园	生态类	钦州市辖区	世界级	21.881767	108.625033	13.85	3.00	3.44	2.75	4.00
45	簕山村红鳞蒲桃原始林	生态类	防城港市辖区	地方级	21.611083	108.518139	11.50	2.50	1.87	2.25	1.00

续表

序号	海洋旅游资源单体名称	类型	行政位置	等级	y	x	开发评价	潜在性评价	开发评价标准化	潜在评价标准化	综合评价
46	企沙六墩岛白鹭栖息地	生态类	防城港市辖区	地方级	21.692057	108.575543	11.45	2.50	1.84	2.25	1.00
47	企沙渔港	人文类	防城港市辖区	世界级	21.595737	108.471660	3.93	4.13	3.37	3.88	4.00
48	钦州港临海工业旅游	人文类	钦州市辖区	国家级	21.734186	108.586649	2.66	3.38	2.08	3.13	3.00
49	三娘湾沙滩	水体沙滩类	钦州市辖区	世界级	21.620050	108.763650	3.86	3.50	3.30	3.25	4.00
50	山口红树林生态保护中心	生态类	合浦县	世界级	21.495550	109.758983	14.40	3.88	3.81	3.63	4.00
51	潭蓬古运河	人文类	防城港市辖区	世界级	21.586817	108.283700	3.54	3.13	2.98	2.88	4.00
52	天堂滩—蝴蝶岛沙滩	水体沙滩类	防城港市辖区	世界级	21.553278	108.445250	3.65	4.00	2.97	3.75	4.00
53	京族文化风情园	人文类	东兴市	国家级	21.533681	108.164904	2.48	3.38	1.90	3.13	3.00
54	竹尾哈亭	人文类	东兴市	国家级	21.532654	108.160800	2.48	3.38	1.90	3.13	3.00
55	涠洲岛—斜阳岛旅游区（包括以下5项）	生态类	北海市辖区	世界级	21.026200	109.115500	14.69	4.25	4.00	4.00	4.00
56	涠洲岛南湾沙滩	水体沙滩类	北海市辖区	世界级	21.027314	109.097667	3.50	3.50	2.73	3.25	4.00
57	涠洲岛石螺口沙滩	水体沙滩类	北海市辖区	世界级	21.026892	109.085413	3.43	3.38	2.62	3.13	4.00
58	涠洲岛五彩滩	水体沙滩类	北海市辖区	地方级	21.032538	109.130795	3.19	2.75	2.24	2.50	1.00
59	涠洲岛相思潮	生态类	北海市辖区	世界级	21.054523	109.098498	3.43	3.38	2.62	3.13	4.00
60	斜阳岛旅游区	人文类	北海市辖区	世界级	20.906567	109.211467	3.43	3.38	3.12	3.23	4.00
61	文昌塔	人文类	合浦县	地方级	21.645694	109.184472	2.42	2.00	1.84	1.75	1.00

续表

序号	海洋旅游资源单体名称	类型	行政位置	等级	y	x	开发评价	潜在性评价	开发评价标准化	潜在评价标准化	综合评价
62	巫头哈亭	人文类	东兴市	国家级	21.542109	108.130829	2.44	2.88	1.86	2.63	3.00
63	万鹤山野生动物保护区	生态类	东兴市	地方级	21.532633	108.120033	11.24	2.50	1.70	2.25	1.00
64	犀牛脚月亮湾沙滩	水体沙滩类	钦州市辖区	地方级	21.647933	108.721083	3.10	2.38	2.10	2.13	1.00
65	营盘青山头沙滩	水体沙滩类	合浦县	地方级	21.470391	109.482714	2.59	2.38	1.29	2.13	1.00
66	渔洲坪城市红树林	生态类	防城港市辖区	国家级	21.646767	108.380717	12.35	3.13	2.44	2.88	3.00
67	玉石滩沙滩	水体沙滩类	防城港市辖区	国家级	21.554889	108.426833	3.06	3.38	2.03	3.13	3.00
68	中国公路零起点标志	人文类	东兴市	地方级	21.544944	108.050944	2.03	2.00	1.45	1.75	1.00
69	营盘南珠养殖	人文类	合浦县	国家级	21.469817	109.341817	2.12	3.13	1.54	2.88	3.00
70	竹林盐场与海水养殖	人文类	合浦县	国家级	21.456220	109.344959	2.12	3.13	1.54	2.88	3.00
71	竹山镇竹山村古榕树林	生态类	东兴市	世界级	21.542377	108.085721	12.94	3.13	2.83	2.88	4.00

附表 2　滨海旅游区选划结果

类型	数量	区域位置	概况
生态滨海旅游区	3	生态滨海旅游区1：北仑河口海洋自然保护区	北仑河口国家级自然保护区位于中国大陆海岸的最西南端，在防城港市境内。由西到东保护区跨越北仑河口（河口）、迈尾岛（开阔海岸）和珍珠港（港湾），海岸线总长105km。沿岸6%为沙质海岸，15%为淤泥质海岸，19%为基岩海岸，60%为人工海岸
		生态滨海旅游区2：山口红树林保护区、合浦儒艮自然保护区	山口国家级红树林生态自然保护区（中心位置地理坐标21°28′N，109°43′E）由广西合浦县东南部沙田半岛的东西两侧海岸及海域组成，东与广东省湛江红树林保护区接壤，地域跨越合浦县的山口、沙田和白沙三镇。红树林水域也是国家一级保护动物美人鱼（儒艮）栖息的好场所
		生态滨海旅游区3：党江红树林湿地自然保护区，包括党江、西场、沙岗3个乡镇	党江红树林湿地生态保护区包括党江、西场、沙岗3个乡镇，总面积1684hm^2，占该区沿海滩涂面积的30%。党江红树林主要为桐花树群落，平均高约2m，覆盖度40%~90%，伴生秋茄、茳芏。此外还有大片的老鼠簕纯林和人工种植的秋茄林，秋茄林平均高约0.5m，覆盖度约25%
休闲渔业滨海旅游区	1	休闲渔业滨海旅游区：企沙	企沙港海洋渔业资源十分丰富，是防城港市最重要的渔业生产基地。海洋捕捞、海水养殖、海产品加工业比较发达。企沙镇被列为全国重点镇、广西小康示范镇，具有悠久的历史。该旅游区在资源方面属中等偏高水平，有较高旅游开发价值
观光滨海旅游区	1	观光滨海旅游区：钦州三娘湾景区、钦州三娘湾中华白海豚自然保护区	三娘湾位于钦州市犀牛脚镇东面约5km处海湾边，距离钦州市区约38km，南临北部湾，背倚乌雷山。近岸海域是北部湾中华白海豚的重要分布区之一，是国家一级重点保护动物，是我国濒危的珍稀物种，有着极其重要的研究保护价值

续表

类型	数量	区域位置	概况
度假滨海旅游区	2	度假滨海旅游区1：北海银滩	北海银滩旅游资源独特，属地文景观类的海滨沙滩，地貌单元为沙坝—潟湖型海岸，北海银滩东西延绵约24km，沙滩平均宽度0.8km，最大宽度达3km，银滩具有滩长平、沙细白、水温净、浪柔软、无鲨鱼、少污染、气清新等特点，沙滩洁白如银，石英矿含量高达98%，是天然海滨度假胜地
		度假滨海旅游区2：江山半岛、金滩（京族三岛）	江山半岛地处北部湾畔，面积208km^2，是广西最大的半岛。旅游度假区位于半岛东南岸，面积63km^2，海岸线总长32km，是滨海旅游度假的理想场所
游艇旅游区	2	游艇旅游区1：钦州茅尾海	茅尾海位于钦州市南边，是个富饶美丽的半封闭内海，同时也是钦州四大海产品大蚝、对虾、青蟹、石斑鱼的主要产区。茅尾海的美在"海阔，浪静，泾幽"。茅尾海由于是半封闭的内海，所以境内风平浪静，平均风力仅1~3级，宛如一面巨大的镜子镶嵌在北部湾的北端
		游艇旅游区2：星岛湖	星岛湖旅游区位于合浦县西北部，距县城23km，距北海市区47km，东北接灵山县，西北邻钦州市。湖面积66km^2，旅游区总面积为92.7km^2。因成于丘陵山区，故地形起伏、岛屿丛生，湖内大小岛屿1026个，宛如一颗颗璀璨的星星撒落在绿水碧波上，星岛湖因此得名
海岛综合旅游区	1	海岛综合旅游区：涠洲岛/涠洲岛珊瑚礁自然保护区	位于北部湾海域，距离北海市区21海里的涠洲岛是我国最大最年轻的火山岛，面积约24.99km^2。岛上地质为第四系构成，主要为玄武岩。地貌主要是火山口海蚀、海崖堆积，土壤为火山灰质土。涠洲岛属南亚热带海洋性气候，岛上气候温暖，阳光充足。长年平均气温23℃，冬暖夏凉。岛上常年绿树环抱，空气清新

附表3 滨海旅游示范基地情况汇总

示范基地名称	基地范围	资源依托	旅游发展定位	主要旅游功能
涠洲岛旅游示范基地	北海涠洲镇及附近海域	涠洲岛及岛上其他景观	海岛主题特色突出的世界一流国际旅游特区	休闲度假、运动娱乐、避寒养生
山口海洋生态旅游基地	包括合浦沙田半岛及附近海域	主要资源是大士阁古建筑、山口国家红树林自然保护区、儒艮自然保护区	以红树林为特色，以"海上森林"为主题的生态旅游区	观光游览、科普教育、生态旅游
京岛旅游示范基地	包括江平镇的氵万尾和巫头两村	金滩、京族风情、红树林景观、白鹭、一号界碑等	以京族民俗风情为特色、以欢乐海滩为主题的北部湾（广西）滨海休闲度假胜地	休闲度假、民俗体验、观光游览
钦州临海工业旅游示范基地	包括钦州港工业区，总面积138km²	钦州港及蓬勃发展的临港产业集群	以临海工业为特色，以观光游览、科普教育为主要功能的北部湾工业旅游胜地	观光游览、科普教育
企沙渔港风情旅游示范基地	主要是企沙镇区及企沙港	广西第二大渔港——企沙港和企沙镇	以渔港风情为特色的北部湾渔港风情体验旅游地	渔家风情体验、海滨休闲娱乐游、海滨体育健身游、民俗风情游
茅尾海旅游示范基地	钦州市茅尾海海域	平静的内海、茅尾海湿地、茅尾海红树林自然保护区	以游艇旅游为特色，打造国际海上运动休闲基地	休闲度假、海上运动、科普教育

附表4 2007年地表水断面水质评价结果

河流名	测站名	断面名		1月	2月	3月	4月	5月	6月	7月	8月	9月	10月	11月	12月
南江流	北海市	江口大桥	A	Ⅲ	Ⅲ	Ⅲ	Ⅲ	Ⅲ	Ⅲ	Ⅲ	Ⅲ	Ⅲ	Ⅲ	Ⅲ	Ⅲ
			B	Ⅲ	Ⅲ	Ⅱ	Ⅱ	Ⅱ	Ⅲ	Ⅲ	Ⅲ	Ⅱ	Ⅱ	Ⅱ	Ⅱ
			C	良好	良好	优	优	优	良好	良好	良好	优	优	优	优
		南域	A	Ⅲ	Ⅲ	Ⅲ	Ⅲ	Ⅲ	Ⅲ	Ⅲ	Ⅲ	Ⅲ	Ⅲ	Ⅲ	Ⅲ
			B	Ⅲ	Ⅲ	Ⅱ	Ⅱ	Ⅱ	Ⅱ	Ⅲ	Ⅲ	Ⅱ	Ⅱ	Ⅱ	Ⅲ
			C	良好	良好	优	优	优	优	良好	良好	优	优	优	良好
		亚桥	A	Ⅲ	Ⅲ	Ⅲ	Ⅲ	Ⅲ	Ⅲ	Ⅲ	Ⅲ	Ⅲ	Ⅲ	Ⅲ	Ⅲ
			B	Ⅲ	Ⅲ	Ⅲ	Ⅱ	Ⅱ	Ⅲ	Ⅲ	Ⅲ	Ⅱ	Ⅱ	Ⅱ	Ⅱ
			C	良好	良好	良好	优	优	良好	良好	良好	优	优	优	优
武利江	北海市	东边埇	A	Ⅲ	Ⅲ	Ⅲ	Ⅲ	Ⅲ	Ⅲ	Ⅲ	Ⅲ	Ⅲ	Ⅲ	Ⅲ	Ⅲ
			B	Ⅲ	Ⅱ	Ⅱ	Ⅱ	Ⅲ	Ⅲ	Ⅱ	Ⅲ	Ⅲ	Ⅱ	Ⅱ	Ⅱ
			C	良好	优	优	优	良好	良好	优	良好	良好	优	优	优
北仑河	防城港市	东兴旧纸厂	A	Ⅳ	Ⅳ	Ⅳ	Ⅳ	Ⅳ	Ⅳ	Ⅳ	Ⅳ	Ⅳ	Ⅳ	Ⅳ	Ⅳ
			B	Ⅳ	Ⅳ	Ⅳ	Ⅳ	Ⅳ	Ⅳ	Ⅳ	Ⅳ	Ⅳ	Ⅳ	Ⅱ	Ⅲ
			C	轻度	轻度	轻度	轻度	轻度	轻度	轻度	轻度	轻度	轻度	优	良好
防城江	防城港市	三滩	A	Ⅲ	Ⅲ	Ⅲ	Ⅲ	Ⅲ	Ⅲ	Ⅲ	Ⅲ	Ⅲ	Ⅲ	Ⅲ	Ⅲ
			B	Ⅳ	Ⅲ	Ⅲ	Ⅲ	Ⅲ	Ⅲ	Ⅲ	Ⅲ	Ⅲ	Ⅲ	Ⅱ	Ⅱ
			C	轻度	良好	良好	良好	良好	良好	良好	良好	良好	良好	优	优
钦江	钦州市	青年水闸	A	Ⅱ	Ⅱ	Ⅱ	Ⅱ	Ⅱ	Ⅱ	Ⅱ	Ⅱ	Ⅱ	Ⅱ	Ⅱ	Ⅱ
			B	Ⅱ	Ⅳ	Ⅲ	Ⅲ	Ⅱ	Ⅲ	Ⅲ	Ⅲ	Ⅲ	Ⅲ	Ⅲ	Ⅱ
			C	优	轻度	良好	良好	优	良好	良好	良好	良好	良好	良好	优
		横丰	A	Ⅲ	Ⅲ	Ⅲ	Ⅲ	Ⅲ	Ⅲ	Ⅲ	Ⅲ	Ⅲ	Ⅲ	Ⅲ	Ⅲ
			B	Ⅳ	Ⅳ	Ⅴ	Ⅴ	Ⅳ	Ⅴ	Ⅳ	Ⅴ	Ⅳ	Ⅳ	Ⅳ	Ⅲ
			C	轻度	中度	中度	中度	轻度	中度	轻度	中度	轻度	轻度	轻度	好

注：①三滩1月污染项目含量的超标倍数氨氮（0.42）、石油（0.6），青年涧水2月污染项目含量的超标倍数氨氮（0.39）；②A：水环境功能区目标；B：水质类别；C：水质评价。

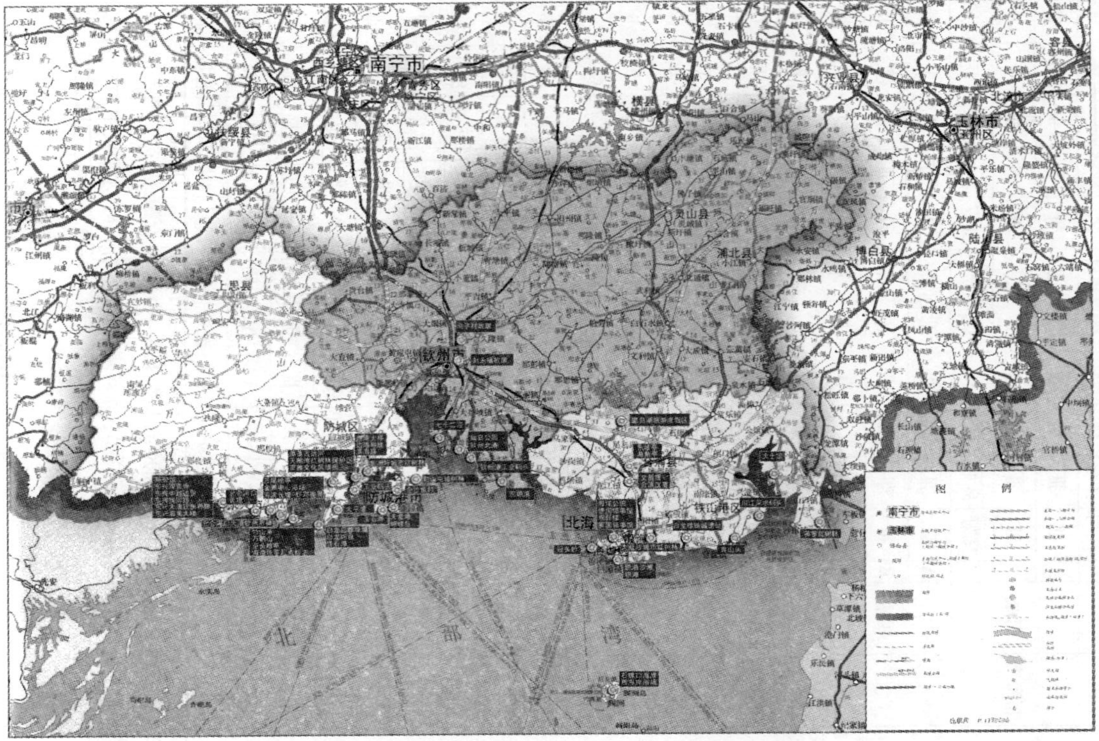

附图1 北部湾（广西）滨海旅游区旅游资源分布图

附图 2 北部湾（广西）滨海旅游区客源市场分析图

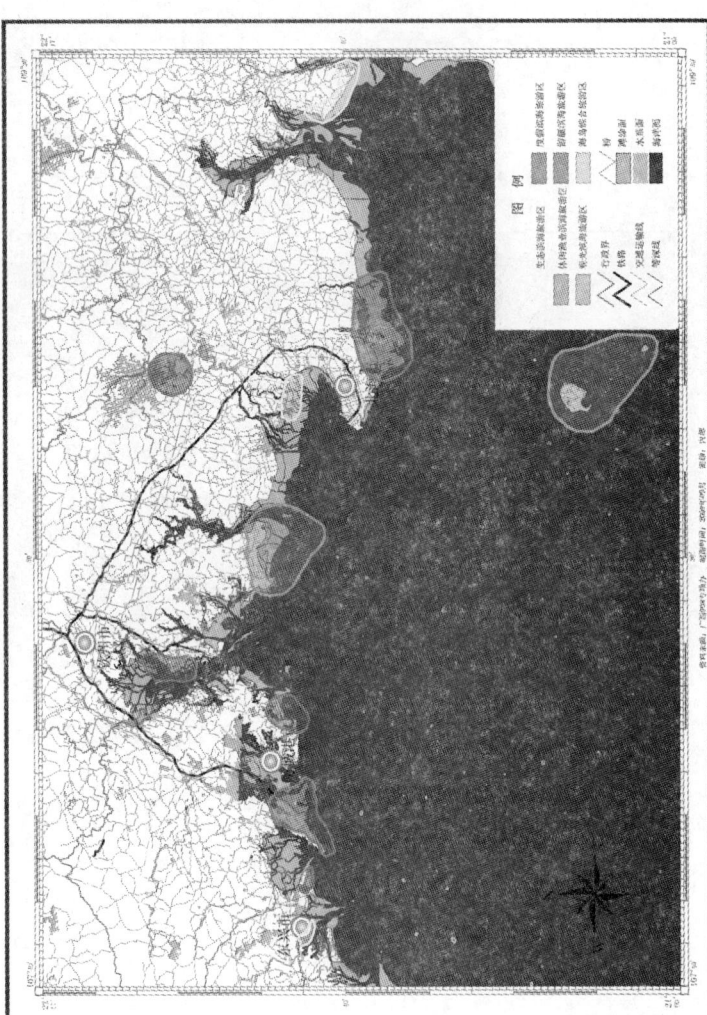

附图3 北部湾（广西）滨海旅游区战略布局图

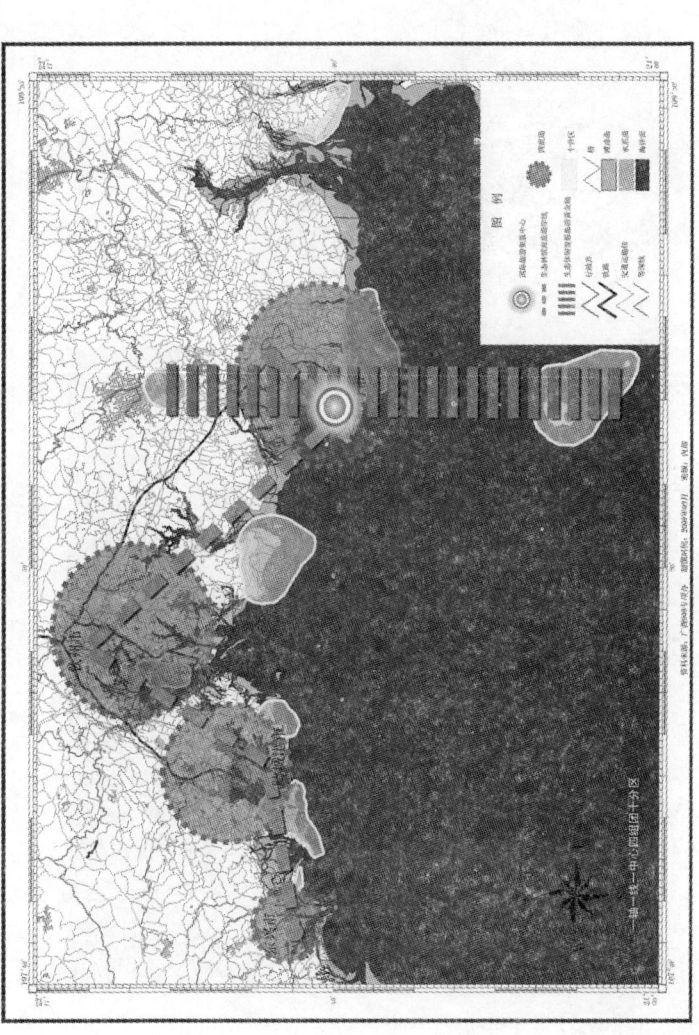

附图 4　北部湾（广西）滨海旅游区空间结构图

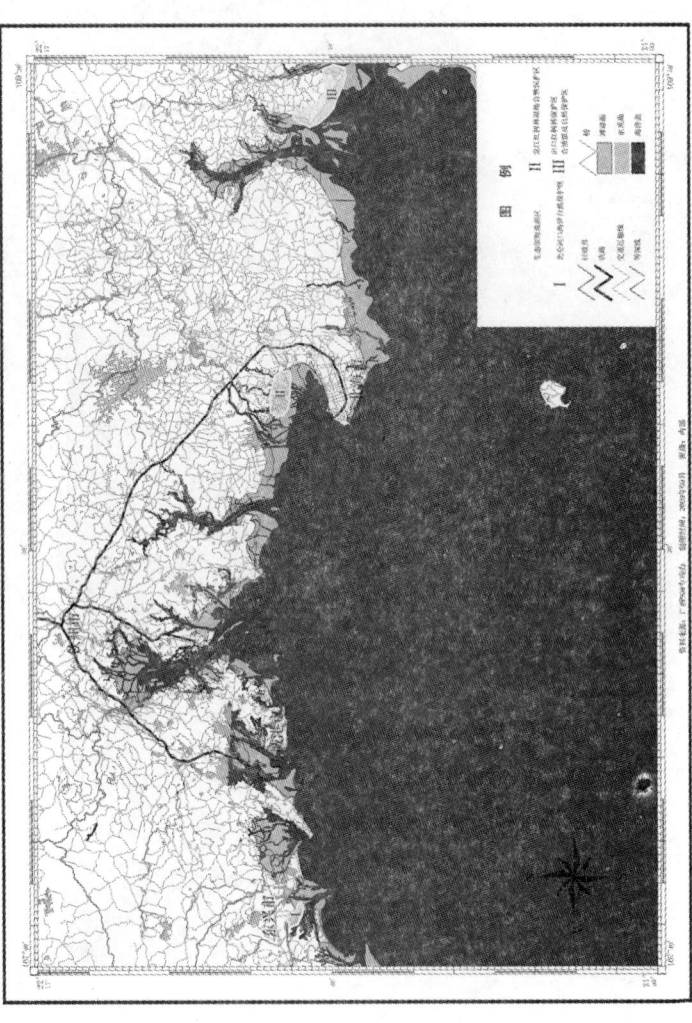

附图5 北部湾（广西）生态滨海旅游区选划图

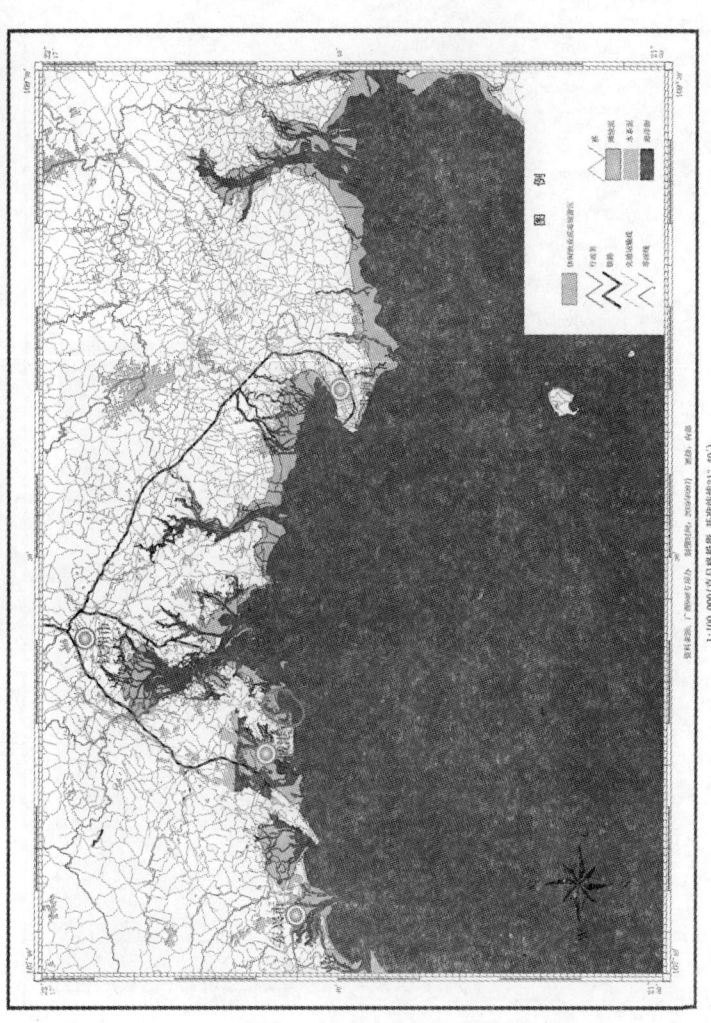

附图 6 北部湾（广西）休闲渔业滨海旅游区选划图

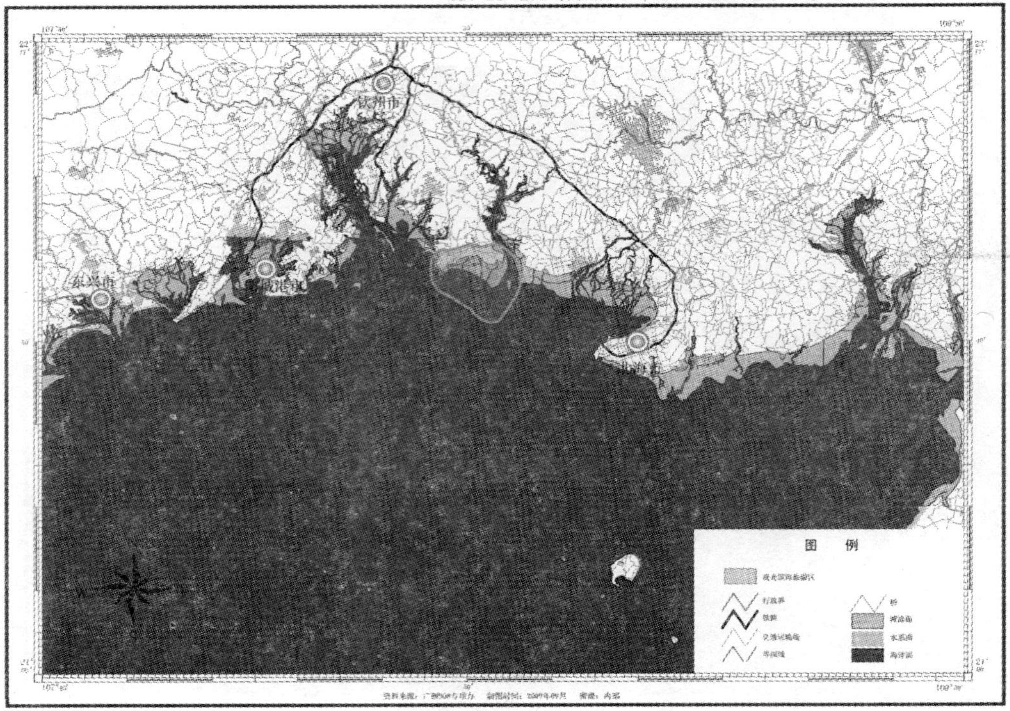

1:100 000(克吕格投影 基准纬线21° 40′)

附图 7　北部湾（广西）观光滨海旅游区选划图

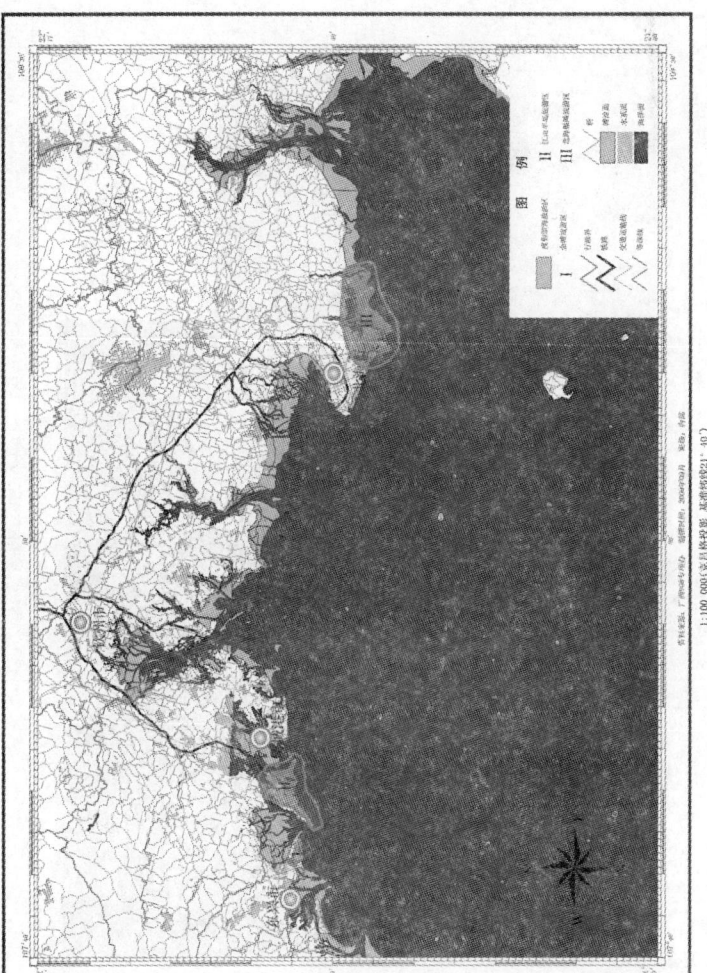

附图 8 北部湾（广西）度假滨海旅游区选划图

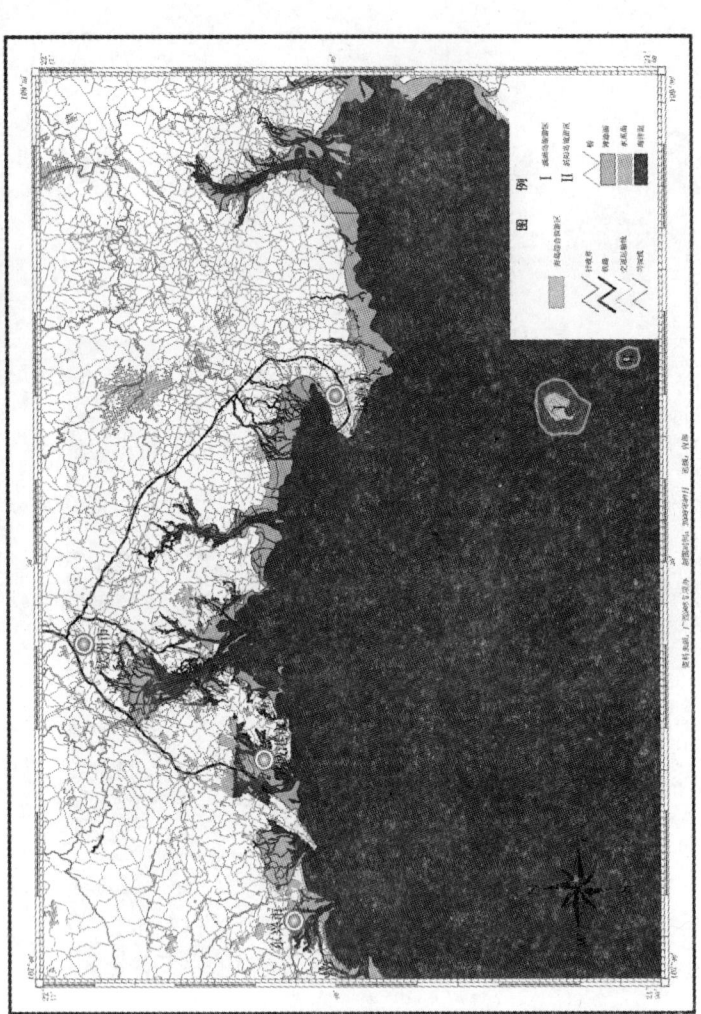

附图9 北部湾（广西）海岛综合旅游区选划图

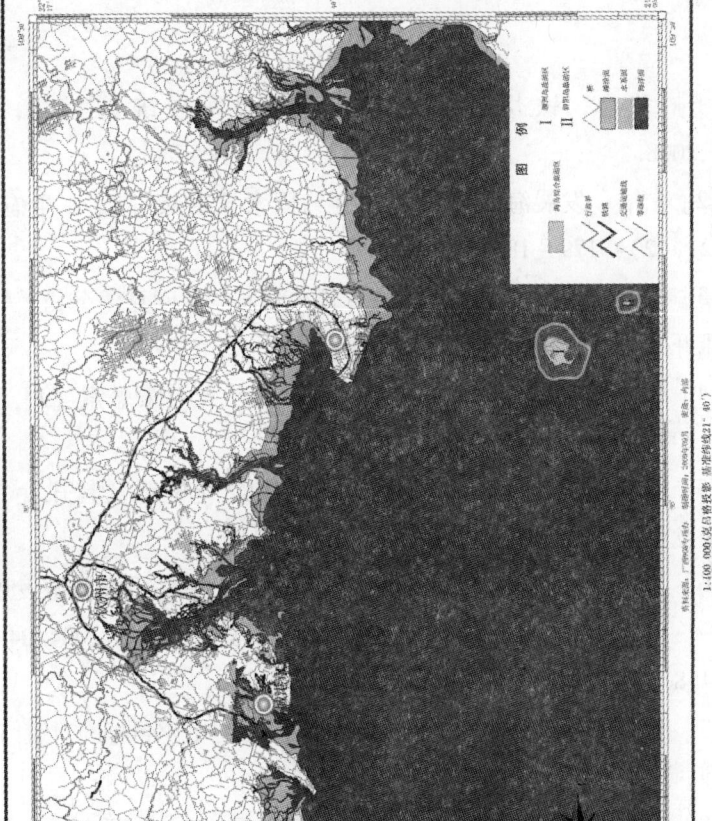

附图10 北部湾（广西）游艇旅游区选划图

参考文献

[1] 北海,钦州,防城港经济社会发展统计公报,2006,2007,2008.

[2] 白洁. 发展海岛旅游业的制约因素及对策 [J]. 生态科学,2002.21 (2):179-181.

[3] 保继刚,等. 滨海沙滩旅游资源开发的空间竞争分析:以茂名市沙滩开发为例 [J]. 经济地理,1991.11 (2):89-93.

[4] 柴寿升,严冬平. 滨海旅游发展现状及对策思索 [J]. 海岸工程,2002.21 (1):63-67.

[5] 陈航,王跃伟. 浅论我国海岛旅游文化资源及其开发 [J]. 海洋开发与管理,2005.5:72-75.

[6] 陈烈,王山河,丁焕峰,王华. 无居民海岛生态旅游发展战略研究——以广东省茂名市放鸡岛为例 [J]. 经济地理,2004.24 (3):416-418.

[7] 陈烈,沈静. 环北部湾旅游圈协同发展的战略目标与对策 [J]. 热点地理,2002.22 (4):345-349.

[8] 陈菁. 福建省滨海旅游业可持续发展 [J]. 国土与自然资源研究,1999.1:61-63.

[9] 陈田,牛亚菲,李宝田. 旅游资源调查需要注意的若干问题 [J]. 旅游学刊,2006.21 (1):14-18.

[10] 程岩,赵凡. 辽宁省滨海区域旅游资源特色与开发 [J]. 国土与自然资源研究,2002.1:63-64.

[11] 董志文,等. 关于设立青岛海洋(旅游)节的建议 [J]. 海

岸工程，1999.2：86-89.

[12] 杜丽娟，等．河北省滨海旅游资源特征与旅游业发展思路[J]．地理学与国土研究，2000.2：65-67.

[13] 范业正，郭来喜．中国海滨旅游地气候适宜性评价[J]．自然资源学报，1998.13（4）：304-311．

[14] 范航清，陈光华，何斌源，等．山口红树林滨海湿地与管理[M]．海洋出版社，2005．

[15] 冯鸿．旅游资源开发与生物多样性保护的研究[J]．四川教育学院学报，2000.16（2）：94-96．

[16] 广西红树林研究中心．北仑河口海洋自然保护区本底资源调查综合报告[R]．1997．

[17] 高亚峰．河北省滨海旅游综合发展概况及方向[J]．海洋信息，2005.1：16-18．

[18] 顾建清，李田，刘国宝．游客心态与昌黎海滨旅游发展[J]．地理学与国土研究，1995.11（1）：58-60．

[19] 广西统计年鉴，2002—2008．

[20] 广西旅游年鉴，2002—2005．

[21] 韩卢敏．福建省滨海旅游开发模式与实证研究——以厦门市为例[D]．福建师范大学，2005，6．

[22] 何昉，等．海滨山地度假区开发的水土保持方案探讨——以深圳市崎头岭为例[J]．水土保持研究，2000，3：59-71．

[23] 侯振宇．出路——广西发展前沿问题思考与研究[M]．南宁：广西师范大学出版社，2007．

[24] 侯振宇．地缘北部湾[M]．南宁：广西民族出版社，2007．

[25] 侯振宇．泛北部湾经济合作概览[M]．南宁：广西师范大学出版社，2007．

[26] 孔海燕．发展旅游对海岛环境的影响及应对策略研究[J]．四川环境，2005.24（3）：22-24．

[27] 康乐，李兆华，阎广慧．广西沿海地区发展滨海旅游的SWOT分析[J]．绵阳师范学院学报，2007.26（11）：81-84，94．

[28] 匡红云. 天津市潜在旅游资源的开发——以滨海新区为例 [J]. 北方经贸, 2008. (4): 121 – 122.

[29] 梁文, 黎广钊. 北海市滨海旅游地质资源及其保护 [J]. 广西科学院学报, 2003. 19 (1): 44 – 48.

[30] 李崇蓉. 对广西滨海旅游开发的思考 [J]. 南方国土资源, 2004. 9: 13 – 14.

[31] 李蕾蕾. 海滨旅游空间的符号学与文化研究 [J]. 城市规划汇刊, 2004. 2: 58 – 61.

[32] 李蕾蕾. 深圳的滨海旅游开发与形象构建 [J]. 特区理论与实践, 2003. 5: 24 – 27.

[33] 李平, 等. 滨海旅游发展中的环境问题及对策 [J]. 海岸工程, 1999. 2: 38 – 41.

[34] 李燕宁. 广西环北部湾（广西）滨海旅游发展优势及策略 [J]. 经济与社会发展, 2007. 11: 90 – 93.

[35] 李瑛, 郝心华. 海滨旅游度假区季节性供求特性及应对策略——以北戴河为例 [J]. 西北大学学报（哲学社会科学版）, 2003. 2: 34 – 37.

[36] 李悦铮. 发展滨海旅游业建设海上大连 [J]. 经济地理, 1996. 4: 105 – 108.

[37] 李兆华, 秦成, 王晓丽. 广西滨海旅游资源开发现状与对策研究 [J]. 广西师范学院学报（自然科学版）, 2006. 23 (1): 80 – 84.

[38] 李志强. 广东省海滨旅游现状与发展初探 [J]. 海洋开发与管理, 2004. 4: 61 – 64.

[39] 凌申. 海岛旅游村镇建设刍议——以刘公岛为例 [J]. 小城镇建设, 2004. 3: 78 – 79.

[40] 刘家明. 国内外海岛旅游开发研究 [J]. 华中师范大学学报（自然科学版）, 2000. 34 (3): 349 – 352.

[41] 刘兴泉, 俞益武, 等. 生态旅游对生物多样性的影响分析 [J]. 当代生态农业, 2001 (3): 50 – 52.

[42] 马勇, 何彪. 我国滨海旅游开发的战略思考 [J]. 世界地理

研究，2005.14（1）：102－107.

[43] 彭越，李立华，等．论自然保护区旅游活动的生态影响[J]．四川环境，2002.21（3）：33－35.

[44] 盛红．我国滨海旅游度假区开发的文化问题思考［J］．海岸工程，1996.2：81－85.

[45] 苏姗．天津如何塑造国际滨海旅游名城［J］．港口经济，2001.3：38－40.

[46] 唐拥军，杨永德，张林，周武生．省域旅游产业综合实力评价理论及应用［M］．北京：中国经济出版社，2006.

[47] 吴国清，张欣建，李书剑，等．上海潜在滨海旅游资源调查及开发研究［J］．资源开发与市场，2007.23（7）：650－652.

[48] 王富玉．国际热带滨海旅游城市发展道路探析——三亚建成国际热带滨海旅游城市的战略思考［M］．北京：中国旅游出版社，2001.

[49] 王留芳，廖国一．环北部湾经济圈的区域旅游合作研究［J］．改革与战略，2007.5：79－81.

[50] 王跃伟，栾维新，陈航．发挥海岛旅游资源优势加快长海县旅游业发展［J］．海洋开发与管理，2005.2：82－87.

[51] 韦善豪．环北部湾旅游圈的构建与可持续发展［J］．广西教育学院学报，2000.5：115－118.

[52] 吴郭泉，唐善茂，王艳，等．防城港市滨海旅游开发研究[J]．经济地理，2004.24（3）：430－432.

[53] 向婧，王力峰，李艳艳．北海滨海旅游在泛北部湾旅游圈发展中的协同作用研究［J］．沿海企业与科技，2007.7：6－8.

[54] 肖扬．生态旅游对自然保护区生物多样性保护的影响及对策[J]．中国西部科技，2008.7（36）：58－59，35.

[55] 熊洪林，王志坚．网箱养鱼对三峡库区生态环境的潜在影响[J]．黔南民族师范学院学报，2006.26（6）：61－63，67.

[56] 尹泽生，曲丽梅．辽宁省滨海旅游资源区划与开发对策研究[D]．辽宁师范大学，2001.

[57]张经旭.广西滨海旅游资源可持续开发研究[J].国土与自然资源研究,2002.3:44-46.

[58]张广海,陈婷婷.山东省海洋旅游经济地域结构研究[J].时代经济与管理,2006.24:70-74.

[59]张广海,陈婷婷.山东省海洋旅游业区域整合与管理体制创新研究[J].海洋开发与管理,2006.3:132-137.

[60]张广海,刘佳.青岛市海洋旅游资源及其功能区划[J].资源科学,2006.28(3):137-141.

[61]张莉.湛江市滨海旅游业现状与发展措施[J].资源开发与市场,2003.3:182-184.

[62]赵冰茹.大连建国际滨海旅游名城初探[D].辽宁师范大学,2001.

[63]周武生,杨永德.广西——东盟竞合博弈研究[J].中国经贸,2009.1.

[64]周武生,杨永德.论泛北部湾旅游产品结构优化研究[J].网络经济,2009.1.

[65]周山.广西滨海旅游资源开发初探[J].广西师范学院学报(自然科学版),1997.14(4):80-84.

[66]朱坚真,高世昌.构建中国—东盟自由贸易区产业协作系统的思考[J].桂海论丛,2002.18(4):34-37.

[67]朱珠,包维楷,庞学勇,等.旅游干扰对九寨沟冷杉林下植物种类组成及多样性的影响[J].生物多样性,2006.14(4):284-291.

[68]邹统钎.旅游景区开发与管理[M].北京:清华大学出版社,2004.

[69]Agarwal S. Restructuring and local economic development: implications for seaside resort regeneration in Southwest Britain[J]. Torism Management, 2002.1999(20):511-522.

[70]Chaverri R. Coastal Management: the Costa Rica Experience[A]. Magoon O T. Coastal Zone 87 Proc. 5th Symposium on Coastal and Ocean Management(Vol. 5)[C]. USA: Amer. Soc. Civ. Eng, 1989.5:

1112－1124.

[71] Dwyer L, Forsyth P. Economic significance of cruise tourism [J]. Annals of Tourism Research, 1998. 25 (2): 394－415.

[72] Hall C M. Tourism in the Pacific Rim: Development, Impacts and Markets [M]. South Melbourne: Longman Cheshire, 1994.

[73] Hall C M, Jenkins J M. Tourism and Public Policy [M]. London: Routlede, 1995.

[74] Jacqueline M. Hamilton. Coastal landscape and the hedonic price of accommodation [J]. Ecological Economics, 2006.

[75] June Marie Mowa, Elizabeth Taylor, Marion Howard, Mark Baine, Ernesto Connolly, Maio Chiquillo. Collaborative planning and management of the San Andres Archipelago´s coastal and marine resources: A short communication on the evolution of the Seaflower marine protected area [J]. Ocean & Coastal Man－agement, 2006.

[76] Kuji T. The political economy of golf [J]. AMPO. Japan－Asia Quarterly Review, 1991. 22 (4): 47－54.

[77] Meaurio A, Murray I. Indicators of Sustainable Development in Tourism: The case of the Balearic Islands [R]. Spain: CITTIB, 2001.

[78] Monika T. Thielea, Richard B. Pollnac, Patrick Christie. Relationships between coastal tourism and ICM sustainability in the central Visayas region of the Philippines [J]. Ocean & Coastal Management, 2005. 48: 378－392.

[79] Morgan, R. Some factors affecting coastal landscape aesthetic quality assessment [J]. Landscape Research, 1999. 24 (2): 167－185.

[80] Preston－Whyte R. Constructed leisure space－the seaside at Durban [J]. Annals of Tourism Research, 2001. 28 (3): 581－596.

[81] Priestley G, Mundet L. The post－stagnation phase of the resort cycle [J]. Annals of Tourism Research, 1998. 25: 85－111.

[82] Radchenko V N, Aleyev M Y. Environmental and social impactsof management approaches in Sevastopol Bay in a historic retro－spective: a

case study from the Black Sea [J]. Ocean & Coastal Management, 2000. 43: 793-817.

[83] Russo A P. The "Vicious circle" of tourism development in her-itage cities [J]. Annals of Tourism Research, 2002. 29: 165-182.

[84] Salmona. P, Verardi D. The marine protected area of Portofi-no, Italy: a difficult balance [J]. Ocean & Coastal Manage-ment, 2001. 44: 39-60.

[85] Snoussi M, Aoul E H T. Integrated coastal zone management pro-grame northwest African region case [J]. Ocean & Coastal Management, 2000. 43: 1033-1045.

[86] Treeck P V, Schuhmacher H. Initial survival of coral nubbins transplanted by a new coral transplantation technology - options for reef reha-bilitation [J]. Marine Ecology Progress Series, 1997. 150: 287-292.

[87] Vina L, Ford J. Economic impact of proposed cruiseship busi-ness [J]. Annals of Tourism Research, 1998. 25 (4): 205-208.

[88] Williams A T, Leathermas S P, Simmons S L. Beach aesthetic values: the SW Peninsula [R]. UK: Proc. Int. Coastal Congress, 1992. 251-262.

[89] Wong P P. Coastal tourism development in Southeast Asia: rele-vance and lessons for coastal zone management [J]. Ocean & Coastal Management, 1998. 38: 89-109.

[90] Wood R E. Caribbean cruise tourism - globalization at sea [J]. Annals of Tourism Research, 2000. 27 (2): 345-370.